성공적인 **치과 시스템**을 위한

최신 치과 매뉴얼
119

김영삼 · 이정숙 · 박진아 지음

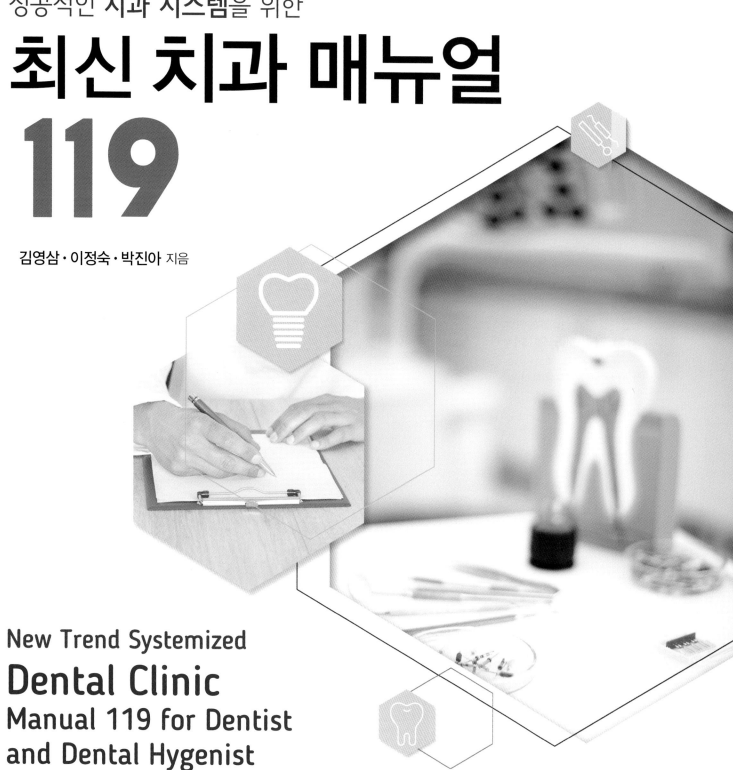

New Trend Systemized
Dental Clinic
Manual 119 for Dentist
and Dental Hygenist

성공적인 치과 시스템을 위한
최신 치과 매뉴얼 119

첫 째 판 1쇄 인쇄 | 2018년 10월 16일
첫 째 판 1쇄 발행 | 2018년 11월 01일
첫 째 판 2쇄 발행 | 2019년 9월 16일

지 은 이   김영삼
발 행 인   장주연
출 판 기 획   한인수
표지디자인   김재욱
편집디자인   유현숙
일 러 스 트   유학영
발 행 처   군자출판사(주)
　　　　　등록 제4-139호(1991.6.24)
　　　　　(10881) **파주출판단지** 경기도 파주시 회동길 338(서패동 474-1)
　　　　　전화 (031)943-1888　　팩스 (031)955-9545
　　　　　www.koonja.co.kr

ISBN 979-11-5955-369-1

정가 100,000원

성공적인 **치과 시스템**을 위한

최신 치과 매뉴얼
119

PREFACE

| 김 영 삼

전주고등학교 졸업
전북대학교 치과대학 졸업
전북대학교 치과대학 치의학박사
토론토 치과대학 치주임플란트과 CE 과정
UCLA 치과대학 치주과 preceptorship
강남 사람사랑치과 원장

現
전북대학교 치과대학 외래교수
연세대학교 치과대학 외래교수
부산대학교 치과대학 외래교수
오스템 임플란트 패컬티
덴티스 임플란트 교육 총괄디렉터
강남사랑니발치연구회(GAWE) 디렉터
강남임플란트연구회(GADI) 디렉터
강남레옹치과 대표원장

2001년 11월 세상물정도 모르고 강남역에 치과자리를 계약하던 때가 생각납니다. 그래도 그때는 치과경기가 그렇게 나쁘지 않았고, 지금보다 훨씬 개원이 쉬웠던 듯합니다. 선배님들 치과 몇 군데 가보고, 치과기자재 회사 직원 몇 분만 만나면 쉽게 개원이 가능했습니다. 재료나 장비도 심플하고, 행정적인 문제도 그렇게 어렵지 않았고, 경쟁도 지금처럼 치열하지 않았습니다. 하지만 10여년이 지난 현재는 한 건물에 치과가 여러 개 들어서 있고, 진료를 잘 하는 것은 물론이거니와 진료 외적인 환경과 마케팅적인 면이 더욱 중요하게 되었습니다.

신환이 첫 발을 딛는 순간의 데스크의 안내, 스탭의 언어, 미소, 복장 등으로 편한 분위기를 조성하는 것에서 시작하여 진료 중의 적절한 응대, 고객을 배려한 안내, 진료 내용과 순서에 대한 적절한 설명, 그리고 다음 진료 예약과 리콜까지 한 순간도 고객이 불편함을 느낄 수 없도록 만드는 체계적인 시스템이 반드시 필요하다 하겠습니다.

이러한 체계적인 시스템의 구축은 원장님 혼자만의 힘으로는 어렵습니다. 반드시 유능한 진료스탭과 함께 만들어가야 합니다. 하지만 좋은 진료스탭을 만나는 것은 거의 기적에 가깝다 하겠습니다. 잘 한다 싶으면 결혼과 출산 등 이런저런 이유로 치과를 떠나고, 잘 가르쳐 놓으면 타 치과로 홀적 이직을 해버리는 일이 빈번하다보니 다시 처음부터 내 치과에 맞도록 스탭을 교육시키고 적응하게 만드는 일은 원장님들의 만성(?) 스트레스입니다.

또한 매년 약 5,000명 이상 배출되는 신규 치과위생사의 입장에서 보면, 학교에서 배운 교육만으로 치과에 적응하기 쉽지 않습니다. 원장님이나 선배가 시간을 두고 잘 가르쳐 주었으면 하지만 정신없이 돌아가는 치과 환경에서 복잡한 진료 절차와 각종 장비, 기구, 재료의 관리, 감염방지 등 신규 치과위생사를 위해 이러한 시간을 내도록 하는 것은 매우 어렵습니다. 이 역시 치과위생사의 스트레스입니다.

『최신 치과 매뉴얼 119』는 치과에서 근무하는 모든 원장님과 치과위생사 분들에게 이런 스트레스를 조금이나마 해소하고자 기획된 치과적응 가이드 북입니다.

이 책은 〈기본응대〉와 〈임상 매뉴얼〉 두 가지의 큰 틀로 구성되어 있으며, 〈기본응대〉 편에서는 치과 운영의 기본이 되는 서류와 행정 규제, 그리고 고객과의 접점에서 기본적인 응대와 올바른 대화 skill 등 고개 관리에 대한 필수적인 요소들을 수록하였으며, 〈임상 매뉴얼〉 편에서는 방사선 촬영과 마취, 보존·보철·치주·교정·구강외과·소아치과·턱관절 치료에 이르기까지 치과 임상 진행과정과 그 과정 중에 고객에게 해야 할 말, 필수 기구와 재료의 setting에 이르끼까지 모든 process를 임상단계별로 사진과 일러스트를 통해 치과인이라면 누구나 쉽게 이해할 수 있도록 체계적으로 구성되어 있습니다.

현재 2018년 하반기 출간 예정이고, 모든 내용이 언제 개정될지 모르기 때문에, 지금 시점 이후에 변경된 내용들은 새롭게 적용해야 할 듯합니다. 또한 제가 혹시 모르는 사이에 이미 변경된 내용이 있을 수도 있기 때문에 이 책은 어디까지나 가이드라인이지, 100% 정답이라고 할 수는 없습니다. 그렇지만 대체적으로 어떠한 문제들을 고려해볼 것인가를 가늠하는 좋은 본보기가 될 수 있다고 생각합니다. 진료내용적인 부분도 어디까지나 대체적인 윤곽일 뿐... 어디까지나 이런 형식을 참고하여 자기 치과만의 매뉴얼을 만들 필요가 있습니다. 오히려 본인이 개원하여 본인 치과만의 매뉴얼을 만드는 본보기 자료라고 생각하는 것이 좋다고 생각합니다. 또한 본인이 경험해보지 못한 많은 다양한 다른 치과들의 이야기를 엿볼 수도 있는 도구라고 생각하면 좋을 듯합니다.

어쨌든 대한민국 치과의사라면 개원이라는 것을 떠나서 살기는 어렵습니다. 그런 의미에서 치과를 개원하고 운영하는 길라잡이가 되었으면 하는 마음에 졸작이라도 출판을 결심하였습니다. 부족한 부분이 많지만, 너그럽게 개원 좋아하는 선배나 동료의 잔소리라고 생각하시고 봐주시면 좋을 듯합니다. 감사합니다.

저는 이 책의 탈고를 마치고 마침 안식년처럼 미국 로스앤젤레스에서 생활하고 있습니다. 미국에서 많은 치과를 가 봐도 역시 치과는 대한민국이 최고입니다. 그렇기 때문에 더 열심히 해야 하는 이유가 될 수도 있겠지만요. ^^ 저 또한 멀리 미국에서 이 책의 출판을 기다리고 있습니다. 그동안 치과관련 매뉴얼 책이 없어서 기다리고 있던 독자분들게 조금이라도 도움이 되었으면 합니다. 감사합니다.

2018년 9월 미국 로스앤젤레스 인근 버뱅크에서

김 영 삼

| 이 정 숙

경희대학교 일반대학원 의료경영학 석사
남서울대학교 일반대학원 치위생학 박사
(전)신성대학교 치위생과 겸임교수
(전)남서울대학교 치위생학과 겸임교수

現
대한치과건강보험협회 사무국장
닥스메디 컨설팅사업부 부장

본 매뉴얼은 저에게 의미가 큽니다. 20년 가까운 저의 현장경험과 병원 컨설팅 경험, 교육 경험이 많음에도 막상 방대한 매뉴얼 교재작업에 참여해서 제작한다는 것은 쉬운 일이 아니었습니다. 그러나 최신정보를 수집하고 좋은 시스템을 갖추기 위해 노력하는 치과의 진료와 서비스를 접하면서 저 또한 성장이라는 소중한 선물을 받게 되었습니다.

좋은 기회를 주신 김영삼 원장님과 장기간 함께 작업해준 박진아 실장님께 진심으로 고마운 마음을 전합니다. 책을 출간하는데 많은 도움을 주신 군자출판사 관계자 여러분께도 감사드립니다.

'훌륭한 선택은 훌륭한 결과를 낳는다.'

지금까지의 경험으로 보면 임상 현장에서 기존에 문화처럼 정착된 구성원들의 각기 다른 행동을 바꾸는 건 참으로 어려웠던 것 같습니다. 그렇기 때문에 가장 좋은 선택은 개원 시점에서 잘 만들어진 시스템을 유지·관리하는 것이며, 유지·관리하기 위한 일관된 매뉴얼은 많은 도움이 됩니다. 그 시점을 놓쳤다면, 지금이라도 바로 잡아 환자들에게 수준 높고, 기분 좋은 진료 서비스를 하는 것이 중요하다고 봅니다. 변화의 과정에서 변화를 주도하는 관리자는 구성원들을 설득하는 과정의 어려움으로 포기하는 경우가 종종 있습니다. 이 과정에서 본 매뉴얼이 객관적인 참고 자료로 활용되어 관리자에겐 힘을 실어주고, 구성원들에겐 쉽게 이해할 수 있는 치과 적응 매뉴얼이 될 것이라고 확신합니다.

『최신 치과 매뉴얼 119』의 선택이 수준 높은 치과 시스템을 갖추기 위한 매뉴얼 제작과 실행결과를 기대해 봅니다.

| 박 진 아

여주대학교 치위생과 졸업
방송통신대학교 미디어영상학과 졸업
서울치의학교육원 & SI평생교육원 프로강사양성과정 1기

現
연세인스타일치과 실장

『최신 치과 매뉴얼 119』 교재 작업에 김영삼 원장님, 이정숙 부장님과 함께 참여하게 되어 영광으로 생각하며, 멋진 분들과 함께 작업을 한 것은 매우 뜻깊은 경험이었습니다.

매뉴얼 작업이 되어 있는 병원도 많지만, 그렇지 않은 경우, 이 책이 그러한 빈자리를 채울 수 있길 소망합니다. 항상 손에 닿는 곳에 두었다가, 머릿속에 물음표가 떠올랐을 때 손쉽게 꺼내어 볼 수 있는 책이 되었으면 합니다. 또한 물음의 정확한 해답과 함께 좋은 방향의 길잡이의 역할이 되었으면 합니다.

CONTENTS

01 PART 기본응대

CONTENTS

03 PART 임상 매뉴얼

매뉴얼은 왜 필요한가?

1 : 매뉴얼은 성장 플랫폼

치과에 오는 고객은 대부분 치과치료에 대한 두려움이 있다. 치과병·의원에서는 이러한 두려움을 극복하고 보다 편안한 진료와 기분 좋은 응대로 환자의 만족도를 높이고자 의료서비스 품질관리에 대한 노력을 무던히도 많이 할 것이다.

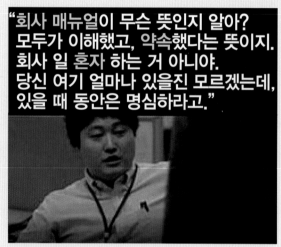

"회사 매뉴얼이 무슨 뜻인지 알아?
모두가 이해했고, 약속했다는 뜻이지.
회사 일 혼자 하는 거 아니야.
당신 여기 얼마나 있을진 모르겠는데,
있을 때 동안은 명심하라고."

출처 : 드라마 '미생' 중에서

환자 입장에서 보자. 환자들은 자신을 응대하고 있는 구성원 한사람을 치과와 구별해서 보지 않으며, 또 구별해야 할 이유도 없다. 환자 입장에서 보면 한사람, 한사람이 치과 그 자체이기 때문이다. 그런데 새로 들어온 스탭이 어설프거나 기존에 받던 서비스와 다르다고 느껴질 경우 환자는 진료를 받는 동안 불안감을 감출 수 없을 것이다. 이는 그동안 쌓아왔던 고객과의 신뢰가 깨지고 결국 치과 경쟁력을 떨어뜨리는 결과를 초래할 수 있다.

그렇다고 원장이 모든 것을 다 할 수도 없다. 직원이 바뀔 때마다 원장과 선배들이 일을 하나하나 다시 설명하기도 쉽지 않다. 업무 지침에 대한 충분한 설명을 듣지 못한 스탭은 어떠한가? 설사 설명을 해준다고 해도 설명해주는 사람마다 다른 얘기를 한다면 스스로의 능력을 발휘하기도 전에 서로간의 신뢰가 깨지는 결과를 초래할 것이다.

치과병·의원에서 정확한 업무 숙지와 기준이 제시된 매뉴얼은 이런 문제를 극복할 수 있으며, 새로운 스탭의 빠른 적응으로 팀웍을 향상시킬 수 있는 지름길이 될 것이다. 따라서 매뉴얼은 서비스 품질을 유지하고 병원과 개인의 성장을 촉진시킬 수 있는 중요한 성장 플랫폼이라 하겠다.

2 : 매뉴얼을 활용하는 꿀팁!

현재 의료계는 환자 중심의 가치를 추구하고 있다. 이를 중심으로 병원의 철학과 비전을 세우고, 그에 따른 시스템을 구축한다. 본 매뉴얼은 '환자 중심의 가치'를 담아 기본과정과 임상 과정으로 구분하여 다양한 병원의 사례를 수집하고 기존에 변화된 정보를 추가 구성하였다. 따라서 신규치과인은 물론 기존에 매뉴얼이 갖추어져 있지 않은 경우 혹은 현재 매뉴얼이 있으나 업그레이드하고자 하는 치과병·의원 구성원의 경우 활용도가 높을 것으로 본다.

매뉴얼을 만들고 싶다면 어떻게 하는 것이 좋을까? 많은 치과병·의원에서 매뉴얼은 있어야 한다는 강박으로 다양한 방법을 통해 제작하려고 시도하고 있다. 매뉴얼을 급하게 만들려고만 하면 겉모습에만 치우쳐 효력 없는 매뉴얼을 만들게 될 수 있는데, 핵심은 결과물을 만드는 '과정'에 있다. 매뉴얼을 만들기 위해서는 먼저 병원의 철학과 비전을 확고히 하고, 하고자 하는 목적을 명확히 하는 것이 중요하다. 병원의 전체적인 시스템을 다시 점검하고, 체계화하는 과정에서 구성원들이 주도적으로 참여하여 만들어가는 과정이 매뉴얼의 완성도와 실효성이 높아진다. 매뉴얼 제작하는 것은 많은 시간을 요구하고, 과정이 어렵게 느껴질 수도 있다. 만약 너무 막막하다면, 본 교재를 참고하여 병원에 맞게 한 가지라도 작게 만들어 보는 것은 어떨까?

잘 만들어진 매뉴얼은 생각보다 많은 성장을 가져올 수 있다. 성장과 함께 매뉴얼도 조금씩 발전해야 하며, 초창기의 매뉴일과 비교해 보면 성장의 기쁨은 두 배가 될 것이다.

01 기본응대

PAF

01 개원가에서 꼭 알아야 할 행정규제와 필수 구비서류

오늘날 개원가에서는 경쟁적인 환경에서 경쟁우위를 선점하기 위해 끊임없는 노력을 하고 있다. 그러나 이러한 노력을 무색할 만큼 하루가 다르게 늘어가는 행정규제와 민원, 갖춰야 할 서류들로 치과 경영이 더욱 부담으로 다가온다. 따라서 안정적인 경영을 위해서 개원가에서 꼭 챙겨야 할 행정규제와 필수 구비서류를 꼼꼼히 챙기는 것이 필요하다.

> **의료기관에서 구비해야 할 서류**
>
> ⊙ 의료기관 개설 허가증
> ⊙ 사업자등록증
> ⊙ 진단용방사선 발생장치 신고필증
> ⊙ 치과의사 · 치과위생사 · 간호조무사 등 면허 또는 자격증
> ⊙ 의료폐기물 관리 및 처리 대장과 교육 이수
> ⊙ 노무관련 서류
> ⊙ 성희롱예방교육 교육자료 및 교육참가 확인증
> ⊙ 개인정보보안교육
> ⊙ 산업안전보건교육(※치과의원은 제외)
> ⊙ 직장내 장애인 인식교육(2018년 5월 29일부터 시행)
> ⊙ 의료기구의 세척, 소독, 멸균 점검표

1 : 개원할 때 챙겨야 할 서류

1) 개설, 휴업, 폐업 등 관련 사항 신고

- 개설 : 치과의원을 개설할 경우 지자체 신고(치과병원의 경우 허가)를 하고 개설 허가증 치과 내에 게시
  ▶ 미신고할 경우 300만원 이하의 벌금이 부과될 수 있다.

- 휴업 또는 폐업 : 신고 예정일 14일 전까지 환자 및 환자 보호자가 볼 수 있는 장소에 안내문 게시(내용 : 예정일자, 진료기록부 등 자료 보관사항, 진료비 정산 등)
  ▶ 미신고할 경우 100만원 이하의 과태료가 부과될 수 있다.

2) 의료폐기물 배출자 과정 이수 (▶「33. 진료 정리 시 감염관리」 참고)

- 폐기물관리법 제 35조 및 동법 시행규칙 제 51조에 따라 병의원 등 의료폐기물을 배출하는 사업자는 의료폐기물 배출자 법정교육을 받도록 되어 있으며, 의료기관 개설 시 1회 교육으로 완료된다.
  (온라인 교육으로 진행 : http://epa.ecoedu.go.kr)
- 원장이나 담당 직원이 받을 수 있으며, 교육을 이수한 직원이 퇴사하더라도 치과를 이전하기 전까지는 재교육을 받지 않아도 된다.
- 이후 폐기물 관리 및 처리는 '올바로시스템'(https://allbaro.or.kr)에서 가능하다.

3) 노무관련 서류

2018년 노동법의 가장 큰 변화는 ▶'최저임금 변화'(2017년 6,470에서 16.4% 인상된 7,530원, 2019년은 8,350원으로 결정)이다. 이와 함께 정부에서 지원하고 있는 '일자리

그림 1-1 출처 : 데일리덴탈, 2586호, 2018.02.03

안정자금사업'과 '두루누리 사회보험 지원사업'이 확대되었으며, 이에 관심을 갖고 치과에도 해당된다면 적극 도입해볼 필요가 있다(사업안내: 치협 홈페이지(www.kda.or.kr) → Dentists Only → 회원알림 → 공지사항).

▶ '1년 미만 근로자 연차휴가 사용 확대'로 입사 1년차 신입사원 근로자도 5월 29일을 기점으로 최대 11일의 연차휴가를 보장하여 입사 다음 해에 연차를 공제하지 않는다.

▶ 그 밖에도 5인 이상 사업장의 경우 노동시간 단축, 육아휴직 연차산정 등 변화가 있다.

이처럼 노동법은 조금씩 변화가 있으며, 개원가에서 눈여겨 봐두어야 하며 적절하게 적용하여 불이익을 받는 일이 없어야 할 것이다.

실제로 2017년 연말까지 의료기관에 대한 근로조건 자율개선이 선별적으로 시행된 바 있으나 대상 기관이 아니어도 근로자를 채용하고 있는 모든 기관에 공통적으로 적용되는 요건이다. 따라서 이러한 서류를 제대로 갖추지 않을 경우 과태료가 부과될 수 있으므로 채용 시 혹은 근로계약 시 필요한 서류를 꼼꼼히 챙겨두자.

● 노무관련 서류

구분	필요서류
근로자 채용 시	• 이력서, 주민등록등본
	• 면허증 또는 자격증 사본 (치과의사, 치과위생사, 간호조무사, 간호사, 방사선사 등)
근로계약 시	• 근로자명부, 근로계약서, 취업규칙 등 사규
	• 임금대장(지급증빙 자료 포함) 및 출근부
	• 연차유급휴가 미사용수당 산정내역 및 지급증빙 서류
	• 출산전후 휴가 및 육아관련 자료
퇴사 시	• 사직서 : 향후 사직과 관련된 법적분쟁(부당해고)을 피하기 위해서는 자진퇴사의 경우 반드시 받아야 한다.
	• 퇴직금 산정내역 및 지급증빙 서류
기타	• 인·허가 관련 서류(임산부와 18세 미만자의 야업·휴일근로 인가 등)

(1) 치과의사 채용 시 '성범죄 경력조회'

: 치과의사 등 의료인을 채용할 경우라면 '성범죄 경력조회'를 거쳐야 한다.

성범죄 조회방법

① 채용하는 의료인에게 범죄경력 조회동의서 받기
② 경찰서 민원실(형사과)에 경력조회 신청서 제출하기
③ 경찰서에서 '범죄경력회신서'에 기재된 취업제한 대상자 여부를 작성해 해당 기관에 회신하기

 채용 시 성범죄경력 조회를 하지 않은 의료기관의 처벌

최대 500만원의 과태료가 부과된다. 또한 범죄경력 조회를 통해 성범죄 경력이 확인됐음에도 1개월 이내에 정당한 사유 없이 해임하지 않았다면 최대 1,000만원 이하의 과태료 부과될 수 있다. 다만, 개설자인 원장은 본인 스스로 해야 하는 모순점으로 인해 개설 허가권자인 시·군·구청장이나 보건소장에 그 책임을 위임한다.

(2) 근로계약서 작성

치과에서 구비해야 할 노무관련 서류 중 가장 핵심은 「근로계약서」이다. 근로계약서는 정해진 양식이 없으므로 표준근로계약서를 참고해 계약서에 꼭 포함되어야 할 내용과 부가적인 내용을 각 치과에 맞게 수정·보완하여 사용하면 된다.

근로계약서에 반드시 포함되어야 하는 내용

① 임금(임금의 구성항목, 계산방법, 지급방법)
② 소정 근로시간(주 40시간제는 5인 이상)
③ 휴일
④ 연차 및 유급휴가(5인 이상)
⑤ 그 외에 대통령령으로 정한 근로조건(근로기준법 시행령 제8조 참조)

일반적으로 ① 근로계약을 체결하는 때와 ② 계약을 변경할 때 반드시 근로계약서를 2부 작성하여 1부를 근로자에게 교부하는 것이 필수이다(3년간 보존).

02 면허관리와 명찰패용 의무화

1 : 면허관리 의무화

1) 3년마다 면허신고

의료인의 면허신고가 의무화되고 면허신고 대상자의 범위가 치과위생사, 간호조무사에 대한 면허신고 또한 의무화가 되어 시행되고 있다. 의료인은 최초 면허발급 후 매 3년마다 면허신고를 해야 하고, 연간 8시간의 보수교육을 이수하는 것으로 인정된다. 미신고 시 신고기간이 종료한 다음날부터 면허 효력이 정지되므로 임상현장에 투입될 시에 무면허진료에 해당될 수 있으므로 주의가 필요하다.

2) 명찰패용 필수 (▶ 「12. 용모와 복장」 참고)

2017년 명찰패용 의무화가 도입되었다. 환자들이 해당 의료기관의 의료인과 의료기사 등을 쉽게 식별할 수 있도록 직능과 이름을 포함해 표시해야 한다. 전문의라면 전문 과목별 명칭도 함께 표시할 수 있다.

위반 시 시정명령이 내려지며, 이후에도 적발 시 1차 30만원, 2차 45만원, 3차 70만원의 과태료가 부과될 수 있다.

그림 2-1 출처 : 덴탈아리랑 [282호] 2017.11.29

명찰 패용 사각지대 '여전'

기사승인 [282호] 2017.11.29 15:19:30

가- 가+

– 일부 치과, 병찰 의무화 인식 미흡

일부 치과, 명찰 의무화 인식 미흡
올바른 명찰 기재사항 숙지 필요

의료기관 종사장 명찰 기재 방법

올바른 예시

치과의사 ○○○
₩ ○○치과

치과위생사 ○○○
₩ ○○치과

틀린 예시

상담실장 ○○○
₩ ○○치과

- 면허·자격의 종류와 성명을 함께 표시.
- 소속 부서명 또는 직위·직급 등은 면허·자격의 종류 및 성명과 함께 표시.
- 전문의의 경우 전문과목별 명칭, 전문의 명칭, 직위·직급 명칭을 표시할 수 있다.
- 명찰은 의복에 표시 또는 부착하거나 목에 거는 방식 등으로 표시(인쇄, 각인, 부착, 자수 등)

memo

03 매년 필수 교육

1 : 필수교육(매년)

1) 개인정보보호교육

개인정보보호교육은 제 28조에 따라 개인정보파일을 운용하는 사업장, 단체 및 개인은 반드시 준수하도록 명시되어 있다. 따라서 개인정보보호교육은 근로자 수와 관계없이 모든 사업장에서 매년 1회 실시해야 한다.

교육은 자체교육이나 온라인교육(https://www.privacy.go.kr)을 통해서도 가능하다. 개인정보보호교육은 별도의 처벌 규정은 없으나 혹시라도 개인정보 유출사고가 발생했을 때 현장점검이 진행될 가능성이 있으며, 교육이 되어 있지 않았을 경우 그 책임은 고스란히 기관이 지게 될 수 있다. 치과에서는 차트 관리를 더욱 철저히 하고, 전자차트의 경우 진료실 유니트체어 화면에 차트 혹은 접수자들의 개인정보가 환자에게 노출되는 경우도 있어 주의가 요구된다.

▶ 내부교육 시 교육계획서와 결과보고서, 개인정보내부관리계획서(5인 이상) 필요

2) 성희롱예방교육

직장내 성희롱 예방교육은 5인 이상의 의료기관 및 기업체라면 예외없이 연 1회 이상 실시해야 하는 필수 교육이다. 고용노동부의 실태조사가 나올 수 있으며, 위반 시 200만원의 과태료를 부과 받는다.

① 10인 미만 : 근로자가 알 수 있도록 자료 게시로 충분하다.

② 10인 이상 : 동영상 시청 등 자체교육으로 대체 가능하며 반드시 근로자의 확인서명을 받아 서류를 보관해야 한다.

▶ 교육자료 : 찾기 쉬운 생활법령정보(http://www.mogef.go.kr)

3) 산업안전보건교육(의원으로 상시 근로자가 50명 미만이라면 제외)

산업안전보건법 31조에 명시되어 있는 법정 필수교육으로 치과병원은 치과 안전사고에 해박한 「3년 이상 종사자」를 강사로 하여 자체교육을 진행할 수 있다. 산업안전보건교육은 노동부 지도점검 시 미실시된 경우 500만원 이하의 과태료가 부과될 수 있다.

▶ 분기당 6시간 이상 교육 진행과 이수기록 보관 필요

4) 직장내 장애인 인식교육(2018년 5월 29일부터 시행)

장애인고용촉진법은 이전부터 사업장에 장애인 인식개선 교육의무를 부과하고 있었다. 그러나 벌칙규정이 없어 사실상 이루어지지 않고 있다가 벌칙규정이 신설되어 향후 (2018년 5월 29일부터) 성희롱예방교육이나 개인정보교육처럼 근로감독 점검대상에 포함되었다. 교육진행은 연 1회 60분 이상, 자료는 3년 이상 보관해야 하고, 교육 미실시에는 300만원 이하의 과태료가 부과된다.

▶ 참고 : 한국장애인고용공단(https://www.kead.or.kr)

memo

04 환자에게 고지해야 하는 자료와 설명의무

1 : 환자에게 고지해야 하는 자료

치과에서 환자들에게 고지해야 할 문서들이 많다. 문제는 고지내용이 너무 많다 보니, 환자 대기실에서 효과적으로 내용을 전달하기가 쉽지 않다. 고지 내용은 동영상 형태로 연속적으로 전달하는 것도 가능하여 대기실에 설치된 모니터를 이용해 게시해도 가능하다고 한다. 환자고지의무 동영상은 자체적으로 제작해도 되며 치과의사협회 서울지부 홈페이지(www.sda.or.kr)의 '치과의사존 → 치과필수정보'에서 관련 자료를 다운받아 사용할 수 있다.

그림 4-1 데스크에 게시된 환자 고지 내용

● 환자에게 고지해야 하는 자료

고지해야 하는 자료	비고
• 환자의 권리와 의무	– 위반 시 100만원 이하 과태로
• 비급여 진료비용 및 제증명수수료 발급 비용	– 위반 시 1차 시정명령 2차 업무정지 15일과 300만원 이하 벌금
• 건강보험 본인부담금 안내	– 의료법 제27조 3항에 의거하여 본인부담금의 면제나 할인, 금품제공, 교통편의의 제공 금지
• 현금영수증 발행안내 : 10만원 이상인 경우 의무발행	– 위반 시 50%의 과태료 부과
• 금연구역 안내	– 의료기관은 시설 전체 금연 구역 – 금연구역 지정 위반 500만원 이하 과태료
• 국민건강보험 검진기관 안내	

알고 계신가요?

■ CCTV 설치 사실 고지 의무

개인정보보호법 제24조(안내판의 설치 등)에 의하면 CCTV와 같은 영상정보처리기기를 설치, 운영하기 위해서는 해당 기기가 설치, 운영되고 있음을 정보주체가 쉽게 알아볼 수 있도록 설치해야 한다.

다만, 건물 안에 여러 개의 기기를 설치하는 경우에는 출입구 등 잘 보이는 곳에 해당 시설 또는 장소 전체가 영상정보처리기기 설치지역임을 표시하는 안내판을 설치할 수 있다.

CCTV를 설치, 운영하는 사업자는 ① CCTV 설치 목적 및 장소 ② 촬영범위 및 시간 ③ 관리책임자의 성명 또는 직책 및 연락처 ④ CCTV 수탁자 등의 명칭 및 연락처를 명시해 안내문구를 부착해야 한다.

개인정보보호법은 최근 IT 기술의 발달로 개인정보에 대한 남용이 심각해지자 출현하게 되었으며, 이를 위반할 시에는 벌칙까지 규정되어 있다. 따라서, 개인정보가 집약되어 있는 의료기관에서는 특히 개인정보에 대한 사전동의, 안내판 설치의무, 개인정보 오남용 등과 같은 개인정보보호법을 위반하는 일이 없도록 해야 할 것이다.

그림 4-2 안내 고지문 예시

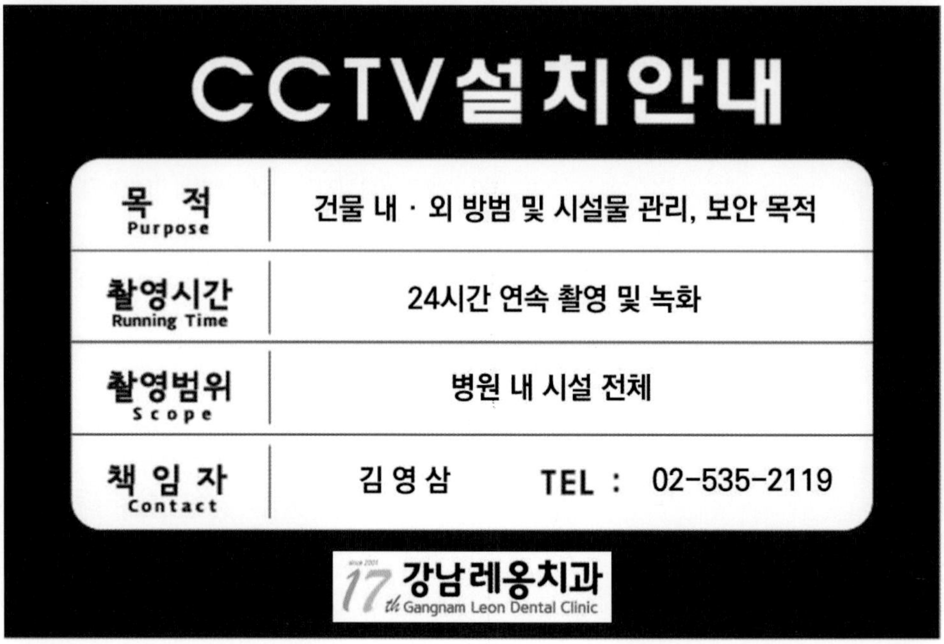

CCTV설치안내

목 적 Purpose	건물 내·외 방범 및 시설물 관리, 보안 목적
촬영시간 Running Time	24시간 연속 촬영 및 녹화
촬영범위 Scope	병원 내 시설 전체
책임자 Contact	김영삼 TEL : 02-535-2119

17th 강남레옹치과 Gangnam Leon Dental Clinic

2 : 수술 등 의사 설명 및 동의 의무

2017년 6월 '설명의무법'이 시행되었다. 설명의무라는 것은 환자는 의사의 치료에 대한 동의를 하기 위해서는 해당 시술에 대한 정보를 의사가 제공해야 할 의무가 있으며, 치료 또는 수술에 대한 설명과 해당 부작용에 대한 것도 반드시 제공을 해야만 한다는 것이다. 설명의무법 시행으로 많은 의료기관이 동의서 양식을 법 규정에 맞게 규격화하고, 환자가 수술 전·후 준수할 사항을 구체적으로 명시하는 등 긍정적인 변화가 일어나고 있다(▶동의서 양식은 「31. 진료비 보상기준 알기」 참고). 그러나 임상현장에서 치과의사가 모든 환자에게 모든 설명을 다하는 것이 쉽지 않다는 게 현실이다. 그러다보니 치과위생사나 간호조무사가 설명을 하는 경우가 많은데 문제는 환자와 분쟁으로 이어졌을 때이다.

"설명한 내용은 환자 동의받고 흔적으로 남기자".

치과에서 임플란트 수술시 환자의 특성이나 환자 본인의 과실로 수술 후 결과가 좋지 않아서 분쟁으로 이어졌을 경우에 시술과정에는 아무런 문제가 없었다고 하더라도 치과의사가 직접적인 설명을 하지 않았다면 설명의무를 다하지 않은 것으로 판단하여 수술 실패에 대한 책임의 일부를 지는 판례가 많다. 즉, 법리적으로는 '의료행위의 전문성에 비추어 부작용 등에 대한 전문적인 지식을 가진 의사가 설명하는 것이 타당하고, 의사가 아닌 의료보조자에게 설명을 위임해서는 안 된다'고 명시하고 있다. 결과적으로 치과의사가 설명을 하고 서명을 받아야 하기 때문에 설명의무 위반의 위험을 최소화하기 위해서는 치과의사가 주요한 내용과 부작용들에 대한 설명을 하고 그 사실을 차트에 기록하고 동의를 받아야 한다.

나아가 진료기록부에 과거력에 대한 질의 여부가 적혀 있지 않거나 과거력이 있는데 환자가 말하지 않아 기록하지 않은 경우도 과거력에 대한 문진을 하지 않았다는 의심을 받을 수 있게 된다. 따라서 수술 동의서에 환자가 직접 과거력에 대한 사항을 작성하도록 하고, 고지하지 않은 과거력으로 인해 발생한 합병증은 환자 책임이라는 내용도 필히 기재하는 것이 안전하다.

> ### 알고 계신가요?
>
> ■ 대리수술 금지법
> **의료법 제24조의 2. 수술의사설명의무(2017. 5. 20)**
>
> 1. 환자에게 발생하거나 발생 가능한 증상의 진단명
> 2. 수술 등의 필요성, 방법 및 내용
> 3. 환자에게 설명을 하는 의사, 치과의사 또는 한의사 및 수술 등에 참여하는 주된 의사, 치과의사 또는 한의사의 성명
> 4. 수술 등에 따라 전형적으로 발생이 예상되는 후유증 또는 부작용
> 5. 수술 등 전후 환자가 준수해야 할 사항
> 6. 환자는 의사, 치과의사, 한의사에게 동의서 사본의 발급을 요청할 수 있다. 이 경우 요청을 받은 의사, 치과의사, 한의사는 정당한 사유가 없으면 이를 거부해서는 안 된다.
> 7. 동의를 받은 사항 중 수술 등의 방법 및 내용, 수술 등에 참여한 주된 의사, 치과의사 또는 한의사가 변경된 경우에는 변경 사유와 내용을 환자에게 서면으로 알려야 한다.
> 8. 설명, 동의 및 고지의 방법, 절차 등 필요한 사항은 대통령령으로 정한다.
>
> – 환자에게 설명을 하지 않거나 서면 동의를 받지 않은 자, 동의사항 변경 후 환자에게 변경 사유와 내용을 서면으로 알리지 아니한 자에게는 300만원 이하의 과태료를 부과한다(동법 제92조)

그림 4-3 출처 : 치과신문 2017. 6.17일자 제 734호

'과태료 300만원•보존기간 2년' 설명의무법 통과

▌ 오는 21일부터 설명의무 의료법 개정안 시행... 치협, 본격 대비 착수

전영선 기자 ys@sda.or.kr | 등록 2017.06.15 18:06:25 | 제734호

오는 21일부터 수술 등 의료인의 설명을 의무화한 의료법 개정안이 전격 시행된다. 이를 위반할 경우 의료기관과 의료인에게 300만원의 과태료가 부과된다.

인터넷, 홈페이지의 의료광고 관련 의료법

스마트폰의 영향으로 정보를 얻기 위한 인터넷 사용 및 의존률은 점점 높아지고 있다. 요즘엔 소개환자도 홈페이지를 확인하고 치과의 여러 가지 정보를 알아보고 나서 방문하는 경향을 보인다. 때문에 홈페이지를 가지고 있지 않으면 병원에 대한 홍보나 환자에 대한 편의를 제공하기에도 어려운 세상이 되었다. 환자들은 짧은 시간에 여러 병원의 정보를 얻을 수 있다는 편리한 인터넷 환경에 점점 더 익숙해지고 있으며, 병원에서는 보다 높은 홍보효과를 기대하며 인터넷 광고에 열을 올리고 있다. 필자의 병원도 홈페이지, 블러그, 카페가 운영되고 있다. 실제로 사랑니 발치 환자는 소개가 가장 많지만 전체 사랑니 발치 환자의 약 40%가 인터넷을 보고 온 환자인 만큼 효과가 크다. 이처럼 홈페이지, 블러그, 카페 등 인터넷 광고는 적극적으로 했을 때 기대효과가 크나, 불법적인 의료광고 형태로 소비자가 피해보는 일은 없어야 할 것이다.

그림 5-1 필자의 병원 홈페이지와 블러그

1 : 강화된 의료기관 포털사이트 의료광고 모니터링

최근 치과 의료기관 포털사이트 의료광고 모니터링이 강화되고 있어 주의를 필요로 한다. 2018년 2월 복지부는 불법의료광고 근절을 위해 모니터링을 예고했다. 모니터링 대상에는 치과 의료기관 홈페이지(의료기관 운영 공식 블로그 등 포함)를 비롯한 포털 사이트 검색어 광고 등 인터넷상에서 이뤄지는 의료광고 전반에 걸쳐서 진행되었다.

2017년에도 보건복지부와 한국인터넷광고재단이 의료 전문 소셜커머스·어플리케이 션, 의료기관 홈페이지에 의료법상 금지된 과도한 환자 유인 및 거짓·과장 의료광고를 한 의료기관 318곳을 적발했다. 2017년 1월 한 달간 성형·미용·비만, 라식·라섹, 치아 교정진료 분야를 중심으로 의료기관 홈페이지에 게재된 의료광고 총 4,693건를 모니터 링했다. 그 결과 의료법 위반은 총 1,286건으로 무려 27.4%에 달했다. 조사한 의료광고 에서 4건 중 1건은 불법의료광고란 해석이다(출처 : 데일리덴탈, 2536호, 2017.08.08.)

의료기관 홈페이지, 어플리케이션 의료광고에서 적발한 대표적 의료광고 유형 (환자유인)

① 비급여 진료항목에 관한 '과도한 가격할인(50% 이상)'
  *판례에 따르면 '원가 이하 할인', '시장 질서를 현저히 해하는 할인'을 의료법 위반에 해당하 는 과도한 할인으로 판단

② 각종 검사나 시술 등을 무료로 추가 제공하는 '끼워팔기'

③ 가족이나 지인과 함께 의료기관을 방문할 경우 각종 혜택을 부여하는 '제3자 유인'
  예 부모님과 함께 방문 시 추가 할인 및 무료 서비스 제공

④ 선착순 혜택을 부여하는 '조건할인'

⑤ 시술이나 수술 지원금액(최대지원 00만원 등)을 제시하는 '금품제공'

※ 본인부담금 면제하거나 할인하는 행위 등 영리를 목적으로 환자를 의료기관이나 의료인에게 소개·알선·유인하는 행위(의료법 제27조 제3항)
  – 환자 유인행위는 의료인 자격정지 2개월 및 3년 이하 징역 또는 3,000만원 이하 벌금에 처할 수 있다.

※ 거짓·과장 의료광고는 의료법 위반행위(제56조 제3항)
  – 거짓·과장 의료광고는 의료기관 업무정지 1~2개월 및 1년 이하 징역 또는 1,000만원 이하 벌금에 처할 수 있다.

2 : 인터넷 홈페이지 광고 시 알아야 할 의료법 준수사항

1) 홈페이지 제작 시 주의해야 할 의료법

(1) 의료기관 명칭은 『의료기관개설신고필증』에 있는 명칭대로 적시

(2) 의료진 약력

① 학회 회원인 경우 '회원'으로만 표시해야 함(정회원 등 표시 금지)
② 현행법률 상 인정되지 않은 분야의 전문의 명칭 사용 금지

(3) 시술 관련

① 시술의 안전성만 표현하고 부작용 표시는 안 함

> 예를들면

- 부작용 표시 없이 '안심하고 맡기셔도 됩니다', '안전한 수술' 등의 표현만 강조
- 시술 관련 부작용 '적음', '거의 없음' 등으로 축소 표현
- 시술 관련 부작용 의문형으로 표현, '출혈과 통증, 멍이 거의 없겠죠?'

▶ 의료 행위나 진료 방법 등의 광고에서 심각한 부작용 등의 중요 정보는 반드시 제공해야 하며, 글씨 크기를 작게 하지 않는 등 소비자들이 잘 확인할 수 있는 방법으로 제시되어야 함.

② 완치, 완성, 책임 진료 등 단정적으로 치료효과를 보장하는 문구 사용 금지
③ 수술장면이나 환부 등을 촬영한 장면은 사용 금지
④ 신의료기술평가를 받지 아니한 신의료기술에 관한 광고 문구 사용 금지
⑤ 통상적인 의학용어가 아닌 독자적으로 만든 의학용어 사용 금지

(4) 환자 사진을 사용할 경우

환자 사진 활용 시 해당 기관에서 진료를 한 환자에 한하여, 동일한 조건에서 촬영되어야 하며, 촬영시기를 명시해야 한다.

(5) 환자의 치료경험담 광고 소재로 활용

환자 치료 후기, 치료 전후 사진 등 환자 치료경험담을 인터넷상(카페, 블로그 등 포함) 개방된 공간에 로그인 등 제한 절차 없이 게시하는 것은 의료법상 의료광고 금지기준에 해당되는 위반사항(의료법 제56조 및 동법 시행령 제23조)이다.

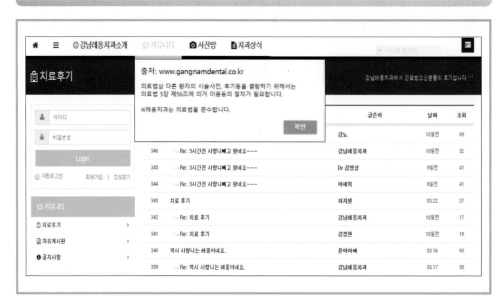

그림 5-2 치료후기와 로그인

(6) 거짓, 과장된 문구

예 '전국 최저가', '전국 최초'와 같은 최상급 표현 사용 금지

(7) 방송, 잡지 등 출연사실 게재 시 캡처 화면만 사용 가능함

방송사, 프로그램명 등 기재 금지

2) 카페, 블로그 등을 통한 의료광고 시 주의해야 할 의료법

최근 의료기관이 카페, 블로그 등을 통해 의료기관 홍보의 일환으로 '바이럴 마케팅'을 진행하는 사례가 증가하고 있다. 이에 보건복지부(2014년)는 주요 질의사항에 대한 해석 기준을 아래와 같이 공개하고 협조 요청하였다.

바이럴 마케팅을 통한 의료광고 시 의료법 준수사항

- 인터넷상의 카페·블러그에서 의료광고 가능 여부
  의료법령에서 금지하고 있는 의료광고 내용을 포함하지 않을 경우에 한하여 의료법인·의료기관·의료인이 주체가 되는 의료광고는 가능
  - 다만, 의료광고임을 알 수 있도록 '의료광고'임을 표시하는 것이 바람직

- 환자의 치료경험담을 카페·블러그에 올리는 경우
  의료법령에서는 환자의 치료경험담 광고를 금지하고 있으므로 치료경험담을 올리는 주체가 환자, 의료인을 불문하고 불가능
  - 치료경험담을 게재하면서 '대가성 게시물'임을 표시한 경우라도 의료법상 금지하는 치료경험담 광고에 해당 가능
  - 실제 치료를 받지 않은 광고대행사 직원 등이 '치료경험담'을 게재한 경우 의료법상 허위·과장 광고에 해당 가능

- 위반 시 처벌 규정
  의료법 제89조에 따라 1년 이하의 징역이나 500만원 이하의 벌금에 처해질 수 있으며, 「의료관계 행정처분 규칙」에 따라 업무정지 등 행정처분이 가능함.

알고 계신가요?

■ 의료법 위반 가능성이 높은 '이벤트 유형'

최근 치과의료기관에서 인터넷 또는 어플리케이션을 활용하여 과도한 가격할인, 이벤트를 진행하는 경우가 있는데, 적발될 시 관련 법령에 따른 조치가 취해진다. 따라서 위법한 이벤트가 되지 않도록 주의해야 하며 비급여 진료 광고 규제 조항을 숙지하고 적용하는 것을 권장한다.

비급여 진료 광고 규제 조항에 따르면, ▶ 이벤트 기간 명시 ▶ 종전가격 명시 ▶의료행위(시술정보)와 환자의 범위 명시하지 않아 일부 할인이 마치 전체의 할인으로 오인하게 만드는 경우 과장광고에 해당하여 의료법 위반으로 보고 있다.

3 : 의료광고 사전심의제도가 부활한다.

지난 2015년 12월 헌법재판소가 의료광고 사전심의를 규정한 의료법 제56조 2항 9호에 대해 8대 1의 의견으로 위헌판결을 내리고, 의료광고의 사전심의를 전면적으로 금지한 바 있다. 이에 따라 불법 의료광고에 대한 규제는 광고 게재 후 단속에 의하거나 재판에 맡겨져 불법 의료광고의 범람과 우려로 2018년 9월 28일 의료광고 사전심의제도가 부활하면서 의료광고에 제동이 걸릴 것이 예상된다.

그림 5-3 출처 : 데일리 덴탈, 2018.03.02

의료광고 사전심의제도 부활

사전심의 대상 버스 광고·휴대폰 앱 포함
국회 본회의 통과… 공포후 5개월 후 시행

김용재 기자 | 등록 2018.03.02 15:56:27   + −

헌법재판소의 위헌 판결을 받았던 의료광고 사전심의제도가 부활하는 한편 사전심의 대상도 버스 등 교통수단 내부 광고, 휴대폰 애플리케이션 등으로 확대될 전망이다.

국회는 지난 2월 28일 본회의를 열고 이 같은 내용의 의료법 개정안 등을 의결했다. 의료광고 사전심의 재도입은 공포 후 6개월이 경과한 날부터 시행될 전망이다.

의료법 개정안에 따르면 의료광고 사전심의제도 재도입에 따라 치협을 비롯한 의료인단체, 소비자단체 등 대통령령으로 정하는 기준을 충족하는 단체는 의료광고에 대한 자율사전심의 및 의료광고 모니터링을 실시하고 그 결과를 보건복지부장관에게 제출해야 한다.

4 : 변화된 의료법과 의료광고 심의 내용, 확인하고 준비하자.

교통수단(지하철·버스 등) 내부에서 광고를 할 경우에도 의무적으로 사전심의를 받도록 하며, 휴대폰 애플리케이션(Application) 등으로 확대되어 위법한 내용의 광고물을 차단할 계획이라고 한다. 앞으로 의료광고 모니터링이 강화될 움직임이 보이며, 특히 여름·겨울방학 등을 고려하여 실시될 전망이니 구체적인 내용을 확인하고 불이익을 당하는 일이 없도록 하자.

● 의료광고 사전심의 대상 매체의 변화

구분	현행법	개정
제1호	신문·인터넷신문, 정기간행물	(좌동)
제2호	현수막, 벽보, 전단 및 교통시설·교통수단에 표시되는 것	현수막, 벽보, 전단 및 교통시설·교통수단에 표시되는 것 (**교통수단 내부에 표시되거나 영상·음성·음향 및 이들의 조합으로 이루어진 광고를 포함한다)
제3호	전광판	(좌동)
제4호	대통령령으로 정하는 인터넷 매체	대통령령으로 정하는 인터넷 매체 (**이동통신단말장치에서 이용되는 애플리케이션(Application)을 포함한다)
제5호	<신설>	**그 밖에 매체의 성질, 영향력 등을 고려하여 대통령령으로 정하는 광고매체

** 신설된 내용

그림 5-4 참고 : 의료광고에 관한 의료법

의료법

[시행일 2018.9.28.][법률 제14438호, 2018.3.27., 일부개정]

보건복지부 (보건의료정책과) 044-202-2402

제5장 의료광고

제56조(의료광고의 금지 등) ① 의료기관 개설자, 의료기관의 장 또는 의료인(이하 "의료인 등"이라 한다)이 아닌 자는 의료에 관한 광고(의료인등이 신문·잡지·음성·음향·영상·인터넷·인쇄물·간판, 그 밖의 방법에 의하여 의료행위, 의료기관 및 의료인등에 대한 정보를 소비자에게 나타내거나 알리는 행위를 말한다. 이하 "의료광고"라 한다)를 하지 못한다. 〈개정 2018.3.27.〉

② 의료인 등은 다음 각 호의 어느 하나에 해당하는 의료광고를 하지 못한다. 〈개정 2009.1.30., 2016.5.29., 2018.3.27.〉

1. 제53조에 따른 평가를 받지 아니한 신의료기술에 관한 광고
2. 환자에 관한 치료경험담 등 소비자로 하여금 치료 효과를 오인하게 할 우려가 있는 내용의 광고
3. 거짓된 내용을 표시하는 광고
4. 다른 의료인 등의 기능 또는 진료 방법과 비교하는 내용의 광고
5. 다른 의료인 등을 비방하는 내용의 광고
6. 수술 장면 등 직접적인 시술행위를 노출하는 내용의 광고
7. 의료인 등의 기능, 진료 방법과 관련하여 심각한 부작용 등 중요한 정보를 누락하는 광고
8. 객관적인 사실을 과장하는 내용의 광고
9. 법적 근거가 없는 자격이나 명칭을 표방하는 내용의 광고
10. 신문, 방송, 잡지 등을 이용하여 기사(記事) 또는 전문가의 의견 형태로 표현되는 광고
11. 제57조에 따른 심의를 받지 아니하거나 심의 받은 내용과 다른 내용의 광고
12. 제27조 제3항에 따라 외국인환자를 유치하기 위한 국내광고
13. 소비자를 속이거나 소비자로 하여금 잘못 알게 할 우려가 있는 방법으로 제45조에 따른 비급여 진료비용을 할인하거나 면제하는 내용의 광고
14. 각종 상장·감사장 등을 이용하는 광고 또는 인증·보증·추천을 받았다는 내용을 사용하거나 이와 유사한 내용을 표현하는 광고. 다만, 다음 각 목의 어느 하나에 해당하는 경우는 제외한다.
    가. 제58조에 따른 의료기관 인증을 표시한 광고
    나. 「정부조직법」 제2조부터 제4조까지의 규정에 따른 중앙행정기관·특별지방행정기관 및 그 부속기관, 「지방자치법」 제2조에 따른 지방자치단체 또는 「공공기관의 운영에 관한 법률」 제4조에 따른 공공기관으로부터 받은 인증·보증을 표시한 광고
    다. 다른 법령에 따라 받은 인증·보증을 표시한 광고
    라. 세계보건기구와 협력을 맺은 국제평가기구로부터 받은 인증을 표시한 광고 등 대통령령으로 정하는 광고
15. 그 밖에 의료광고의 방법 또는 내용이 국민의 보건과 건전한 의료경쟁의 질서를 해치거나 소비자에게 피해를 줄 우려가 있는 것으로서 대통령령으로 정하는 내용의 광고

③ 의료광고는 다음 각 호의 방법으로는 하지 못한다. 〈개정 2018.3.27.〉

1. 「방송법」 제2조제1호의 방송
2. 그 밖에 국민의 보건과 건전한 의료경쟁의 질서를 유지하기 위하여 제한할 필요가 있는 경우로서 대통령령으로 정하는 방법

④ 제2항에 따라 금지되는 의료광고의 구체적인 내용 등 의료광고에 관하여 필요한 사항은 대통령령으로 정한다. 〈개정 2018.3.27.〉

⑤ 보건복지부장관, 시장·군수·구청장은 제2항 제2호부터 제5호까지 및 제7호부터 제9호까지를 위반한 의료인등에 대하여 제63조, 제64조 및 제67조에 따른 처분을 하려는 경우에는 지체 없이 그 내용을 공정거래위원회에 통보하여야 한다. 〈신설 2016.5.29., 2018.3.27.〉

[단순위헌, 2015헌바75, 2015.12.23. 의료법(2009. 1. 30. 법률 제9386호로 개정된 것) 제56조 제2항 제11호 중 '제57조에 따른 심의를 받지 아니한 광고' 부분은 헌법에 위반된다.]

[시행일 : 2018.9.28.] 제56조

'치과근무자로 일한다는 것'은 괜찮은 직업일까?

우리나라에서 치과위생사로 대표되는 '치과근무자'란 직업의 사회·경제적 위치는 어떠할까? 이 장에서는 해당 직업에 관하여, 지극히 개인적인 견해를 이야기해보려 한다.

1 : '생활 밀착형 현실주의자' 인 필자가 봤을 때 괜찮은 직업

필자는 가난한 시골집 출신이다. 어릴 적 아버지께서는 "우리보다 가난한 집들이 훨씬 많다."는 말씀을 자주 하셔서, 우리 집이 중산층 정도는 되는 것으로 생각했지만 그건 아버지만의 생각이었던 것 같다. 아버지께선 늘 새로운 사업을 구상하고 실천하셨지만, 대부분 성공적이진 않았다. 때문에 우리가족은 경제적으로 풍요롭지 못했고, 자식들은 자연스럽게 생활력이 강한 어머니를 좀 더 의지하게 되었다. 허황된 꿈보다는 현실적으로 살아야 한다는 것을 깨달은 채 말이다.

"동생의 직업은 치과기공사이다."

그 당시 합격한 4년제 대학을 마다하고, 지금의 치과기공과에 합격만을 기다렸다. 동생은 입학식인 3월이 지나고서야 합격통보를 받아 다니게 되었고, 마흔이 넘은 지금까지도 본인의 직업을 믿으며 열심히 살고 있다.

"동생 아내의 직업은 치과위생사이다"

현재 3형제를 키우면서도 현업에 종사하고 있으며 여느 대기업 사원 부럽지 않은 직장생활을 하고 있다. 그녀의 동생의 직업 또한 치과위생사이다. 심지어 필자의 사촌동생 중에서도 두 명이나, 그리고 필자가 가장 아끼는 사촌동생까지도 그들의 직업은 치과위생사이다. 모두 서른이 훌쩍 넘은 나이에도 열심히 치과근무자로서 임하고 있다. 나의 가족들의 직업이 '치과근무자'인 경우가 많은 이유는 아마 필자가 '치과의사'라는 직업을 가졌기 때문의 영향이 크지만 다른 큰 이유는, '생활 밀착형 현실주의자'인 필자가 그만큼 '치과위생사'라는 직업을 우호적으로 생각하여 적극 추천하였기 때문이다.

우리나라 평균 소득으로 본, '치과근무자' 의 사회·경제적 위치.

국세청의 2017년 국세통계에 따르면 '2016년 기준 일자리 행정통계' 분석결과 근로소득자 1,774만명의 평균연봉은 3,360만원으로 조사되었다.

월급으로 따지면 280만원 정도로, 여기에는 초과근무 등 각종 수당 및 보너스 등이 포함된 총 금액을 말한다.

그림 7-1 출처 : 이투데이 2017. 11. 21

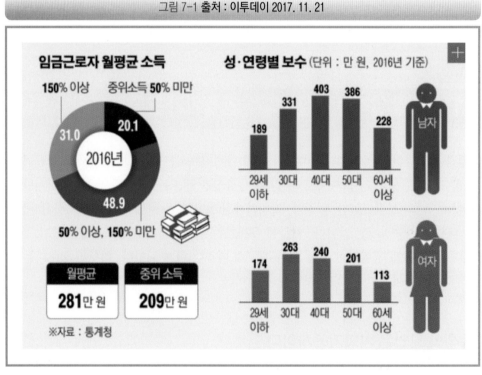

여기서 최근에 필자가 본 트윗 내용 하나를 올려본다.

그림 7-2의 트윗 내용을 한 번 읽어보자.

월급 200만원 받고 살기가 힘들다는 글에 같은 여성분들의 댓글이 왜 부정적일까?

근로자 평균 월급이 280만원이면, 200만원 받는 근로자가 투덜거리는 것도 당연한 것처럼 보이는데 말이다.

바로 이어지는 트윗에 해답이 있다.

우리나라에서는 남녀의 소득차이가 심하기 때문이다. 필자가 예전에 본 2012년 자료에 의하면 여성급여는 남성급여의 58.7%였다. 최근 많이 개선이 되고 있다고 하지만, 아직도 OECD에서도 매우 낮은 수준이다.

그림 7-2 **트윗 의견**

↻ 귀를기울이는, ▆ 님이 리트윗했습니다

이비빔
한 여초 커뮤니티에서 월급 2백만원에 적금도 넣
으며 살기 너무 힘들다는 글을 봤는데 댓글들이 2
백 받는게 어디냐 글쓴이가 과소비하는 것 아니냐
더 적게버는 사람도 있는데 어디서 엄한 소리하
냐... 라는 반응들이 많아서 질겁하고 나왔다

💬 1　　　↻ 1,642　　　♡ 158　　　✉

이비빔
이비빔:에게 보내는 답글
하지만 이 표를 보면 좀 이해가 가기도 한게 17년
자료인데 남자는 평균소득 390만원에 중위소득
300만원인데 여자는 평균소득 236만에 중위소
득 179만이다. 여성노동자의 반 이상이 2백도 채
못받고 근무하고 있으니 다들 각박해질 수 밖에...

　그러나 소득에서 중요한 건 평균소득이 아니라 중위소득이다. 100명의 소득의 평균을 내보면 평균소득에 해당하는 사람은 대부분 상위 30% 정도 수준이다. 소득이 매우 많은 사람이 평균을 많이 끌어올려 놓기 때문이다. 그래서 평균소득의 정도를 알아보려면 100명의 평균이 아니라, 50번째 있는 사람의 소득을 보는데, 통계학적으로는 중간값, 소득으로는 중위소득이라고 표현한다. 그래서 우리나라 여성근로자의 중위소득은 179만원으로 실수령액으로 따지면 160만원 정도가 되는 것이다. 그렇다보니 월급 200만원인 여자는 상위권의 소득인 것이다(참고로 아직도 치과직원들 중에는 실 수령액을 기준으로 월급을 받다보니 잘 모르는 사람들도 많지만, 모든 통계에서 나오는 소득은 당연히 세전 소득으로 거기서 제세공과금을 제외하면 훨씬 줄어들게 된다).

그림 7-3 **자료: 통계청 16. 06.22/뉴시스그래픽**

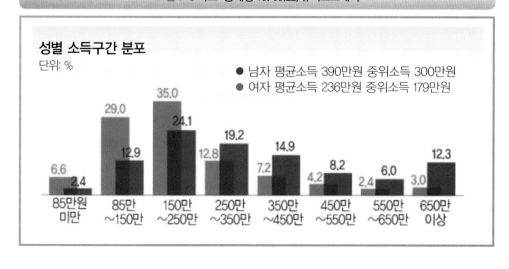

성별 소득구간 분포
단위: %

● 남자 평균소득 390만원 중위소득 300만원
● 여자 평균소득 236만원 중위소득 179만원

이보다 조금 이전 자료인 2010~2014년 국세청 근로소득세 구간별 자료를 분석해보면 전체근로자의 27.6%가 최저임금(당시 최저임금은 현재보다 훨씬 낮음) 미만이었다. 그리고 전체 근로자의 절반 가까이가 연소득 2,000만 원 이하인 것으로 나타났다.

2 : 내가 가진 것. 현재 나의 직업을 즐기자.

물론 우리가 이런 자료에서 상대적 우의를 점한 것에 우쭐하자는 것은 아니다. 그래도 인생을 살면서 무조건 위로만 보면, 너무 슬프지 않은가? 이럴 때는 우리 아버지 같은 긍정적인 마인드가 필요하다. 치과위생사로 직장생활을 시작하면 취직도 쉽고, 시작하자마자 그대로 중위소득은 보장되는 편이다. 경력이 쌓이면서 바로 평균소득을 지날 것이고 비슷한 또래의 남자들 군대 갔다와서 취직할 나이가 되면, 그때 치과위생사들의 소득은 또래 남자들의 평균소득에 근접하게 되므로 같은 나이의 남자 근로자의 평균에 비해서는 훨씬 높게 된다. 이러다 보니, 매우 현실적인 필자는 당연하게도 주변 사람들을 치위생(학)과에 많이 추천하는 것 아니겠는가?

IMF를 맞이해서 직장을 그만둔 필자의 누나는 20대 후반에 대학에 입학하였는데, 40대 중반이 넘은 지금도 그 때에 치위생(학)과에 입학하지 않은 것을 후회한다. 모두에게 적용되지는 않지만 '치과위생사'와 같은 나름의 전문분야가 아니라, 보편적인 과를 졸업하여 불특정 다수들과 경쟁하는 분야라면 경쟁의 정도가 훨씬 심한 것이 사실이다.

물론 우리는 모두 자기가 해보고 싶은 일이 있고, 그 꿈이 있다.

누구나 '스타벅스' 같은 멋있는 커피숍을 만들어 보고 싶을 것이고, 대대로 물려줄 만한 맛집, 누구나 알만한 브랜드의 상품을 만들고 싶은 욕구도 있을 것이다. 충분히 먹고 살만한 필자도 그런 일들이 하고 싶고 충동이 느껴지는데, 일반 직장인들은 오죽할까 하는 생각도 든다. 그러나 필자가 굳이 이 장에서 자영업의 어려움에 관해 말할 필요는 없는 것 같다.

이는 필자가 하는 '성공 개원 세미나'나 '상담강의'에서는 늘 이야기하는 내용이다.

해당 강의를 듣지 않았다 하더라도, 누구나 주변서 매일같이 늘어나는 편의점과 치킨집 그리고 그와 관련된 넘쳐나는 뉴스들을 여러 번 보았다면 이미 알고 있을 것이라 생각한다.

그렇다면, 그냥 '치과위생사'라는 직업 하나에만 집중해서 생각해보자. 필자도 비슷한 고민을 하고 있기 때문에 잘 알고 있다. 서비스업이라 정신적으로 힘들지만, 솔직히 육체적으로 힘든 것도 무시할 수 없다. 어느 직업군이나 마찬가지겠지만, 특히 저년차일 때는 육체적, 정신적 피로가 더욱 심한 것도 이해한다. 그러나 세상사는 것이 어디 쉬운 것이 있을까... 다른 직업군에 비교하면 그래도 아직은 '할만한 직업'이라는 생각이 드는 것은 나쁜인 것일까?

아래 글은 2017년 초에 필자보다 조금 어린 고년차 치과위생사의 글이다.

힘든 하루를 돌아보면서 생각보다 세상 사람들도 힘들게 산다는 것을 깨닫고 상대적으로 직업에 만족한다는 글이다.

그림 7-4 어느 고년차 치과위생사의 글

그렇다면 고년차 치과위생사가 위안을 받은 기사는 무슨 내용일까?

그림 7-5 출처 : 한경 BUSINESS 2017.01.03

한경BUSINESS

"평균 월급 300만원에 7시 30분 퇴근"

본문듣기   설정

기사입력 2017.01.03 오후 5:18

980   320

가 가

[커버스토리 = '희망 회복 2017' 프로젝트① 대한민국의 과장들 : 산업 현장 속 과장의 삶]
30대 후반 과장이 월급에 가장 민감...이직의 최우선 고려 사항도 '급여'

월 급여 수준

500만원 이상
11.8%
200만원 이하
7.6%
300만~
400만원
32.8%
400만~
500만원
16.2%
200만~
300만원
31.6%

직급에 맞는 사내 영향력 여부

잘 모르겠다 4.0%
자신의 직급에 비교해 영향력이 크다
14.2%
영향력이 전혀 없다
1.8%
자신의 직급에 걸맞은 영향력이 있다
55.0%
자신의 직급에 비해 영향력이 작다
25.0%

'우리나라 30대 후반 회사의 과장 정도의 위치인 직장인이 가장 바라는 것은 월급 300만원에 7시 30분 퇴근'이라는 기사이다. 기사의 다른 내용이나 현실적인 것을 감안하면 일반 직장인들의 삶이 얼마나 팍팍한가를 볼 수 있다. 또한 대부분의 회사원들이 대부분 아침 8시 이전에 출근하는 것을 감안하면 근무시간은 훨씬 더 많다고 볼 수 있다. 저 글을 쓴 고년차 치과위생사는 이러한 점을 감안하면 자기는 이보다 훨씬 더 좋은 조건에서 근무한다고 위안을 받았다는 것이다.

모두 상대적이다. 필자도 고교시절 필자보다 공부 못했던 친구들이 돈 잘 벌고 잘 사는 거 보면, 배 아프기도 하다. 필자 고등학교 친구들 중에 각종 의사가 거의 30명에 가까운데 늘 그 속에서 필자도 나의 위치는 어떠한가? 비교해 보기도 한다. 그러나 가끔 정말 똑똑하고 공부 잘하던 친구들 중에 아직도 일이 잘 풀리지 않아서 제대로 정착도 못한 친구들을 보면 안쓰럽기도 하다.

행복은 갖지 못하는 것을 갖으려고 노력하는 것이 아니라, 가진 것을 즐기는 데 있다는 명언을 다시 한 번 상기해 보길 바란다. 필자도 스스로 내 직업에 대해서 회의적인 생각이 들 때가 있지만, 위 명언을 생각해보고 누군가는 그토록 되고 싶은 치과의사니까, 나는 우선 내가 가진 것을 즐겨보려고 한다. 우리도 현재의 자기가 가진 것을 사랑하고 아끼는 것으로부터 '행복'을 시작해보도록 하자.

치과인의 마음가짐 07

1 : 불확실성의 시대에 치과인의 운명은?

사회의 양극화가 매우 심화되고 있다는 얘기가 여기저기서 심심치 않게 들려온다. 경제를 튼튼하게 받쳐주는 사회의 중산층이 사라지고 10%가 안 되는 소수의 부유층을 제외한 나머지는 하류층으로 전락한다는 양극화 현상은 극복해야 할 사회문제라고는 하지만, 언젠가부터는 점점 이런 모습들을 당연시하게 인식되고 있다. 높아지는 실업률로 소득이 줄고, 소비가 위축되고, 제조업에서 서비스업까지 전 산업분야에서 가격경쟁이 심해지면서 기업들은 구조조정이라는 구호 아래 다시 실업을 양산하는 악순환이 계속되고 있다.

경제적 악순환의 고리를 끊고, 고용이 소비를 촉진시키고 다시 소비가 생산성을 높여주는 선순환 체제로 옮겨 타기 위해서 정부에서는 공공부분의 고용을 늘리기 위해 예산을 투자하고, 개인들은 전문성을 확보한 지식근로자가 되기 위해 많은 노력을 기울이고 있다.

이런 측면에서 볼 때 치과종사자들의 직업전망은 현재보다도 미래가 밝을 것이다. 사회·경제적 위치 또한 지금보다도 좋아질 것이라고 예상된다. 누구나 쉽게 할 수 있는 일이 아닌 전문적인 교육을 받아야 하는 지식근로자이며, 취업률이 매우 높은 전문 서비스직이라는 점은 언제까지 지속될지 모를 불확실한 경제시대에 상당히 높은 직업적 메리트를 가진다고 생각된다.

의료계는 사회 각 분야 중 가장 늦게 변화하는 분야 중 하나이다. 그러나 요 근래에는 의료계에도 강한 변화의 바람이 불고 있다. 최근 10여년 간의 의료 환경은 과거 수십 년 간 변해온 것에 비해 몇 곱절 크게 변하고 있다. 대형 병원과 네트워크형 병원이 속속 들어서고 있고 소규모로 운영해오던 개인 병원들도 이들과의 경쟁을 위해 다양한 각도로 노력을 기울이고 있다.

영화에서 포레스트 검프의 어머니는 어린 검프에게 '인생은 초콜릿 박스와 같은 것'이라고 말한다. 상자를 열었을 때 그 안에서 어떤 것이 나올지는 모르지만 가슴 설레면서 열어볼 충분한 가치가 있다. 치과인들의 미래도 비슷하지 않을까? 변화하는 의료 환경은 보다 뛰어난 전문가를 원하고 있고, 그에 걸맞는 프로의식을(친절과 실력은 기본 중

43

에 기본이다) 갖춘다면 '치과인들의 미래는 초콜렛 박스와 같은 것'이 되기에 충분하다.

그러나 구성원들이 직장을 자주 옮기는 것은 본인의 실패를 시인하는 가장 으뜸가는 행위라는 점을 알아야 한다. 내가 어느 치과에서 일을 하고 어느 위치에 있든 내가 소속된 치과가 제일이고 내가 하는 일이야말로 가장 가치 있는 일이라고 생각하며, 지금보다 나은 전문가가 되기 위해 노력한다면 불확실성의 시대를 충분히 헤쳐나갈 수 있으리라고 확신한다. 의료산업의 선진화가 가속되는 이 시점이야 말로 뛰어난 치과인들에게는 보다 많은 기회가 열려 있다는 점을 명심해야 할 것이다.

2 : 치과인의 마음가짐

앞서 말했듯 치과인들의 미래는 밝다. 자신의 노력여하에 따라서 자신이 이룰 수 있는 위치도 달라질 수 있다. 하지만 여전히 치과종사자들은 힘든 직업이기도 하다. 짜증섞인 표정의 아픈 사람들을 상대해야 하고, 전문직종이다보니 다른 직종에 있는 사람들에게 직업적 고충을 털어놓기가 힘들고 대인관계도 좁아지기 쉽다. 힘들고 지칠 때면 '내가 왜 이런 일을 하고 있나'라는 생각이 들 수도 있다.

이런 저런 어려움이 있겠지만, 그럴 때마다 좌절하고 낙심하고 있을 수만은 없다. 비관적인 생각들은 자신을 더욱 비참한 패배자로 만들 뿐이다. 어느 직업이나 마찬가지이겠지만 능력 있는 치과인이 되기 위해서는 안 좋은 일은 빨리 잊어버리고, 자신의 일에 자신감을 갖고 보람을 찾을 수 있는 긍정적인 마인드가 절대적으로 필요하다. 자신의 일을 즐길 수 있는 치과인이 되는데 도움이 될 만한 마음가짐을 몇 가지 제안해 보도록 하겠다.

첫째, 환자를 사랑하자

치과에 오는 사람들이 모두 아파서 오는 것은 아닐 것이다. 그러다보니 최근 치과에서는 내원하는 사람들을 '환자'라는 단어로 일반화하기 보다는 '고객'으로 부르는 것이 바람직하다고 보고 있다. 고객과 나와의 관계를 생각해보자. 고객은 나에게 일할 수 있는 기회와 역할을 제공한다. 고객이 없다면 나는 그러한 기회와 역할조차 가질 수 없다는 점을 기억하자. 그 대가로 내가 고객에게 제공해야 하는 것이 바로 서비스이다. 특히, 아파서 치과를 방문한 환자라면 우리가 기분 좋은 도움을 줄 수 있는 상황은 많아질 것이다. 이런 의미에서 본 교재에서는 임상파트에서 친근한 용어인 '환자'로 일관되게 사용하였다.

환자들은 진정성이 느껴지는 서비스를 받을 때 감동한다고 한다. 진정성은 환자를 사랑하는 마음에서 나온다. 우리가 사랑하는 사람이 생기면 어떻게 하는지 생각해보자.

잘 보이고 싶어서 상대를 관찰하고 연구한다. 또 힘든 일이든 좋은 일이든 함께 공감한다. 시간이 지나면 서로 눈빛만 봐도 생각을 알 수 있는 편안함을 느낀다. 내가 환자를 사랑한다는 것은 이와 비슷하지 않을까? 환자가 진정으로 원하는 것이 무엇인지 관찰하고 원하는 서비스를 제공한다. 또한 공감하고, 배려하는 마음으로 진료에 임하면 편안함을 느낀 환자는 고객 감동으로 이어질 것은 당연한 결과가 아닐까 싶다.

때론 환자가 요구하는 것이 많아질 때도 있고, 감정을 상하게 하는 언행을 하는 경우도 많다. 이럴 땐 경험이 많은 배테랑 선배도 참기가 힘들단 얘기도 종종 듣는다. '하나의 치아는 한 사람의 인생' 이라는 어느 치과의 슬로건처럼 우리는 한 사람의 생애에서 건강한 삶을 유지하는데 있어서 큰 역할을 한다는 책임감과 사명감을 가져야 한다. 참으로 가치 있는 일을 하는 사람들인 건 분명하고, 그러한 가치는 환자와의 좋은 관계 속에서 더욱 빛이 날 것이다.

둘째, 병원을 사랑하자.

대학시절 한 친구가 있었다. 그 친구는 모든 옷과 신발을 나이키만 입고 다녀서 나를 포함한 친구들이 많이 부러워했었는데, 사실 이 친구에게도 값비싼 나이키 옷만을 입을 수밖에 없는 고충이 있었다. 그 친구의 형이 나이키 본사에서 근무를 하는 통에 다른 브랜드의 옷이나 신발을 사면 형한테 한소리 듣게 마련이어서 비싸도 울며 겨자먹기로 사서 입고 다닌다는 것이었다. 지금 생각해보면 그 친구의 형은 자신의 회사에 대한 프라이드가 매우 강했던 것 같다. 그 분이 자기 동생에게 나이키 제품을 강요했다고 해서 나이키 사장님이 알아줄리 만무하지만, 이 분은 자신의 회사가 잘 되어야 본인도 잘 된다는 사실을 잘 알고 있었던 것만은 분명하다.

자신이 속해 있는 병원에 대한 애사심과 프라이드가 있어야 자신의 능력을 100% 발휘할 수 있다. 내가 있는 곳이 최고라고 생각할 때, 내가 하는 일에도 최고의 가치를 부여할 수 있으며, 보람을 찾을 수 있는 것이다. 지금 내가 일하고 있는 병원이 좀 오래되어서 낡은 병원일 수도 있고, 좁아서 답답한 작은 병원일 수도 있다. 하지만 나에게는 하루의 대부분을 보내고 있는 소중한 일터이다. 마음을 고쳐먹고 병원을 사랑하는 마음으로 다시 한 번 돌아보자. 오래 되어서 낡은 것이 아니라 그만큼의 세월을 견뎌낸 전통있는 병원이고, 답답하고 작은 병원이 아니고, 가족 같은 분위기의 따뜻하고 아담한 병원이 아닌지...

셋째, 원장님은 우리병원의 최고의 상품이다.
항상 존경하고 멋지게 포장해야 한다.

구둣가게에서는 신발을 팔고, 옷가게에서는 옷을 팔고 있다. 그렇다면 우리치과에서는 무엇을 해서 수익을 내고 있을까... 임플란트? 교정? 심미보철?... 이것저것 생각을 해보겠지만 치과 최고의 상품은 원장님이라는 생각을 가져야 한다. 어찌됐건 환자들은 원장님의 진료행위에 대해 만족과 불만족을 표시하고, 그 대가를 지불한다.

구두를 잘 팔기 위해서는 매일매일 구두에 광을 내놓고 내가 파는 구두가 손님들 마음에 들 수 있도록 멋지게 치장을 해 놓아야 하듯이 병원에서는 우리병원 최고의 상품인 원장님을 멋지게 포장해야 한다. 환자들 앞에서는 항상 원장님에 대한 존경심을 표현해야 하고, 원장님의 가운이 구겨지거나 더러워지진 않았는지, 머리는 단정한지, 진료하시는데 많이 힘들어 하시는 부분이 있는지 항상 살펴서 최상의 컨디션을 유지할 수 있도록 해야 한다.

넷째, 동료 직원들을 사랑하자.

선·후배를 포함하여 자신과 일하고 있는 동료들은, 내가 병원에서 일하면서 가장 가까이 있는 사람들이다. 시기만 다를 뿐 관련 학과 졸업 후 병원에 들어와서 비슷한 과정을 거쳐 각자의 위치에 있는 사람들이다. 선배의 모습이 나의 몇 년 후의 모습일 것이고, 나의 몇 년 전 모습이 내 후배의 모습이기 때문이다.

치과에서 근무하면서 생기는 문제들을 내 가족이나 동네 친구들보다도 잘 이해해줄 수 있는 사람들이다.

동료들은 나보다 뛰어난 나의 조력자라고 생각해보자. 내가 능력이 조금 부족하지만, 저 친구가 열심히 일해 주는 덕에 나도 먹고 산다고 생각하면 동료들이 고맙고 사랑스러워질 것이다.

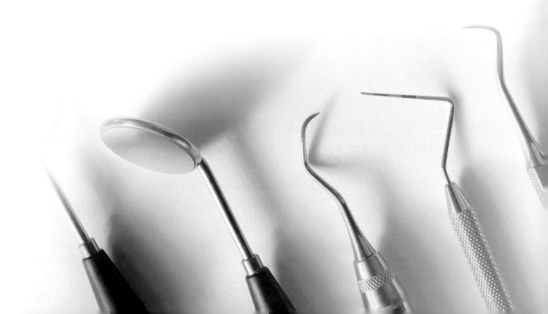

치과조직에서 이쁨받기

학교에서는 우리의 재능을 점수로 환산하여 평가했었다. 그러나 점수만이 인생의 전부가 아니듯이 학교성적이 좋은 학생이 사회에서도 반드시 우수한 사람으로 연결되지는 않는다. 사회에서는 성적이나 점수라는 숫자로 표시되는 것이 아니라 일의 성실도, 자신의 인품, 인간관계의 유대감 등 주로 주위사람들의 평가에 의해 공론으로 능력이 결정되는 경향이 커진다.

직장생활에서 성공하기 위해서는 거짓된 모습이 아니라 진실된 모습으로 선배나 원장님에게 비춰지는 것이 중요하다.

아래에 기본적인 몇 가지를 적어보았다.

① 반드시 출근시간 15분 전에 도착해라.
② 항상 부지런한 사람으로 보여라.
③ 눈이 마주치면 먼저 인사해라. 만약 인사를 먼저 받게 되는 경우 반드시 답례를 해라.
④ 몸치장은 늘 단정히 해라.
⑤ 잡일을 자진해서 하라.
⑥ 항상 명랑하게 "예"하고 대답해라.
⑦ 쉬운 일도 소홀히 다루지 마라.
⑧ 기어서라도 출근하라.
⑨ 꾸중을 들을 때도 언제나 대답을 하고, 똑같은 일로 다시 꾸중 듣지 않도록 해라.
⑩ 내가 후배에게 대접받길 원한다면 선배를 먼저 대접해줘라.
⑪ 항상 웃어라.
⑫ 좋은 선배를 찾아 장점을 배워라.
⑬ 늘 메모하는 습관을 들여 작은 것도 기억하도록 해라.
⑭ 떨어져 있는 휴지 조각을 주워라.
⑮ 선배보다 먼저 자리에 앉아 쉬지 마라.

칭찬이 먼저다.

누군가가 멋진 성과를 냈다면 질투하지 말고 칭찬하자. 또한 내가 성과를 내지 못했다고 해서 다른 동료를 탓하지 말자. 앞서 언급했던 2014년 러시아전 축구 경기에서 박주영이 보여주었던 동료를 향한 '박주영의 따봉'처럼 동료에 대한 배려와 존중, 팀을 먼저 생각하는 리더십을 갖추자.

직장생활을 하게 되면 하루에 반나절 이상을 일하는 사람들과 같이 생활을 하게 된다. 스트레스를 받을 때도 있고 일을 하면서 부딪치는 경우도 많다.

사람과 사람이 만나서 일을 하는 곳이므로 서로 좋은 이미지를 가지고 일을 한다고 해서 나쁠 것은 없다. 그리고 이왕 일을 하는데 내가 좀 더 이쁨을 받을 수 있다면 승진을 할 때도 유리할 것이고 좀 더 편안한 병원생활을 할 수 있지 않겠는가.

어떤 곳에서 일을 하든지 나를 필요로 하는 사람들이 많도록 만들어야 한다.

내가 그곳을 떠나더라도 나를 떠올렸을 때 괜찮은 사람으로 비춰질 수 있도록 말이다.

환자가 열광하는 치과인되는 법

치과에서 치과인으로서 성공하길 원한다면 우선 환자에게 인정을 받아야 한다. 환자가 나를 찾아주고, 나에 대해 칭찬하는 것을 다른 직원이나 원장님이 알게 된다면 나에 대한 평가는 말할 필요가 없는 것이다. 환자가 인정해 주면 나는 일 잘하는 직원이 되는 것이다. 또한 환자와 유대관계를 가지게 되면 차후 병원과의 일에서 문제가 있을 때도 쉽게 해결할 수 있다.

1 : 환자의 신뢰를 얻을 수 있는 조건

첫째, 임상에 관한 지식과 능력

환자들은 치과에서 진료하는 어떤 진료라도 담당 치과인이 해당 진료에 관한 필요성, 주의사항, 부가적 진료, 새로운 의료기술에 대해 잘 알고 환자에게 맞게 설명해 주기를 기대한다. 또한 능숙한 사람에게 편안한 진료 받기를 기대한다.

둘째, 소속 치과 병·의원에 관한 지식

환자들은 구성원 개개인을 치과를 대표하는 사람이라고 생각한다. 병원에 대한 가치와 히스토리를 잘 알고, 프로세스를 잘 아는 권한 있는 사람과 얘기하길 원한다. 그러므로 환자들은 담당 업무 외에 다른 업무도 잘 알고 있기를 기대한다.

셋째, 경청의 기술

환자들은 자신의 특정한 욕구를 당신에게 설명할 때 상대방이 귀 기울여 듣고 이해하여 그것에 대응해주기를 기대한다. 그리고 당신이 주의 깊게 듣고 일을 제대로 수행해서 다시 반복해서 말하지 않아도 되기를 기대한다.

넷째, 문제 해결 기술

환자들은 불편 혹은 불만사항이 발생하면, 표현된 욕구를 치과인이 나서서 신속하게 처리해주기를 기대한다. 만약 권한 밖의 일이라면 환자들은 최소한 그들의 요구를 해결해 줄 사람에게 안내해주기를 기대한다.

그렇다면 우선 환자가 좋아하는 치과인이 되려면 어떻게 해야 하는가? 생각보다 어렵지 않다. 치과에 오는 사람들은 대부분 아프고 불편해서 온다. 이런 분들에게 조금만 따뜻하게 해 줘도 감동 먹는다. 내가 아팠던 때를 생각해보라.

2 : 환자가 좋아하는 치과인이 되는 접근 방법

첫째, 늘 밝은 미소를 띠어라.

웃는 얼굴에 침 못 뱉는다는 말이 있듯이 항상 미소를 띠고 있는 직원은 언제나 예뻐 보이고 편안해 보인다.

둘째, 환자의 이름과 얼굴을 기억하라.

내 얼굴을 기억해주고 이름을 불러준다면 그 환자에게 반 이상은 다가간 것이다. 나를 기억해 준다는 것만큼 큰 관심은 없다. 김춘수의 '꽃'을 생각해보라. 내가 환자의 이름을 불러주기 전까지는 다만 하나의 몸짓에 지나지 않지만, 환자의 이름을 부르는 순간 그 환자는 내게 와서 '꽃'이 될 수 있다.

셋째, 환자에게 늘 설명하고 얘기해줘라.

스케일링을 할 때야 말로 나는 알고 있지만 환자는 모르는 자신의 입속을 얘기해 줄 수 있는 좋은 기회이다. 게다가 환자는 대꾸하기 어렵기 때문에 내 얘기를 들을 수밖에 없다. 계속 환자의 입안 상태에 대해서 설명할 수 있을 만큼 해줘라. 예를 들면, '오른쪽 위쪽 어금니 부위가 양치가 많이 안 되니 신경을 써줘야 한다.'든지, '사랑니가 매우 많이 썩어서 관리가 안 된다.'든지 등 진료 정보에 대한 설명을 많이 해줘라.

내가 환자에게 관심이 매우 많고 진료가 잘 되길 바란다는 것을 표현해 주어야 환자도 그만큼 우리에게 관심을 가지고, 인정을 하게 되는 것이다.

넷째, 대화를 할 때 감정을 실어라.

환자를 대할 때 사무적으로 대해서는 절대 친해지거나 유대관계를 가질 수 없다.

우리의 아빠, 엄마, 언니, 오빠라고 생각하자. 친구라고 생각하고 안타까운 마음으로 대해줘야 한다. 아파서 우리병원을 찾은 아픈 사람이 아닌가? 아플 때 조금만 따뜻하게 말 한마디만 해줘도 눈물이 핑 돌듯이 말 한마디, 표정하나가 병원을 찾아온 환자에게는 위로가 될 수 있다는 것을 잊지 말자.

다섯째, 안 아프게 진료하자.

진료 시 우리가 해야 하는 일이 꽤 많다. 대부분은 우리의 손이 닿아야 하는 일이다.

내가 진료를 하면 잠이 올 정도로 편안하다는 생각을 환자가 할 수 있도록 노력해보자.

썩션을 할 때는 최대한 환자의 입 안을 많이 건드리지 않도록, 리트렉션을 할 때는 입술이 많이 젖혀지거나 통증을 덜 느낄 수 있도록, 내 위주로 진료를 하는 것이 아니라 환자 위주로 진료를 해야 한다. 환자의 통증을 직접 느껴보기 위해 같이 일하는 직원과 손을 바꿔가며 환자가 되어 보는 것도 추천하고 싶다.

여섯째, 진료에 대한 대화는 최대한 객관적으로 사적인 대화는 편안하게 하도록 한다.

환자와 친해지는 것은 좋지만 항상 기본 선은 지켜주는 것이 좋다. 아무리 친해도 환자와 병원직원의 관계이다. 너무 심하게 말을 놓거나 편하게 대하지 말고 기본적인 예의를 지키도록 하자. 그 부분을 이용하려면 사적인 대화 중에 진료적인 부분을 섞어서 대화를 하는 것이 괜찮다.

진료에 대한 대화는 편안하게 하기는 어려우므로 최대한 객관적으로 표현하고, 사적인 얘기는 편안하게 할 수 있도록 한다.

일곱째, 사소한 것을 기억해 줘라.

환자가 병원의 중요한 고객일 경우 더욱 더 개인적인 행사나 기념일을 기억해 주도록 하라.

 결혼식, 대학입시 시험, 회사 면접 등 무심코 환자가 던진 기념일을 차트에 메모해 놓았다가 당일 날 문자나 전화를 드려 격려를 해 준다면 환자는 감동할 것이다.

51

10 우리치과 알기

사회생활을 하는데 있어 내가 몸담고 있는 회사·조직에 대해 알아두는 것은 무엇보다도 중요하다. 병원의 생각·비전·진료철학에 따라 진료스타일, 서비스, 나아가야 할 방향, 목적 등이 달라지므로, 우리치과를 제대로 파악해서 내가 생각하는 부분과 맞는지 체크해 볼 필요가 있다.

1 : 치과의 역사 파악하기

치과가 언제 생겼으며, 어떤 일들이 있었는지 확인해 보고, 연중 행사나 기념일을 체크해서 되도록 빠지지 않는 것도 조직의 한 구성원으로서 필요한 덕목임을 잊지 말자. 원장님 혼자 하는 개인치과라면 원장님의 경력을 제대로 파악하는 것도 치과의 역사를 아는 좋은 방법이다. 여기서 다른 동료들의 경력도 함께 파악한다면, 구성원을 이해하는데 도움이 될 것이다.

2 : 치과의 진료철학과 비전

진료에 임하는 원장님의 진료철학을 알아서 그에 맞게 진료방식·순서·시간, 환자 설명 등이 이루어져야 한다. 원장님이 설명을 많이 하는 스타일인지, 조용하고 과묵한 스타일인지에 따라 직원이 해야 할 부분들이 많이 달라질 수 있다.

직원 간에 해야 할 업무들에 대해서도, 정확히 세분화해서 서로 미루거나 문제가 발생하지 않도록 효율화시키는 것이 좋다. 치과가 최종적으로 지향하는 바를 서로 공유하며, '함께'라는 공동체 의식을 가지고, 본인의 자리에서 최선을 다하는 것이 중요하다.

단순히 병원 대기실이나 인터넷 홈페이지에 올라와 있는 비슷비슷한 내용의 모호한 진료 철학이나 비전보다는 실제 현실적인 면을 파악하는 것이 필요하다. 대부분의 치과가 내세우는 진료철학이나 비전은 비슷하기 마련이다. 이보다는 실제로 어떻게 행하고 있느냐를 파악해야 한다.

3 : 치과의 경영철학

진료철학과는 또 다르게, 원장님이 어떤 경영마인드로 치과를 이끌어 가고자 하는지, 치과를 경영하는데 있어서 환자와 직원을 어떤 존재로 생각하는지를 파악하고, 그에 발맞추어 원장과 직원이 한마음으로 주인의식을 가지고 일하는 마음가짐이 필요하다.

4 : 원장님과 직원

같이 일하는 구성원들에 대해 잘 알고, 서로를 이해하는 것이 필요하다. 아무리 사소한 것이라도 그 사람의 취향, 좌우명, 특기, 취미 등이 무엇인지 알아보고, 공감대 형성을 위해 공통꺼리를 만들어 보는 것도 서로를 알아가기 위한 좋은 방법이 될 수 있다.

직원 간에 서로 말로하기 힘든 부분들이 있다면, 온라인상에서 서로 터놓고 얘기할 수 있는 공간들을 만들어 속마음을 표현해 보는 것도 좋다. 실제로 상당수의 네트워크 치과나 대형치과에서는 많은 직원들 간의 친밀감을 높이고, 원활한 커뮤니케이션을 유도하기 위해 온라인상의 커뮤니티나 게시판을 운영하기도 한다.

나와 내가 일하는 병원의 생각이 맞고, 원장과 직원들이 더불어 같은 곳을 바라볼 수 있어야 최상의 능력을 발휘할 수 있음은 두말할 필요 없이 당연한 일이다. 우리치과를 알아가는 것이야말로 가장 기본적이고도 중요한 일이며, 나의 능력발휘와 자기 개발과도 맞물려 있다는 것을 항상 염두에 두어야 한다.

'도망친 곳에 낙원이란 없다!'

앞에서도 말했듯이 이직이야 말로 '내가 실패했나?' 라는 물음에 가장 확실한 대답이 될 것이다. 이 병원에서 일하기로 마음먹은 이상 지금 내가 일하는 병원이 가장 좋은 병원이며 지금 내가 하는 일이야 말로 내가 할 수 있는 가장 가치 있는 일이라고 생각하자. 잠시 책을 덮고 내가 다니는 병원에 대해서 다시 한 번 생각해보라. 이 병원이야말로 나를 위한 낙원을 만들 가능성이 가장 높은 곳이 아닌지?

구성원들 간에 예의 지키기

왜 구성원들에게 예의를 지켜야 할까?

2014년 러시아전 축구 경기에서 박주영의 활약이 인상 깊었다. 축구는 상대 팀보다 더 많은 골을 넣는 것이 중요한 스포츠이며 포지션상 공격수는 골을 넣어야 자신의 가치가 커질 수 밖에 없다. 공격수로서 박주영은 골을 넣지 못했다는 혹평을 받았지만 자신에게 공을 플레이해준 동료 선수에게 좋은 득점 기회를 제공했던 고마움을 전하기 위해 엄지손가락을 위로 치켜 올리고 나머지 손가락을 말아 쥔다. 일명 '박주영의 따봉'은 동료에 대한 배려, 존중과 함께 팀을 먼저 생각하는 그의 리더십이 빛났던 장면이 아닐까 싶다.

의료서비스도 축구팀과 다르지 않다. 구성원 하나하나가 하나의 팀 활동을 통해 환자에게 만족할 만한 환자의 의료서비스 경험이 탄생할 수 있다. 나 자신이 직접적인 의료서비스를 하기 위해서는 다른 구성원의 도움 없이는 어려운 부분이 많기 때문에 서로간의 존중과 고마움의 표현은 꼭 필요하다고 하겠다.

직장에서 구성원들에게 예의를 지키지 않으면 원활한 인간관계를 유지하기 어렵다. 인간관계가 틀어지게 되면 전문가가 될 수 있는 기회를 얻기 힘들 뿐만 아니라 원만한 직장생활을 영위하기가 힘들다. 직장에서 구성원들에게 예의를 지킨다는 것은 상대방을 편안하게하고, 타인에게 피해를 주지 않으려는 자세 그리고 타인을 존중하는 마음의 중요성이라고 하겠다. 이는 전문 능력을 갖추기 위한 가장 기본적인 시작이며, 개인과 직장이 함께 발전하기 위한 첫 걸음이라고 하겠다. 따라서 임상에서 기술적인 능력뿐만 아니라 직장예절의 중요성을 깨닫고 스스로 실천하도록 하는 것이 중요하다.

1 : 인사하기

처음 보는 사이이건 이전부터 알고 지내던 사이이건 만나면 가장 먼저 하는 것이 인사이다. 그만큼 사람간의 관계에서 가장 기본적인 부분이라 할 수 있다. 사회생활을 하는데 있어 인사만 잘해도 속된말로 반은 먹고 들어간다.

1) 원장님에게 인사하기

① 원장님이 출근 또는 퇴근할 때는 되도록 하던 일을 멈추고 인사를 하도록 한다.

② 본인이 출근 또는 퇴근을 할 때도 원장님에게 인사를 하도록 한다. 단, 진료의 흐름을 끊거나 상대방이 불편해하는 상황이라면 생략하거나 간단한 목례 정도로 예의를 표시한다.

③ 일이 힘들더라도 치과에서 오가며 마주칠 때 언제나 밝게 웃으며 인사하도록 한다. 출·퇴근 시에 하는 형식적인 인사보다는 우연히 마주칠 때 지어주는 밝은 미소에서 더 친근감을 느끼게 될 것이다.

2) 병원 내에서 직원끼리 인사하기

① 아침에 오면 모든 직원들과 눈을 마주치며 밝은 표정으로 인사를 한다.

② 지나가다가 직원들과 마주치면 그냥 지나치지 않고 미소 지으며 목례를 한다.

③ 퇴근할 때도 직원들에게 웃으면서 인사하고, 일을 하고 있는 직원에게는 조용히 목례로 예의를 표시한다.

2 : 예의 지키기

1) 원장님에 대한 예의

① 원장님에 대한 존경심을 갖고 신뢰와 믿음을 쌓아야 한다. 직원들이 원장님을 존경하지 않는 병원을 환자들이 신뢰할 수 있을까?

② 원장님에게 꾸지람을 듣게 되더라고 예의를 갖춰서 행동한다.

③ 환자 앞에서는 원장님을 보호할 수 있어야 한다. 때에 따라서는 원장님이 한 실수도 감쌀 수 있어야 한다. 이는 책임 회피가 아니라 병원과 병원진료에 대한 환자의 신뢰를 무너뜨리지 않기 위함이다.

④ 상담이나 진료 중 환자에게서 원장님에 대한 질문을 받았을 때에는 존경심을 나타내는 표현을 해야 하며, 특히 원장님의 진료에 대해서는 자신 있게 이야기한다.

⑤ 병원이나 원장님에 대한 험담은 하지 않는다. 이는 자신의 얼굴에 침을 뱉는 거와 같다.

⑥ 환자에게 원장님에 대한 이야기를 할 때도 원장님을 높여주는 말을 선택한다.

 '원장님이 ○○했어요.' 보다는 '원장님께서 ○○하셨어요.' 같은
표현을 사용하는 것이 좋다.

2) 직원에 대한 예의

① 서로가 존중해주며, 존댓말을 쓴다. 결코 상대를 낮추는 말이나 무시하는 말을
해서는 안 된다.

② 병원 내에선 '○○선생님'과 같은 전문가다운 호칭을 사용하자. 아무리 친해도
여긴 직장이다. '언니', '야'와 같은 호칭은 너무 사적인 호칭이며, 때론 선배로서
조언해 주어야 할 상황도 후배가 받아들이지 않는 상황이 생길 수도 있다. 특히
환자 앞에선 치과인 모두 서로간의 호칭 조심하자!

③ 자기가 못하는 일은 서로에게 부탁하되, 환자 앞에서 직접적으로 이야기하지 않
는다.

④ 다른 직원의 잘못을 지적할 때에는 예의를 갖추어서 지적해 준다.

⑤ 서로의 임무를 존중해 주며, 뒤에서 욕하는 일이 없도록 한다.

3) 일 때문에 온 사람에 대한 예의

① 일 때문에 온 사람도 언제든지 치과의 환자가 될 수도 있고, 환자를 소개할 수도
있음을 명심하자.

② 치과계 업무를 하는 사람들과의 유대관계는 매우 중요하다. 예의를 갖춰서 행동
하고, 일이 잘 안 풀리거나 불만이 있더라도 얼굴 붉히는 일은 없도록 주의한다.

③ 업무와 상관이 없는 사람들이라 하더라도 예의 바르게 행동한다. 치료를 받는 환
자가 아니더라도 병원에 대한 이미지가 좋지 않을 경우에는 누구에게나 이야기
를 할 수 있다.

④ 외부사람들에게 좋은 유대관계를 형성하되, 치과 내부의 이야기는 함부로 하지
않도록 한다.

우리는 모두 성공적인 직장생활을 꿈꾼다. 누구나 함께 일하고 싶은 동료, 유능한 리
더로 직장생활을 하고 싶어 한다. 그러나 어느 하나 쉽지 않은 것이 현실이다. 특히 직
장은 계층과 연령이 서로 다른 사람들로 구성된 조직으로 공동의 목표 아래 서로 협력
하여 일하는 곳으로 팀웍이 조직의 성패를 좌우한다. 좋은 팀웍은 좋은 서비스로 연결
되므로 적절한 조직의 규범을 정하는 것이 필요하다.

용모와 복장 12

깔끔하고 단정한 용모는 환자에 대한 기본적인 예의이며, 환자들은 용모와 복장을 통해 병원에서 일하는 사람의 직업의식이 어떠한지를 판단하는 기준으로 삼기도 한다.

1 : 유니폼

유니폼은 두 가지 역할을 한다. 우선 치과 전체의 분위기를 나타내는 제복으로서의 역할이다. 여기서는 통일성과 단정함이 중요하다. 이는 구성원들 간에 공동체적인 느낌을 고취시킬 뿐 아니라, 환자에게도 체계적인 치과로서의 이미지를 심어줄 수 있다. 한편으로 유니폼은 위생적인 진료복장으로서의 역할도 한다. 따라서 좋은 유니폼이란 통일성을 줄 수 있게 심플하고 깔끔하면서 활동적이고 위생적이어야 한다.

"나를 위한다면 긴팔을 입고, 환자를 위한다면 반팔을 입고, 모두를 위한다면 일회용 긴팔을 입어야 한다."

1) 치과의사 유니폼

치과의사의 가운은 수술복이나 오픈가운이 많다. 오픈가운은 롱(long)가운과 하프(half)가 있는데, 선진국에서는 이미 롱(long)가운은 법으로 금지되어 있거나 가급적 입지 않는 것으로 바뀌어가고 있다. 우리나라도 롱(long)가운보다는 하프(half) 기장이 선호되는 추세이며, 화이트 한 오픈가운을 입을 경우 처음에는 깨끗해 보이는 이미지가 있으나 소매만 봐도 청결도가 떨어져 보일 때가 많아 항상 청결하게 관리하여 입어야 할 것이다.

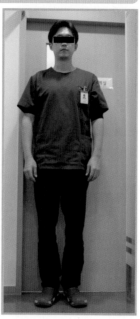

그림 12-1 치과의사의 유니폼

2) 치과 스탭 유니폼

치과 스탭의 유니폼은 최근 맞춤보다는 기성복을 선호하는 추세이며, 가성비와 활동성, 전문성을 고려해 수술복 스타일의 유니폼이 증가하고 있다고 한다.

유니폼은 업무 분담 형태에 따라서도 유니폼이 치마와 바지로 구분되기도 하며 일반적으로 데스크 업무 전담 스탭은 치마, 진료 스탭은 바지로 구분해서 입는다. 그러나 구분 없이 모두 스커트나 모두 바지로 입는 경우도 많다. 중요한 건 치과의 컨셉과 맞아야 하고, 업무를 잘 수행할 수 있도록 주된 업무의 목적과도 맞아야 한다.

그림 12-2 치과 스탭의 유니폼

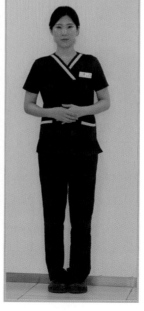

🪴	**유니폼 입을 때 주의사항**

(1) 병원에서 지정한 유니폼을 단정하게 착용하도록 한다.

(2) 유니폼은 자주 세탁하여 항상 깨끗하게 유지하도록 한다.

(3) 유니폼은 구김이 없도록 손질한다.

(4) 어깨에 머리카락이 붙어 있지 않도록 한다.

(5) 단추가 떨어지거나 뜯어진 곳은 즉시 수선하여 항상 단정한 차림을 유지하도록 한다.

(6) 유니폼을 입고서 소매를 걷거나 팔짱을 끼는 행위는 되도록 하지 않는 것이 좋다.

(7) 병원 마크가 붙어 있다면 얼룩지거나 희미해지지 않도록 세탁 시 주의한다.

(8) 정해진 유니폼을 변형시키거나 스커트의 길이를 줄여서 입는 경우가 없도록 한다.

(9) 겉에 비칠 정도로 진한 색의 속옷은 입지 않는다.

2 : 스타킹, 양말

① 스타킹은 살색 또는 커피색 2호 등 가급적 피부색에 가까운 색깔을 신는 것이 좋다.

② 바지 유니폼일 시에는 바지보다 한톤 짙은 색이거나 신발 색깔과 통일감 있는 양말을 신는 것이 좋다.

그림 12-3 스타킹과 양말

피부색과 맞는 스타킹   양말은 신발과 통일감 있는 색상

3 : 명찰

2017년 3월 1일부터 의료기관 명찰패용 의무화되었으며, 치과원장, 치과위생사, 간호조무사 등 치과근무자는 명찰을 반드시 패용하여야 한다.

의료인 등의 명찰 패용에 관한 의료법의 개정내용

- ⊙ 개요 : 의료기관 장은 의료인·학생·간호조무사·의료기사에게 의료기관 내에서 명찰을 달도록 지시·감독하여야 함
- ⊙ 명찰을 달지 않아도 되는 경우 : 응급의료상황, 수술실 내, 의료행위를 하지 않을 때, 그 외 시행령으로 정하는 경우

① 명찰은 왼쪽 가슴에 상대방이 알아볼 수 있도록 단정히 부착하도록 한다.
② 타인의 명찰을 빌려서 착용하거나 손으로 써서 붙인 명찰은 부착하지 않도록 한다.

 의료기관 종사자 명찰 패용 방법

- ⊙ 명찰은 인쇄나 각인, 부착, 자수로 해도 되고, 목걸이 형태로 패용해도 된다.
- ⊙ 명찰에 기재된 내용이 환자에게 분명하게 인식될 수 있어야 한다.

그림 12-4 **명찰패용**

 명찰 패용 시 표기 기준

그림12-5 **명찰 표기 방법**

치과의사
김 ○ ○

'이름'과 '치과의사'를 반드시 표기

치의학 박사
김 ○ ○

'치과의사' 대신 전문의를 표시하는 경우
– 전문과목을 기재
잘못된 예 (**X**)

치과 교정과 전문의
김 ○ ○

'치과의사' 대신 전문의를 표시하는 경우
– 전문과목을 기재
잘된 예 (**O**)

치과위생사
지 ○ ○

'이름'과 '치과위생사'를 반드시 표기

간호조무사
김 ○ ○

'이름'과 '간호조무사'를 반드시 표기

학생
왕 ○ ○

'이름'과 '학생'을 반드시 표기

▶ 면허·자격의 종류 및 성명을 표시한 경우에는 소속 부서명 또는 직위·직급 등을 추가로 표시할 수 있다.

 치과위생사 / 실장 홍길동

4 : 머리

그림 12-6 잘된 예와 잘못된 예

A 단정하게 고정된 머리 (O)

B 어깨선을 넘어간 묶음머리 (X)

① 머리는 항상 깨끗하고 단정하게 손질하도록 한다.

② 이마는 보이게 앞머리를 단정하게 정리한다.

③ 단발머리의 경우 귀에 걸 수 있어야 하며, 진료 중 머리카락이 흘러내려 시야를 가리지 말아야 한다.

④ 묶은 머리는 어깨선을 넘어서지 않게 하며 잔 머리가 나오지 않도록 핀으로 단정히 고정시키도록 한다.

⑤ 병원에서 지정한 머리끈과 헤어핀만 사용하도록 한다.

⑥ 댕기머리, 웨이브가 심한 파마, 화려한 헤어핀 부착, 화려한 염색머리, 가발 등 화려한 머리와 긴 머리를 하여 환자에게 지저분한 인상을 주지 않도록 한다.

⑦ 진료시간이 아니라고 해서 헤어롤을 부착하거나 머리가 단정하지 않은 상태에서 업무에 임하는 모습을 보여 고객에게 흐트러진 인상을 주지 않도록 한다.

5 : 화장

치과인들은 직업 특성상 마스크를 착용하기 때문에 화장이 두꺼우면 부담스러운 인상을 주는 것은 물론 마스크를 벗었을 때 마스크 자국이 얼굴에 남게 된다. 반면에 화장기가 없으면, 피곤하고 초췌해 보여 생기 있어 보이는 메이크업 관리가 필요하다 하겠다.

① 언제나 깨끗한 피부를 유지하도록 한다.

② 짙은 색조화장은 피하고 밝고 건강한 인상의 메이크업으로 환자에게 좋은 인상을 심어 주도록 한다.

6 : 손과 손톱

일단 손톱은 포기하자! 손톱이 길면 청결하지 않은 것은 물론 진료 시 finger rest가 어려워 환자에게 만족스러운 진료서비스를 제공하기 어렵다. 심지어 모 치과병원에서는 '손톱 여분의 길이가 1 mm 이내'의 길이를 지정하기도 했다.

무엇보다도 책임자가 정기적인 점검을 하는 것이 중요하다.

▶ 손톱 체크하는 날을 정하자.

① 손과 손톱은 항상 청결하게 손질하여야 한다.

② 손톱 길이는 항상 짧게 유지한다.

③ 색깔 있는 매니큐어 칠하기, 봉숭아 물 들이기 등은 가급적 안 하는 것이 좋다.

그림 12-7 깔끔한 손과 손톱

"내가 끼고 있는 반지와 시계에 얼마나 많은 타인의 침과 세균이 들어 있겠는가?"

필자의 병원은 손톱의 규제를 위해 다른 악세서리는 관대한 편이나 손의 청결을 위해 되도록 시계와 반지를 안 하는 것이 원칙이다. 이는 본인에게도 비위생적임을 잊지 말자.

7 : 신발

그림 12-8 최근 선호되는 신발과 병원전용 신발

출처 : https://www.facebook.com/dogilshoes

출처 : http://factory66.co.kr

크록스 신발　　　　　　　　기타 병원전용 신발

병원에서 신는 신발은 다양한 업체를 통해서 구입이 가능하다.

크록스 신발은 최근 치과에서 선호도가 높아지고 있으나 일부 치과에서는 구멍이 뚫려 있어 감염관리에 취약하다는 이유로 선택대상에서 제외되는 경우도 있다. 이처럼 치과마다 선택기준이 다를 수 있으며, 어떤 경우든 일정한 기준을 정해 관리하는 것이 좋다.

〈신발 선택 기준〉

① 발가락이 보이지 않는 것
② 걸을 때 소리가 나지 말 것
③ 편안할 것
④ 발 냄새를 최소화할 수 있는 것

"유니폼은 신발로 완성된다."

〈신발 관리 규정〉

① 병원에서 지정한 신발을 신도록 한다.
② 신발은 항상 깨끗하게 닦아서 단정하게 신는 것이 좋다.
③ 굽이 높거나 규정된 신발 이외의 색깔은 신지 않도록 한다.
④ 신발을 꺾어 신거나 끌고 다니는 행동은 하지 않는 것이 좋다.

그림 12-9 잘된 예와 잘못된 예

A 잘된 예   B 잘못된 예

8 : 기타

① 지나치게 화려한 액세서리와 장신구 착용은 하지 않는 것이 좋다.
② 컬러안경, 너무 큰 귀걸이, 색깔이 너무 튀는 헤어핀은 하지 않도록 한다.
③ 냄새에도 신경 쓰자. 짙은 향수 냄새, 땀 냄새, 입 냄새가 나는 일이 없도록 한다.

밝은 인사와 단정한 용모, 복장이 나를 표현하는 기본요소임을 잊지 말고, 흐트러지지 않도록 항상 노력하는 것이 중요하다. 그 기본적인 것들이 쌓이고 쌓여서 나를 만들어 간다는 것을 유념하도록 한다.

표정과 미소짓기 13

첫 인상의 80%는 3~4초 이내에 결정된다. 각인된 첫인상을 깨기 위해서는 엄청난 시간과 노력이 필요하다. 그러나 짧은 시간의 만남으로 서비스의 품질을 결정하는 환자에게 우리의 첫인상은 더욱 중요할 수밖에 없다.

본인도 모르는 사이에 짓는 무표정이나 찡그린 표정이 우리 병원과 개인의 이미지를 떨어뜨릴 수 있다.

1 : 얼굴 표정

① 평상시 사람을 대할 때는 부드럽고 온화한 표정이 좋다.
② 환자가 불만사항이나 아픔을 호소할 때, 환자의 좋은 소식을 들을 때 등 때와 장소에 맞는 표정과 적응이 중요하다.
③ 병원의 전체적인 분위기를 무겁게 하는 시무룩한 표정이나 찌푸리는 표정 등 심각한 표정은 짓지 않는다.
④ 환자가 이야기할 때 관심 있는 표정을 지어주는 것이 좋다.

2 : 눈의 표정

① 상대방과 이야기할 때는 눈을 자주 깜빡거리지 않는 것이 좋다.
② 환자의 이야기를 들을 때에는 이야기하는 사람의 눈을 바라본다. 눈을 바라보기 힘들 때에는 넥타이(목선)나 이마 쪽을 주시해 주는 것이 좋다(이야기를 들으며 먼 산을 바라보거나 한 눈을 팔면 관심이 없는 것처럼 느껴질 수도 있다).
③ 곁눈질과 아래·위로 쳐다보는 태도는 좋지 않다.
④ 흘끔 흘끔 보는 것도 상대방에게 불쾌감을 줄 수 있다.

⑤ 환자와 이야기하면서 시계를 자주 보면 가주길 바란다는 뜻으로 인식할 수 있으므로 유의하도록 한다.

3 : 자신의 표정에 대해 점검하기

① 상황과 대상에 맞는 표정을 짓고 있는가?
② 턱을 너무 들거나 당기고 있지는 않은가?
③ 고개를 한쪽으로 기울이고 있지 않는가?
④ 바른 시선으로 환자를 바라보고 있는가?

그림 13-1 밝은 표정으로 응대

4 : 미소

미소는 '만국 공통어'이다. 눈까지 함께 웃어 자연스러운 미소를 지으며, 환자가 뒤 돌아서서 나가는 순간까지 그 미소를 유지하는 것이 필요하다. 단, 미소를 지을 때 한쪽 입 꼬리가 올라가지 않도록 주의한다. 환자의 무표정한 얼굴은 결국 직원의 책임임을 잊지 말자.

환자를 응대할 때뿐만 아니라 병원 안에서는 밝은 표정과 미소로 서로에게 좋은 감정을 심어 주도록 한다. 물론 항상 웃는 표정이 좋은 것만은 아니다. 환자나 병원에 찾아오는 사람이 현재 어떤 감정과 상황에 처했는지를 판단하여 표정을 지어주는 것이 필요하다.

"미소"
미소는 '만국 공통어'이다.

자세와 동작

진료실에서의 모든 자세와 동작은 내가 편한 위주가 아니라 환자에게 편하고 좋은 느낌을 줄 수 있도록 해야 한다. 작은 동작 하나라도 환자와 시선을 맞추면서 해야 좋은 느낌을 전달할 수 있다. 아무리 정중하게 하는 행동이라도 미소가 없는 무미건조한 표정으로 한다면 소용없다. 등은 곧게 펴고 손가락은 가지런히 하고, 모든 동작은 절도 있게 하되, 딱딱하지 않고 경쾌하게 보이도록 하는 것이 중요하다.

진료실에서는 소음을 일으키는 행동도 주의가 필요하다. 특히 진료 중의 환자의 경우 공포를 덮고 입을 벌리고 진료하는 상황이라면 소리에 민감할 수 있다. 따라서 보이지 않더라도 소리가 거슬릴 정도로 나지 않게 행동에 주의를 기울여야 한다.

1 : 서서 대기 중일 때

① 대기 중일 때에도 언제든지 현관을 열고 병원을 들어오는 환자를 맞이하기 위한 준비상태가 되어 있어야 한다. 서서 대기 중일 때 주머니에 손을 넣거나 짝다리를 하지 않도록 한다.

② 시선은 정면을 향하고, 턱이 나오지 않도록 한다.

③ 서 있을 경우 오른손을 위로 하여 앞으로 단정하게 모은 자세를 취하도록 한다.

④ 볼펜을 자주 눌러 '딸깍딸깍' 소리를 나지 않도록 주의한다. 특히 진료 중 2nd 어시스트로 들어가는 경우 소리가 더 거슬릴 수 있다.

그림 14-1 **올바른 자세**

2 : 걸을 때

① 걸음걸이로도 의욕이 없는지 자신감이 있는지를 느낄 수 있다. 환자는 내가 지나
   갈 때의 걸음걸이를 보고도 상황 판단을 하고 있다는 것을 명심하도록 한다.
② 허리와 가슴부터 앞으로 나가는 기분으로 어깨를 펴고 걷는다.
③ 좌·우 발은 평행으로 하여 일직선으로 걷는다. 팔자걸음은 자칫 피곤해 보일수도
   있으니 피하도록 한다.
④ 시선은 눈높이를 유지하며 고개를 숙이고 걷지 않도록 한다.
⑤ 뒤꿈치를 끌거나 발걸음 소리가 크게 나지 않도록 한다.

3 : 환자를 모시고 진료실로 들어갈 때

그림 14-2 잘된 예와 잘못된 예

A 잘된 예   B 잘못된 예

① 환자의 1보 정도 앞에서 비스듬히 걸어가며 안내한다. 환자를 안내하면서 가벼운
   대화를 나누는 것도 괜찮다.
   예 "식사하시고 오셨어요?", "밖에 많이 덥죠?" 등
② 가끔 뒤를 돌아보고 환자의 상황을 살핀다.
③ 환자와 거리를 유지하며 속도를 맞춘다.
④ 긴장감 속에 진료실 체어에 누워 있는 환자들은 옆에 지나다니는 발걸음 소리에
   도 대단히 민감하게 반응할 수 있으므로 주의하도록 한다.

더 중요한 것은 환자가 앞에 가던, 뒤에 가던 '환자가 직원들의 안내없이 혼자 돌아다
니는 일은 없어야 한다.'

4 : 방향 안내할 때

① 손가락을 모으고 손바닥 전체를 펴서 방향을 가리키며, 이때 손등이 보이거나 손목이 굽지 않도록 한다. 손가락으로 성의 없이 가리키는 것은 절대 피해야 한다.
② 시선으로 상대방이 이해했는지를 확인한다.
③ 오른쪽을 가리킬 경우에는 오른손, 왼쪽을 가리킬 경우에는 왼손을 사용한다.
④ 사람을 가리킬 경우에는 두 손을 사용한다.
⑤ 상황을 고려하도록 한다. 작은 소리로 화장실을 물었는데 씩씩하고 우렁찬 소리로 안내하는 일은 없도록 하자.
⑥ 상대방의 입장에서 알기 쉽고 정확하게 안내하도록 한다.

5 : 물건을 주고받을 때

① 물건을 주고받는 위치는 가슴과 허리선 사이다.
② 웃는 얼굴로 시선은 상대방의 눈을 먼저 보고 물건을 향해 확인시켜주고, 다시 한 번 상대방의 눈을 바라보는 순으로 물건과 시선을 주고받는다.
③ 물건을 받는 쪽이 편하도록 건네준다.
④ 물건을 주고받을 때는 목례를 하도록 한다.

15 환자에게 인사하기

앞에서도 말했듯이 인사는 많은 예절 가운데서도 가장 기본이 되는 것으로, 마음과 행동과 말씨가 일치되어 상대방에게 우러나오는 존경심과 반가움을 나타내는 표현이다. 인사를 할 때는 상대방이 알아보도록 하고, 미소로 시작해서 미소로 마무리하며, 좋은 인사말을 함으로 상대방의 기분을 좋게 해 주도록 하는 것이 중요하다.

1 : 마음을 열어주는 인사 포인트

① 내가 먼저
② 환자를 보며
③ 밝은 음성으로
④ 환자의 이름을 부르며
⑤ T.P.O (Time, Place, Occasion)에 맞게 인사말하기

2 : 기본 인사법

① 바른 자세로 상대방을 향해 선다.
② 시선은 상대방의 눈을 바라본다.
③ 가슴과 등은 자연스럽게 곧게 펴고, 손은 오른손이 위로 오도록 두 손을 앞으로 모은다.
④ 상황에 맞는 인사말을 표현한다.
⑤ 인사말을 듣고 고객과 시선이 마주쳤을 때 상체를 정중하게 굽히고 인사한다.
　 허리를 숙였을 때 약 1초간 멈추고, 숙일 때보다 천천히 올라오면 훨씬 공손해 보인다.

그림 15-1 **인사자세**

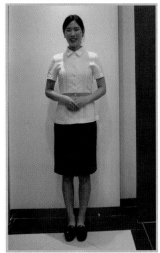

A 기본자세

B 45도 인사(정면)

C 45도 인사(측면)

🌱 **바람직한 손 위치**
오른손이 위로 오도록 잡거나 두 손을 하의 재봉선에 가볍게 대고 허리를 숙인다.

🌱 **바람직한 다리 모양**
발목과 발끝이 서로 붙게 위치한다. 다리를 벌리고 있거나 두 발 사이가 부채꼴 모양이 되지 않게 한다.

3 : 상황에 따른 인사법

상황	인사법
(1) 데스크에서 환자를 맞이할 때	① 일어서서 맞이하는 것이 기본이다. ② 시선을 마주치며 밝은 얼굴로 인사한다. ③ 상황에 맞는 인사말을 표현한다. 　예 "안녕하십니까", "어서오십시오", 　　"오랜만에 뵙겠습니다"
(2) 전화를 받고 있는 상황일 때	① 전화 받으면서 시선을 마주친다. ② 일어서서 미소를 지으며 목례한다. ③ 기다릴 수 있는 자리를 손으로 가리킨다. 그림 15-2 **전화를 받으며 자리 안내**
(3) 다른 고객응대 중인 상황일 때	① 시선을 마주친다. ② 미소를 지으며 목례한다. ③ 기다릴 수 있는 자리를 손으로 가리킨다.

상황	인사법
(4) 진료 종료 후 인사할 때	① 진료가 종료되면 체어를 정리하여 환자가 나갈 자리를 확보한다. ② 진료에 협조해주셔서 감사하다는 인사를 한다. 환자를 윗사람으로 본다면 인사 멘트로 "수고하셨습니다" 보다는 "고생하셨습니다"가 적절한 멘트일 것이다. ③ 소지품 등 잊은 물건이 없는지 확인하고 다음 안내를 돕는다.
(5) 화장실에서 마주쳤을 때	① 가볍게 목례한다. ② 가급적 음성 표현을 하지 않는 것이 좋다. ③ 평상 시 손을 씻지 않더라도 환자와 마주치면 손을 깨끗이 닦자.

4 : 악수할 때

① 누군가가 악수를 청했을 때는 오른쪽 팔꿈치를 직각으로 굽혀 손이 자기 몸의 중앙에 오게 수평으로 올린다.
② 네 손가락은 가지런히 펴고 엄지는 벌려서 상대의 오른쪽 손을 살짝 쥔다.
③ 가볍게 위·아래로 두 번 정도 흔들어 정을 두텁게 하면 좋다.
④ 상대가 아프게 느낄 정도로 힘을 주어 쥐면 안 되고 지나치게 흔들어 몸을 흔들리게 해서도 안 된다.
⑤ 연장자가 연하자에게, 여자가 남자에게 악수를 청하는 것이 순서이다.
⑥ 오랫동안 손을 쥐고 있지 않도록 한다.

"환자의 이름을 부르며 인사하고 대화하는 습관을 들이자"
누구나 다른 사람 엑스레이나 차트를 보고 얘기한 경험이 있을 것이다. 환자의 이름을 부르며 인사하면 환자를 기억하기도 쉽고 환자의 차트나 파노라마가 바뀌는 일도 없을 것이다.

"○○님~ 안녕하세요."
"○○님~ 지난번 치료하시고 어떻셨어요?"
"○○님~ 고생하셨습니다."

전화 통화하기

전화는 얼굴 없는 만남이다. 밝은 표정과 미소도, 경쾌한 동작이나 걸음걸이도 보여주지 못하고 오로지 말하기와 듣기만을 통해 느끼기 때문에 말하는 사람의 목소리 감정 조절이 중요하다.

전화를 통해서도 병원의 이미지가 환자에게 전달되고 신뢰형성에 영향을 미치기 때문에 행동이나 얼굴 표정이 보이지 않는다고 해서 절대 소홀히 해서는 안 된다. 전화 시 하는 대화는 전화선이나 전화기와 하는 것이 아니라 전화를 건 사람과 직접 마주앉아 대화하는 것과 같다는 점을 명심하자.

1 : 전화 받기

처음 전화를 한 사람에게는 첫인상이 매우 중요하다. 언제나 목소리가 아니라 마음가짐부터 바로 해야 한다. 목소리로도 받는 사람의 표정을 읽을 수가 있기 때문이다.

1) 전화 받기 6단계

1단계 : 전화벨이 2~3번 울리면 전화를 받는다.

2단계 : 밝은 느낌을 담아 인사와 함께 받는 사람의 신원을 먼저 밝힌다.

3단계 : 경청, 질문, 확인을 통한 용건 파악한다.

4단계 : 신속하고 정확한 응대로 욕구를 해결한다.

5단계 : 만족 여부 확인한다.

6단계 : 끝인사로 마무리한다.

그림 16-1 밝은 느낌으로 전화 받기

2) 기본적인 예의

① 전화 받을 마음과 준비된 자세로 목소리를 한 번 가다듬고 얼굴에 밝은 웃음을 띠고 수화기를 든다.

② 전화벨이 울리면 바로 받지 말고, 두 번 정도 벨이 울리고 멈추면 받도록 한다.

③ 전화를 받으면 인사와 함께 받는 사람의 신원을 먼저 밝힌다.

"고맙습니다. ○○○○치과 ○○○입니다 !" 또는 치과에서 따로 정해진 멘트가 있다면, 그대로 따라 하면 된다.

> 전화를 받으면서 자신의 이름을 말하는 것은 전화 업무에 임하는 책임감의 표시이다. 그러므로, 본인의 이름을 흐리지 말고 또렷하게 말하는 습관을 들이자.

④ 목소리의 높이는 '미~솔'의 음정으로 신뢰감과 안정감 있는 느낌이 들도록 정확하게 말한다.

⑤ 어떤 내용의 전화든 마지막으로 전화 통화가 끝났을 때는 통화내용을 다시 한 번 꼭 집어서 말한 다음에 "고맙습니다. ○○○○치과 ○○○였습니다. 건강한 하루 되세요!" 라는 말로 끝내고, 상대방이 전화 끊기를 기다렸다 끊도록 한다.

3) 우리치과의 환자일 때

① 기본적인 예의를 다하여 전화를 받도록 한다.

② 전화상으로 누군지 확인한 뒤, 아는 환자이면 아는 대로, 잘 모르면 차트를 확인해서 환자의 정보를 되도록 많이 갖춘 상태에서 받도록 하는 것이 좋다.

③ 환자의 정보를 많이 파악한 뒤, 환자에게 아는 체를 하며, 먼저 반갑게 인사를 하도록 한다.

④ 용건을 파악한다.

⑤ 용건에 따라 전화 응대를 한다.

A. 예약을 원할 경우

가. 예약을 해드릴 때, 해당 환자의 진료 내용을 파악하고 환자가 가능한 날짜와 시간을 물어본다.

> 우리 병원 일정을 먼저 말씀드리면 병원 중심의 예약이라고 느낄 수 있다.

나. 가능한 가장 빠른 날짜와 시간을 말씀드린다.

환자가 원하는 시간에 예약이 되지 않을 경우, 먼저 죄송하다고 말씀드리고 가능한 날을 2~3개 정도 얘기해 드린다. 무리하게 예약을 잡는 것은 오히려 환자에게 좋지 않음을 설명 드리고, 진료의 흐름을 생각하면서 약속을 잡는 것이 좋다.

"○○○님은 ○월 ○일 ○시 ○분에 예약되셨습니다. 준비하고 기다리겠습니다."

B. 다른 담당자를 연결해 주어야 하는 경우

가. 전화를 연결해 주어야 하는 경우 전화를 주신 분, 용건 등을 확인하고, 연결한다.

"예. ○○선생님 연결해 드리겠습니다. 혹시 끊기면 다시 한 번 연락 부탁드립니다."

나. 전화를 바로 연결하면 곤란한 상황도 있다. 상담이 진행된 비용 문의와 결정된 진료 내용의 변경, 상담했던 상담자를 찾을 경우에는 담당자 ○○로 하여금 다시 연락을 드리도록 하겠다는 안내를 하는 것이 좋다.

> 담당자가 전화 받을 상황이 되더라도 바로 연결시켜 주는 것은 주의가 필요하다. 전화 내용을 전달할 때 대기하는 동안 대화내용을 환자가 들을 수도 있을 뿐만 아니라 담당자로 하여금 내용을 파악하고 적절한 답변을 할 수 있도록 준비할 시간을 주는 것이 좋다.

> 화가 난 환자가 무조건 책임자를 찾는 경우에는 바로 연결해주는 것도 곤란하지만, 일부러 연결해주지 않는다는 느낌은 주지 않는 것이 좋다. 가능하면 화가 난 환자에게는 "지금~ ○○실장님이 자리를 비우셨는데요, 실례지만 어떤 용건으로 전화주셨습니까?" 라고 양해를 구하는 것이 좋다.

다. 환자에게 다시 연락을 드릴 때는 통화 가능한 시간을 확인하고 꼭 그 시간에 연락을 드려야 한다.

라. 전화 내용은 메모로 남기고, 전화 주신 시간과 내용, 응대자를 차트에 기입한다. 차트에 기재하지 않으면 환자가 다시 전화를 주었을 때 다른 응대자가 내용을 모르고 응대하여 환자에게 안 좋은 인상을 줄 수 있다.

마. 담당자에게 전화 메모를 전달하고, 환자가 통화 가능한 시간도 얘기해 준다.

⑥ 마찬가지로 어떤 내용의 전화든 마지막으로 전화 통화가 끝났을 때는 "고맙습니다. ○○○○치과 ○○○였습니다. 건강한 하루 되세요!" 라는 말로 끝내고, 상대방이 전화 끊기를 기다렸다 끊도록 한다.

4) 우리치과의 환자가 아닐 때

① 기본적인 예의를 지키는 것을 잊지 않는다.

② 치료비에 대한 물음은 간단한 것은 얘기하되 상태에 따라 다를 수 있으므로 직접 내원하셔서 상담하시는 것이 구체적이고 정확하다고 얘기하는 것이 좋다.

③ 위치에 대한 물음은 먼저 출발지와 교통수단을 파악한 후 오는 길, 주차방법 등을 자세히 알려준다.

> 최근에는 미리 제작해 놓은 '찾아오시는 길'을 문자 메시지로 전송하여 보다 쉽게 환자의 방문을 유도하기도 한다.
> – 지방에서 오는 분들을 고려하여 직원들은 병원 주변의 중요한 랜드마크 한 두가지 만들어 놓는 것이 중요하며 기본적인 약도를 숙지하는 것이 좋다.
> – '찾아오는 길 쉽게 얘기하기'와 같은 직원 콘테스트도 재미있는 이벤트가 될 수 있다.

④ 마찬가지로 마지막으로 전화 통화가 끝났을 때는 "고맙습니다. ○○○○치과 ○○○ 였습니다. 건강한 하루 되세요!"라는 말로 끝내고, 상대방이 전화 끊기를 기다렸다 끊는다.

  진료 중에 환자의 전화벨이 울린다면?

"전화 오는데 받아 드릴까요?"
발신자를 확인한 후 "○○님께 온 전화인데 ..."
받아달라고 하면 먼저 환자분의 성함을 확인한 후
"네~ 김영삼님 핸드폰입니다. 지금 치과치료 중이십니다. 뭐라고 전해 드릴까요?"
누구냐고 말하기 전에 말하자.

전화 메시지 받아놓기

훌륭한 메시지는 정확하고 빠뜨림이 없어야 한다.
① 통화자의 이름, 회사명, 전화번호를 받도록 하자. 통화자의 이름과 전화번호를 정확히 받아 적었는지 확인하기 위해서 그것을 다시 읽어주자.
② 통화자가 환자일 경우 용건을 확인하고 함께 메모한다.
③ 메시지를 받은 날짜와 시각 또한 중요하다.
④ 마지막으로 메시지를 받을 사람이 의문점이 있으면 당신에게 물어봐서 확인할 수 있도록 당신의 이름도 전달해 주어야 한다.

---

2 : 전화 걸기

1) 전화걸기 6단계

1단계 : 대상자가 맞는지 확인한다.
2단계 : 밝고 친절한 느낌을 담아 인사한다.
3단계 : 내가 누구인지를 먼저 밝히고 간단히 용건을 말한다.

4단계 : 대상자가 전화를 받을 수 있는 상황인가를 확인한다.

5단계 : 통화가 가능하다면 용건을 자세히 말한다.

6단계 : 끝인사로 마무리한다.

2) 기본적인 예의

① 거는 전화는 되도록 환자가 연락받기 편한 시간대에 하도록 한다.

언제나 차트를 옆에 두고 환자에 대한 많은 정보를 가진 상태에서 전화를 하도록 한다. 전화하는 대상에 맞게 준비하여 전화 드린다.

② 전화를 걸었는데 부재 중이었다면 전화 드린 이유와 담당자를 기재하여 간단하게라도 문자 메시지를 통해 전화한 목적을 전달하는 것이 좋다.

③ 전화가 연결되면 자신을 정확히 알리고 나서 통화가 괜찮은지 양해를 구한 다음에 괜찮다고 하면, 전화한 목적을 또박또박 이야기하도록 한다.

"안녕하세요! ○○○○치과 ○○○입니다."

"○○때문에 전화 드렸는데, 통화 괜찮으시겠어요?"

④ 좀 바쁘다고 하거나 전화통화 하기가 힘들다고 하면, 통화가 괜찮은 시간을 여쭤보고 전화를 끊되 여기서 끝나면 안 된다. 환자가 얘기한 시간에 꼭 다시 전화를 해야 한다.

⑤ 마찬가지로 전화 통화가 끝났을 때는 인사말과 하고, 상대방이 전화 끊기를 기다렸다 끊는다.

"고맙습니다. ○○○○치과 ○○○였습니다. 건강한 하루 되세요!"

3) 다음날 약속된 환자

① 담당 치과위생사는 하루 전에(되도록 저녁 시간을 이용하여) 진료 예약된 상태를 확인하도록 한다. 문자 메시지를 통해 예약 확인을 꼭 해 드리고, 같은 내용의 전화를 두 번하는 일이 없도록 한다.

② 환자가 준비하고 와야 할 사항들에 대해서도 깍듯이 설명해 준다(진료비, 미리 약 먹는 것 등).

③ 되도록 환자가 전화 받기 편한 시간을 이용하도록 한다.

4) 힘든 치료를 받은 환자

① 되도록 저녁시간을 이용해서 전화하는 것이 좋다.

② 발치나 임플란트를 한 환자에게는 거즈를 뺐을 시간(두 시간 뒤) 쯤에 전화를 하도록 한다.

③ 많이 힘든 치료를 받았다는 것을 이야기하며 위로하고, 지금 상태가 어떤지 확인한다.

④ 지켜야 할 내용들을 간략히 다시 한 번 설명해 준다. 치과에서 항상 환자에 대해 관심을 가지고 있다는 인상을 심어주는 것이 좋다.

5) 보호자에게 전화하는 경우

① 보호자는 치과에 대해서 잘 모르는 경우가 많으므로, 미리 자기소개를 정확히 하는 것을 잊지 않도록 한다.

② 보호자는 우리치과에 한 번도 오지 않은 경우가 많아서, 보호자에게 좋은 인상을 심어주는 것은 오로지 전화뿐이라는 것을 잊지 않도록 한다.

③ 지금의 상태와 앞으로 치료받아야 하는 것들에 대해 이야기하도록 한다.

④ 치료비에 대해서도 정확히 얘기해 드린다.

6) 예약한 날 안온 경우

① 그날 저녁 때나 환자가 연락 받기 편한 시간에 전화를 하도록 한다.

② 환자분이 가능한 시간을 말씀하시면 되도록 빠른 날짜로 예약을 해 드리도록 한다.

③ 정말 안 올만한 환자라는 판단이 들 경우에는 원장님과 상의하여, 연락을 드리지 않는 것도 좋다.

④ 다시는 오지 않을 환자라도 언제나 좋은 인상을 남기는 것을 잊지 않도록 한다.

환자와 고차원적 대화하기

17

말 한마디로 천 냥 빚을 갚는다는 속담이 있다. 그만큼 같은 말이라도 상대방을 배려하는 말, 정성이 담긴 말을 사용하는 것이 중요하다는 뜻이다. 시간이 없어서, 돈이 없어서, 어릴 적 치과에서의 안 좋은 기억 때문에, 무서워서 등 치과에 오는 환자들은 열이면 열, 백이면 백, 저마다의 아픈 사연들이 있게 마련이다. 이런 환자들을 조금이라도 더 안심시키고, 편하지는 않겠지만 공포심을 조금이라도 덜게 한 후 진료를 받을 수 있게 해주는 것이 우리 몫이기도 하다.

1 : 환자와 기억나는 대화를 하자

(1) 일반적인 대화 : 사실과 보고의 단계

    단순히 정보만 주고받을 뿐 생각이나 느낌은 전혀 주고받지 못하는 대화

    예 "오늘 날씨가 덥습니다."

    "네 오늘 38도라고 합니다. 야외에서 오래 걷기 힘든 날씨입니다."

(2) 친절한 대화 : 의견과 판단의 단계

    정보 교환으로 그치지 않고 자기 생각이나 자기 판단이 들어간 대화

    예 "오늘 날씨 참 덥죠?"

    "그러네요. 가만히 있어도 땀이 나네요."

    (여기서 반대의 의견을 답하면 대화가 끊어진다.)

(3) 특별한 대화 : 감정을 나누는 기억나는 대화

    정보교환이나 자기 판단과 생각을 넘어서 느낌이나 감정까지 나누는 단계.

    이 단계에서 비로소 좋은 관계를 맺어 나갈 수 있는 대화로 친밀감이 형성.

    예 "오늘 날씨 참 좋죠? 화창한 봄 날 같아요."

"네, 그런데 전 오늘 이를 뽑기로 해서 날씨가 좋아도 마음이 뒤숭숭한 것이 영
　기분이 좋지 않아요."

"그렇죠. 저라도 그럴 것 같아요…"

　특별한 대화의 기준은 상대방이다. 상대의 대화에 맞추어 답하되, 감정이 들어간 특
별한 대화로 묻는데 감정이 빠진 친절한 대화나 일반적인 답을 하면 마음이 상하고 대
화가 안 된다고 생각할 것이다.

　기계적인 대화나 습관적인 미소보다는 진정성이 느껴지는 특별한 대화로 환자와 가
까워지자.

2 : 병원 내에서 대화예절

① 무의식 중에라도 병원이나 동료, 원장님에 대한 대화는 하지 않도록 한다.
　아무도 듣지 않는다고 생각하는 장소에도 환자가 있을 수 있다는 것을 알고 유의
　하도록 한다.
② 환자와 대화할 때는 감정을 평온하게 갖고 부드러운 표정을 짓는다.
　환자와 대화하기 전 심각한 상황이 있었다고 할지라도 환자 앞에서 표현되어서는
　안 된다.
③ 사투리보다는 표준말을, 외래어나 전문용어보다는 보다 쉬운 우리말을 사용하여
　환자들이 잘 알아들을 수 있도록 하는 것이 좋다.
④ 환자가 질문을 하면 자상하게 설명하고, 의견을 말하면 성의 있게 들어주도록
　한다.
⑤ 표정과 눈으로도 대화를 하고 있으므로 환자의 이야기에 관심과 진지함을 잃지
　않도록 한다.
⑥ 상대방이 이야기 하는 중에는 끼어들지 않는 것이 좋다.
⑦ 환자에게 자신의 의견을 지나치게 고집하지 않는다.
⑧ 원장님과 대화할 때도 환자를 존중하고 있다는 것을 느낄 수 있도록 이야기한다.
⑨ 환자 앞에서 직원 간에 서로 반말을 하거나 개인적인 대화를 하지 않도록 한다.
⑩ 글도 대화의 한 방법이다. 그러나 작성된 글에도 감정을 느낄 수 있다.
　공지되는 글이나 문자 메시지, 이메일을 작성할 때도 상대방의 입장에서 기분 좋
　은 글을 작성하도록 한다.

3 : 음성관리

음성은 경쾌함과 따뜻함을 전달한다. 경쾌함을 표현할 때는 고음 발성법, 따뜻함은 비교적 저음 발성법을 활용하면 좋은 느낌이 전달된다.

① 고음 발성법은 호명할 때, 대답할 때, 전화 첫 응대 시, 인사를 나눌 때 활용하는 것이 좋다.

② 저음 발성법은 양해를 구할 때, 사과할 때, 상담할 때, 설명할 때 활용하는 것이 좋다.

③ 다른 사람들이 대화하는데 방해가 되지 않도록 조용한 어조, 분명한 발음, 맑고 밝은 음성, 적당한 속도로 말한다.

4 : 호명과 호칭

1) 호명 전 환자 정보 확인

호명하기 전 환자의 이름, 나이, 얼굴, 진료내용을 확인한다. 환자의 나이에 맞지 않게 예쁜 이름이 있어 실수하는 경우가 있다. 누군지 알고 눈을 마주치며 호명했을 때 환자와 빠르게 친해지는 걸 느낄 것이다.

> *동명이인 주의하기
> 규모 있는 치과의 경우 몇 년 만 지나도 동명이인의 문제가 종종 생긴다. 도대체 '김지혜'가 몇 명인가... 때론 이름 들어가는 인사말만으로도 차트가 바뀐 것도 확인 가능하다.

2) 호명할 때에는 적절한 거리

환자가 앉아 있는 위치에서 2~3걸음 앞에서 호명하는 것이 좋다.

3) 연령대에 맞게 호명

"눈에 보이는 연령으로 호명하지 말자."

• 일반적인 환자: "○○○님 진료실로 안내 도와 드리겠습니다"

• 너무 어린 환자: ○○○님보다는 "○○이 진료실로 들어갈까요?"라는 멘트가 좀 더 친근감을 준다.

4) 상담 혹은 설명 시 환자의 호칭

① "선생님", "사장님", "원장님" 등 직업 및 직위와 일치하는 호칭을 부르는 것이 가장 친근하게 느낀다.

② 직업을 잘 모를 경우 "○○○님" 이라고 일반적인 호칭을 사용하나 연령대가 높은 경우 "선생님"이라는 호칭이 좀 더 존중받는 느낌을 줄 수 있다.

③ 연령대가 높은 경우 "아버님", "어머님" 이라고 부르기도 한다. 그러나 주의하자. 연령대가 높아도 미혼이거나 자녀가 없을 수 있다는 것을! 확실할 때만 부모님으로 생각하자.

---

*잠깐!
2인 이상 동반 내원 시 관계에 대한 혼란 주의
자녀를 손주로, 부부를 며느리로, 남남을 부부로, 남매를 연인으로, 언니를 동생으로 오해하지 말자. 확실한 관계는 사전에 자연스럽게 물어봐야 서로 오해가 없다.

---

5 : 올바른 대화문

● 보다 올바른 표현하기

	잘못된 표현	보다 올바른 표현
존댓말	"검진 받으시러 오셨나요?"	"검진 받으러 오셨나요?"
	"○○로 가실게요."	"○○로 안내 도와 드리겠습니다."
	사물 존대하지 않기 "물이 나오십니다."	"물이 나옵니다."
반토막말	잠깐만요	잠시만 기다려 주시겠습니까? 바로 확인해 드리겠습니다.
	성함은요?	성함이 어떻게 되십니까?
듣지 못했거나 확인이 필요한 말	뭐라구요?	다시 한 번 말씀해 주시겠습니까?
	네...	네. 말씀하신 부분이 ○○가 맞으신가요?
대기를 표현하는 말	5일 정도 걸려요.	보통 5일 정도 걸리는데, 괜찮으세요?
		그 안에라도 완성되면 바로 알려 드리겠습니다.
	조금만 기다리시면 되요.	대기시간 약 30분 정도가 예상됩니다. 괜찮으시겠습니까?

환자와의 대화는 정보제공을 원칙으로 마취주사 놓기 전에 "조금 따끔할 수 있습니다. 놀라지 마세요. "혹은 발치 후에 물고계신 거즈는 2시간 동안 꽉 물고 계시구요…"와 같이 정보를 제공한다. "잘 참으셨어요", "고생 많으셨어요"와 같은 따뜻한 표현은 병원의 핵심 가치를 표현하기도 한다. 그러나 잘못된 말들은 뜻하지 않게 환자의 기분을 상하게도 하고 능력에 비해 낮게 평가되기도 하므로, 올바른 대화문을 통해 말의 품격을 높이기 바란다.

6 : 환자와 대화할 때 주의사항

그림 17-1 마스크 벗고 밝은 표정 (O)

그림 17-2 마스크 착용하고 대화 (X)

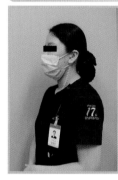

① 환자와 대화를 할 때에는 원활한 의사소통을 위해 가급적 마스크를 착용하지 않도록 한다.

> 치아에 하자가 있는 경우, 구취가 나는 경우는 오히려 마스크를 착용하는 것이 필요하다. 치과인들 스스로 동료가 입냄새가 심한 경우 얘기해줘야 환자들이 불편감을 줄일 수 있다.

② 환자와 대화할 때는 환자의 말에 우선 귀 기울여야 한다.
③ 환자가 하는 이야기에 흥미를 보이고, 이해했다는 표현을 해 주도록 한다.
④ 하고 싶은 말은 1분만 하고 환자의 말은 2분 이상 들어주며 맞장구치는데는 3분을 쓸 줄 아는 직원이 되어야 한다.
⑤ '아니요, 네, 그럴걸요.' 라는 등의 짧고 성의 없어 보이는 대답은 하지 않도록 한다.
⑥ 말하는 도중에 자꾸 끼어 들어나 말을 끝맺기도 전에 알았다는 듯 대신 마무리하는 것은 상대방의 말에 귀 기울이지 않거나 듣기 싫다는 표시이므로 주의하도록 한다.

⑦ 환자가 하는 말이 잘 이해되지 않을 경우엔 정중하게 재질문을 하도록 한다.

⑧ 환자와 대화했던 중요한 내용(환자의 욕구, 진료 시 불편사항, 칭찬, 기타 치과에서 환자 관리 측면에서 중요하다고 정한 항목)은 기록으로 남겨 구성원들과 공유할 수 있도록 한다.

7 : 환자의 이야기를 듣는 자세

> 꽃 - 김춘수-
>
> 내가 그의 이름을 불러주기 전에는
>
> 그는 다만
>
> 하나의 몸짓에 지나지 않았다
>
> 내가 그의 이름을 불렀을 때
>
> 그는 나에게로 와서
>
> 꽃이 되었다...

앞서 언급했지만, 환자의 이름을 부르는 습관을 들이자. 이름을 불러 관계를 맺는다는 것은 상대가 나에게 무엇인가 가치 있는 존재가 된다는 의미라고 할 수 있다. 우리에게 가치 있는 존재인 환자의 이야기를 즐겁게 들어보자.

① 환자를 정면으로 보고 시선을 자주 마주치면서 이야기를 듣도록 한다.
   단, 환자가 너무 부담을 느끼지 않도록 하는 것이 중요하다.

② 몸은 정면을 향해 조금 앞으로 내밀듯이 앉아 관심 있어 보이는 자세를 취한다.

③ 자신의 이야기를 전달하려고 하기 보다 환자의 이야기를 끝까지 들어주도록 한다.

④ 환자의 이야기를 듣는 중에 견해 차이가 있다고 하더라도 끼어들거나 중단시키지 않도록 한다.

⑤ 환자의 의견에 가급적 긍정적인 태도를 보이며 맞장구를 쳐준다.

⑥ 웃기지 않아도 웃어주자.

⑦ 말하고자 하는 의도가 느껴질 때까지 경청한다.
   환자가 요구하는 것이 무엇인지 알면 환자와 상담할 때 큰 도움이 될 수 있다.

⑧ 중요한 것은 메모하는 습관이 필요하며, 대화 끝 무렵 이야기의 요점을 정리하여 환자에게 확인해 보는 것이 좋다.

지나친 전문용어의 사용은 환자에게 '난 너와 대화할 생각이 없으니 다신 우리 병원에 오지 마!'라고 하는 것과 같다. 환자와의 대화에서 중요한 것은 환자가 알아듣는 것이지 나의 유식함을 환자에게 자랑하는 것이 아니다. 누구나 이해할 수 있는 쉬운 말로 설명할 수 있는 사람이 바로 가장 실력있는 사람임을 잊지 말자.

"16번 치아의 distal surface에 deep caries가 있으니, prep하고 temporary filling한 후 경과를 봐서 보철을 해야 할 것 같습니다."라고 했을 때 이 말을 환자들이 알아들을 수 있을까? 좀 더 완화시켜서, "상악좌측 제1대구치가 깊은 치아우식증에 이환되어서 와동형성 후 ZOE로 임시 충전한 다음에 경과를 봐서 보철치료를 해야 할 것 같습니다."라고 한다 해도 알아들을 수 있는 환자가 몇 명이나 될 것이라 생각하는가?

여러분들이 치과계에 발을 들여놓기 전에 과연 inlay나 zirconia라는 말을 들어 본적이 있었는지를 상기해봐야 할 것이다.

memo

18 우리환자 첫 응대하기

환자 응대하기는 기본인사법, 자세, 기본대화법을 기초로 하며, 환자가 처음 치과 문을 들어선 순간부터 나갈 때까지 계속된다.

어투는 되도록 지시형이 아닌 권유형으로 하는 것이 좋고 환자와 응대하는 모든 순간은 미소를 머금은 온화한 표정으로 눈을 마주치며 대화를 하는 것이 좋다.

태도 / 행동	대 화
(1) 하고 있던 일을 멈추고 밝은 미소로 환자와 시선을 마주보고 인사한다. – 전화를 받는 중일 경우, 얼굴을 쳐다보고 눈인사라도 하고 잠깐 대기해줄 것을 요청한다.	"안녕하세요?" "안녕하십니까?" "반갑습니다." "어서 오십시오." (우리치과에서 인사하는 법을 통일하는 것이 좋다.)
(2) 적극적으로 일어서서 응대한다. – 항상 환자와의 눈높이를 맞추어 응대한다.	"접수를 도와 드리겠습니다."
(3) 계속 우리치과에 다니는 환자인지, 처음 우리치과를 방문한 환자인지 확인한다. – 계속 다니던 환자의 경우 얼굴과 이름을 기억하고 호칭을 불러주는 것이 좋다.	"저희치과 처음이신가요?" "아~ ○○○님이시죠? 예약시간 맞춰서 오셨네요." "예약카드 가지고 오셨나요?"
(4) 처음 오신 분일 경우 접수를 한다. – 개인정보활용동의서를 설명하고 동의를 받는다. – 차트를 형성하기 위한 개인정보와 C.C 전신질환 등 건강관련 문진을 작성한다.	"이쪽으로 오시겠어요? 접수 도와 드리겠습니다."
(5) 내원 경로에 따른 환자응대 – 신환은 소개, 간판, 광고, 인터넷 검색, 전화상담 등 다양한 경로로 내원한다. 우리 환자 첫 응대에서 내원경로에 따른 응대가 차별화를 줄 수 있다. ㉑ 소개로 온 신환	"○○○님은 저희 치과에서 얼마 전에 임플란트 치료를 마치셨는데, 혹시 어떤 말씀을 듣고 저희 병원에 오시게 되셨나요?"

태도 / 행동	대 화
① 소개해주신 분의 차트를 확인하고 그 분이 맞는지 확인한다. ② 어떤 말씀을 듣고 우리 치과를 오시게 되었는지를 물어본다(그 이유가 환자가 바라는 중요한 요소일 것이다). ③ ○○○님 소개로 오셨으니 더욱 신경써드리겠다는 말을 언급한다.	"○○님 소개로 오셨으니 저희가 더욱 신경써 드리겠습니다."
(6) 병원을 다니던 환자일 경우 예약시간을 확인한 후 진료실에 연결하거나 대기실에서 대기할 것을 당부한다. – 예약시간을 지켜서 온 환자는 제시간에 진료실로 들어갈 수 있도록 한다.	"○시 예약이신데 10분 일찍 오셨네요." "○시에 바로 모셔 드리도록 하겠습니다. 잠시만 대기해 주시겠어요?"
(7) 진료실로 환자를 안내한다. – 차트를 보고 환자이름을 확인한 다음 환자가 앉아있는 쪽으로 가서 이름을 호명한다. – 이름을 부르고 바로 눈을 마주치며 인사를 한다. – 안내 시 환자보다 한 발자국 비스듬히 앞서서 안내하도록 하고 환자가 잘 따라오고 있는지 확인한다. 자세한 내용은 「32 환자 진료실 안내법 및 진료준비」 참고	"○○○님 안녕하세요? 진료실로 모셔 드리겠습니다. 이쪽으로 오시겠어요?" 그림 18-1 **진료실 안내** 

19 신환과 구환 접수하기

접수는 환자가 처음 병원을 방문했을 때 환자의 기본적인 인적사항 및 C.C, 과거 병력사항 등을 기록하는 과정이다. 처음 병원 문을 연 환자에게는 첫인사와 함께 병원에 대한 분위기와 이미지를 느끼기 시작하는 단계라 할 수 있다. 접수할 때도 환자들은 우리치과에 대해 평가하고 있음을 명심해야 한다.

1 : 진료기록부에 기재해야 하는 내용

참고) 의료법 시행규칙 제14조

제14조 1항 (진료기록부 등의 기재 사항)

1. 진료기록부
   가. 진료를 받은 자의 주소·성명·연락처·주민등록번호 등 인적사항
   나. 주된 증상의 경우 의사가 필요하다고 인정하면 주된 증상과 관련한 병력(病歷)·가족력(家族歷)을 추가로 기록할 수 있다.
   다. 진단결과 또는 진단명
   라. 진료경과(외래환자는 재진환자로서 증상·상태, 치료내용이 변동되어 의사가 그 변동을 기록할 필요가 있다고 인정하는 환자만 해당한다)
   마. 치료 내용(주사·투약·처치 등)
   라. 진료 일시(日時)

- 중 략-

제 14조 제2항 및 제3항
   ② 의료인은 진료기록부 등을 한글로 기록하도록 노력하여야 한다.
   ③ 보건복지부장관은 법 제22조에 따라 의료인이 진료기록부 등에 기록하는 질병명, 검사명, 약제명 등 의학용어와 진료기록부 등의 서식 및 세부내용에 관한 표준을 마련하여 고시할 수 있다.
제 22조에 따르면 의무기록을 제대로 하지 않은 의료인은 행정처분(자격정치 15일)과 형사처벌(300만원 이하 벌금)을 받을 수 있다.

그러므로 접수하는 직원은 위의 진료기록부 기재사항의 내용 중 환자주소, 성명, 연락처, 주민등록번호, 병력 및 가족력, 주된 증상을 기재한다.

진료일시도 꼭 미리 기재해 놓는 것이 좋다. 2013년 의료법 시행규칙 제14조 개편으로 개정 전 〈진료 일시분(日時分)〉까지 기록해야 했지만, 〈진료일시〉만 기록하면 된다. 진료시간을 기록할 때에는 원래 약속시간과 도착한 시간을 기재해 예약시간과 어떻게 다른지 적어 놓는 것이 좋다. 이는 문제가 발생되는 상황에서 객관적인 자료가 될 수 있다. 간혹 환자가 약속된 시간을 지키지 않았는데 기다린다고 불만을 호소하는 경우가 있다. 이때 무조건 죄송하다고 하기 보다는 기록을 확인하고 양해의 말씀을 드리는 것도 좋은 방법이다.

[신환 접수]

처음 내원한 환자는 병원을 탐색하기 마련이다.

그림 19-1 **신환 접수 시 응대**

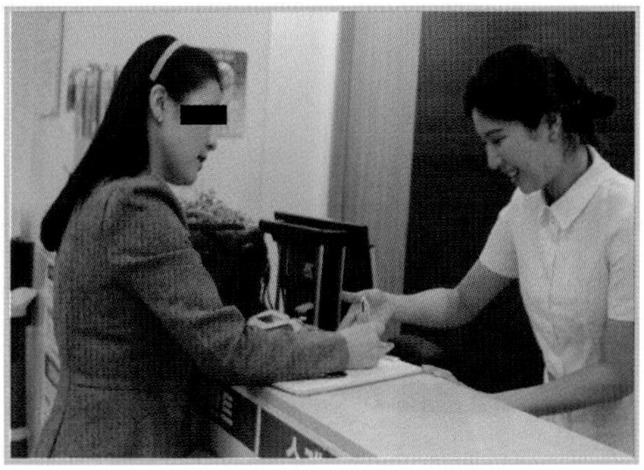

환자의 올바른 선택을 위해서는 빠른 시간 내에 친근감을 형성하고 신뢰를 쌓기 위한 노력이 필요하다. 그러기 위해서는 열린 질문을 통해 환자를 이해하고, 이러한 정보를 활용하여 환자에게 맞는 진료서비스를 제공한다면, 병원에 대한 호감도는 상승할 것이다.

2 : 접수할 때 기재하는 것들

접수를 할 때 기본적으로 적어야 할 것들은 대부분의 치과가 비슷하며, 치과에 따라 필요로 하는 사항들을 문진표로 만들어 놓고 기록하기도 하고 환자의 진술을 바로 차트에 기록하기도 한다.

1) 이름
    동명이인을 확인한다.
2) 주민번호
    이름과 주민번호는 정확히 기록을 해야 한다.
3) 주소
    집 주소는 간혹 치과에서 우편물을 보내거나 환자가 치과에 오는 이동거리가 어떤

지를 파악하는데 유용하다. 환자의 이동거리에 따라서 예약날짜와 시간, 또는 진료 횟수에 영향을 줄 수 있으므로 환자에 대한 중요한 정보가 될 수 있다.

4) 집 전화번호, 직장 전화번호, 핸드폰 번호

전화번호의 경우 핸드폰 번호만 입력을 하는 경우가 많은데 되도록 집 전화나 직장 전화번호까지 기록을 할 수 있으면 다 해놓는 것이 좋다. 핸드폰으로 연락이 되지 않을 때는 집 전화나 직장 전화번호가 있으면 매우 용이하기 때문이다. 숫자를 기록할 때 틀리지 않았는지 다시 한 번 확인한다.

5) 치과를 온 이유

치과를 온 이유 C.C(주소)를 기록할 때는 되도록 환자가 하는 말 그대로를 적는 것이 좋다. 예를 들어 "오른쪽 어금니가 며칠 전부터 '띵' 한 느낌이에요~"라든지 "이를 해 넣으려고요." 등 환자가 한 말을 그대로 적도록 한다.

환자가 한 말을 우리가 다시 치과말로 바꿔서 적게 되면 진료실내에서 환자가 원하는 것을 정확히 파악하기 힘들 수 있고 의미가 와전될 수 있다.

6) 전신질환, 과거 병력사항

치과치료를 받을 때는 흔히 고혈압, 당뇨, 간염, 결핵 등을 물어보게 된다. 이외에도 고혈당증, 감염성 심내막염, 허혈성 심장질환, 출혈성 질환, 골다공증, 신부전, 천식 등 전신질환을 가지고 계신 분들은 주의해야 할 것들이 있기 때문에 꼼꼼히 체크하는 것이 좋다.

또한 전신질환과 관련하여 수술 경험 여부, 투석, 장기이식 여부도 파악하여야 한다.

7) 복용하고 있는 약

전신질환은 약 처방이나 마취, 또는 외과치료를 하는데 매우 중요한 사항이다. 성인의 경우 혈압이나 당뇨, 심장질환, 신장질환, 뇌, 혈관질환 등 질병에 관련된 것과 복용하고 있는 약이 있는지 등을 정확히 파악해야 한다. 질병 여부에 따라서 치과시술 전에 약을 미리 끊어야 하는 등의 주의사항이 있을 수 있다.

8) 과거 치과치료 경험

과거 치과치료 경험에서 만족도나 치료 시 문제가 되었던 부분을 파악하여 치과진료에 대한 불신, 협조도 등을 미리 파악하고 있는 것이 중요하다. 최근에는 여러 곳의 치과를 다녀보고 치료 결정을 하는 경우가 많기 때문에 '최근 치과에 방문한 경험이 있는지?' 있다면 '우리 치과를 찾아주신 이유는 어떤 것인지?'를 파악하여야 한다. 이러한 정보들은 환자의 눈높이에 맞는 차별화된 응대가 보다 쉬워져 환자의 만족도를 높이는데 큰 역할을 할 것이다.

9) 보험카드 기재사항 (피보험자, 증번호, 사업장, 기호)

요즘엔 보험청구 프로그램 상에 환자이름과 주민번호를 입력하면 보험카드 기재사항이 자동으로 입력된다.

10) 약 알러지

약 알러지가 있는 환자의 경우 약 처방을 할 때 참고해야 한다.

11) 이메일 주소

이메일 주소는 필요로 하는 경우에 기록한다.

12) 내원 경로

우리치과를 어떻게 알고 오셨는지 확인하고 기록한다.

(예 : 집근처, 직장근처, 인터넷 검색, 소개 등)

13) 소개해준 사람

소개 환자가 내원한 경우 소개한 사람을 기재한다. 기재 시에는 동명이인의 환자가 있을 수 있으므로 가급적 차트번호를 확인하고 소개자의 이름과 차트번호를 함께 기재하는 것이 좋다.

내부 소개 환자 및 방문자의 감동부터 챙기자!

필자가 얼마 전 치료를 받기 위해 지인 병원을 방문했을 때의 이야기이다. 약속된 시간에 방문을 했는데, 접수 데스크에 도착하는 순간 데스크 스탭이 일어나서 "안녕하세요. 000님이시죠?"라고 하는 것이 아닌가. '어떻게 나를 알았을까'라고 생각하는 찰나에 벽에 걸린 소개 환자 초진 리스트를 직원이 체크하는 것을 보게 되었다. 감동적인 순간이었다. 일반적으로 환자 소개로 이어지는 소개자 창출에 서비스가 집중되어 있는 것이 현실이다.

방문자	성명	관계	방문 시간	방문 목적
	김신	원장님 지인	PM 1시	원장님과 식사 후 치료
사진없음	지은탁	○○팀장 소개	PM 2시	임플란트 치료

대기실에 대기시간이 1시간 이상 대기하고 있는 환자 두 분이 앉아 있다고 가정하자. 이럴 땐 누구를 먼저 안내할 것인가? 물론 다양한 판단 상황이 있지만 같은 조건이라면 우리는 흔히 '직원가족들이나 지인들은 좀 더 이해해 주겠지'라는 생각으로 양해를 구한다. 그런데 그들도 우리 마음과 같을까? 그렇지 않을 가능성이 크다. 보통 사람들은 원장이나 직원 소개로 가면 더 잘해 줄 것이라 생각할 것이다. 이들이 만족했을 때 더욱 자신있게 추천해 줄 것이다. 또한 이들의 만족도는 소개해 준 조직 구성원의 자부심과 소속감이 더욱 높아질 것이다.

더욱이 첫 대면하는 곳인 접수데스크에서부터 미리 챙기고 중요한 사람처럼 인식하고 있다는 것을 보여 준다면, 진료 기간 우리가 행한 약간의 실수는 작게 느껴질 것이다. 진정한 소개환자 만족은 내부 구성원의 소개 혹은 구성원의 지지인 및 가족으로부터 시작된다.

3 : 개인정보 수집 · 활용 동의서

접수 시 개인정보 수집 · 활용 동의서는 대부분의 치과 병·의원에서 의무적으로 받고 있을 것이다. 의료기관에서 수집된 개인정보는 진료외 서비스를 제공하고자 하는 경우, 즉, 병원소식, 건강정보, 홍보 등 직접적인 진료와 관계없는 내용을 문자, 우편 등으로 보내고자 한다면 개인정보보호법에 따라 반드시 정보주체의 동의를 받아야 한다. 원내에 CCTV를 촬영하는 경우에는 목적과 촬영하고 있음을 CCTV 촬영 안내문 게시를 통해 환자들에게 알려줘야 한다.

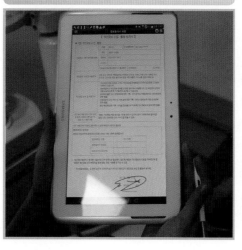

그림 19-2 개인정보 수집·활용 동의서

그림 19-3 CCTV 촬영 안내문 게시

▶ 정보 주체의 동의 사항
① 개인정보의 수집·이용 목적
② 수집하려는 개인정보 항목
③ 개인정보의 보유 및 이용기간
④ 동의를 거부할 권리가 있다는 사실과 그에 따른 불이익

4 : 환자 얼굴 사진 촬영하기

전자차트를 사용하는 치과라면 환자에게 촬영 목적을 설명하고 촬영된 사진을 차트에 저장하자. 차트에 환자 사진이 있으면 환자 관리 및 서비스 차원에서 많은 도움이 된다. 구성원이 환자를 기억하기도 좋을 뿐만 아니라 호명할 때 환자를 정확히 알아볼 수 있으므로 환자 만족도를 더욱 높일 수 있다. 사진 촬영할 때 환자가 쑥스러워하지만 환자와 빨리 가까워지는 계기가 되기도 한다.

"처음 접수하시는 분들은 저희가 잘 알아보고 관리하는 차원에서 사진 촬영을 합니다. 괜찮으시면 이쪽을 봐주시겠어요? 간단하게 찍겠습니다."

그림 19-4 얼굴 사진이 있는 차트(예 : 하나로 프로그램 접수화면)

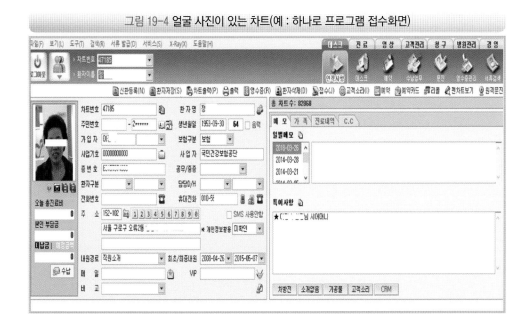

5 : 대기 안내

예상 대기 시간을 안내한다. 예상 대기 시간을 초과하는 경우에도 다시 안내를 하자. 알고 기다릴 때 시간이 비교적 짧게 느껴지고, 환자가 중요한 약속이나 일이 있는 경우 스스로 시간 조절을 할 수 있게 된다.

신환은 바로 안내하기 보다는 15분 이내의 대기 시간을 가지고 원장님 및 병원 홍보 자료 혹은 치료 사례 관련 자료를 열람하게 하는 것도 전문성을 어필할 수 있는 접점관리가 된다.

[구환 접수]

무엇보다 중요한 것은 이름을 기억해주고, 기다리는 마음을 표현하자.

아마도 환자는 지난번에 한 번 내원한 경험을 기억해 주는 것만으로도 기분이 좋아질 것이다. 기다리는 것도 일이며, 기다리는 동안 환자에 대해 얼굴을 확인하고 세세한 것까지 확인하고 준비하자.

① 얼굴을 확인하고 밝은 표정으로 인사와 함께 이름을 불러준다.

　"안녕하세요. ㅇㅇㅇ님"

② 예약 시간을 확인해 드린다.

　"예약 시간보다 조금 일찍 오셨네요? 준비하고 안내 도와 드리겠습니다."

③ 지난번 치료에 대해 물어보고 차트에 기입한다.

　지난 치료에 대해 질문할 때 긍정적인 질문은 긍정적인 답변 가능성을 높인다.

　"지난번 치료한 치아는 불편하지 않으셨어요?"

　→ 지난번 치료한 치아는 괜찮으셨어요?"

④ 대기가 필요하다면 대기 시간을 안내한다.

　"죄송하지만 약 15분 정도 대기 시간이 예상되는데, 괜찮으실까요?"

　"이해해 주셔서 감사합니다. 최대한 빨리 안내해 드리겠습니다."

⑤ 대기하는 동안 가능하다면 스몰토크를 한다.

　"오늘 분위기 너무 좋으세요. 치과 진료 끝나고 약속 있으신가 봐요?"

　"지난번에 주신 빵은 저희가 맛있게 잘 먹었습니다. 감사합니다."

"구환"

구환은 우리 치과에 좋은 이미지를 가지고 계속해서 내원하는 환자들이 대부분일 것이다. 그러나 환자의 마음은 유동적이다. 과거 어느 때보다 환자의 기대는 의술이 변하는 속도보다도 훨씬 빠르게 변한다. 처음 신환으로 내원했을 때 우리의 마음처럼 구환에 대한 초심을 잃지 않고 환자에 대해 계속 파악하려는 노력이 필요하다.

대기실에서 환자 응대하기 20

치과 진료는 대부분 예약제로 진행한다. 구성원들은 환자 예약 시간을 지켜주기 위해서 노력을 하지만, 진료 특성상 얘기치 못한 상황으로 진료가 지연되거나 통증이 심한 응급 환자의 경우에는 먼저 봐줘야 하는 경우도 발생한다. 이런 상황들을 환자가 모두 이해해 주길 바라는 건 우리의 욕심이다.

"9시 30분이 지났는데 저 언제 진료 들어가나요?"

치과는 진료시작 시간이 오전은 9시 30분, 오후 진료 시작은 2시가 80% 정도를 차지한다. 이 시간대는 일반적으로 시간을 중요하게 생각하시거나 대기를 싫어하시는 분들을 예약잡는 경우가 많다.

그러나 최근 필자가 몇몇 치과를 모니터링한 결과 몇몇 치과에서 9시 반이 지나도록 환자 안내가 안 되고 있었고, 스탭들은 조급해 하는 모습이 보이질 않았다.

이유를 물어보니 "회의가 늦게 끝났어요", "원장님께서 늦게 오셔서요", "준비가 아직 안되서요"라는 답변이었다. 답변이 무엇이든간에 환자의 시간을 중요시하는 조직 문화가 필요할 것이다. 정말 신기하게도 치과인들의 생각은 행동이 되어 대기실에서 지켜보기만 해도 느껴진다.

대기 시간은 치과마다 해결하기 힘든 문제가 되었고, 환자입장에선 귀한 시간을 대기하는데 보낸다는 것은 예민하게 받아들일 수밖에 없다. 어쩔 수 없이 대기 시간이 발생한다면 환자들에게 기분 나쁘지 않게 양해를 구하고, 대기하는 동안 지속적으로 관심을 가지고 관리하는 것이 중요하다.

태도 / 행동	대 화
(1) 기다리는 것에 대해 미안한 뜻을 전한다. – 기다려야 하는 이유를 기분 상하지 않도록 전달한다. – 진료실에 확인해서 환자의 대기시간을 미리 언급해주되 예상되는 시간보다 5분 더 길게 얘기한다.	"죄송합니다만 앞에 진료 받으시는 환자분이 수술이 조금 길어져서 약 10분 정도 대기하셨다가 진료를 하셔야 할 것 같습니다."
(2) 환자의 입장을 고려해 진료 후 중요한 약속이 있는지 여부를 확인한다. – 앉아서 기다릴 경우 훨씬 더 길게 느껴진다는 것을 알아둬야 한다. – 혼자 있도록 내버려 두지 않고 지속적인 관심을 보인다.	"혹시 오늘 진료 끝나시고 약속이 있으신가요? 몇 시까지 가셔야 하는지요?" "되도록 약속시간에 늦으시지 않도록 노력하겠습니다. 다시 한 번 죄송합니다."
(3) 기다리는 동안 지루하지 않도록 환자와 대화를 시도하거나 신문이나 잡지, TV를 권유한다 (최근 스마트폰 많이 이용하므로 적절히 권유). – 최근에는 핸드폰을 보며 기다리는 경우가 많으므로 거절 시에도 모니터에 병원 홍보 영상이나 관련 치과치료 영상을 틀어 놓아 무의식적으로 볼 수 있게 하는 것도 하나의 좋은 홍보 방법일 수 있다.	"저희 병원 와이파이 정보는 앞쪽 벽면에 부착된 정보를 확인하시고 입력하시면 됩니다." 그림 20-1 와이파이 정보 공지 ID : PW :
※ 대기환자가 [신환]이라면? – 병원 소개 앨범이나 관련 치료에 관한 자료를 권유한다. – 병원 홍보 영상과 치료에 대한 사례를 먼저 접하게 되면 병원에 대한 신뢰는 물론 치료에 대한 이해도가 빨라진다. – 처음 온 신환이라면 의무적으로 볼 수 있게 접점관리를 하는 것도 좋다. ▶ 상담 전 해당 질환이나 강조되어야 하는 부분은 보도 영상을 탭에 저장해 대기하는 동안 보여주면 객관적인 설명 자료가 될 수 있어 이용하면 환자의 이해에 많은 도움이 된다고 한다.	"기다리는 동안 신문이나 잡지 좀 가져다 드릴까요?" "기다리시는 동안 병원 소개 앨범(혹은 관련 치료 사례)을 보여드려도 될까요?" "○○○님께서 현재 불편하시거나 관리가 필요한 부분에 대한 보도 영상이 있습니다. 도움이 되실 것 같아서 한 번 보시는 게 어떨까 싶어서 준비했습니다. 대기하시는 동안 잠시 보고 계시겠어요?"

그림 20-2 치과 치료와 관련된 보도 영상

태도 / 행동	대 화

(4) 차를 대접하거나 병원에서 간단하게 환자에게 드릴 수 있는 간식거리가 있다면 대접하는 것도 괜찮다. ※ 식음료가 진열된 곳에 일회용 칫솔과 치약을 구비해 놓는 것도 환자에 대한 배려를 느낄 수 있게 한다.	– 식사하셨나요? 토스트 좀 구워 드릴까요? – 혹시 따뜻한 차 한잔 드시겠어요?
그림 20-3 일회용 칫솔과 치약, 안내문구	그림 20-4 커피 및 음료대

※ 개인적 취향 고려한 음료 대접하기

환자분들의 대기 시간이 길어지면 미안한 마음을 표현하며 양해를 구할 때 흔히 커피, 음료 등 차를 권하는 경우가 많다. 최근에는 인력을 효율적으로 활용하는 목적 혹은 개인적인 취향 존중으로 대기실 냉장고에 음료수를 채워 자유롭게 먹을 수 있게 하는 경우도 많다. 목적을 어디에 두느냐에 따라 다르긴 하지만 차를 대접할 때도 예의를 갖추는 것이 좋다.

① 준비된 차의 종류를 말씀드리고 취향을 물어본다.
② 찻잔 손잡이 위치는 환자가 찻잔을 잡기 쉽도록 놓아 드린다.
③ 물러날 때는 2~3보 뒷걸음으로 물러나 바르게 걸어간다.

그림 20-5 커피 안내문

진료실에서 환자 응대하기

진료실에서는 진료 중 환자의 불안감을 해소하기 위한 노력이 필요하다. 진료실의 모든 상황, 즉, 의료진의 행동, 말투, 진료 중 소음, 냄새까지도 예민하게 반응할 수 있다. 따라서 진료실에서 환자 응대는 환자가 안심하고 진료를 잘 받을 수 있도록 환경을 청결하게 하고, 매 순간 환자를 배려하는 의료진의 마음가짐이 중요하다고 하겠다.

1 : 진료 전 환자 응대

태도 / 행동	대화
(1) 환자가 앉을 chair로 안내한다. 　- 환자의 옷이나 가방을 먼저 받아준다. 　- 환자가 chair에 앉을 때 걸리는 부분이 없도록 미리 주위를 정리해준다. 　- 정확히 손을 가리켜서 환자가 앉을 의자를 가리킨다. 환자는 어디에 앉아야 할지 모르므로 손으로 가리켜줘야 한다. 　- 짧은 스커트를 입은 환자의 경우 무릎담요를 덮어준다. 작은 것 하나를 챙겨주는 모습에 환자는 감동할 수 있다. ※ 환자를 안내하기 전 주의 사항 　- 같은 chair에서 진료를 본 환자의 진료기록 혹은 x-ray 사진을 띄우지 않도록 한다. 내 것도 다른 사람이 볼 수 있다는 생각에 불안해 할 수 있다. 　- 특히 개인정보가 입력된 페이지를 띄우는 건 조심하자. 일전에 모 치과에서는 진료실에서 대기 중인 환자가 진료환자 리스트에 아는 사람 이름을 보게 되었고 기재된 연락처로 연락이 되었다가 해당 환자에게 호되게 혼이 난 경험이 있다고 한다. 생각보다 지역사회는 좁다.	상황 1. 물품 보관함이 있는 경우 "가방이나 옷은 보관하고 진료 받으시겠어요?" 그림 21-1 개별 물품보관함으로 안내  "옷과 가방을 옷장에 넣으시고 나서 잠그시고 열쇠를 가지고 계시면 됩니다." 그림 21-2 환자가 직접 잠그고 열쇠를 보관 

태도 / 행동	대 화
	※ 최근에 치과에서는 개별 소지품을 보관할 수 있는 물품 보관함을 많이 설치하고 있는 추세이다. 상황 2. 개별 소지품 보관함이 없는 경우 "가방이나 옷은 제가 걸어드리도록 하겠습니다." 옷이나 가방 등 개인 물품이 정리된 후 "이쪽으로 앉으시면 됩니다." "다리에 무릎담요를 덮어 드리겠습니다."
(2) 기본세트를 준비한다. 　- 기본세트와 환자용 컵은 환자가 보는 앞에서 세팅해서 개개인에 따라서 기구를 바꾼다는 것을 환자가 알 수 있게 한다. 　포장이 되어 있는 기구들도 환자가 보는 앞에서 개봉하도록 한다.	"잠시만 기다려 주시겠습니까? 준비 후 안내 도와 드리겠습니다."
(3) 처음 검진을 하는 환자라면 환자의 C.C를 확인하고 진료 검진순서를 설명한다. 　- 치과에 따라서 초진 시 원장님이 바로 검진을 하는 경우도 있고 치과위생사가 초진을 한 후 원장님이 진단을 하는 경우도 있다. 이 부분은 치과시스템에 맞춰서 진행하면 된다. 　- 환자의 C.C를 반복하여 얘기함으로써 불편한 부분을 확인한다. 단, 어디가 불편하세요? 라는 똑같은 질문은 하지 않도록 한다. 　- 환자가 증상을 얘기하면 중간에 말을 자르지 않고 공감하며 끝까지 들어준다.	"안녕하세요? 저는 치과위생사 ○○○입니다. 오늘 오른쪽 아래 어금니가 불편하셔서 오셨다고요? 우선 제가 입안 상태를 먼저 확인해보구요. 그 후 원장님께서 다시 검진을 해주실 겁니다." "많이 불편하셨게요, 지금은 어떠신가요?"
(4) 진료실에서 대기시간이 10분 이상일 경우 　- 환자의 상태에 따라서 간단하게 입안을 닦아드리거나 스케일링을 해드리는 서비스를 하는 것도 환자에게 만족을 드릴 수 있는 방법이며, 이 방법은 신환보다 구환의 경우에 적합하다.	"기다리시는 동안 치아를 깨끗이 닦아 드리겠습니다."

(5) 환자의 상태와 특징 등을 원장님께 미리 알려준다.
　- 담당 원장님은 환자에게 같은 이야기를 되풀이하지 않도록 환자의 상태를 알고 있어야 한다.
　- 환자의 특성(겁이 많다, 민감하다, 의심이 많다 등)을 파악하고 환자와 대화를 하게 되면 환자로 하여금 신뢰감을 줄 수 있다.

2 : 진료 중 환자 응대

태도 / 행동	대화
(1) 치과위생사는 진료 전 본인 소개를 한다. – 진료 전 본인소개를 하는 것은 진료에 대한 자신감과 책임감을 표현하는 것이며, 환자의 불안감을 해소해준다.	"안녕하세요? 저는 치과위생사 ○○○입니다. 오늘 원장님과 함께 제가 진료를 도와 드릴 겁니다. 진료 받으시면서 불편하시거나 궁금하신 점 있으시면 말씀해 주세요."
(2) 오늘 담당 원장님, 진료내용과 진료시간을 간단하게 설명한다. – 처음 진료 받는 신환의 경우 진료 들어가기 전에 원장님 소개를 하는 것은 환자가 원장님에 대한 신뢰와 친근감을 빨리 느낄 수 있게 된다. – 간단한 홍보물을 유니트체어에 비치해도 좋다. – 원장님 소개 시에는 환자가 중요하게 생각하는 부분에 대해 원장님이 안심할 수 있도록 해주실 거라는 멘트를 함께 한다. – 구환의 경우 중간에 담당 원장님이 변경되는 경우 다시 변경된 담당 원장님을 소개한다. – 환자가 진료내용에 대해 모르고 있는 부분이 있다면 다시 한 번 설명해준다.	"오늘 ○○ 진료 받으시기로 하셨죠?" "오늘 진료를 담당해 주실 원장님은 ○○○원장님입니다." 그림 21-3 **유니트 체어 홍보물**  "마취를 하고 진행하실 건데요, ○○○원장님은 마취를 잘하셔서 ○○○님께서 두려워하시는 마취를 안 아프게 잘 해주실 거예요." "시간은 약 30~40분 정도 걸릴 겁니다."
(3) 원장님이 오셔서 진료를 시작한다. – 진료시작 전에 진료의 진행에 대해 항상 미리 말해주는 것이 좋다. – 원장님도 환자에게 눈을 마주치며 인사를 해주는 것이 좋다. – 예전 진료가 불편한 것은 없었는지 확인도 같이하는 것이 좋다.	"원장님께서 오셨습니다. 이제 진료를 시작하도록 하겠습니다."
(4) 진료 중에 불편한 사항이 있을 때는 진료를 중단할 수 있다는 것을 설명하여 환자가 공포를 덜 느낄 수 있도록 한다. – 진료 시 상황과 협조해 주어야 하는 상황을 설명한다. – 치료 단계마다 달라진 상황을 설명해 준다.	"진료할 때 소리가 크게 나고 물이 나옵니다. 코로 숨을 쉬시면 됩니다." "진료하다가 갑자기 움직이거나 하시면 기구들이 날카로워서 다칠 수 있습니다." "자, 이제 시작하겠습니다." "진료하시다가 불편한 점 있으시면 언제든지 왼손을 들어주세요." 치료 단계마다 " ~~~~~ 하겠습니다." "얼굴에 물이 튈 수 있으니 포를 덮고 하겠습니다." "의자를 뒤로 눕혀 드리겠습니다. 기대보세요."

태도 / 행동	대 화
(5) 진료 중 환자가 불편하다고 표시를 할 때는 즉시 진료를 멈추고 불편사항을 해소할 수 있도록 한다. - 만약 원장님께서 환자의 표시를 못 보셨다면 담당치과위생사가 옆에서 확인하도록 한다.	"지금 불편하신 점 있으세요? 아프신가요? 양치 한 번 시켜 드릴까요?"
(6) 진료의 진행사항을 간략하게 설명해 주는 것도 좋다. - 환자는 입안상태를 볼 수 없는 상황에서 소리나 느낌만 느끼므로 본인이 어떤 진료를 받는 것인지 불안해 할 수 있다.	"이제 충치는 다 제거하셨습니다. 마무리만 하시면 됩니다."
(7) 진료시간을 간략하게라도 설명한다. - 얼마나 더 해야 하는지, 어느 정도 남은 건지 환자는 궁금할 수 있다.	"진료가 반 정도 진행되었습니다. 조금만 더하시면 됩니다."
(8) 진료협조도가 좋을 경우 칭찬을 해준다. - 칭찬에는 누구나 약하다. 진료협조도가 좋아서 진행이 잘 되고 있다고 얘기한다면 아마도 환자는 더 열심히 크게 입을 벌릴 것이다.	"환자분께서 협조를 잘해주셔서 진료가 매우 순조롭게 진행되고 있습니다."

〈환자진료 중 의사전달할 때 주의사항〉

1) 진료 중 환자와 대화 시 분명한 어조로 말한다.

진료 중에는 마스크를 착용하고 말을 하게 되기 때문에 혼잣말하듯 끝을 흐리면 상대방이 알아듣기 어려울 수 있다.

2) 진료 중 무전기 사용을 최소화한다.

치과 진료를 받을 때는 소리에 민감해진다.

구성원들 사이에 잦은 무전기 사용은 소음으로 느껴지며, 진료에 집중 안 한다는 생각이 들기 쉽다. 또한, 무전 내용은 환자가 들을 수 있다는 생각을 해야 하며, 누구도 들어도 괜찮은 대화 내용이어야 한다.

그림 21-4 대화 시 무전기 사용 (X)

3) 진료 중 술자는 다른 사람과 사적인 대화를 하지 않도록 한다.

진료 중 의료진들 사이의 회식 등 사적인 얘기 혹은 선배가 술자를 가르치는 내용의 대화는 환자에게 불쾌감과 불안한 느낌을 줄 수 있다.

4) 진료 중 원장님에게 진료 받는 환자의 진료

내용 외에 전달할 내용이 있다면 메모를 이용하도록 한다.

그림 14-5 진료 중 메모 전달

"환자가 4분 대기 중이십니다",

"다음은 ㅇㅇㅇ님 진료하셔야 합니다." 등은 환자가 들으면 다른 사람 보려고 빨리 하려 하겠다는 생각이 들 수 있으므로 음성전달이 안 되도록 주의한다.

필자는 환자 대기 상황을 암호로 정하기도 한다. 예를 들면 날씨 "날씨 어때요?"라고 물었을 때 환자들의 대기시간이 길어지면 스텝은 "구름이 꼈어요."라고 답변하는 것이 다. 그런데, 환자들이 자꾸 그날 날씨에 대해 중간에 아니라고 얘기하는 경우가 많아 그

날 날씨에 따라 멘트를 변경하게 되었다.

이 책을 읽는 치과인들은 이제부터 날씨를 암호로 하는 겁니다!

3 : 진료 후 환자 응대

태도 / 행동	대 화
(1) 진료한 내용을 거울이나 구강카메라로 보여 준다. – 환자들이 눈으로 직접 확인하게 하는 것이 좋다. 그렇지 않으면 집에 가서 전화하거나 다른 곳에서 문의하려고 할 것이다.	"오늘 여기 오른쪽 아래 부분 충치치료하였습 니다."
(2) 주의사항을 설명해준다. – 만약 정말 중요한 주의사항이라면 문서로 작성하여 볼펜으로 확인해가며 설명하는 것 이 제일 좋다.	"오늘은 임시재료로 메워 놓았기 때문에 식사를 하시다가 빠질 수 있으니까요, 되도록 끈적이거 나 질긴 음식은 삼가주시고 반대편으로 식사를 해주세요."
(3) 진료 받으시느라 수고했다는 인사를 한다. – 실제로 진료행위를 한 것은 우리일지라도 환자가 누워서 진료 받느라 고생했다는 인 사를 하게 되면 환자도 우리에게 고마워할 것이다.	"많이 힘드셨죠? 오늘 정말 고생하셨습니다."

22 진료 예약하기

1 : 예약 시 고려해야 할 사항

1) 원장님의 진료별 Chair time

2) 원장님이 해야 할 진료와 직원이 해야 할 진료범위에 따른 시간 파악

예약 진료제를 시행한다면 예약된 시간에 정확히 진료를 시작하도록 해야 한다. 한 분이 늦게 오거나 진료가 늦어지면 그 뒤로 진료는 계속 밀리게 되고 환자는 불평을 하게 된다.

약속을 잡을 때는 정확히 올 수 있는 시간에 약속을 잡고 변경하거나 못 올 경우는 반드시 하루 전에라도 연락을 달라는 얘기를 해야 한다. 약속을 지키지 않고 늦게 왔을 경우, 진료를 못 할 가능성도 있기 때문에 예약시간을 지켜서 와야 하는 중요성을 강조하여 설명해야 약속을 지켜서 오려고 할 것이다.

기본 원칙도 세워 놔야 한다. 약속시간을 지켜서 온 환자와, 20분 늦게 온 환자가 같이 대기실에 앉아 있는 경우 약속시간을 지켜서 온 환자가 먼저 들어가야 한다.

2 : 진료시간

진료예약 시 원장님이 진료하는 시간을 기준으로 예약을 하고 치과위생사의 인력을 예상하여 예약을 잡도록 한다.

예를 들어, 치과의사 1명과 치과위생사 2명이 일하는 치과라고 한다면 치과의사 1명과 치과위생사 1명은 일반진료를 할 수 있고, 다른 치과위생사 1명은 스케일링이나 치아미백치료를 할 수 있으므로 일반진료와 스케일링의 경우 동시간대에 예약을 2명을 잡아도 된다.

또, 간단한 소독이나 실밥풀기 예약은 마취를 해야 하는 다른 진료의 시작시간과 같이 예약을 할 수 있다. 마취를 하고 5분 대기하는 동안 소독이나 실밥풀기 같은 간단한 진료를 할 수 있다.

우리치과 원장님의 진료시간을 파악하고 정리해보도록 하자.

🗑 예약 시 활용하는 진료시간 (예)

- ⊙ 단순발치: 20분
- ⊙ 매복발치: 30분 또는 40분
- ⊙ 소독: 5분
- ⊙ 발수: 30분
- ⊙ 근관세척: 10분

- ⊙ Inlay prep 1개 (단순): 20분
- ⊙ Inlay prep 1개 (복잡): 30분
- ⊙ Crown prep 1개: 30분
- ⊙ 레진치료 1개: 20분
- ⊙ Bridge prep (3本 Br. 기준): 50분

치과의사의 전공, 경력, 스타일에 따라 진료시간이 다르기 때문에 같은 치과내에서도 원장님의 특성을 고려하여 진료시간을 정하는 것이 필요하다.

진료외 소요되는 시간도 예상해야 한다. 참고로 필자의 경우는 90% 이상의 발치가 마취부터 봉합까지 5분 이내에 완료되는 편인데, 마취후 기다리는 시간, 주의사항 안내 등의 시간이 더 소요된다.

3 : 예약 장부, 예약 프로그램

그림 22-1 예: 두번에 예약 프로그램

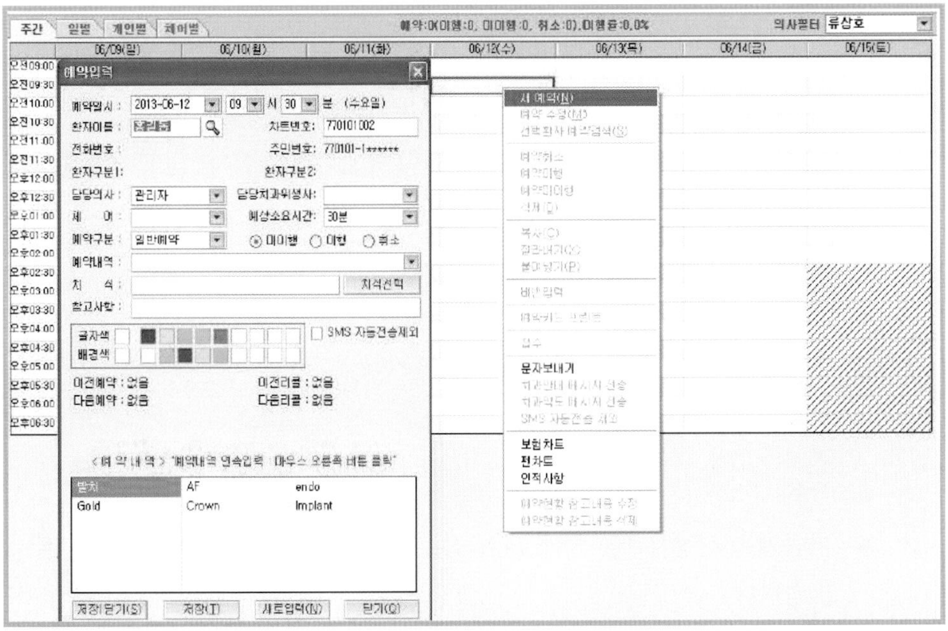

그림 22-2 예: 아이프로 예약 프로그램

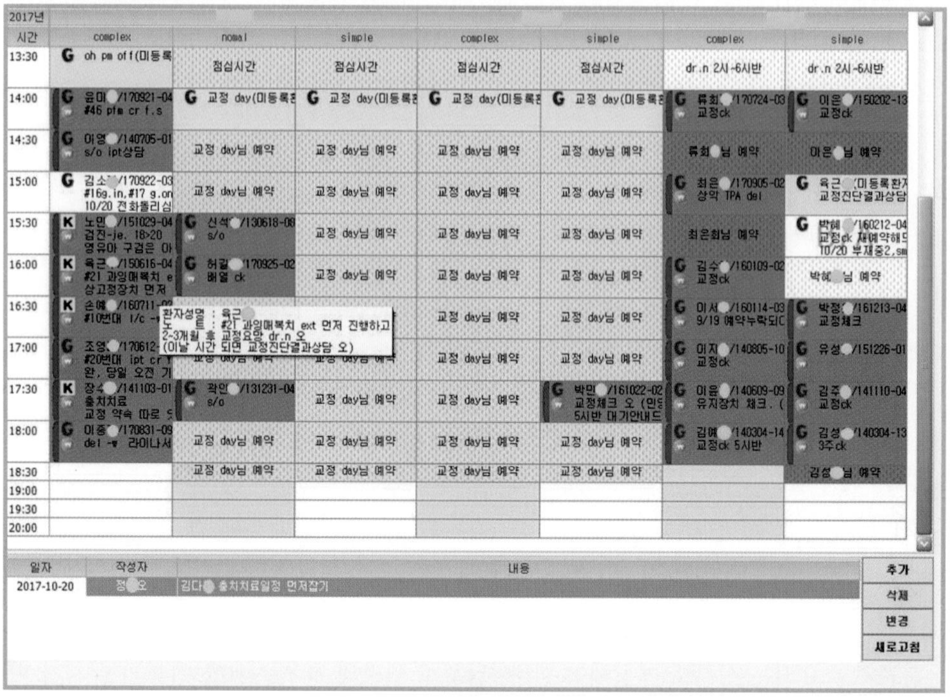

예약 장부는 시간 단위별로 나누어져야 한다.

보통 시간 단위는 10분, 15분이 추천되지만, 각 치과에 따라서 좀 더 맞는 단위를 선택하여 환자의 이름과 치료받을 내용을 기재한다. 최근에는 예약관리 프로그램을 쓰고 있는 치과가 많아서 환자이름과 치료내용 뿐만 아니라 성별 구별이나 전화번호 내원확인 체크, 중요환자 체크까지 할 수 있게 되어 있어 훨씬 관리하기 편리하다.

만약 예약 장부를 사용하고 있다면 접수대에 예약 장부를 두고 진료실에는 예약표 사본을 준비하여 모든 진료인력이 그 날의 예약상황을 확인할 수 있도록 하여야 한다.

예약 장부나 예약 프로그램 입력 시에 동명이인 환자를 구별해야 한다. 이런 경우에는 차트번호까지 같이 기재하는 것이 좋다.

환자에게 말한 시간과 예약 장부에 적힌 시간이 동일한지 다시 한 번 확인해보도록 한다.

4 : 예약을 할 때

① 다음 진료에 대해 간단히 설명하고 진료시간을 얘기한다.

　예 "다음에는 신경치료를 받게 되실 겁니다. 진료시간은 약 30분 이내로 끝나실 겁니다."

② 환자가 진료가 가능한 시간대를 들어본다.

   예 평일 오전, 토요일, 야간진료 때 등

③ 진료 스케줄에 맞게 가능한 다음진료 날짜와 요일, 시간을 여러 개 제시한다.

   예 "평일 오전이 가능한 날은 ○○일 수요일 오전 10시 또는 목요일 오전 10시 30분이 괜찮은데 언제가 더 편하시겠어요?"

④ 이 중에 환자가 편한 시간을 선택하도록 한 다음 예약날짜와 시간을 다시 한 번 말해준다.

   예 "다음 예약 날짜는 ○○월 ○○일 ○요일 10시 30분입니다."

⑤ 대기시간에 민감한 환자라면 진료를 시작하는 첫 타임에 예약해 주는 것이 좋다.

   예 오전 9:30, 오후 2:00

> 단, 첫 타임 예약은 원장님 진료 위주로 잡는 것이 효율적이며 동 시간대에 모두 프렙을 잡는다든지 스켈일링이 중복되게 잡는 것은 피하는 것이 좋다.

⑥ 예약카드를 쓰도록 되어 있다면 반드시 예약카드를 써 주는 것이 좋다.

   예 "예약 날짜와 시간을 써 드리겠습니다."

> 예약을 잘 지키지 않거나 기억을 잘못하시는 분이 계시다면 예약 내용을 직접 작성하게 하는 것이 이행률을 높일 수 있다고 한다 – 설득의 심리학 중에서–
>
> "예약 날짜와 시간을 예약카드에 직접 작성해 주시겠어요? ○월 ○일 ○시 예약되셨습니다. 제가 확인해 드릴게요. 맞게 기재하셨네요. 예약일에 뵙겠습니다."

⑦ 예약시간을 반드시 지켜서 와줄 것을 당부한다.

   예 "환자분의 진료를 위해서 예약시간을 비워 놓았습니다. 예약시간을 꼭 지켜서 와주시면 감사하겠습니다."

⑧ 예약 변경이나 취소를 해야 하는 경우 치과에 미리 전화를 주면 가능하다는 것을 설명한다.

   예 "만약 부득이한 사항으로 변경이나 취소를 하셔야 하는 경우는 1~2일 전에라도 미리 전화를 주시면 도와드리겠습니다."

[예약 안내]

치과에 따라서 중요 예약환자의 경우(시간이 오래 걸리는 환자, 수술환자 등) 치료 전날 확인전화를 직접 드려 예약시간을 확인하는 경우도 많다.

▶ 예약 사전알림 서비스

"문자메시지는 답장을 받을 수 있는 번호로 보내자."

일방적 문자메시지는 No~

대부분의 환자는 핸드폰을 가지고 있으므로 문자서비스를 통해 예약시간을 알려주는 것도 좋을 것이다. 문자를 보낼 때는 프로그램을 활용하여 치과 유선전화번호로 보내는 경우가 대부분일 것이다. 혹시 병원 핸드폰이 있다면 핸드폰 번호로 보내보는 건 어떨까? 의외로 환자들이 문자를 받고 답장을 하는 경우가 많다. 감사인사 혹은 확인답장 때론 예약 변경에 대한 카톡 대화가 이루어질 수도 있다. 이는 병원의 예약관리에 있어서 흔히 말하는 노쇼를 방지할 수 있을 뿐더러 환자와의 관계관리에 있어서도 쉽게 접근할 수 있는 방법이 될 수도 있다.

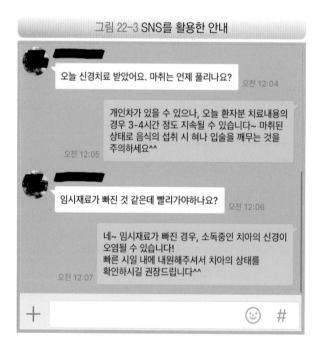

그림 22-3 SNS를 활용한 안내

▶ 환자가 예약시간을 지키지 않았을 경우

이런 경우 환자가 기분 나쁘지 않을 정도로 예약시간이 늦은 것에 대해 언급을 해주어야 예약의 중요성에 대해 알 수 있다.

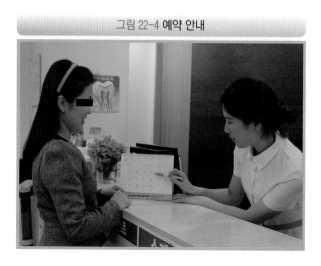

그림 22-4 예약 안내

5 : 예약 변경 및 취소

'약속을 잘 지키는 환자와 그렇지 않은 환자를 구분하여 관리하는 것도 중요하다.'

습관적으로 예약변경을 원하는 환자에게는 시간이 이미 확정되어 있으며 약속을 지켜줄 것을 설명하여야 한다. 또한 예약변경을 할 때 어렵게 진행하여 예약을 변경할 경우 날짜가 많이 늦어질 수 있다는 것과 예약을 하기가 쉽지 않다는 것을 인지시키는 것도 하나의 방법이다.

환자가 예약변경이나 취소를 했던 내용을 차트에 기록하거나 다른 곳에 기록을 남겨둘 수 있으면 환자별로 약속을 잘 지키는 환자와 그렇지 않은 환자를 구분할 수 있고 변경이나 취소한 횟수를 알 수 있어 좋다.

▶ 환자가 당일 예약 변경을 하려고 할 때

① 예약변경을 하려는 이유를 들어본다.
   ㉑ "갑자기 급한 일이 생기신 것인가요? 어떤 이유인지 들어봐도 될까요?"
② 정말 부득이한 경우인지 들어보고 안타까운 반응을 한다.
   ㉑ "아~ 그런 일이라면 못 오시니까 변경을 해드려야겠네요."
③ 환자가 기분 나쁘지 않을 정도로 예약변경이나 취소로 인한 병원의 입장을 설명한다.
   ㉑ "오늘 진료가 오래 걸리는 진료라서 원장님 시간을 길게 빼놓았는데 환자분이 못 오신다면…"
④ 다음 변경을 해드리면서 예약시간을 지켜줄 것을 당부한다.
   ㉑ "그리시면 다음엔 가능한 날짜로 예약을 해드리겠습니다. 다음번엔 꼭 오실 거죠?"

23 수납하기

진료를 하고 비용을 받는 것은 당연한 일이다. 간혹 치과위생사들이 진료비용을 받는 것을 쑥스러워하거나 미안해하는 경우가 있는데 전혀 그럴 필요가 없다.
진료한 행위에 대한 보상으로 비용을 받는 것이므로 당당하고 자신있게 얘기하면 된다.

1 : 진료비용을 받을 때 알아야 할 것들

① 오늘 진료한 부분을 설명한다.

   ㉑ "오늘은 방사선 촬영을 하였으므로 보험적용이 됩니다."

② 진료비용을 정확하게 얘기한다.

   ㉑ "진료비용은 7,800원입니다."

   "충치치료를 하셨으므로 비용은 20만원입니다."

③ 현금인지 카드인지 확인한다. 만약 카드로 할 경우 할부 개월 수를 먼저 확인한다.

   ㉑ "현금이신가요? 카드이신가요?"

   "○○카드는 현재 3~5개월 무이자 행사를 진행하고 있습니다. 몇 개월로 해드릴까요?"

무이자 카드에 대한 정보를 먼저 주고, 개월 수가 많으면 환자가 민망해하는 경우도 있으니 조금 작은 소리로 물어본다.

"특히 남자 환자분들은 기를 살려주자."

일시불이면 목소리를 크게, 개월 수가 많으면 목소리를 작게 응대하자!

그림 23-1 카드 두 손으로 받기

그림 23-2 카드 무이자 안내

④ 받은 금액을 확인하고 잔돈을 정확히 거슬러주고 확인한다. 카드로 할 경우 환자에게 줘야 할 영수증과 병원에서 보관해야 할 영수증을 나누고 환자에게 카드로 결제한 금액과 할부 개월 수를 확인시켜 준다.

  예 "2만원 받았습니다. 여기 3,200원 받으시고요."

    "카드영수증 받으시고요. 결재한 금액과 할부 확인해 주시기 바랍니다."

⑤ 병원진료비 영수증을 드린다. 영수증은 의무발행하게 되어 있으므로 환자가 폐기처리하거나 거부하더라도 무조건 드리도록 한다.

  예 "영수증을 발행하게 되어 있습니다. 영수증 드리겠습니다."

> *현금영수증 의무발행 제도
> 치과병·의원은 현금영수증 의무발행 업종이며 현제 현금영수증 의무발행 제도는 10만원 이상의 현금매출의 경우 구매자나 상대방이 현금영수증 발급을 요청하지 않아도 반드시 발급해야 하는 제도이다.

⑥ 다음 진료 시 수납 금액이 있는 경우 예상 수납 금액을 사전에 안내한다.

  계좌 송금을 원하는 경우 사전에 인쇄된 계좌정보를 드리거나 문자 전송을 한다.

진료비용은 매우 민감한 부분이다. 비용을 덜 받았거나 더 받는 경우가 생기지 않도록 각별히 주의하여야 한다. 항상 확인하고 또 확인하는 습관을 들이는 것이 좋다.

비용을 낼 때 환자들은 되도록 조금 내려고 하거나 몇 백원은 안 내려고 하는 환자들이 있을 수 있지만, 환자가 기분 나쁘지 않도록 진료비용을 내는 원칙에 대해서 제대로 설명하고 비용을 받도록 한다.

진료비용을 받을 때 돈이 모자라거나 카드가 안 되는 경우가 있을 수도 있다. 다음 내원일이 있다면 메모해 두었다가 다음에 미납된 부분을 받을 수 있도록 하고, 되도록 미납한 부분에 대해 환자 사인을 받아두면 환자가 다음에 미납한 부분을 기억하지 못하더라도 기록이 있으므로 비용을 받는데 문제가 생기지 않는다.

만약 오늘로 진료가 완료되는 환자의 경우 잠깐 은행을 다녀오시도록 하거나 바로 계좌이체를 시킬 수 있도록 말씀을 드린다.

2 : 헷갈리는 연말정산

1) 의료비 소득공제란?

의료비 소득공제란 근로소득자가 공제신청을 한 경우, 종합소득공제 중 특별공제의 한 항목을 말한다. 소득자 본인 그리고 생계를 같이하는 배우자 및 부양가족을 위하여 지출한 의료비가 당해 연도 본인의 총 급여액의 3%를 초과한 경우 그 초과금액에서 15%(세액공제율)만큼 공제하는 것을 말한다(소득세법 제52조 제1항, 소득세법시행령 제110조).

쉽게 정리하면 다음과 같다(단, 700만원의 한도).

총 의료비 지출액 − (총 급여액 × 3%) = 공제대상의료비

공제대상의료비 × 15% (세액공제율) = 공제 적용금액

2) 의료비 소득공제 신고순서

(1) 신고자료 작성(예 Andwin plus.)

순서	사진
① 프로그램의 Home에서 왼쪽 하단 '재무통계' 탭을 선택한다. 이후 가장 오른쪽 「소득공제신고서」를 선택한다.	**그림 23-3 소득공제신고 버튼 클릭** 
② 새로운 창이 뜨면 내용을 확인 뒤, '만들기'를 선택한다.	**그림 23-4 자료 만들기 클릭** 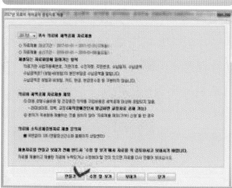

순서	사진
③ 연말정산을 하고자 하는 기간을 확인한다. (예) 2017-01-01 ~ 2017-12-31) 이때, 프로그램에 환자분의 보험, 비보험 수납금액이 모두 저장되어 있어야 자료 작성이 가능하다.	그림 23-5 **자료작성 시작 클릭** 
④ 자료가 작성되면 바탕화면에 파일이 생성된 것을 확인한다.	그림 23-6 **바탕화면에 생성된 연말정산 file 예시** 

(2) 국세청 홈택스 홈페이지에서 자료 제출 (https://www.hometax.go.kr/)

순서	사진
① 국세청 홈택스 홈페이지에 접속하고 오른쪽 상단 로그인 클릭한다.	그림 23-7 **국세청 홈택스 홈페이지**

② 왼쪽 하단 회원 로그인과 해당 공인인증서와 암호를 입력한다.

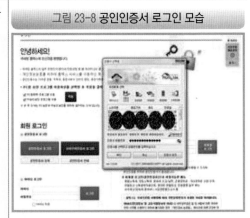

그림 23-8 공인인증서 로그인 모습

③ 신청/제출 아이콘을 선택한 후 창이 바뀌면 오른쪽 상단 연말정산 → 연말정산 간소화 선택한다.

그림 23-9 연말정산 간소화 클릭

④ 연말정산 간소화 페이지에서 오른쪽 하단 자료제출기관을 클릭하고 소득세액공제 자료제출을 선택한다.이후, 바탕화면에 생성된 연말정산 file을 업로드하여 제출한다.

그림 23-10 소득세액공제 자료제출 클릭

* 프로그램마다 방법이 상이할 수 있으므로 프로그램별 연말정산 매뉴얼을 확인하도록 하자.

3) 자주하는 '연말정산 Q&A'

Q 1 치료비용의 모든 항목이 적용되는 건가요?

A 1 그렇지 않습니다. 의료비 소득공제에는 적용기준이 있으며 다음과 같습니다.

[적용 대상 범위]

– 기본적으로 치료를 위하여 의료기관에 지불한 비용 및 의약품 구입비용.
– 건강검진료
– 노인장기요양급여비용 중 요양급여본인부담금

[제외 대상 범위]

– 미용성형 수술비용(치과의 경우 미용목적의 Crown, 교정치료, Laminate, 치아
 미백, 치은성형 등)
– 건강증진을 위한 의약품 구입비용
– 외국의료기관에 지출한 의료비용
– 보험회사에서 수령한 보험금으로 지급한 의료비
– 실제 부양하지 않는 별거 직계존속의 의료비

Q 2 부정교합 때문에 치아교정을 하는 경우에도 의료비 소득공제 대상이 아닌가요?

A 2 저작기능장애 진단서가 첨부된 경우에만 의료비 소득공제가 해당되며, 흔히
 적용되진 않습니다.

〈저작기능장애 진단 기준〉

① 선천성 악안면 기형으로 인한 악골발육장애
② 종양 및 외상의 후유증으로 인한 악골발육장애
③ 뇌성마비 등 병적 상태로 인한 초래되는 악골발육장애
④ 교정치료 전 상·하악 전후 교합차가 10 mm 이상인 경우
⑤ 양측으로 1개 치아 또는 편측으로 2개 치아만 교합되는 부정교합
⑥ 상·하악 중절치 치간선이 10 mm 이상 어긋난 심한 부정교합

(출처 : 저작기능장애 진단 기준 – 건강보험심사평가원)

Q 3 미용목적의 치료를 위해 지출한 것은 공제 적용받을 수 없나요?

A 3 의료비 소득공제로는 적용되지 않으나, 지출금액 자체로는 인정받을 수 있습니
 다. 카드 및 현금 결제 시(현금영수증 적용) 결제방법에 따라 카드지출 또는 현
 금영수증 지출로 적용됩니다.

Q 4 연말정산 신고를 이미 하였고, 신고 기간도 지났는데 환자분께서 확인되는 의료
 비 금액이 실제 지불하신 금액과 다르다고 하십니다. 이런 경우 어떻게 응대하면
 좋을까요?

A 4 의료기관에서 발행하는 「연말정산용 영수증」을 출력하여 드리면 공제가 가능합
 니다.

(해당 방법은 각 청구 프로그램마다 상이하니 확인 후 진행)

24 제증명서 발급

1 : 제증명서 발급

치과 병·의원에서 발급하는 제증명서는 목적에 따라 필요 서류가 달라지므로, 환자가 제증명서 발급을 신청할 경우 필요 목적을 분명히 하고 정확하게 발급하여야 한다. 또한 진단서 등 담당 치과의사가 발급해야 하는 서류는 발급 가능한 기일을 얘기해 주고 미리 준비하여 약속된 날짜에 발급할 수 있도록 하자!

알고 계신가요?

■ 의료기관의 제증명 수수료 항목 및 금액에 관한 상한 기준
그 동안 제증명 수수료는 의료기관의 자율결정 사항으로 동일한 증명서도 병원마다 가격 편차가 있었으나, 개정 [의료법]에 따라 보건복지부장관이 비급여 진료비용 등의 현황조사 분석결과를 고려하여 제증명 수수료의 항목 및 금액에 관한 기준을 마련하였다.
이 고시는 2017년 9월 21일부터 시행하며, 환자로부터 받는 제증명 수수료 비용은 게시해야 하고, 게시한 금액을 초과하여 받을 수 없다.

● 의료기관의 제증명 수수료 항목 및 금액에 관한 기준(제4조 제2항 관련)

연번	항목	기준	상한금액 주(원)
1	일반진단서***	의료법 시행규칙 [별지 제5호의 서식]에 따라 의사가 진찰하거나 검사한 결과를 종합하여 작성한 진단서를 말함	20,000
2	건강진단서	취업, 입학, 유학, 각종 면허 발급 등을 위해 의사가 건강상태를 증명하는 진단서를 말함	20,000
3	근로능력평가용 진단서	국민기초생활 보장법 시행규칙 제35조 [별지 제6호의 서식]에 따라 의사가 근로능력 평가를 위해 발급하는 진단서를 말함	10,000

연번	항목	기준	상한금액주(원)
4	사망진단서	의료법 시행규칙 [별지 제6호의 서식]에 따라 의사가 환자의 사망을 의학적으로 확인 후 그 결과를 기록한 진단서를 말함	10,000
5	장애진단서 (신체적장애)	장애인복지법 시행규칙 [별지 제3호의 서식]에 따라 의사가 장애에 대한 결과를 종합하여 작성한 진단서를 말함 * 보건복지부고시 '장애등급판정기준'에 따른 신체적 장애	15,000
6	장애진단서 (정신적장애)	장애인복지법 시행규칙 [별지 제3호의 서식]에 따라 의사가 장애에 대한 결과를 종합하여 작성한 진단서를 말함 * 보건복지부고시 '장애등급판정기준'에 따른 정신적 장애	40,000
7	후유장애진단서	질병, 부상 등이 원인이 되어 신체에 발생한 장애로, 의사가 더 이상의 치료효과를 기대할 수 없다고 판단하는 진단서를 말함	100,000
8	병무용 진단서	병역법 시행규칙 [별지 제106호의 서식]에 따라 군복무 등을 위해 의사가 진찰하거나 검사한 결과를 종합하여 작성한 진단서를 말함	20,000
9	국민연금 장애심사용 진단서	보건복지부고시 「국민연금장애심사규정」 [별지 제1호 서식]에 따라 국민연금수혜를 목적으로 의사가 장애의 정도를 종합하여 작성한 진단서를 말함	15,000
10	상해진단서* (3주 미만)	의료법 시행규칙 [별지 제5호의 3서식]에 따라 질병의 원인이 상해(傷害)로 상해진단기간이 3주 미만일 경우의 진단서를 말함	100,000
11	상해진단서* (3주 이상)	의료법 시행규칙 [별지 제5호의 3서식]에 따라 질병의 원인이 상해(傷害)로 상해진단기간이 3주 이상일 경우의 진단서를 말함	150,000
12	영문 일반진단서*	의료법 시행규칙 [별지 제5호2서식]에 따라 의사가 영문으로 작성한 '일반 진단서'를 말함	20,000
13	입퇴원확인서	환자의 인적사항(성명, 성별, 생년월일 등)과 입퇴원일을 기재하여, 입원사실에 대하여 행정적으로 발급하는 확인서를 말함(입원사실증명서와 동일)	3,000
14	통원확인서	환자의 인적사항(성명, 성별, 생년월일 등)과 외래 진료일을 기재하여, 외래진료사실에 대하여 행정적으로 발급하는 확인서를 말함	3,000
15	진료확인서***	환자의 인적사항(성명, 성별, 생년월일 등)과 특정 진료내역을 기재하여, 특정 진료사실에 대하여 행정적으로 발급하는 확인서를 말함(방사선 치료, 검사 및 의약품 등)	3,000
16	향후진료비추정서(천만원 미만)	계속적인 진료가 요구되는 환자에게 향후 발생이 예상되는 치료비가 1천만원 미만일 경우 발급하는 증명서를 말함	50,000
17	향후진료비추정서(천만원 이상)	계속적인 진료가 요구되는 환자에게 향후 발생이 예상되는 치료비가 1천만원 이상일 경우 발급하는 증명서를 말함	100,000
18	출생증명서	의료법 시행규칙 [별지 제7호의 서식]에 따라 의사 또는 조산사가 작성하는 태아의 출생에 대한 증명서를 말함	3,000

연번	항목	기준	상한금액 주(원)
19	시체검안서	의료법 시행규칙 [별지 제6호의 서식]에 따라 주검에 대하여 의학적으로 확인 후 그 결과를 기록하여 발급하는 증명서를 말하며, 출장비를 포함하지 않음 * 검찰, 경찰의 업무 처리를 위한 시체검안서는 제외	30,000
20	장애인증명서	소득세법 시행규칙 [별지 제38호의 서식]에 따라 장애인공제 대상임을 나타내는 증명서를 말함	1,000
21	사산(사태) 증명서	의료법시행규칙 [별지 제8호의 서식]에 따라 의사 또는 조산사가 작성한 태아의 사산(死産) 또는 사태(死胎)에 대한 증명서를 말함	10,000
22	입원사실증명서	환자의 인적사항과 입원일이 기재되어 있는 확인서로 입퇴원확인서 금액기준과 동일함	입퇴원확인서와 같음
23	채용신체검사서 (공무원)	「공무원 채용 신체검사 규정」 별지 서식에 따라 국가공무원을 신규로 채용할 때에 그 직무를 담당할 수 있는 신체상의 능력을 확인하는 증명서를 말함 * 계측검사, 일반혈액검사, 요검사, 흉부방사선검사 비용을 포함하며, 그 외 마약류 검사 및 특이질환 검사 비용 등은 제외	40,000
24	채용신체검사서 (일반)	근로자를 신규로 채용할 때에 그 직무를 담당할 수 있는 신체상의 능력을 확인하는 증명서를 말함 * 계측검사, 일반혈액검사, 요검사, 흉부방사선검사 비용을 포함하며, 그 외 마약류 검사 및 특이질환 검사 비용 등은 제외	30,000
25	진료기록사본*** (1~5매)	의료법 시행규칙 [제15조 제1항]에 따른 진료기록부 등을 복사하는 경우를 말함(1~5매까지, 1매당 금액)	1,000
26	진료기록사본* (6매 이상)	의료법 시행규칙 [제15조 제1항]에 따른 진료기록부 등을 복사하는 경우를 말함(6매부터, 1매당 금액)	100
27	진료기록영상* (필름)	방사선단순영상, 방사선특수영상, 전산화단층영상(CT) 등 영상자료를 필름을 이용하여 복사하는 경우를 말함 최근 방사선 촬영 장비는 디지털 장비 사용이 많아 영상자료를 복사할 일은 현저히 줄고 있다.	5,000
28	진료기록영상* (CD)	영상진단, 내시경사진, 진료 중 촬영한 신체부위 등 영상 자료를 CD를 이용하여 복사하는 경우를 말함	10,000
29	진료기록영상 (DVD)	영상진단, 내시경사진, 진료 중 촬영한 신체부위 등 영상 자료를 DVD를 이용하여 복사하는 경우를 말함	20,000
30	제증명서 사본*	기존의 제증명서를 복사(재발급)하는 경우를 말함(동시에 동일 제증명서를 여러통 발급받는 경우 최초 1통 이외 추가로 발급받는 제증명서도 사본으로 본다)	1,000

주 1) 상한금액은 진찰료 및 각종 검사료 등 진료비용을 포함하지 않음.
주 2) *, **, ***치과의료기관에서 많이 발급하는 제증명서류들

2 : 환자 의무기록 사본 발급 원칙

2016년 12월 신설된 의료법 21조 1항에 따라 의료인이나 의료기관장은 '정당한 사유' 없이 사본의 열람 또는 발급을 거부할 수 없도록 되어 있다. 진료기록 사본 발급은 '본인에게 즉시 발급'이 원칙이므로 곤란한 상황이나 바로 발급할 수 없는 상황이라고 해서 환자에게 의료기관 내부규정으로 정한 다른 안내를 하는 것은 불가하다.

「복지부는 환자가 진료기록 사본 발급을 위해 의료기관을 방문했을 때 '의사의 진료 또는 승인 등이 필요하다'거나 '특정 시간에만 진료기록 사본 발급이 가능하다'는 등의 이유를 들어 재방문을 요구하는 것은 불가하다고 해석했다. 진단서 및 처방전에 재발행하는 것 또한 같은 범주에서 해석된다. 즉, 의사의 진료 없이 즉시 발급해야 하고, 불필요한 분쟁을 막기 위해 최초 발행일과 사본 발급임을 표시해 발행할 것을 권고했다 (출처 : 치과신문 제761호 2018. 1. 15일자)」

의무기록은 평상 시 꼼꼼히 기재하고(▶의무기록 필수 기재사항은 「19. 신환과 구환 접수하기」 참고) 즉시 발급을 대비해야 한다. 사본 발급 거부 시에는 시정·명령, 자격정지 15일의 행정처분과 500만원 이하의 벌금이 부과될 수 있다.

환자 의무기록 사본, 버티지 말고 즉시 발급하자! 그러나 부득이한 사유로 즉시 발급이 불가한 경우라면 신청인에게 설명 후 동의를 구하는 것이 필요하다.

알고 계신가요?

■ 의무기록 발급 시 주의사항
「의료법」제 21조, 「의료법시행규칙」제13조의 2(법률 제 9386호, 2010.1.31. 시행)에 의거하여 환자 이외의 다른 사람에게 환자의 진료기록 등에 대한 열람 및 사본 발급은 불가하나, 예외적으로 환자 본인의 동의를 받아 구비서류를 갖추어 요청한 경우 이를 허용하고 있다. 따라서, 환자의 동의 없이는 의무기록 및 방사선영상의 사본 발급이 불가하다.

의무기록 및 방사선영상 사본 발급 시 본인 여부를 확인하고 본인이 아닌 경우 필요한 구비서류를 반드시 확인하고 발급하자.

신청자		제출서류	비고
환자	본인	본인 신분증	– 사진이 들어간 신분증 필수
친족	배우자, 직계존·비속, 배우자의 직계존속	① 신청자의 신분증 또는 사본	– 도장 및 지장 인정 안 됨
		② 환자의 신분증 사본	– 사진이 들어간 신분증 사본
		③ 환자가 자필 서명한 동의서 (법정 지정양식)	– 사본 발급 받는 범위(기록지 범위) 구체적으로 명시해야 함

신청자		제출서류	비고
		④ 가족관계증명서 또는 주민등록등본 등(건강보험카드 제외)	– 환자 본인과 관계가 명시된 것이어야 함
환자 대리인	친족 외의 대리인	① 신청자의 신분증 또는 사본	– 사진이 들어간 신분증 필수
		② 환자의 신분증 사본	
		③ 환자가 자필 서명한 동의서 (법정 지정양식)	– 도장 및 지장 인정 안 됨 – 사본발급 받는 범위(기록지 범위) 구체적으로 명시해야 함
		④ 환자가 자필 서명한 위임장 (법정 지정양식)	

※ 만 14세 이상 ~ 만 17세 미만 환자의 신분증 : 학생증, 여권 등
※ 만 14세 미만 환자의 신분증: 환자의 법정대리인 신분증(사본) 및 법정대리인이 자필서명한 동의서, 위임장 그리고 법정대리인임을 확인할 수 있는 서류(가족관계증명서, 주민등록등본 등) 지참 필수

memo

알고 응대하자! 건강보험과 사보험

진료비용은 건강보험이 되는 진료비용과 건강보험이 되지 않는 비급여 비용이 있으므로 정확히 구별해서 받아야 하며, 합법적인 테두리 내에서 보험혜택을 받을 수 있도록 협조하는 것이 좋다. 그러기 위해서는 치과건강보험 요양급여 산정기준과 사보험(민영보험)과 관련된 내용도 잘 알고 있어야 한다.

●— 보험의 분류

	경영주체
사회보험	• 국가 또는 공공단체가 사회복지 수단으로 영위하는 보험(국민건강보험, 국민연금, 산업재해보험, 고용보험 등))
민영보험	• 일반 기업이 보험의 인수를 영업으로 하는 보험

1 : 건강보험

우리나라 건강보험제도는 질병 및 부상을 보험사고의 주체로 하는 질병보험이며, 비급여의 기준과 항목들을 열거하여 이를 비급여로 하고, 이 외의 것은 모두 급여대상으로 하는 Negative list 제도를 채택하고 있다. 따라서 치과건강보험 요양급여 산정기준을 잘 알지 못하면 부당청구 혹은 의도하지 않은 임의비급여 발생 사례가 높아져 환자에게 불법적으로 비용을 부담하게 되는 결과를 초래할 수 있다.

급여와 비급여 비용은 별도로 산정하여 받아야 하는 것이 원칙이나 할인과 같은 상황이 있을 경우에는 총액으로 수납하여 비급여 금액에서 보험급여를 차감하는 형태로 수납하기도 한다.

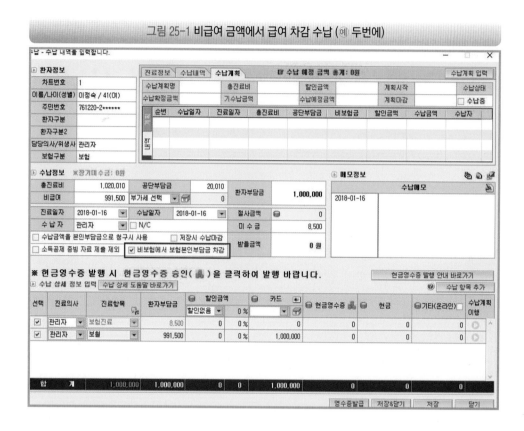

그림 25-1 비급여 금액에서 급여 차감 수납 (예: 두번에)

1) 치과건강보험 관련 기관 및 사이트

치과계 대표카페 치건사모 아직도 가입 안하셨다??

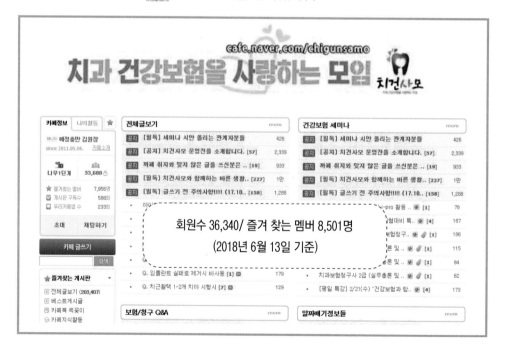

회원수 36,340/ 즐겨 찾는 멤버 8,501명
(2018년 6월 13일 기준)

- 대한치과건강보험협회 (http://kdima.or.kr)
- 국민건강보험공단 (http://www.nhis.or.kr)
- 국민건강보험심사평가원 (http://www.hira.or.kr)
- 건강보험심사평가원 공식 블러그 (https://blog.naver.com/ok_hira)

2) 보험청구 프로그램 사용 방법을 숙지

프로그램 각각의 매뉴얼은 해당 회사 홈페이지에 들어가면 자세히 확인 가능하므로 프로그램 사용방법을 숙지하고 사용하자

▶ 건강보험청구 프로그램 종류

① 두번에 (홈페이지 http://www.denjob.com)

그림 25-2 **두번에 프로그램 수납화면**

② 앤드컴 (홈페이지 https://www.andwin.co.kr)

그림 25-3 앤드컴 프로그램 수납화면

③ 아이프로 (홈페이지 http://www.dentop.co.kr)

그림 25-4 아이프로 프로그램 수납화면

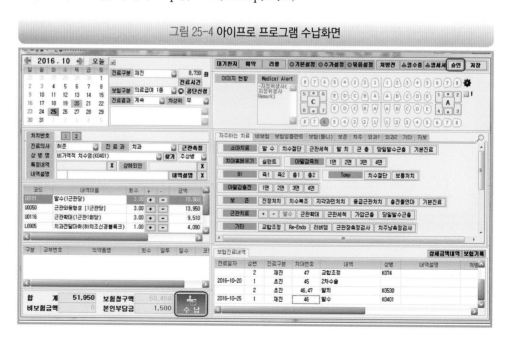

④ 덴트웹 (홈페이지 https://www.dentweb.co.kr)

그림 25-5 덴트웹 프로그램 수납화면

2 : 치아보험(민영보험)

'치아보험(민영보험)의 궁금증 풀기'

치아보험은 가입된 보험의 종류나 보험회사, 가입 금액, 가입 기간, 갱신연령 등에 따라 보장되는 종류와 금액이 다르기 때문에 민영보험에 대한 환자들의 질문에 치과인들이 한 번에 정확한 답변을 하기는 쉽지 않다. 그러나 치아보험은 대중화되어 있어 치료 받은 다음 환자들이 얘기하는 것보다는 치료 전 해당 치료에 대한 보장을 받을 수 있는 보험 가입 여부를 확인하고 치료 상담이 진행된다면 비용부담을 줄이는 것은 물론 좀 더 마음 편하게 진료 받을 수 있는 서비스를 제공할 수 있다고 본다.

치아보험은 크게 가입된 보장대상과 손해배상의 종류에 따라 보장되는 기준이 다르다.

민영보험의 구분

경영주체		
보장보험	손해보험	• 재산상의 손해를 보장하는 보험
	생명보험	• 사람의 생명 신체에 관하여 보장하는 보험
손해배상	실손보험	• 실제 손해를 본 만큼만 보장하는 보험(주로 손해보험)
	정액보험	• 실제 손해액과는 상관없이 미리 정해진 금액을 보장하는 보험 (주로 생명보험)

〈Q&A로 알아보는 치아보험〉

치아보험! 치과에서 환자에게 바로바로 도움줄 수 있는 치아보험에 관한 지식을 임상 현장에서 많이 이루어지고 있는 대화를 Q&A 방식으로 쉽게 설명하고자 한다.

Q 1 '치아 파절' 이라는 단어가 들어가야 치아보험 보장이 가능하다고 하는데 치아 파절이라는게 어느 범위까지 들어가며 진단서에 어떤 내용이 있어야지 인정 이 되는 건가요?

A 1-1 생명보험에 가입된 경우

보험사마다 차이가 있는데, 예를 들면 미래에셋생명 2006년 3월 31일까지 가 입, ING 2007년 11월 31일까지 가입된 경우는 수술특약과 골절진단 특약이 있는 경우 그 이후 보험은 재해로 인한 치아 파절로 치과 수술을 하면 보상 받 을 수 있다. 따라서 이런 경우 진단명이 '치아 파절'로 들어가면 문제가 되지 않는다.

A 1-2 손해보험 및 생명보험의 치아보험의 경우

질병에 의한 치료를 목적으로 했을 때 보상이 가능하다. 그렇기 때문에 재해 에 의한 치아 파절은 치아보험으로 혜택을 받지 못한다. 따라서 이런 경우 파 절로 왔다고 해도 충치로 인한 파절인 경우 진단명이 '치아 파절'이 아닌 '치아 우식증'이어야 한다.

Q 2 보험 가입 후 얼마 이후부터 보장이 가능한가요?

A 2 보험사마다 차이가 있지만 보철치료 1년~2년 이내 50% 보장, 2년 이후 100% 보장되는 것이 일반적이다.

Q 3 치과 보험으로 보장되는 범위는 어느 정도인가요?

A 3 거의 다 되며 회사마다 차이가 있다.

Q 4 보장 시 지급되는 진료비용은 어느 정도인가요?

A 4 치아보험의 경우 대부분 정액이며, 실손보험은 차이가 있는데 보험약관을 확인해야 한다.

Q 5 약관상으로는 보장되는 범위인데 보장이 안 되는 경우는 어떤 경우가 있나요?

A 5 약관상으로 보장되는 범위이면 모두 가능하며, 질병 코드가 중요하므로 진단명을 확인하는 것이 필요하다.

Q 6 보험회사마다 요청하시는 서류 종류는 어떤 것이 있으며 복사본 서류도 가능한가요?

A 6 보험사도 대부분 비슷하며, 표와 예시를 참고하여 준비하면 된다.

　⑩ ING 생명
　　① 진단서 or 수술확인서 원본이어야 한다.
　　　(내용 : 주민번호기재, 병명 및 수술명, 수술날짜, 수술방법, ★발치 날짜)
　　② 진료차트(발치된 내용이 서류에 있어야하고 복사본일 경우 원본 대조 필), 보험금 신청서, 신분증, 통장사본
　　※ 진료차트는 진단서에 발치된 일자가 나와 있으면 없어도 되고 혹시 계약일 이전에 발치되었다면 보험금 지급 안 됨.

●── 청구 서류

보험회사명	필요필요 서류	공통 서류
에이스	공통서류 + 치료비 영수증	1. 청구서(회사양식)
라이나	공통 서류	2. 치과진료기록 사본
롯데	공통 서류	3. 치과치료 또는 영구치 발거 전후의 X-ray 사진
그린	공통 서류	4. 치과치료 진단서
AIA	공통서류 + 치료비 영수증	5. 신분증
동부	공통 서류	6. 통장사본
현대	공통 서류	

※ 진단서 작성 요령
　가. 영구치 발거 (또는 크라운을 위한 치과치료)의 위치 및 일자
　나. 내원 당시의 치아상태
　다. 직접적인 크라운치료 또는 영구치 발거 원인
　라. 치과보철치료의 종류 및 진단확정일, 진료시작일, 치료종료일

Q 7 타병원에서 발치 후 내원하시는 환자의 경우 발치한 날짜를 모르면 어떻게 해야 하나요?(임플란트 보험)

A 7 발치 날짜는 중요한 부분이면 우리가 확실하지 않으면 할 수 없는 상황이다. 따라서 우리병원에서 발치하지 않은 경우는 발치한 병원에서 발치 확인서를 발급받아야 한다.

Q 8 뼈 이식이 포함되어야 보장이 되는 보험인 경우 이식하는 뼈의 양과 상관없이 뼈 이식만 들어가면 100% 다 보장받을 수 있나요?

A 8 그렇습니다.
일반적으로 치조골이식술을 했다는 진단명과 질병 코드가 맞으면 100% 보장 받을 수 있고, 퍼센트로 나눠서 받는 것은 실손 의료비에서만 가능하다(수술 코드로는 B07014).

Q 9 진단서 발급 시 상병명에 따라 보장이 안 되는 경우도 있나요?

A 9 질병, 상해 코드가 제일 중요하며, 약관의 내용과 부합되면 보험금 지급이 이루어진다.

🔍 알고 계신가요?

■ 치아보험 가입 가능여부
1. 생명보험의 보험금 지급 기준은 가입 전 온전한 치아에 한해서 보장된다.
2. 브릿지를 하고 있는 사람은 가입이 안 되며, 치아가 있어야 한다.
3. 틀니를 이미 하고 계신 분은 가입이 안 된다.
4. 가입 6개월 전 보존치료가 끝났을 경우에도 보험 가입이 가능하며, 크라운을 하고 2차 치료로 인한 임플란트 등을 했을 경우에는 2차로 발생되는 치아질병에 대해서는 보장 가능하다.

※ 알고 있자! 보험회사 전화번호

환자가 가입한 보험상품은 홈페이지로도 간단하게 정보검색이 가능하며, 서류 발급관련 등 직접 통화를 해야 하는 경우도 있기 때문에 출력해 두었다가 필요 시 활용하면 효율적이다.

▶ 생명보험사 콜센터

• 삼성생명 :	1588-3114	• 교보생명 :	1588-1001
• 메트라이프생명 :	1588-9600	• 한화생명 :	1588-6363
• 동부생명 :	1588-3131	• 미래에셋생명 :	1588-0220
• AIA :	1588-9898	• 신한생명 :	1588-5580
• KDB :	1588-4040	• 카디프생명 :	1688-1118, 1688-2004
• KB생명 :	1588-9922	• PCA생명 :	1588-4300
• 푸르덴셜생명 :	1588-3374	• 동양생명 :	1577-1004
• 에이스생명 :	1599-4600	• 알리안츠생명 :	1588-6500
• 라이나생명 :	1588-6500	• ING생명 :	1588-5005
• 농협생명 :	1544-4000	• 우리아비바생명 :	1588-4770
• 하나HSBC생명 :	080-3488-7000		

▶ 손해보험사 콜센터

• 삼성화재 :	1588-5114	• 현대해상 :	1588-5656
• 흥국쌍용화재 :	1688-3550	• 메리츠화재 :	1566-7711
• 그린화재 :	1588-5959	• 한화손해 :	1566-8000
• 동부화재 :	1588-0100	• 롯데손해 :	1588-3344
• ACE손해보험 :	1566-5800	• 우체국 :	1588-1900
• 농협손해보험 :	1544-9000	• LIG화재 :	1544-0114

▶ 임상에서 치아보험은 주로 에이스생명, 라이나생명의 보험상품에 가입한 환자를 가장 많이 접할 수 있다. 모든 보험사의 치아보험을 완벽히 파악하기 어렵다면(이건 당연) 가급적 많이 가입한 보험사 혹은 보험상품에 기준으로 파악하고 있으면 쉽게 다가가고 환자에게 쉽게 도움을 줄 수 있을 것이다.

26 환자 특성 파악하기

다양한 환자들을 대함에 있어, 그 환자들의 특성을 알고 응대하는 것이 필요하다. 특히, 불편하거나 아파서 오는 환자들이 대부분이기 때문에 그 성향을 파악하고, 대처한다면 좀 더 원활하게 환자를 매니지먼트할 수 있을 것이다.

1 : 낙천적인 환자

1) 특성

① 치료하기가 쉽다.
② 잘 적응한다.
③ 치아회복의 필요성을 인정하고 구강건강을 잘 유지하려 애쓴다.
④ 별다른 문제를 던져주지 않는다.
⑤ 예후가 좋아 특별한 처치가 필요하지 않다.

2) 대처방법

① 다정다감하고 친근하게 대화한다.
② 치료의 전 과정을 개괄적으로 설명하고 동의를 구한다.

"낙천적인 환자는 대기실에 좀 더 머물게 하자."

우리 병원에 좋은 영향력을 주는 낙천적인 환자는 환자가 많은 대기실에서 홍보맨을 자처한다. 직접적인 대화를 하지 않는 환자도 귀로 들으니 병원에 대한 호감도를 높일 수 있다. 그러므로 대기시간이 30분을 초과하지 않는 범위 내에서 대기실에 종종 머물러 있거나 혹은 마취를 하고 기다리는 시간을 이용해서 대기실에 머물러 있게 하는 것도 좋은 방법일 것이다.

　다른 사람들과 대화를 하지 않고 있다면 우리가 대화를 시도하자. 긍정적인 답변을 유도할 수 있는 질문을 통해서 말이다.

　이런 분들은 진료실도 특별한 경우가 아니라면 1인실이 아닌 다인실이 좋다. 진료실에서 대기하는 환자들을 심심하지 않게 해줄 것이다.

2 : 깐깐한 환자

1) 특성

① 모든 일에 정확하다.
② 완벽해야만 만족한다.
③ 기대가 너무 커서 채워주기가 힘들다.
④ 다루기는 힘들지만 그들이 만족할 때는 귀한 고객이 된다.

2) 대처방법

① 조금은 강한 어조로 대화할 필요가 있다.
② 치료의 각 단계를 자세히 설명해야 한다.
③ 솔직한 태도를 보여주어야 한다.
④ 있을 수 있는 문제나 불편은 반드시 치료가 시작되기 전에 자세히 설명해야만 한다.
⑤ 이전의 성공적인 치료를 제시하는 것이 효과적이다.

3 : 신경질적인 환자

1) 특성

① 정서적으로 불안정하다.
② 치과치료를 몹시 겁낸다.
③ 대개 만성적인 전신질환을 가지고 있는 경우가 많다.
④ 정당한 이유 없이 불평하는 경향이 있다.

2) 대처방법

① 대화는 간결하고 용건만 간단히 한다.
② 친절하지만 단호한 말씨가 필요하다.
③ 긴 설명보다는 반복하여 짧게 강조하는 것이 낫다.

4 : 무관심한 환자

1) 특성

① 이가 없으면 잇몸으로 산다고 생각한다.
② 구강건강이 몹시 나쁜 경향이 있다.
③ 치료에 비협조적이다.
④ 어떠한 치료에도 좋은 예후를 기대할 수가 없다.

2) 대처방법

① 조금은 과장하여 주의를 환기시킬 필요가 있다.
② 환자를 교육한다고 생각하고 대화해야 한다.
③ 약간 높은 톤으로 간단명료하게 대화한다.
④ 쌀쌀하다는 느낌을 주어서는 안 된다.

환자의 특성을 파악하고 응대하는 것은 진료협조도를 높이는데 매우 중요하다. 하지만 그보다 더 중요한 걸 잊지 말자. 개원 초에는 진상환자도 좋다.

불만환자 응대하기

사실 불만환자를 응대하는 법을 알아두는 것보다 불만환자를 만들지 않는 것이 중요하다. 하지만 사람이 하는 일에는 실수가 있을 수 있는 법. 때로는 우리의 실수로 인해, 때로는 억울하지만 오해로 인해 이런저런 불만환자들이 있게 마련이다. 불만이 안 생기도록 예방하는 것이 최선이지만 일단 터지고 난 후에는 사과의 기술이 무엇보다 중요하다.

불만환자를 대할 때는 자존심을 상하지 않게 배려해야 한다. 표정은 온화하면서도 진지한 표정을 짓되 너무 웃거나 너무 인상 쓰지 않도록 한다.

100명의 칭찬하는 환자보다도 한 명의 불만환자가 병원에는 더 많은 영향을 끼칠 수 있으므로 그 부분을 명심하고 환자를 대해야 한다.

1 : 불만의 이유들

1) 진료행정에 대한 불만

① 장시간 기다리게 한다.
② 설명이 불충분하다.
③ 사무적이다.
④ 비상식적인 언어를 사용한다.
⑤ 기타

2) 직원에 대한 불만

① 차갑고 사무적이다.
② 말투가 불쾌하다.
③ 어수선하다.
④ 불공평하다.

3) 진료내용에 대한 불만

① 계획된 진료의 변경
② 손이 거칠다
③ 진료결과에 대한 불만족
④ 진료비용의 불만

> 불만을 표현하는 환자는 구별할 수 있도록 표시를 해두는 것이 좋다. 필자의 경우 종이 차트를 사용했을 때는 녹색스티커 등을 붙여 표시했고 빨간색처럼 튀는 색은 피하여 사용하였다. 전자차트의 경우 컴플레인 내용을 비밀글로 작성하여 기재하여 환자는 화면에서 볼 수 없도록 작성하였다.
> 일반적으로 치과의 경우 차트 위에 'J' 표시, '별 스티커', 진상 정도에 따라 색상이 다른 스티커, 차트 특이사항에 메모, 일반 환자와 서로 다른 파일 색깔 사용하는 등 다시 내원할 시 주요인물로 체크하기 위해 직원들만 알아볼 수 있도록 차별화시켜 주의를 하는 경우도 많다.

2 : 신뢰를 회복할 수 있는 불만환자 응대 절차

불만환자는 이미 기분이 상해 있다는 것을 염두에 두고 대해야 한다.

우선 환자와 나만의 공간으로 자리를 옮겨 분위기 전환을 한 후 대처하는 것이 좋다. 특히 환자가 많은 대기실이나 진료실에서 큰소리가 날 경우, 다른 환자들에게도 우리병원에 대한 이미지가 나빠질 수 있으므로 그런 부분까지 고려해야 한다.

> ※ 불만환자는 우리 치과의 서비스의 문제점을 인식할 기회를 제공하고 문제를 해결할 수 있는 기회를 준다. 이것을 인식한 치과에서는 컴플레인 리스트를 만들어서 해결책을 함께 고민하거나, 보고 라인을 구축하고 사안에 따라 해결할 수 있는 적절한 담당자를 배치하기도 한다.

1) 기본적인 불만환자 응대 절차

일단, 환자의 말이 모두 옳다고 가정하자. 환자는 항상 옳은 것은 아니지만 언제나 우리의 고객이다.

첫째, 즉각적으로 대응해야 한다.
　　시간을 지체하면 할수록 환자는 더욱 더 화를 내게 된다.
둘째, 최초의 응대가 중요하다.
　　화를 누그러뜨릴 수 있도록 불만이 있는 부분을 잘 들어주고 적극적으로 공감해야 한다.

> 예 "정말 불편하셨겠어요.", "많이 언짢으셨겠어요."

셋째, 사과할 부분이 있으면 인정한다.

누구의 잘못이건 상관이 없다. 환자의 말을 수용하지 않고 해명부터 하면 상대는 마음을 닫아 버린다.

> 예 "정말 죄송합니다.", "불편을 드려 죄송합니다."

> 환자의 말을 듣고 공감은 먼저 하되 사안 자체에 대해 쉽게 잘못을 인정하지 말고 확실히 내용을 파악한 뒤에 인정해도 늦지 않다.

넷째, 재발 방지 약속을 한다.

사과까지 끝났다면, 앞으로 그런 일이 일어나지 않도록 하겠다고 확실히 인지 시켜준다.

> 예 "앞으로 이러한 일이 일어나지 않도록 각별히 신경 쓰겠습니다."

다섯째, 정확한 정보나 구체적인 대안을 제시한다.

환자가 원하는 것을 들어보고 치과사정에 맞게 조율하여 배상하도록 한다. 단, 규정이 있어도 규정에 따라 제시한다는 느낌은 주지 말자. 환자는 예외적으로 적용받길 기대한다. 필요하면 손해배상도 주저하지 않는다.

환자가 수용하면 감사의 인사를 잊지 않는다.

> 예 "이해해주셔서 감사드리고, 불편하셨던 점을 알려주셔서 감사합니다."

여섯째, 약속이 이행되었는지 후속 확인을 하자.

제시한 대안에 대해서 약속이 이행되었는지 확인하자. 또 다른 큰 문제를 야기 할 수 있다. 환자가 만족하는 수준으로 일들이 해결되었는지 사안에 따라 몇 시 간, 며칠, 또는 몇 주 뒤에 결과를 확인해봐야 한다.

2) 환자에게 문제가 있다고 판단되는 경우

첫째, 상대방의 이야기를 끝까지 경청한다.

화가 나 있는 경우 누군가가 내 이야기를 열심히 들어준다는 것만으로도 불만이 어느 정도 해소되기도 한다.

둘째, 환자가 이야기하는 도중에는 절대로 변명하지 않는다.

이야기하는 도중에 말을 끊거나 변명을 하게 되면 화를 돋울 수가 있다.

셋째, 환자의 잘못은 간접적으로 지적한다.

'아' 다르고 '어' 다르듯이 말을 어떻게 전달하느냐에 따라서 상대방의 기분이 많 이 좌우된다. 병원 측에서도 숙이고 들어가면서 환자가 오해하고 있는 부분이 나 잘못한 부분을 이해시켜야 한다. 기분이 나쁘면 본인이 잘못했다는 것을 알 면서도 끝까지 우기고 인정하지 않게 마련이다.

넷째, 빠져나갈 길을 터주고 자존심이 상하지 않도록 배려한다.

어차피 우리치과에 계속 치료를 받으러 다녀야 하는 환자이다. 환자가 민망하게 되면 다시 치과를 찾을 수 없다. 우리도 아무렇지 않게 환자를 대해줘야 하고 마지막엔 환자가 웃으면서 나갈 수 있도록 해줘야 한다.

알고 계신가요?

■ 블랙컨슈머의 등장

치과의료 현장에서 치과의사와 치과위생사는 감정노동이 상위권에 해당되는 직종이라는 보도를 종종 접한다. 이처럼 환자와의 접점 채널에서 치과의사와 스탭들은 불만 환자, 클레임 환자를 자주 접하게 된다.

진료나 서비스에 대해 감정적으로 불만을 표현하는 컴플레인 환자가 있고, 환불이나 추가 서비스를 요구하는 클레임 환자도 있다. 이들과 달리 블랙컨슈머의 불만은 의도적이고 그 의도 안에는 피해의 보상이라는 의미가 내포되어 있다. 정신적 피해 보상으로 금품을 요구하기도 하고, 심한 욕설과 폭언, 폭력도 행사한다. 이런 경우 섣부른 합의는 금물이다.

블랙컨슈머의 과도한 행동은 일반 환자들에게도 불안한 환경을 제공할 수 있기 때문에 첫째는 치과임상현장에서 불만 환자, 클레임 환자의 문제 행동을 방지하기 위한 노력이 필요하다. 그러나, 블랙컨슈머의 위협적인 행동으로 진료에 큰 방해가 된다면 구성원이 직접 해결하기보다 가까운 경찰서에 신고하여 단호하게 해결하는 것이 가장 신속한 방법일 수 있다.

▶ 블랙컨슈머는 '진료거부사유' 해당

'치과 내 소란', '인권침해적 폭언 및 고성', '물리적 폭력행사' 등은 진료 및 업무 방해로 법적 책임을 질 수 있고, 정당한 진료거부사유가 된다. 또한 5년 이하 징역 또는 2천만원 이하의 벌금에 처할 수 있다.

필자의 경우 원칙은 모든 불만환자는 상담실에 별도로 모셔 드리고 원장이 직접 해결한다.

직원에게 맡기면 이직률만 높아진다. 해결 가능성이 높아지고 직원들에게 맛있는 거 사주는 것보다 효과가 크다.

상담실에서 심한 불만 환자 혹은 블랙컨슈머로 의심되는 환자의 경우 서로 합의하에 대화를 서로 녹음한다. 그럼 신기하게도 환자의 목소리가 작아짐을 느낄 수 있다.

▶ 이럴 때를 대비해서 외워두자!

"치과 내 소란, 인권침해적 폭언 및 고성, 물리적 폭력행사 등은 진료 및 업무 방해로 법적 책임을 질 수 있고, 정당한 진료거부사유가 된다. 또한 5년 이하 징역 또는 2천만원 이하의 벌금에 처할 수 있다는 걸 고지합니다." 라고 얘기하고 대화를 시작해보자. 환자와 진정된 상태에서 대화를 할 수 있는 좋은 방법이 될 수 있다. 하지만 이러한 방법은 많은 연습이 필요하다.

필자는 추가로 대화 녹음을 사전에 고지하고 환자와 필자가 동시에 녹음할 것을 권유하기도 한다. 녹음이 아니더라도 기록을 남기는 것은 매우 중요하다.

환자와의 대화 내용은 메모를 꼭 해두자. 기록할 때에는 말씀하신 욕까지 그대로 적는다. 'xx 라고 말씀하심', '정신적 보상 요구하심'

VIP (Very Important Person) 환자 관리 28

VIP 환자 분류와 응대방법은 치과마다 약간의 차이가 있을 수 있다. 본 장에서는 일반적으로 분류되는 VIP 환자 사례를 다루고 있다.

1 : 치료비를 많이 내는 환자

치료비를 많이 내는 환자는 무엇보다 친절하고 우선순위로 무엇이든 처리해줘야 한다. 큰 돈을 내고 치료받는 환자는 무엇보다 그러한 것을 원하기 때문이다. 치료비는 이미 결정이 되었을 가능성이 많으므로, 치료가 진행되면서는 그 치료비에 맞는 대우를 해주면 된다.

2 : 환자 소개를 많이 해주는 환자

소개를 많이 해주는 환자는 이 치과가 정말 좋은 치과라고 생각해서 주변사람들을 소개해 주는 경우도 있겠지만, 치과에 내가 이렇게 소개를 많이 해주는 사람이라는 생각이 들게 하려고 하는 경우도 있게 마련이다. 이런 분들은 대게 다른 환자를 소개할 때 치료할 일이 없는데도 함께 오거나 하는 경우가 많다. 어쨌거나 치과입장에서는 고마운 분이다.

당연히 친절하게 대해야 하며, 이 분이 치과에서 대우받고 있고 우리와 친분이 두텁다는 인상을, 소개 받아서 온 사람에게 보여주는 것이 좋다. 소개를 많이 해주는 환자에게는 서비스 진료를 해준다든지, 가족 진료비를 많이 할인해준다든지 하는 현실적인 대접을 해 주면 더 좋아할 것이다.

소개해주신 분께는 반드시 문자 메시지를 보내거나 전화로 고마움을 전한다. 그러지 않을 경우 다음 내원 일을 확인하고 내원했을 때 직접 "소개해주신 ○○○님 다녀가셨어요. 소개해주셔서 감사합니다" 라고 인사를 드리는 것도 좋다.

　소개 받고 오신 분에게는 이렇게 스몰토킹을 해보자. 소개해주신 분이 생각난다면 칭찬하자. "○○○님 동생이세요? 언니 분이 너무 좋으세요~" 칭찬은 반드시 소개해준 사람에게 전달될 것이다.

3 : 약속시간을 철저하게 잘 지키는 환자

　약속을 잘 안 지키는 환자 블랙리스트를 가지고 있는 치과는 있어도, 약속을 잘 지키는 환자 리스트를 가지고 있는 치과는 별로 없을 것이다. 약속을 잘 지키는 성실한 환자들을 잘 관리하는 것은, 약속을 안 지키는 블랙리스트를 관리하는 것만큼이나 중요하다.

　가급적이면 정해진 시간에 진료를 들어갈 수 있게 배려해주고, 혹여 대기시간이 길어질 경우 재발방지를 약속드리면서 다음 번 약속 때는 반드시 진료를 제시간에 들어갈 수 있도록 해줘야 한다.

4 : 본인 치료는 별게 아니나 영향력이 있는 환자

　실제로 이러한 환자들은 병원에 많은 이익을 줄 수는 없어도, 큰 피해를 줄 수 있는 사람이다. 건물 주인이나 주변 큰 회사사장님 등을 쉽게 예로 들 수 있겠지만, 이런 환자들은 친절이라고 생각되는 모든 부분에 대해 신경써서 관리해야 한다.

> "내편은 아니더라도 최소한 적은 만들지 말자"
> 최근에는 인터넷을 통한 정보 공유 활동이 활발하게 일어나고 있어 환자들이 많은 정보를 미리 접하고 내원하는 경우가 많다. 그러다보니 잘못된 정보를 접하고도 치과에서 들은 정확한 정보에는 의심의 눈초리로 바라보는 경향도 나타나고 있다.
> 인터넷 카페 활동도 활발해져 '○○카페'하면 그곳에서의 추천글을 무시할 수 없는 상황이고, 때론 일부 치과에 무리한 제안을 하기도 해 눈살을 찌푸리는 일도 종종 있다. 이런 상황이 임상현장에선 짜증나는 일이 될 수도 있지만 무시는 하지 말자. 내편은 아니더라도 최소한 적은 만들지 말아야 한다. 혹시라도 불만글이 올라오면 자존심 접고 그 글이 삭제될 수 있도록 노력해야 한다. 자존심은 잠깐이지만 불만글은 몇 년이 지나도 남아 있을 것이다.

5 : 사이코 환자

예민한 환자, 좀 까칠한 환자 등 여러 형태로 부를 수는 있지만, 정말 화가 치밀어 오를 때는 위와 같이 밖에 부를 수 없을 때가 많다. 이런 환자들은 최선을 다했는데도 반응이 나쁜 경우가 많으므로, 꼬투리를 줄만한 실수를 하지 않는 것이 중요하다. 따뜻하게 대하는 것도 좋지만, 오히려 좀 더 사무적으로 대하는 것도 이런 스타일의 환자를 관리하는 좋은 방법일 것이다.

환자에 대한 분류를 하면서 임플란트 환자, 심미보철 환자 등 치료 유형별로 분류하는 치과도 있다. 그러나 이러한 치료 유형별 환자 분류보다 먼저 위와 같은 형태의 분류가 선행되어야 한다. 치과가 작은 경우는 모든 직원이 모든 환자를 알고 있기 때문에 이러한 분류가 별로 중요하지 않지만, 작더라도 직원이 자주 바뀌는 치과나 규모가 큰 치과는 반드시 차트에 환자 유형별로 식별할 수 있는 표식을 해두어 다른 직원이 실수하는 것을 막아야 한다. 표식을 할 때에는 빨간색처럼 너무 튀는 색이나 험한 표식보다는 오히려 부드러운 표식을 선택하는 것이 좋다.

VIP 환자의 분류기준과 응대는 병원마다 다양한 차이가 있을 수 있다.
그러나 공통적으로 모든 환자는 VIP이다. VVIP, VVVIP가 있을 뿐이다.

29 해피콜, 리콜

1 : 해피콜

해피콜은 진료시간에 내원하지 않은 환자나 수술 후 환자, 진료 시 힘들었던 환자에게 병원 측에서 연락을 하는 것이다. 해피콜을 할 때는 날짜, 시간, 통화내용, 통화한 사람의 이름 등을 차트에 기록해 놓는 것이 좋다.

① 진료시간에 내원하지 않은 환자
  - 전화를 걸어 진료예약을 다시 도와주고 예약시간을 지켜줄 것을 당부한다.
  - 신경치료 중인 환자의 경우 치료 중단 시 치아 파절 가능성 등이 있고 이럴 경우 발거할 수 있다는 것을 언급하고, 언급한 내용을 차트에 기재한다. 부재 중일 경우 문제메시지로 전송한다.
  - 데스크 직원이 콜하는것도 좋지만, 수술한 환자는 메인 어시스트(직접 케어한 담당자)했던 스탭이 전화하는 것이 좋다.
② 수술 후 환자
  - 수술 후 상태에 대해 확인하고 다시 한 번 주의사항에 대해 당부한다.
  - 수술 환자는 일반적으로 다음날 소독 예약을 잡는다. 예약이 되었다면 예약된 시간을 확인해 드린다.
③ 진료 시 힘들었던 환자나 기분이 좋지 않았던 환자
  - 진료 시 힘들었던 사항은 괜찮은지 확인하고 나서 공감하고 환자의 기분을 풀어 주도록 한다.

> "해피콜, 내이름 먼저 얘기하기"
> 전화를 할 때는 항상 전화를 거는 사람의 소속과 이름을 밝힌 후 전화 받는 사람을 확인한다. 전화는 얼굴이 보이지 않으므로 최대한 목소리로 표현을 크게 해줘야 환자가 관심 받고 있다는 것을 느끼게 된다.

"좋아요. 카톡"

요즘엔 스마트폰 사용이 보편화되어 카카오 톡이나 문자가 서로 편리할 수 있으며, 특히 연령대가 낮을수록 선호한다. 이는 많은 장점이 있다.

수술환자는 말하기 불편한 걸 고려하면 미리 카카오 톡이나 미리 고지하고 추가 통화가 필요한 경우 선별적으로 통화를 하는 것도 좋다. 또한 기록에 있어서도 전화는 자료로 남지 않지만 문자나 카카오 톡은 내용이 기록으로 남는다. 주의사항의 경우 카카오 톡으로 이미지나 내용으로 보내기도 용이하다.

우리의 입장에서도 보면 업무 효율이 좋고 환자 입장에서도 편리해서 좋은 방법일 수 있다.

2 : 리콜

리콜은 진료가 끝난 환자에게 검진을 하기 위해 전화를 하는 것을 말한다.

진료의 종류에 따라서 다시 검진을 해야 하는 기간을 정하고 그 기간 내에 환자에게 전화나 엽서, 이메일 등을 발송하여 환자가 다시 치과를 찾을 수 있도록 한다.

리콜은 검진을 통해서 다시 구환환자를 만들 수 있는 기회이기도 하고 우리병원에서 진료를 받은 환자들이 관리를 잘 할 수 있도록 도와주는데 의의가 있다.

진료에 따른 리콜 기간은 각 치과별로 정해진 대로 하되, 리콜을 하기로 하고서 놓치는 경우가 없도록 해야 한다. 특히 큰 진료 환자나 VIP 환자의 경우 매우 서운해 할 수 있으므로 각별히 신경을 쓰도록 한다.

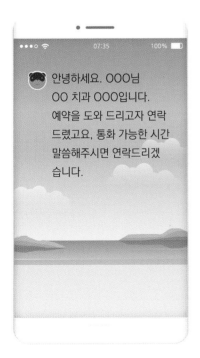

전화할 때는 사전 문자로 먼저 동의를 구하자

시대흐름상 '모르는 전화번호는 부정적' 인식을 가지고 있는 경향이 높아 모르는 전화는 받지 않는 경향이 높다. 상황에 따라서는 통화가 어려운 시간이라 연결이 안 되는 경우도 있으니 가급적 문자메시지를 먼저 보내 어디인지 밝히고 통화 가능한 시간을 확인하고 전화를 하는 것이 좋다.

관공서 같은 전화연결은 No~

환자가 전화걸어 담당자를 연결해달라고 한다. 그럼 우리 병원 스탭은 매뉴얼 대로 용건을 물어본다. 용건을 들었다면 제발 정확히 메모해서 담당자에게 전달해주자. 환자가 전화 연결할 때마다 새롭게 얘기한다면 얼마나 번거로울지를 생각해보자. 우리가 관공서에 전화하면 해당부서 계속 연결해주고 연결할 때마다 새롭게 용건을 얘기한 기억은 누구에게나 있을 것이다. 우리가 싫은 것은 환자도 싫어한다. 환자가 가장 실망하는 것은 "날 모른다", "내가 얘기한 걸 기억을 못한다"가 아닐까 싶다.

memo

미납환자 관리하기 30

미납환자가 생기는 데는 우리의 책임이 크다. 진료할 때 미리 내야 할 돈을 말해주고 체크한다면 미납은 생기지 않을 것이다. 처음부터 돈을 안 주려고 작정하는 환자는 거의 없다. 어찌하다 보니 돈을 못 냈고 그 후로는 내기 싫은 마음으로 바뀌게 되는 것이다.

미납환자가 생기게 되면 돈 뿐만 아니라 환자를 잃게 되므로 치과에 손실은 몇 배가 된다. 따라서 우리는 미납환자가 생기지 않도록 사전에 미리 준비를 하고 체크해야 한다.

1 : 미납환자 관리하기

① 진료하기 전 반드시 진료내용과 함께 비용을 설명한다.

② 되도록 환자가 보는 앞에서 금액을 써 가면서 상담을 하는 것이 좋다.

③ 진료비용을 내야 하는 시기를 미리 설명한다.

　　㉠ "항상 충치치료를 하기 위한 모양을 뜰 때 비용을 준비해주시면 됩니다. 저희
　　　 가 사전에 한 번 더 말씀드리겠습니다."

④ 진료비용을 내는 시기는 되도록 환자가 진료를 마무리하기 1~2단계 전에 미리
　　받는 것이 좋다. 만약 환자가 비용을 잊어버리고 가지고 오지 않았다고 해도 다
　　음에 받을 수 있어야 한다.

⑤ 진료예약 시, 다음 진료 때 준비해야 할 비용을 미리 설명한다.

⑥ 연세가 많은 환자의 경우 치료를 받은 후 진료비용을 내겠다는 생각을 가지고 있
　　는 사람이 많으므로 특히 더 주의하고 미리 여러 번 강조한다.

⑦ 진료비용을 준비 못했거나 안 가져온 경우는 당일 날 바로 수납을 하도록 기다려
　　주거나 다음 내원이 있을 경우는 차트에 기록을 해놓은 후 미납한 부분을 환자에
　　게 사인을 받도록 한다. 그리고 다음 내원 시 잊어버리지 않고 비용을 받을 수 있
　　도록 차트와 예약노트에 메모를 해놓도록 한다.

⑧ 비용을 준비하지 않는 것이 2회 이상 반복이 될 경우, 진료진행을 멈추고 비용납
　　부 여부를 먼저 확인하도록 한다. 예를 들어, 기공소에서 제작을 해야 하는 보철

물의 경우 기공물 제작을 잠깐 보류하도록 한다.

⑨ 미납을 한 상태에서 치과에 오지 않는 경우 환자에게 전화를 해서 미납한 부분의 납부를 요구한다.

⑩ 환자와 통화한 부분을 되도록 차트에 기록해 놓고 미납된 부분이 납부될 때까지 계속 전화한다.

⑪ 만약 전화를 받지 않을 경우 문자라도 남긴다.

⑫ 미납된 금액에 대해 지불되지 않을 경우 환자에게 어떤 조치가 취해지게 될지 설명한다.

2 : 진료비 미수금에 대한 최후의 수단, 법적 조치

여기까지 가면 안 되겠지만, 알고는 있자. 악성 미납환자의 경우 진료비를 계속 미루고 미루다 진료비가 많다며 할인을 해주면 수납하겠다고 하는 경우로 이어진다. 마지막 결제를 남겨두고 보철물이 잘 안 맞는 것 같아 불편하다거나 시간 내기 어렵다는 등의 불평을 늘어놓거나 오히려 큰 소리를 치는 경우를 겪은 경험이 있을 것이다. 어느 순간부터는 전화도 잘 받지 않고 문자를 보내도 답이 없다. 이러한 경험은 한 번쯤 아니 그 이상 있었을 것이다. 행여 환자와 불편한 관계가 되어 치과에 피해를 줄까하는 걱정되는 마음에 우리는 미납환자에게 소극적 태도를 취하는 경우가 많다. 그러나 미납환자의 발생은 치과로서는 환자와의 관계가 깨질 뿐만 아니라 환자의 입장에서도 치료한 병원을 다시 방문하긴 쉽지 않게 된다.

첫째: 미수금 발생이 되지 않도록 상담 때부터 진료비 수납에 대해 서면으로 명시하고, 서명을 받는 등 진료가 끝나기 전까지 수납의 원칙을 정하자. 무엇보다 이를 환자에게 잘 인식시켜 주는 것이 중요하다.

둘째: 약속한 수납일 전에 우리가 먼저 확인하고 사전에 수납일과 금액을 알려주는 것이 중요하다. 간혹 환자가 수납내용을 알고 있음에도 담당자가 당일 놓치게 되면 예약만 하고 가는 경우가 있다. 이때부터는 관리소홀의 허점이 수납에 대한 기억에 혼란을 주기 시작한다.

셋째: 지속적으로 환자와 대화를 시도하되 많은 시간을 끄는 것도 바람직하지 않다. 의료기관의 진료비 채권은 3년간 행사하지 아니하면 소멸시효가 발생하기 때문에 3년이 지난 후 법적 조치는 아무런 소용이 없다. 따라서 치과에서는 어쩔 수 없이 미납환자가 발생했다면 미수금을 청구하는 단계와 기간을 정해놓고 관리하는 것이 좋다.

진료비 미수금 청구는 다음과 같은 단계로 조치를 취할 수 있다.

① 문자 혹은 우편으로 상황 고지

② 환자에게 내용증명 발송

③ 법원에 지급명령 신청 또는 민사 소송 제기

④ 경찰에 고소(사기죄 등)

▶ 자료 : 치협 홈페이지(치과의사 전용서비스 로그인→개원119→자료실→기타자료)에서 확인 가능)

1) 내용증명 보내기

일반적으로 내용증명만 보내도 미납환자의 반은 놀래서 수납하는 경우가 많다고 봐도 좋다. 그러나 일부는 무반응, 일부는 기분이 상해 과하게 화를 내는 경우도 있으니 미납된 상황을 명확히 파악해두고 사전에 문자 혹은 우편으로 상황을 고지한 후 내용증명을 보내야 한다.

▶ 내용증명 안에 들어가야 할 사항

① 수신인(상대방 주소, 이름 등 인적사항)

② 발신인(본인 주소, 이름 등 인적사항)

③ 제목, 발신목적(사유): 6하 원칙에 맞게 발생한 내용을 간략히 작성

④ 요구사항 및 조치할 내용

⑤ 날짜, 발신인 이름 및 날인

⑥ 첨부자료가 있는 경우 첨부

그림 30-1 내용증명서 예시

이렇게 작성한 내용증명은 총3부를 작성해서 발송용 봉투(수신인 주소, 성명/발신인 주소, 성명 기재)를 만들어서 우체국에 가서 접수, 발송하면 된다. 내용증명은 그 자체로는 직접적인 법률적 효력은 발생하지 않지만, 분쟁이 발생하였을 때에 수취인에게 특정 내용을 보냈다는 증명력을 가진 문서로써 보낸 사실의 증거로 활용될 수 있다.

2) 법원에 지급명령 신청 : 독촉절차

내용증명을 보냈는데도 환자가 수납을 하지 않는 경우에 다음 단계의 독촉절차를 취할 수 있다. 일반적으로 진료비 미납금액이 크지 않을 경우 실익이 별로 없을 것을 생각

하여 포기하는 경우가 많다. 하지만 법원에 지급명령 신청은 적은 비용으로 할 수 있고, 재판까지 안 가고 서면으로 끝낼 수 있어 효과적인 방법이 될 수 있다.

　지급명령 신청은 법원이 분쟁당사자를 심문함이 없이 지급명령을 신청한 채권자가 제출한 서류만을 심사하고 지급 명령을 발령하는 약식의 분쟁해결절차로서 채무자가 이의신청을 하면 통상의 소송절차로 이행되지만 만일 이의신청을 하지 아니하여 지급 명령이 확정되면 채권자는 확정된 지급명령에 기하여 강제집행을 신청하여 신속하게 자신의 채권을 변제 받을 수 있으므로 신속한 분쟁해결이 가능하다.

▶ 여기까지 해보고도 해결이 안 되면 고소로 이어지는 경우가 있는데, 실제 이런 경우에도 환자가 정말 진료비를 지급할 재산이 없는 경우 결국 못 받는 사례도 있다고 하니 주의하자.

memo

진료비 보상기준 알기 31

치과에 있다 보면 치료받은 부분에 대해 문제가 발생해서 다시 치과에 오는 환자들을 종종 보게 된다. 그래서 보철물의 탈락·파절 등 환자의 부주의든, 사고에 의한 것이든 간에 이런 환자들이 왔을 때 어떻게 처리해야 하는지 알아둬야 한다.

우선 진료 시 보철물 보상기준이 있어야 한다.

치과마다 정해져 있는 보철물 보상기준이 있을 것이다.

만약 없다면 만들어 두는 것이 좋다. 물론 보상기준을 만든다고 해도 반드시 그대로 시행하기는 어렵다. 환자마다 상황이 다르고 케이스도 다르므로 그때그때 변동사항이 있다는 전제하에 기준을 만들어 두도록 한다. 보철물 보상기준이 정해져 있어야 환자 진료상담을 할 때 보상기준에 준해서 설명을 할 수 있다.

환자가 상담을 할 때 보상기준을 궁금해 하는 경우가 많고, 보상기준이 정해져 있으면 환자가 치과를 좀 더 신뢰하고 진료를 받을 수 있게 된다.

그림 31-1 **파노라마 사진**

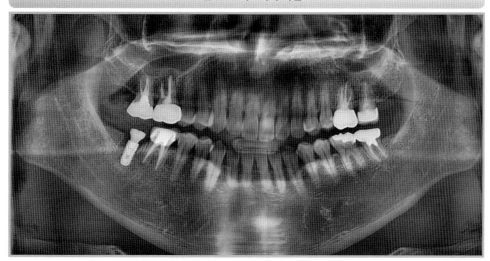

알고 계신가요?

■ 공정위, 임플란트 시술 동의서 표준약관 제정·보급

2013년 공정거래위원회는 임플란트 시술 관련 불공정약관 통용을 방지하고, 공정한 거래질서를 확립하기 위해 '임플란트 시술 동의서 표준약관'을 제정·보급하였다. 이 표준약관은 공정거래위원회가 대한치과의사협회·보건복지부·한국소비자원·소비자단체 등의 의견수렴, 약관 심사 자문 위원회의 자문, 위원회 의결을 거쳐 제정하였다.

공정위 표준약관은 강제적인 것은 아니나 권장하고 있다. 단, 소비자가 본인이 체결한 약관이 표준 약관에 비해 불이익이 있다고 판단될 때는 공정거래위원회에 약관심사를 신청할 수 있으며 시정 명령이 내려올 경우 향후 약관에 반영하여 시정하면 된다.

이 책을 읽는 각 치과에서는 기준을 만들어야 하는 상황이라면 임플란트 시술에 관한 보상기준은 가급적 '공정위 표준 약관에 준해서' 기준을 만드는 것을 권장한다. 따라서 환자와 치과의사가 사전에 당사자 간의 약속이 있지 않다면 이 기준을 적용하는 것이 좋다.

치과 피해구제 '임플란트 사건' 가장 많았다

소비자 분쟁해결 기준 숙지 후 분쟁 예방해야
한국소비자원

정연태 기자 | 등록 2017.04.11 15:36:07

■ 소비자 분쟁 해결기준   (공정거래위원회 고시 제2016-15호)

임 플 란 트		
분 쟁 유 형	해 결 기 준	비 고
1) 시술 후 1년까지	– 정기 검진 (환자의 비용 부담 없음)	다음과 같은 소비자의 사유에 대해서는 병원의 별도의 비용청구가 가능함.
2) 시술 1년 내 탈락 – 이식체 탈락	– 재시술(비용은 병원 부담), 2회 반복 시 치료비 전액 환급	① 환자의 진료비 지급이 지체되어 치료가 중단된 경우 ② 환자가 정기검진을 2회 이상 어긴 경우
– 보철물 탈락	– 재장착(비용은 병원 부담)	③ 환자가 자신의 병력을 제대로 고지하지 않은 경우 ④ 환자가 다른 외상이나 질병에 의해 영향을 받은 경우
– 나사 파손	– 나사 교체(비용은 병원 부담), 3회 반복 시 환자는 타 의료기관을 선택할 수 있음. 이에 소요되는 치료비용은 당초 치료한 의료기관에서 부담함.	⑤ 환자의 부주의에 의해 이식체, 나사 및 보철물의 탈락이 발생한 경우

한국소비자원은 최근 3년간(2014년~2016년) 접수된 치과 피해구제 사건 362건 중 임플란트 관련 사건이 96건(26.5%)으로 가장 큰 비중을 차지한 것으로 나타났다고 최근 밝혔다.

소비자원에 따르면 96건 중 88건은 '부작용 발생', 8건은 '치료 중단 요청'에 따른 것이었다. 부작용 발생 88건을 살펴보면 '교합 이상'이 23.9%(21건)로 가장 많았고 '고정체 탈락·제거' 21.6%(19건), '신경손상' 15.9%(14건), '임플란트주위염' 11.4%(10건) 등의 순이다 <관련기사 제2503호 5면>.

출처 : 데일리덴탈 2017. 04.11자 기사

보상기준은 진료별로 정해지고 임플란트, 일반보철, 간단한 충치치료 정도로만 구분해도 된다. 보상기준이 정해지게 되면 문제가 발생했을 때 그대로 시행하면 된다.

필자는 누구의 과실여부를 떠나서 보상기준의 기간을 적용한다. 어차피 환자의 말의 진의여부를 판단하기가 어렵다.

보철의 경우 보통 진료 후 1년 이내 혹은 2년 이내 정도로 정하는 경우가 많다(예: 1년 이내는 무상, 2년 이내는 50%). 레진의 경우는 1년 이내로 정하는 경우가 많고 소모품이므로 1년 이상의 경우는 정하지 않는 치과가 많다.

임플란트는 fixture와 보철을 구분하여 정해진 경우가 많다. 임플란트와 틀니의 경우 사후관리 부분이 건강보험 급여 적용되는 부분이 있으므로 산정기준을 확인하고 적용해야 한다.

▶ 공정위 표준약관의 주요 내용

표준약관은 계약내용을 명확히 하여 임플란트 시술의 투명성을 높이고 분쟁 발생 시 원활한 해결지준을 제시하여 임플란트 시장에 건전한 거래 질서를 확립하기 위함이다. 주요 표준약관 내용과 서식 자료를 살펴보자.

●━ 표준약관 주요 내용(요약)

구 분	내 용
시술자·환자 정보기입 및 환자의 병력·투약여부 고지	• 시술 동의서에 의사와 환자 각각의 인적사항을 기입하고, 환자의 병력 및 투약 여부를 기재함.
의사의 사전설명 의무 명확화	• 임플란트 시술특징, 시술방법 및 과정, 시술부위, 시술부작용, 환자 주의사항 등 설명서를 작성함.
시술재료 선택 및 명시	• 임플란트, 지대주, 보철재 등 시술재료를 환자가 선택하고 선택한 재료, 개수를 구체적으로 약관에 기재함.
시술별 진료비용 기재	• 시술 단계별로 시술일자, 시술비용, 진료일 등을 구체적으로 약관에 기재함.
시술 보증기간의 명확화	• 시술 후 1년까지 시술 보증기간(책임 관리기간)을 설정함.

▶ 임플란트 시술 동의서 및 임플란트 치료 설명서 권장

임플란트 시술 동의서에는 소비자분쟁해결기준 '명시'

1년 내 ① 이식체 탈락 : 재시술(2회 반복 시 치료비 전액 환급), ② 보철물 탈락 : 재장착, ③ 나사 파손 : 나사 교체(3회 반복 시 환자는 타 의료기관을 선택할 수 있다. 이에 소요되는 치료비용은 당초 치료한 의료기관에서 부담한다).

임플란트 시술 동의서를 적절히 사용함으로써 의료분쟁 시 "법적 설명의무 문제"가

해소되며, 환자에게 주의사항 등에 대해서도 보다 상세히 고지할 수 있게 되었다. 그러나 분량이 다소 많아 다소 번거로움이 있을 수 있을 것이다. 따라서 의료기관에 맞게 편리하게 사용할 수 있는 방법을 모색하는 것이 필요하다.

임플란트 시술 동의서

표준약관 제10071호
(2013.10.25 제정)

시술자	의료기관명 :		담당 치과의사 :	
	주소 :			
	전화번호 :			
환 자	환자성명 :	환자보호자 : (환자가 심신상실 등 행위무능력자인 경우에 한하여 기재)		
	생년월일 :			
	주소 :			
	전화번호 :			
	현(과거) 병력/투약 여부			
	기왕력(질병·상해 전력)		알레르기	
	특이체질		당뇨병	
	고·저혈압		복용약물	
	음주/흡연 여부		기타	

1. 설명사항(별지 참조)

(1) 임플란트 시술 목적 및 특징 (2) 임플란트 시술 방법 및 과정 (3) 임플란트 시술 부위 및 부작용·합병증 (4) 시술 방법 변경 및 수술 범위 추가 가능성 (5) 기타 환자주의사항 등

* 각 항목의 구체적인 내용은 시술의 특성에 따라 추가적으로 기재할 수 있습니다.
* 개별적 기재 내용 중 중요한 사항에 대하여는 굵은 글씨로 표시하거나 밑줄을 그어 강조하는 것이 바람직합니다.

2. 시술재료선택

이식되는 임플란트 재료와 이식된 임플란트를 연결하는 상부 구조로 보철재료는 재료의 종류에 따라 가격이나 부작용 범위, 시술의 효과 등에 차이가 있을 수 있습니다. 치과의사는 환자에게 이를 설명하고 당사자간 합의하여 다음과 같이 재료를 결정합니다.

임플란트/지대주	(개)/	골이식재 사용 여부	
보 철 물		기타	

※ ( )는 시술하는 임플란트 개수를 숫자로 기재
※ 환자가 임플란트 시술에 어떤 제품을 사용하는지 알 수 있도록 결정된 재료의 종류(임플란트, 지대주의 제품 세부모델명 등)를 해당항목에 구체적 기재

3. **진료비용** : 환자는 임플란트 시술을 위한 비용을 아래와 같이 지급합니다.

(치료 과정 중 치조골 상태, 전신 상태에 따라 시술 내용이 변경되어 치료비용의 가감이 있을 경우 환자와 합의하여 그 치료비용을 정합니다.)

총액	원	지급시한	까지
	금액	지급일	비고(시술 날짜 등)
1차 시술	원	까지	
2차 시술	원	까지	
보철시술	원	까지	
진료비 총액	원	까지	

4. **시술 후 책임관리기간**

※ 책임관리기간은 소비자분쟁해결기준에 따라 다음과 같이 합니다.

⑴ 책임관리기간은 시술 완료 후 1년, ( )년 ( )월 ( )일까지 입니다.

⑵ 시술이 성공적으로 되기 위해서는 시술이 완료된 후에도 정기적으로 관리되어야 하므로 책임관리기간 내에는 무료로 정기검진을 해드립니다.

⑶ 책임관리기간 내에는 아래와 같은 사유로 인한 진료는 별도의 비용을 청구하지 않습니다.

① 이식체 탈락 : 재시술(2회 반복시 치료비 전액 환급)

② 보철물 탈락 : 재장착

③ 나사 파손 : 나사 교체(3회 반복시 환자는 타 의료기관을 선택할 수 있다. 이에 소요되는 치료비용은 당초 치료한 의료기관에서 부담한다.)

⑷ 책임관리기간 이내라도 아래와 같은 사유에 기인하여 재시술이 필요하거나 부작용, 합병증이 발생하여 치료를 할 경우, 치과의사는 그에 상응하는 별도비용을 청구할 수 있습니다.

① 환자의 진료비 지급이 지체되어 치료가 중단된 경우

② 환자가 정기점진을 2회 이상 어긴 경우

③ 환자가 자신의 병력을 제대로 고지하지 않은 경우

④ 환자가 다른 외상이나 질병에 의해 영향을 받은 경우

⑤ 환자의 부주의에 의해 이식체, 나사 및 보철물의 탈락이 발생한 경우

※ 1년 후 재시술비는 치과의사의 귀책이 없을 시 환자 부담

본인은 본인(또는 환자)에 대한 시술의 목적 및 효과, 과정, 예상되는 합병증, 후유증 등에 대한 설명(필요 시 별지 포함)을 치과의사로부터 들었으며, 시술 과정에서 정확한 진단이 가능하므로 시술 후 상태에 따른 치료 계획이 달라질 수 있음을 고지 받았습니다. 또한 본 동의서 제1조의 '환자의 현재상태'에 대해 성실히 고지하며 이에 따른 시술을 하는데 동의합니다.

20   년   월   일

환자명(대리인) :　　　　　　(서명 또는 날인)
담당 치과의사 :　　　　　　(서명 또는 날인)

* 대리인이 서명하게 된 사유

□ 환자의 신체·정신적 장애로 인하여 약정 내용에 대하여 이해하지 못함.

□ 미성년자로서 약정 내용에 대하여 이해하지 못함.

□ 기타

* 치과의사의 상세한 설명은 이면지 또는 별지를 사용할 수 있으며(본 동의서에 첨부) 환자(또는 대리인)가 본 동의서 사본을 원하는 경우 이를 교부합니다.

임플란트 치료 설명서

1. 임플란트 시술의 목적

임플란트를 이용한 보철치료는 잇몸 속에 위치한 뼈 속에 치과용 임플란트(인공치근)를 식립하여 상실된 치아의 기능을 회복하는 치료입니다.

2. 임플란트 시술의 특징

임플란트 외에 선택할 수 있는 치료 방법으로는 고정성 보철치료와 가철성 보철치료가 있습니다. 이들 기존의 치료에 비해 임플란트 보철치료의 장점은 인접 치아를 손상시키지 않을 수 있고, 치조골을 더 오래 유지시킬 수 있으며, 견고하게 기능할 수 있다는 점 등입니다. 임플란트를 이용한 치료는 성공율이 높은 치료이며, 실패 시는 대개 기존의 보철치료 방법을 사용할 수 있습니다. 단, 치조골에 임플란트를 식립하는 외과적인 시술이 필수적으로 진행되어야 하며 이 과정으로 인한 합병증이 발생될 수 있습니다.

3. 임플란트 시술 방법

전반적인 치료는 임플란트를 잇몸 속에 있는 뼈에 심는 수술 과정과 이러한 골치유가 일어난 후 뼈에 심어진 임플란트를 보철물로 씌우는 과정으로 나뉘어집니다. 임플란트 수술 후 잇몸 등의 치유능력이 환자마다 다르므로 수술 횟수와 시기, 보철치료 방법은 환자의 상태에 따라 다양합니다.

임플란트 치료는 인체의 반응을 이용한 치료입니다. 따라서 해부학적 및 임플란트의 특성상 환자의 더 나은 치료결과를 위하여 치료 계획의 변경, 부가적인 치료, 재료변경 등이 있을 수 있고 치료기간도 연장될 수 있습니다. 이런 경우에는 치과의사는 사전에 환자에게 변경사항을 설명하고 동의를 얻습니다.

4. 구강상태 진단

치과의사는 임플란트 시술 전 환자의 구강상태를 진단하며 임플란트 시술 가능 여부를 판단합니다. 이를 위해 환자에게 구체적인 구강상태(잇몸, 치조골 등)를 설명하고 시술 진행 여부를 환자가 선택하도록 합니다.

5. 시술부위 및 시술과정

• 부위

• 내용

---

6. 부작용 및 합병증

치과의사는 환자에게 수술·약물·마취 등 시술과정에서 아래와 같이 불가항력적으로 야기될 수 있는 합병증 또는 환자의 특이체질로 예상치 못한 사고가 일어날 수 있다는 것을 충분히 설명하고 동의를 얻습니다.

[일반적으로 발생 가능한 합병증]

환자의 골질 및 골양에 따라 임플란트 초기 실패가 발생하고 재수술이 필요할 수가 있습니다.

① 환자에 따라 수일간 요양과 회복이 필요한 불편함과 부종 및 통증, 멍의 발생

② 상악동 천공, 상악동염

③ 신경 손상으로 인한 수술 부위, 혀, 잇몸, 입술, 턱, 볼, 등의 저린 느낌과 감각 소실 등이 발생할 수 있고 이는 일시적 또는 영구적으로 지속될 수 있음

④ 추가 치료가 필요한 수술 후 감염

⑤ 추가 치료가 필요한 지연성 출혈 또는 심한 출혈

⑥ 얇은 골의 천공과 치조골 등의 골절

⑦ 임플란트 식립 부위 주변 치아, 치은 또는 치근의 손상

⑧ 근육통, 턱관절 장애

⑨ 이식재의 거부 반응

⑩ 거부 반응, 염증반응으로 인한 임플란트 주위의 골흡수로 인한 임플란트 상실

7. 보철물 장착 후 정상적으로 나타날 수 있는 현상들

① 임플란트의 구조상 보철치료 후 음식물이 끼는 현상이 나타날 수 있습니다.

② 씹는 힘에 의해서 임플란트 치아 고정 나사가 풀리거나 상부 보철물이 탈락될 수 있습니다.

③ 상부 보철물의 변형 및 파손이 발생할 수 있습니다.

④ 뺨, 혀 등이 씹히는 증상이 일시적으로 발생할 수 있습니다.

⑤ 임플란트는 자연치아에 비하여 저작 효율 및 감각이 떨어질 수 있습니다.

⑥ 임플란트 보철물의 형태와 크기는 자연치와 다릅니다.

⑦ 인접 자연치와의 접촉 상실이 나타날 수 있습니다.

8. 환자 주의사항

① 마취로부터 완전 회복시까지 시술 후 적어도 24시간 안에 운전을 하거나 위험성 있는 물건을 취급하지 않겠습니다.

② 수술 후 2시간 동안은 가능하면 음식물 섭취를 삼갑니다. 특히 뜨거운 음식은 피합니다.

③ 처방 받은 약은 꼭 복용합니다.

④ 앞으로 2~3일간은 심한 운동이나 사우나 등도 삼갑니다.

⑤ 시술 부위가 부을 수 있는데 이를 방지하려면 얼음주머니를 수술 부위의 뺨 위로 댑니다(20분 찜질 후 10분 쉬고 반복).

⑥ 자극적인 음식물은 피하시고 수술 후 5일 정도 유동식(우유, 죽, 미음 등)을 먹습니다. 식후 조심스럽게 입안을 헹굽니다.

⑦ 수술 부위에서 출혈이 있으면 1시간 정도 거즈를 부드럽게 물고 있습니다. 만약 출혈이 심하게 계속되면 전화를 주십시오.

⑧ 매 식사 후 칫솔질하시고 수술 부위는 처방된 양치액이나 또는 미지근한 물 한 컵에 찻 수저 하나의 소금을 타서 수실로 양치합니다.

⑨ 코를 세게 풀지 말고 감기를 조심합니다.

⑩ 수술 전후 일주일간은 술과 담배를 금하고 그 후에라도 얼마간은 삼갑니다.

⑪ 수술 후 이틀간은 수면시 베개를 높게 합니다.

⑫ 치과의사가 지시하지 전에는 쓰시던 틀니나 보철물을 삼갑니다.

⑬ 통증이 심하면 진통제를 복용하고 그래도 통증이 심하면 전화주십시오.

※ 정보검색

• 공정거래위원회 홈페이지(http://www.ftc.go.kr)

• 대한치과의사협회 홈페이지(www.kda.or.kr)→치과의사 전용→회원열린광장→공지사항에서 서식 다운로드

02 임상 매뉴얼

32 환자 진료실 안내법 및 진료 준비

1 : 진료 준비 시 알아야 할 것

① 환자를 chair로 안내하기 전에 반드시 chair가 깨끗이 정리가 되어 있는지 물이 튀지는 않았는지 혈액이 묻어 있지는 않은지 확인한다.

② 기본세트는 보통 병원마다 비슷하나 포장하는 방식이나 형태는 조금씩 다를 수 있다.

③ 기본세트는 병원의 소독개념을 보여줄 수 있는 기회이므로 되도록 환자 앞에서 소독되어 있다는 것을 보여주는 것이 좋다. 때문에 환자를 chair로 안내한 후에 기본기구를 준비해야 다른 환자에게 쓰지 않았던 기구라는 것을 보여주는 것이 된다.

④ 기본세트를 포장해 놓은 경우, 되도록 환자 앞에서 포장을 뜯음으로써 환자로 하여금 소독이 된 새 기구를 사용한다는 느낌을 받을 수 있도록 한다.

⑤ 기구포장을 뜯을 때나 기본세트 준비를 할 때는 환자 입안에 들어가는 부분은 손이 닿지 않도록 한다. 환자 앞에서 준비할 때는 환자분이 볼 수 있도록 되도록 액션을 크게 해서 '당신이 사용할 기구를 만지지 않으려고 노력하고 있어요.' 라고 말없이 행동으로 보여준다.

2 : 환자 진료실 안내 및 진료 준비

순서	환자에게 해야 할 말
(1) 기본 기구를 준비한다.	그림 32-1 Metal tray, mirror, pincette, explorer, 3-way syringe tip, metal suction tip 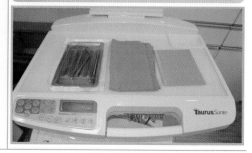

(2) 환자 이름을 호명하여 반갑게 인사를 드린 후 진료실로 모셔드린다.

▶ 대기실에서 진료실로 안내할 때는 환자보다 1~2 발자국을 앞서서 가되 환자가 잘 따라오는지 확인을 하면서 안내한다.

▶ 이때 환자에게 간단한 대화를 시도하거나 약간의 스킨십을 하면서(등쪽으로 살짝 손을 얹는다든지) 안내를 하는 것도 좋다.

"안녕하세요? ○○○님~ 진료실로 모셔드리겠습니다. 이쪽으로 오시겠어요?"

그림 32-2 환자가 잘 따라오는지 확인하며 안내

(3) 환자의 가방과 외투를 보관할 수 있는 별도의 장소로 안내한다.

▶ 만약 개인 물품보관함이 없다면 환자의 가방과 외투를 받아 걸어드린다. 간혹 환자가 지갑이나 소지품을 무릎 위에 두고 진료를 받기 원하는 경우 굳이 뺏어서 걸어두지 않도록 한다.

▶ 치과 내 핸드폰 충전기의 보급 몇 년 전까지만 해도 환자가 진료 받는 동안 충전을 부탁하는 경우에 데스크에서 충전을 해주는 것을 자주 볼 수 있었다. 최근에는 대기실에 컴퓨터보다 핸드폰 충전기 설치가 더 보편화되어 있다. 충전기는 대기실, 개인물품보관함, 유니트 체어 등에 설치하고 있다.

"가방과 외투를 보관하실 수 있는 물품보관함을 안내해 드리겠습니다."

그림 32-3 개별 물품보관함 보관

"핸드폰 충전이 필요하시면 충전기 사용하실 수 있으세요."

그림 32-4 핸드폰 충전기

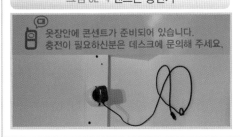

(4) 어디에 앉아야 하는지 손으로 정확히 지시하여 chair로 앉힌다.

"이쪽으로 앉아보시겠어요?"

그림 32-5 유니트 체어로 안내

※ 짧은 스커트를 입으신 환자의 경우 무릎덮개를 덮어드린다.

"무릎덮개 좀 덮어드릴게요."

그림 32-6 **무릎덮개 덮기**

(5) 에이프런을 해드리고, 필요한 경우 가글을 안내해 준다.

▶ 에이프런은 얼굴에 공포를 씌우면 중복해서 하지 않는 치과도 많다.

※ 미국에서는 유공포를 하지 않는다. 얼굴에 씌우는 것이 있다면 모두 폐기하고, 대신 눈을 보호하기 위해 환자용 고글을 구비해서 적용하는 경우가 많다.

"에이프런을 해 드리겠습니다."

"가글이 필요하시면 이 쪽에서 하시면 됩니다."

그림 32-7 **유니트체어 가글 부착**

(6) 환자가 보는 앞에서 기본기구 세트를 뜯고 진료 준비를 한다.

※ 체어에 에이프런 걸어두지 않기

※ 되도록 기구세팅은 환자 눈 앞에서 open 하자(미리 세팅하지 않기)

그림 32-8 **기본 기구 셋트 정리**

그림 32-9 **정리된 기본 기구**

(7) Metal suction tip을 끼운다.
이때 환자의 구강 안으로 들어갈 쪽이 절대 손이 닿지 않도록 주의한다.

그림 32-10 Metal suction tip을 끼우기

(8) 3-way syringe tip을 끼운다.
Tip도 역시 환자의 구강 안에 들어갈 부위가 손에 닿지 않도록 주의하면서 끼운다.

그림 32-11 3-way syringe tip을 끼우기

(9) 새로운 종이컵을 내리고 물이 채워지는 것을 확인한다.

그림 32-12 내려진 종이컵

(10) 감염방지 테이프를 chair의 네 군데에 붙인다.

(light 손잡이, bracket table 손잡이, bracket table 보드판, 3-way syringe 등 진료 시 글러브를 끼고 사용하는 부위)

그림 32-13 Light 손잡이와 bracket table 손잡이

감염방지 테이프를 붙일 때는 끝부분만 잡고 살짝 얹어놓는다. 글러브를 끼지 않은 손으로 만지게 되면 감염방지 테이프를 붙이는 의미가 없어지기 때문이다.

그림 32-14 Bracket table, 3-way syringe

3 : 혼자서 진료할 때 더 준비할 것들

① 스탭이 글러브를 착용하는 주 진료를 할 때는 가급적이면 주 진료를 도와줄 보조 스탭과 같이 한다.
② 보조스탭이 없어서 혼자 해야 하는 경우는 진료 시 글러브를 낀 채로 잡아야 하는 부위에 감염방지 테이프를 붙이고 진료를 한다.
③ 감염방지 테이프를 붙이지 않은 재료를 만질 때는 글러브를 즉시 벗는다.

그림 32-15 Scaling 할 경우 스케일러에 감염방지 테이프를 붙인다.

그림 32-16 혼자서 scaling을 하거나 본을 뜰 경우 suction tube에도 감염방지 테이프를 붙인다.

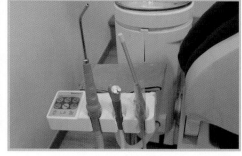

그림 32-17 모바일장의 손잡이 부위에 감염방지 테이프를 붙인다.

그림 32-18 Impression을 뜰 때는, gun 손잡이에 감염방지 테이프를 붙인다. 이때 글러브를 벗고 rubber 인상재를 먼저 끼운 후 테이프를 붙인다.

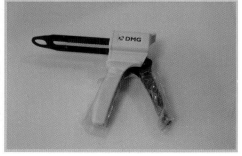

알고 계신가요?

■ 진료 중에도 글러브를 착용한 손으로 감염에 무방비한 물건들을 만진다면?

아무리 소독을 철저히 하고 감염관리를 잘 한다고 해도 진료 중 글러브 낀 손으로 다른 물건을 만지는 결국 우리가 맨손으로 다시 만지게 되기 때문에 감염관리를 무색하게 하는 행동들이니 주의하기를 바란다.

그림 35-19 진료 중 글러브를 착용한 손으로 감염에 무방비한 물건을 만지는 행동(X)

※ 글러브를 끼고 무언가 만지는 모습을 환자들이 보면 불쾌하고 다른 동료의 감염원인이 된다.

※ 글러브를 끼고 대기실까지 가지 말자

※ '강남레옹치과'의 원칙
  글러브 끼고는 환자가 혀로 핥을 수 있는 것만 만진다!

33 진료 정리 및 감염관리

1 : 진료 후 정리하는 법

순서	사진
(1) 정리하기 전에 일회용 polyglove와 mask를 착용한다.	**그림 33-1 일회용 polyglove와 mask를 착용** 
(2) Metal suction tip과 3-way syringe를 빼낸다. ※ 발치나 수술진료를 한 후에는 suction tip을 빼기 전 물을 한 컵 빨아들이고 suction tip을 제거한다. 그래야 suction tip 안에 있던 혈액이 굳기 전에 깨끗이 제거가 되기 때문이다. Suction tip을 제거한 후 suction hose도 물을 한 컵 빨아들여야 남아 있던 혈액이 제거된다.	**그림 33-2 Suction tip을 빼기 전 물을 빨아드림**  **그림 33-3 Suction tip 제거** 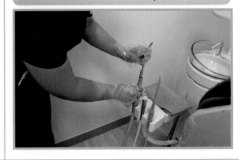

필자 생각
"철저한 감염관리는 최고의
마케팅이다".

그림 33-4 Suction tip을 뺀 후 물을 빨아드림

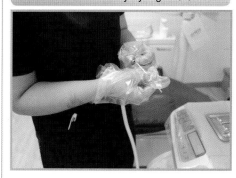

그림 33-5 **3-way syringe** 제거

(3) 감염방지 테이프를 제거한다.

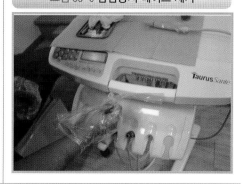

그림 33-6 **감염방지 테이프 제거**

(4) 모든 재료는 평상시 정리가 잘 되어 있어야
하며 사용 후 깨끗이 정리해서 있던 자리로
위치시킨다.

그림 33-7 **분류가 잘 된 모바일 카트**

※ 선진국에서도 글러브가 닿지 않도록 벽에 설치한다

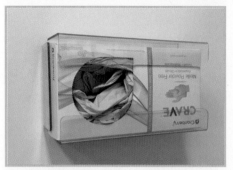

그림 33-8 **정리가 잘 된 재료 서랍장**

그림 33-9 **편리하게 정리된 글러브**

(5) 정리된 모든 기구를 소독실로 옮긴 후 사용했던 일회용품 쓰레기와 적출물을 구분하여 각각 모으는 곳에 버린다.

그림 33-10 **사용한 기구 정리**

그림 33-11 **적출물은 구분하여 분리**

※ 기구관리 유의사항

① 마취 후 마취주사기의 needle은 위험하니 항상 뚜껑을 닫아두는 습관 갖기.

② bur는 사용 후 바로바로 제거하기.

핸드피스에 뾰족한 bur가 꽂힌 경우 체어를 정리하다 여기에 찔리는 경우도 의외로 많다.

③ 진료실에서 blade 및 silk를 사용한 경우 기구정리는 나중에 하여도 뾰족한 것들(손상성 폐기물)은 해당선생님이 바로 정리하기.

blade 팁은 홀더에서 바로 제거하여, silk는 needle 부위를 잘라서 바로 폐기하기

④ 수술 이후도 동일하다. 급할 경우 메탈 컵이나 종이컵에 따로 넣기.

그림 33-12 손상성 폐기물

알고 계신가요?

■ 의료폐기물의 관리방법

1. 의료폐기물의 분류

1) 위해 의료 폐기물
- 조직물류 폐기물 : 인체조직, 신체의 일부, 혈액, 고름 및 혈액생성물에서 발생한 폐기물
  ▶ 간혹 발거한 치아를 환자가 소장하길 원하는 경우에는 「적출물 인수 동의서」를 작성 후 드려야 한다.
- 손상성 폐기물 : 주사바늘, 봉합바늘, 수술용 칼날, 한방침, 치과용침, 파손된 유리재질의 시험기구
2) 일반 의료 폐기물 : 혈액, 체액, 분비물, 배설물이 함유되어 있는 탈지면, 붕대, 거즈, 일회용 기저귀, 생리대, 일회용 주사기, 수액세트

2. 의료폐기물의 관리

1) 의료폐기물 배출자 교육 : 원장이나 폐기물 업무 담당 직원이 받아야 하며, 「교육 이수 증명서」를 구비하여야 한다(최초 1회만 이수).
2) 의료폐기물 보관 장소에 의료폐기물 보관 표지판 반드시 부착되어 있어야 한다.
3) 폐기물의 종류에 따라 전용보관용기에 보관하여야 한다.
4) 한 번 사용한 전용용기는 재사용이 금지되어 있으며, 표기사항 미기재도 위반사항에 해당된다.
5) 폐기물 종류별 보관기간이 다르다.

〈의료폐기물 보관기간〉

의료폐기물 분류	보관기간
▶ 조직물류 : 인체 또는 동물의 조직 등	15일
▶ 치아	60일
▶ 일반의료폐기물 : 혈액·체액·분비물·배설물이 함유되어 있는 탈지면 등	15일
▶ 손상성 폐기물 : 주사바늘, 봉합바늘 등	30일 동안만 보관이 가능

3. 진료실 내에도 폐기물 전용보관용기 비치가 필요할까?

아직까지 진료실 내 일반폐기물 관리에 관한 복지부 규정은 없다. 다만, JCI 및 EN ISO 국제규정과 국내인증평가규정에는 Zone 구역으로 규정하고 있다.

2 : 유니트체어 표면 소독

순서	사진
(1) 정리하기 전에 일회용 polyglove와 mask를 착용한다.	그림 33-13 일회용 polyglove와 mask를 착용 
(2) 감염이 우려되는 환자의 경우, 살균소독제를 타구, bracket table 위, 모바일장 위에도 뿌린다.	그림 33-14 소독제를 뿌려줌    

순서	사진
(3) 제조사의 권장 시간보다 더 충분히 소독제가 잔류하도록 한다(보통 10분~20분).	
(4) 환자 진료 직전까지도 젖어 있다면 닦아서 건조시킨다.	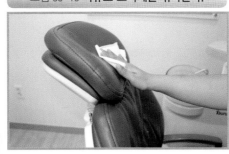 그림 33-15 **티슈로 소독제를 닦아준다.**

3 : 기구 관리 과정

순서	사진
(1) 오염된 기구를 수거해서 정리한다.	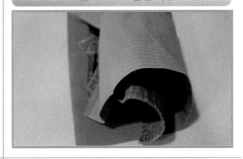 그림 33-16 **오염된 기구**
(2) 감염이 우려되는 환자의 경우, 사용했던 모든 기구에 묻어 있는 혈액과 이물질은 알코올 솜으로 닦아낸 후 소독포에 싸서 포장하여 멸균한다.	그림 33-17 **간염환자의 사용 기구 포장**  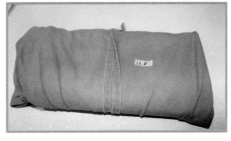

(3) 세척 전 용액 담그기
사용한 기구들을 즉시 세척할 수 없는 경우
세척 전 용액에 담궈 타액이나 혈액이 굳지
않도록 한다.

그림 33-18 세척 전 용액 담그기

(4) 기구 세척하기
핸드피스를 제외한 기구 세척은 초음파 세척
과 수동 세척방법이 있으며 수동 세척 시에는
두꺼운 가사용 다용도 장갑, 마스크를 착용한
다.

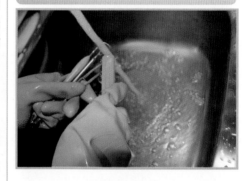

그림 33-19 수동 기구 세척

그림 33-20 초음파 기구 세척

(5) 세척한 기구는 마른 수건에 닦고 건조시킨다.

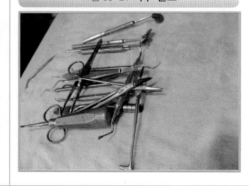

그림 33-21 기구 건조

(6) 기구 포장하기

멸균 전용 포장재로 포장하고, 수술 기구는 셋트 포장과 개별 포장을 구별하여 시행한다.

그림 33-22 **개별 포장**

그림 33-23 **수술 기구 셋트 포장**

(7) 멸균하기

일반적으로 치과 진료실에서 가압증기 멸균법(autoclave)을 가장 많이 사용한다.

그림 33-24 **전원 켜고 증류수 주입**

[작동법]

① 증류수를 확인하고, 전원을 켠 상태에서 부족한 증류수를 주입한다.

② 멸균기의 문을 열고, 알맞은 트레이를 선택한다.

③ 트레이에 기구를 담는다(너무 꽉꽉 채우지 말 것)

④ 트레이를 멸균기 안에 넣는다.

⑤ 문을 닫은 후 온도, 시간, 압력모드를 적합하게 조정한다.

⑥ 시작 버튼을 누른다.

⑦ 멸균이 끝나면 소리가 나고 즉시 전원을 끄고 온도와 압력이 내려간 후 문을 연다.

⑧ 서서히 건조 및 냉각시킨다.

그림 33-25 기구를 멸균기 안에 넣고 문 닫음

그림 33-26 시작 버튼 누름

그림 33-27 멸균이 끝나면 건조 및 냉각

※ 제조회사에 따라 작동법이 다를 수 있다.

(8) 기구 보관 및 배치

멸균된 기구는 최대 보관시간 1개월 정도 기준이며, 사용 시에는 가장 오래된 멸균 패키지를 먼저 사용해야 한다. 단, 포장 재료가 손상되었다면 다시 멸균 과정을 거친다.

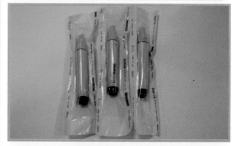

그림 33-28 멸균된 기구

4 : 멸균기의 종류

1. 핸드피스 멸균기

– 예시 1) 니트람

그림 33-28 NITRAM-Syrona

  핸드피스 전용 고압증기 멸균기이다. 성능을 인정받아 개원가에서 두루 사용하는 편이다. 핸드피스 내부의 아주 가는 관 하나까지도 고압과 증기로 멸균하기 때문에 그 관을 통해 나오는 바람과 물을 통한 감염도 철저히 예방할 수 있다고 한다. 빠른 시간에 소독이 가능하며 핸드피스가 세척부터 시작해서 오일링, 소독까지 한 번에 되므로 간단하다(12분). 단점으로는 가격이 다소 고가이다.

– 예시 2) MPS

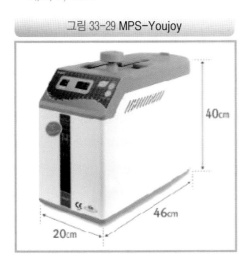

그림 33-29 MPS-Youjoy

40cm

46cm

20cm

이 역시, 핸드피스 전용 고압증기 멸균기이다. 원통 안에 스팀을 공급하여 간접가열 방식으로 빠르게 온도를 상승시켜 소독, 멸균, 건조까지 한 번에 진행하는 방식의 멸균기이다. 진공상태로 유지하며 불필요한 습한 공기를 음압으로 강제 배출시켜 핸드피스 손상을 주지 않으며 수명이 연장된다고 한다(처음 작동 시 약 13~14분, 연속 사용 시 6분 30초).

개원가에서는 여건 상 또는 현실 상 이러한 핸드피스 소독기의 사용이 쉽지 않은 경우, 외과용 핸드피스만이라도 멸균하는 것을 고려하는 것이 좋다. 필자는 모든 핸드피스를 다 고압증기 멸균기로 멸균한다.

2) 급속 멸균이 필요할 때

– 예시 : 6분 멸균기. STATIM.

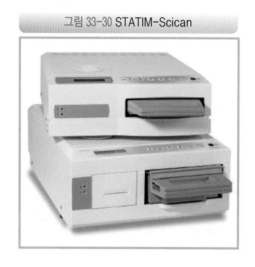

그림 33-30 STATIM-Scican

진공펌프를 통해서 고압의 증기를 안으로 밀어 넣어 소독을 진행하는 진공 멸균 소독기이다. 열이 발생하지 않고, 공간을 적게 차지하여 설치 및 사용이 간편하며, 시작 버튼 하나로 자동 멸균되며, 최단시간 STATIM2000(6분), STATIM5000(9분) 소독으로 전력소모를 최소화하고 적은 양의 증류수를 사용하여 경제적인 멸균기라고 한다.

3) 다양한 멸균기

(1) E.O gas 멸균기

독성이 강한 기체(E.O gas)를 이용한 멸균기이다. 장점으로는 모든 종류의 미생물을 죽일 수 있고 고온, 고습, 고압을 필요로 하지 않으며 기구나 물품에 손상을 주지 않는다. 단점으로는 스팀멸균법에 비해 경비가 많이 들고, gas 노출의 위험 및 관리 불량 시 폭발의 위험이 있으며, 대형 장비를 필요로 한다.

(2) 플라즈마 멸균기

과산화수소 수용액을 멸균제로 사용하여 진공화된 공간에 기화시켜 투입, 확산의 과정으로 의료기기를 멸균하고 추가로 플라즈마 처리를 하는 멸균기이다.

장점은 넓은 멸균 범위, 안전한 저온 공정으로 멸균 후 의료기기를 즉시 사용 가능하고, 핸드피스, 교정기구, 임플란트 관련 기구 등 고온으로 인한 손상이 우려되었던 기기를 안전하게 멸균할 수 있으며 멸균기의 사용시간 매우 짧다(약5~15분).

단점으로는 냄새 때문에 천 종류를 사용하지 못하고, 그래서 일반적으로 수술포는 사용하지 않는다. 또, 관리 비용이나 소모품 비용이 상당한 편이라고 한다.

이 밖에 건열 멸균기 등 다양한 멸균기 들이 존재한다. 제품은 예시이니 참조하기 바란다. 다양한 멸균기들에 대하여, autoclave를 제외하고 아직까지는 명확하게 효능 및 효과를 명확히 말할 수 있는 것은 없다.

memo

34 구내 방사선 촬영하기

1 : 부위에 따른 치근단 필름의 위치

① 전치부에서는 필름을 항상 수직으로 세워서 위치하고, 구치부에서는 필름을 항상 수평으로 눕혀서 위치한다.

② 필름이 절단연보다 상방으로 3 mm 정도의 여유가 있어야 한다.

③ 치관과 치근은 물론이고, 치근단 및 대상 치아 주위 구조가 모두 필름에 포함되어야 한다.

그림 34-1 상악 치근단 필름의 위치

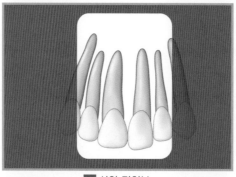

A 상악 전치부

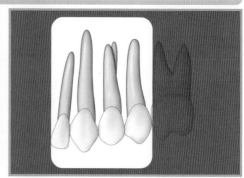

B 상악 견치부

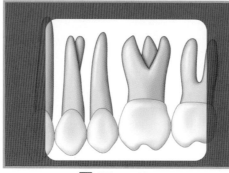

C 상악 소구치부

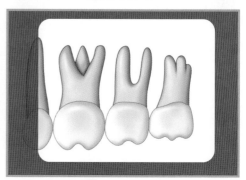

D 상악 대구치부

그림 34-2 하악 치근단 필름의 위치

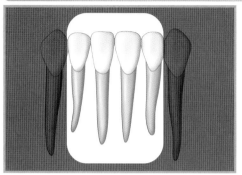

A 하악 전치부

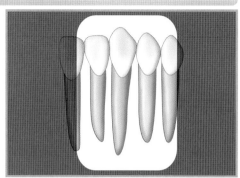

B 하악 견치부

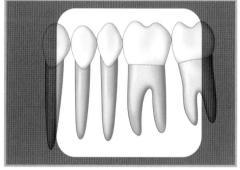

C 하악 소구치부

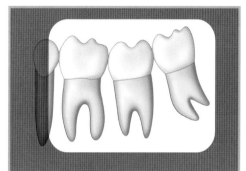

D 하악 대구치부

알고 계신가요?

■ 평행촬영법과 등각촬영법

1. 평행촬영법

평행촬영법은 방사선 필름을 치아의 장축과 평행하게 한 상태에서 치아 촬영을 하는 방법입니다. 치아의 길이 왜곡이 없다는 장점이 있는 대신에 평행촬영을 하기 위해서는 필름이 어느 정도 휘어져야 하기 때문에 상의 왜곡이 생길 수 있습니다. 휘어지지 않는 센서를 이용하는 디지털 방사선 촬영기로는 촬영하기 어렵다는 단점도 있습니다.

그림 34-3 평행촬영법

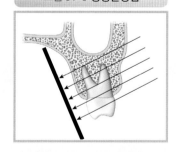

2. 등각촬영법

방사선 필름을 치아의 장축과 평행하지 않게 위치한 상태로 촬영을 합니다. 길이나 크기에 대한 왜곡이 생길 수 있지만 비교적 정확한 상을 얻을 수 있고 단단한 디지털 센서로도 환자의 고통 없이 촬영이 가능하기 때문에 많이 이용되고 있는 촬영법입니다.

그림 34-4 등각촬영법

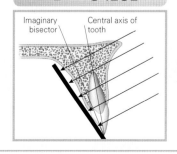

Imaginary bisector   Central axis of tooth

2 : 치근단 촬영법

1) 치근단 촬영 순서(디지털 방사선 촬영기)

순서	환자에게 해야 할 말
(1) 환자를 방사선실로 인도한다.	"방사선 촬영을 하실 건데요. 자리를 좀 옮겨서 찍도록 하겠습니다."
(2) 안경을 착용한 환자의 경우 벗어줄 것을 요구한다.	"쓰고 계신 안경은 잠시 벗어주시겠습니까? 옆쪽에 놓아 드리도록 하겠습니다."
(3) 방사선 프로그램 창에서 환자의 이름을 입력하여 찾고 찍을 부위를 클릭하여 사진 찍을 준비를 한다.	
(4) 치근단 촬영기에서 남·녀, 소아와 어른을 구분하여 선택하고 찍을 부위를 선택하여 버튼을 누른다.	그림 34-5 **촬영 장비 버튼 선택** 
(5) 사진을 찍기 위해 일회용 비닐을 센서에 씌운다. 이때 환자의 입안으로 들어갈 부분이 손으로 닿지 않도록 한다.	그림 34-6 **센서에 일회용 비닐 씌우기** 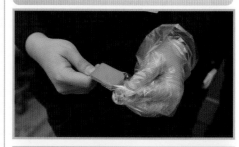 

(6) 손이 환자의 입안으로 들어가야 하는 경우, 일회용 비닐장갑을 양손 모두 착용한다. 방사선실 문을 열고 닫을 때 사용하는 손은 일시적으로 장갑을 벗도록 한다.	그림 34-7 **일회용 비닐장갑 착용** 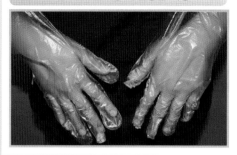
(7) 촬영하기 전에 방사선 촬영법에 대해 간단하게 설명을 드린다. 환자에 따라서 구토반사가 심하거나 하악 설측 부위의 torus가 심한 경우, 미리 주의하여 촬영을 하도록 한다.	"입안에 필름을 넣고 사진을 찍으실 건데요. 필름이 디지털 필름이라서 좀 딱딱합니다. 하실 때 혹시 아프시거나 불편하시면 말씀을 해 주세요." "안쪽에 뼈가 튀어나온 부분이 있으셔서 다른 분에 비해 조금 아프실 것 같아요. 불편하시면 바로 말씀해 주세요."
(8) 찍어야 할 부위에 필름을 넣고 위치를 맞춘다. 이때 일회용 장갑을 끼지 않은 손이 환자의 입안으로 들어가지 않도록 한다. 이때, 센서의 상연이 교합면과 평행하도록 정확한 위치를 잡는 것이 중요하다. 촬영하고자 하는 치아가 센서의 중앙에 위치하도록 주의하고 수평각과 수직각을 정확히 확인해야 한다.	그림 34-8 **환자 입안으로 필름 적용** 
(9) 센서가 정확한 지점에 위치하게 되면 환자에게 손가락을 이용하여(전치부는 반대측 엄지손가락을, 구치부는 반대측 검지손가락을 이용) 필름을 고정시키도록 한다. 이때 필름을 움직이지 않도록 주의시킨다.	"양쪽 엄지손가락을 내밀어보시고요. 제가 잡고 있는 이 부분을 움직이지 않도록 고정시켜 보시겠어요?" 그림 34-9 **필름 위치 고정** 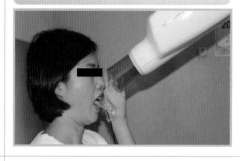
(10) 혀에 힘을 주지 않도록 설명 드리고 간혹 구토반사가 심한 환자의 경우와 필름을 제대로 고정하기 어려운 환자의 경우는 스탭이 직접 필름을 붙잡고 사진촬영을 하도록 한다. 하지만 되도록 필름을 환자분이 붙잡도록 교육시킨다.	"얼굴에 힘을 빼보시겠어요? 잠깐 동안만 고정하는 겁니다. 많이 힘드시면 제가 직접 잡고 찍도록 하겠습니다."

(11) 사진촬영은 한 번에 마무리될 수 있도록 한다. 만약 재촬영이 필요하다면 환자에게 양해를 구한다.
환자의 입안에서 센서를 제거한다. 씌웠던 일회용 비닐은 환자가 보는 앞에서 제거하고, 센서를 제자리에 위치시킨다.
(위생관리를 잘하자)

"힘드시죠? 잘 하셨습니다. 필름 빼 드릴게요."
"사진 끝부분이 조금 잘렸습니다.
 죄송하지만 한 번만 더 촬영을 해보도록 하겠습니다. 괜찮으시겠어요?"

그림 34-10 센서 제자리 위치

(12) 사진이 잘 나오면 환자분 덕분에 잘 나왔다고 칭찬한다.

"환자분께서 잘 도와주셔서 사진이 잘 나왔습니다."

(13) 사진촬영이 종료되면 방사선 프로그램 사진을 저장한다. 환자에게 고생하였다고 인사를 드리고 자리로 안내한다.

"사진은 다 찍으셨어요. 고생하셨습니다. 이제 자리로 모셔 드리겠습니다. 이쪽으로 오시겠어요?"

2) 치근단 촬영 시 주의사항

치근단을 찍어서 보기 위한 부위를 정확히 파악하여 촬영한다.

예를 들어 치아 사이 충치를 보기 위한다면 인접치와 겹치지 않도록 수평각을 주의하고, 사랑니 발치 목적 혹은 뿌리 끝 염증을 보기 위한다면 치관 부위보다는 치근 부위가 정확히 잘 나오도록 필름을 위치시키는 것이 중요하다.

그림 34-11 잘된 예

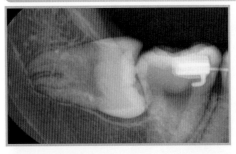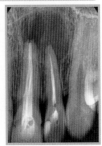

그림 34-12 잘못된 예

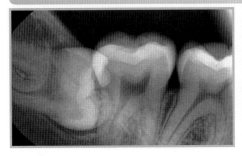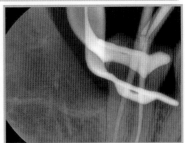

구외 방사선 촬영하기

1 : Panorama X-ray 찍는 방법
(디지털 방사선 촬영기, 모델명 PHT-30LFO)

1) 치근단 촬영 순서(디지털 방사선 촬영기)

순서	환자에게 해야 할 말
(1) 환자를 파노라마 촬영실로 모셔드린다.	"치아 전체가 나오는 큰 사진을 찍으실 건데요. 자리를 좀 옮겨서 찍고 다시 모셔드리도록 하겠습니다."
(2) 안경, 귀걸이, 목걸이, 머리핀, 헤어밴드 등 파노라마 촬영 시 장애가 되는 악세사리는 빼줄 것을 설명드린다. 너무 큰 외투를 입고 있는 경우, 외투가 파노라마 기기에 걸릴 수 있으므로 벗고 촬영을 하는 것이 좋다.	"착용하고 계신 악세사리는 모두 빼주시겠어요? 사진을 찍을 때 방해가 됩니다." 그림 35-1 귀걸이 착용 전·후 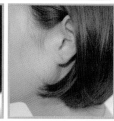 "사진을 찍을 때 옷이 걸릴 것 같습니다. 번거로우시겠지만 외투를 좀 벗어주시겠어요?"
(3) 환자가 악세사리를 빼는 동안 프로그램 상에서 파노라마를 선택하여 클릭하고 사진 찍을 준비를 한다. (초진환자의 경우 환자정보를 입력하는 시간이 필요하므로 사진을 찍기 전에 미리 입력을 해놓으면 좋다.)	그림 35-2 파노라마 선택 화면 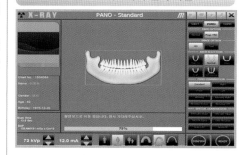

(4) 환자가 물고 있을 bite에 환자가 보는 앞에서 일회용 비닐을 씌운다. 이때 환자의 입에 닿을 부위가 손에 닿지 않도록 주의한다.

그림 35-3 Bite에 일회용 비닐 커버 적용

(5) 환자의 키에 맞게 높이를 대략 조절한 후 환자를 파노라마기기 앞에 위치시킨다.

"이쪽으로 올라오셔서 서 보시겠어요?"

그림 35-4 **파노라마 높이 조절**

(6) 환자에게 손잡이를 잡고 상체를 똑바로 세워 자세를 잡을 수 있도록 한다. 이때 발 위치를 확인하고 환자의 허리에 살짝 손을 대서 허리를 펼 수 있도록 도와 드린다.

"여기 있는 손잡이를 잡아보시구요. 허리는 똑바로 펴주시겠습니까?"

그림 35-5 손 고정

"발은 아래 보이는 발 모양대로 서 주시면 됩니다."

그림 35-6 발의 위치

(7) 다시 한 번 환자의 키에 맞게 높이를 조절하고 환자의 턱을 받침대에 대고 bite를 물도록 한다.

"여기 받침대에 턱을 살짝 대보시고 여기 홈 패여 있는 부분을 앞니로 위·아래 같이 살짝 물어보시겠어요?"

그림 35-7 Bite 물림

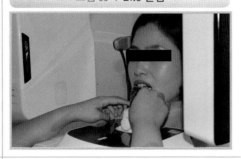

(8) Bite를 문 상태에서 높이를 다시 한 번 체크하고 정중선과 frank-fort선(안와하연과 외이공 상연을 연결한 선)을 맞추고 두부의 전·후 위치를 맞추어야 정확한 상층의 파노라마 사진이 촬영된다.

그림 35-8 환자의 프랑크포르트 수평면과 정중시상면

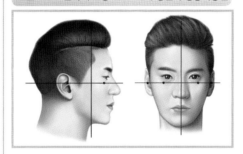

그림 35-9 중선과 frankfort 선 맞춤

(9) 파노라마 모드로 맞춰져 있는지 확인한 후 성별, 골격 등 환자에 맞게 + -로 조절하여 kV와 mA를 맞춘다.
보통 관전류(mA)보다는 관전압(kV)을 조절하면 된다.

그림 35-10 프로그램 kV와 mA 확인

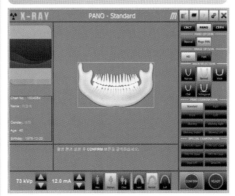

파노라마 촬영	kV	mA
큰 성인남자	72	10
성인 남자	70	8
성인 여자	68	6
소아	64	4

(10) 환자의 머리를 고정하고, 촬영 안내 멘트를 한다.

※ 촬영 중에는 환자가 눈을 감고 있도록 한다. 눈을 감는 이유는 환자의 시선이 관구를 향하게 되면 머리가 따라 움직이게 되기 때문이다.

"머리를 고정하겠습니다."

그림 35-11 두부고정장치 조절

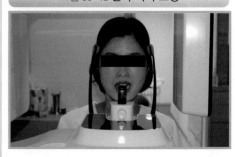

그림 35-12 환자 머리 고정

"기계가 한 번 돌아갔다가 다시 돌아올 겁니다. 움직이지 마시고 그대로 계시면 됩니다. 눈을 감아보세요. 찍겠습니다."

(11) 방사선실 문을 닫고 나와 Ready를 누르고 촬영버튼을 누른다.

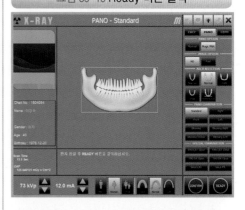

그림 35-13 Ready 버튼 클릭

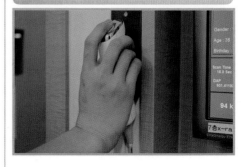

그림 35-14 촬영버튼

(12) 사진이 나온 것을 저장한 후 환자가 내려오
시도록 한다.

※ Bite에 끼워놓은 일회용 비닐은 환자가 보는
앞에서 버리도록 한다.

"고생하셨습니다. 사진 잘 나왔어요.
내려오시면 자리로 안내해 드리겠습니다."

그림 35-15 **일회용 비닐 제거**

2) 파노라마 사진을 잘 찍으려면?

파노라마 사진의 이상적인 사진은 교합면이 바닥과 평행하고, 사진 상에서는 약간은
V자가 되어 나온다. 촬영 시 가장 주의할 점은 치아의 중첩이다.

치아끼리 겹친 사진이 나올 경우 치아의 형태나 인접면 충치 등을 정확히 판독하기
어렵기 때문이다. 개개 치아가 겹치지 않고, 하나하나 잘 보이도록 찍는 것이 잘 찍은
사진이라 할 수 있겠다.

그림 35-16 **잘된 파노라마 촬영의 예**

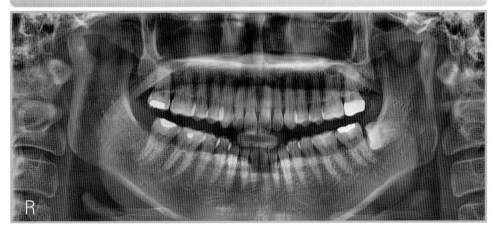

그림 35-17 **잘못된 파노라마 촬영의 예**

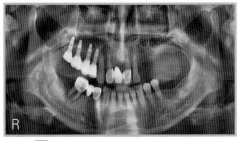

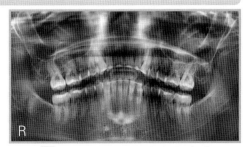

A 촬영 시 고개를 너무 숙인 경우 (X) B 촬영 시 고개를 너무 올린 경우 (X)

※ 촬영 시 틀니환자이거나 교합되는 치아가 없다면?
– 틀니는 빼고 촬영한다.
– 원래 치아가 있는 상태의 교합을 가정하고, 살짝 벌린다. 턱을 고정하여 촬영을 한다.

2 : Cephalo X-ray 찍는 방법
(디지털 방사선 촬영기, 모델명 PHT-30LFO)

순서	환자에게 해야 할 말
(1) 프로그램 창에서 cephalo 사진들을 선택한다. 창을 클릭하고 새로찍기를 누른다.	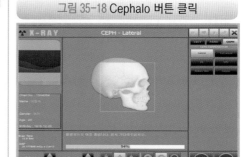 그림 35-18 Cephalo 버튼 클릭 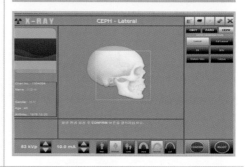
(2) 센서를 이동해야 하는 장비의 경우 파노라마 기기 쪽에 있는 센서를 이동해야 하는 장비의 경우 센서를 빼고 cephalo로 옮긴다. (기계를 셋팅하는 동안 환자를 의자에 앉아 기다리시게 한다)	"○○○님, 제가 준비하는 동안 잠시만 이쪽에 앉아 주시겠어요?"
(3) 준비가 다 되면 환자를 cephalo 기계 가운데로 모신다.	"가운데 서 주시고, 정면을 봐주세요." 그림 35-19 환자 촬영 위치로 안내 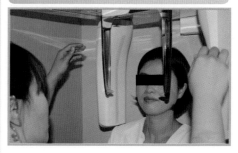

(4) 뾰족한 부분이 환자 귀 높이에 맞출 수 있게 ↑↓ 표시로 높이를 맞춘다.

"기계를 움직여 높이 좀 맞춰 드리겠습니다."

그림 35-20 높이 조절

(5) 위에 버튼을 누르면 좌·우로 조절되므로 환자의 귀 안쪽으로 넣고 위치를 맞춘다.

"뾰족한 부분이 귀 안으로 들어갑니다. 놀라지 마세요."

그림 35-21 환자의 귀에 맞게 장비 조절

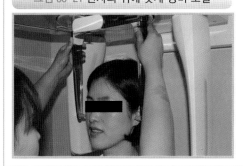

(6) 머리 고정기를 미간에 위치하게 한다.

"머리를 앞쪽으로 고정해 드리겠습니다."

그림 35-22 머리 고정기 미간 위치

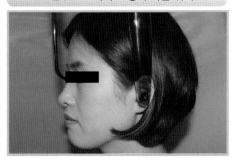

"눈을 감으셔야 되기 때문에 벽면을 잡고 계셔도 됩니다."

그림 35-23 자세 교정

(7) + - 로 환자에 맞게 mA, kV를 맞추고 Ready
를 누른다.

"기계가 뒤로 움직일 것입니다. 움직이지 마시고
눈감고 계세요. 밖에서 찍어 드리겠습니다."

그림 35-24 화면의 Ready 버튼

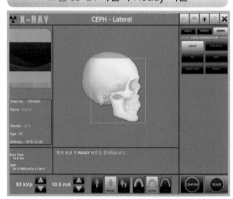

(8) 방사선실 문을 닫고 나와 사진이 잘 찍히는지
확인하면서 촬영버튼을 누른다.

※ 치과의사가 촬영하지 않았을 경우 건강보험
청구에서 촬영료 삭감 대상이며, 비급여 진료
의 경우에서도 법적 문제 가능성이 있으니 주
의하여야 한다.

그림 35-25 치과의사 촬영 버튼 누르기

(9) 사진이 나온 것을 저장한 후 환자분을 내려오
도록 하고 모셔 드린다.

"고생하셨습니다. 사진은 다 찍으셨어요. 이제 자
리로 모셔 드리겠습니다. 이쪽으로 오시겠어
요?"

그림 35-26 두부방사선 사진

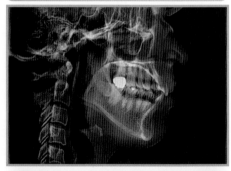

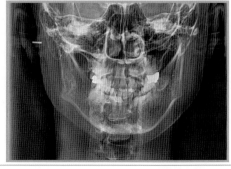

3 : 턱관절 X-ray 찍는 방법
(디지털 방사선 촬영기, 모델명 PHT-30LFO)

순서	환자에게 해야 할 말
(1) 프로그램 창에서 환자의 이름을 입력한 후 panorama 사진들을 선택한다. 창을 클릭하고 [새로찍기]를 누른 다음 TMJ 버튼 클릭을 클릭한다.	**그림 35-27 턱관절 촬영용 턱받이 준비** 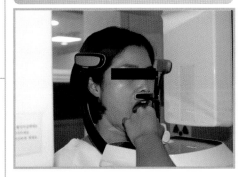
(2) 파노라마 촬영용 bite를 빼내고 턱관절 촬영용 턱받이를 준비한다. 이때 환자의 입이 닿는 부위에 일회용 비닐을 tape로 고정시킨다.	
(3) 환자를 파노라마기기 앞으로 위치시켜 높이를 조절하여 키를 맞춘다. 이때 받침대가 환자의 입에 오도록 맞추면 된다.	"환자분 이쪽으로 오셔서 서보시겠어요?" "여기 손잡이를 한 번 잡아보세요."
(4) (폐구 상태에서 촬영) 환자가 입을 다물고 편안한 상태로 bite시켜 받침대에 입을 대도록 한다.	"인중이 받침대에 닿도록 대보시겠어요?" "그 상태에서 편하게 식사할 때처럼 어금니를 물어보세요." **그림 35-28 입을 다물고 편안한 상태의 자세** 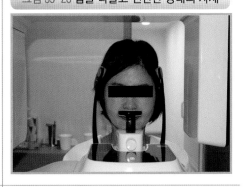
(5) Ready 버튼을 누르고 방사선실 문을 닫고 나온 후 Start 버튼을 누른다.	"움직이지 마시고 그대로 계세요. 눈 감아보시고요. 머리가 좀 조입니다. 찍겠습니다."

(6) (개구 상태에서 촬영) 사진이 찍힌 것을 확인한 후 컴퓨터 화면을 건드리지 말고 그 상태에서 다시 환자에게 자세를 바꾸고 사진을 찍도록 한다. 이번에는 턱이 아프지 않을 정도로 입을 벌리고 인중은 받침대에 대고 있도록 하고 Ready 버튼을 누른 후 사진촬영을 한다.	"이번에는 턱이 아프지 않을 정도로만 입을 크게 벌려보시겠어요?" "그 상태에서 받침대에 인중은 그대로 대고 계세요. 머리가 좀 조입니다. 찍겠습니다." 그림 35-29 입을 벌리고 촬영하는 장면 
(7) 사진이 나온 것을 확인한 후 저장을 누르고 환자를 나오시도록 한다. 사용했던 일회용 비닐은 환자가 보는 앞에서 바로 버린다.	"고생하셨습니다. 사진은 다 찍으셨어요. 자리로 안내 도와드리겠습니다." 그림 35-30 턱관절 X-ray 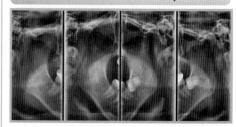

알고 계신가요?

■ '파노라마 특수 촬영[악관절 등] 청구' 산정기준

① 악관절 촬영의 경우 좌·우측 악관절 폐구와 개구상태를 2번 촬영하는 방법이다.

② 측두하악관 및 악골 절단면의 평가, 상악동의 전반적인 평가 및 진단을 위한 경우 산정 가능하다.

③ 파노라마 일반 촬영과 동시 시행한 경우 각각 100% 산정 가능하다.

※ 출처 : 치과건강보험 실무총론, 2018년, 대한치과건강보험협회 저, 대한나래출판사

〈청구화면〉예시 : 두번에 프로그램

■ 치과의사와 치과위생사의 방사선 촬영 범위

치과방사선 촬영에 있어서 법률에서 정해진 업무범위를 살펴보면 치과의사는 모든 종류의 촬영이 가능하나 치과위생사는 치근단방사선사진과 파노라마방사선 촬영이 가능하다. 따라서 방사선기사가 있는 경우를 제외하고는 두부규격사진(Cephalo)이나 치과용 CT는 치과의사만이 가능하다는 것을 알아두자.

그림 35-31 치과의사가 촬영하는 CT

그림 35-32 장비에 부착된 CT 촬영 멘트

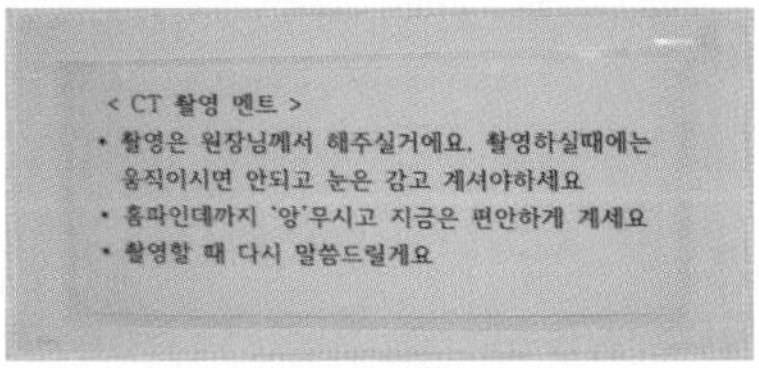

< CT 촬영 멘트 >
• 촬영은 원장님께서 해주실거에요. 촬영하실때에는 움직이시면 안되고 눈은 감고 계셔야하세요
• 흠파인데까지 '앙'무시고 지금은 편안하게 계세요
• 촬영할 때 다시 말씀드릴게요

중요 멘트는 프린트해 술자 위치에서 볼 수 있게 붙여 놓으면 계속관리가 편리하다.

※ 진단용 방사선 발생장치(이하 방사선 장치) 관리에 대한 규제

1. 진단용방사선 발생장치 정기 검사
① 검사 받은 날부터 3년마다 시행
② 검사 미실시 시 과태료 부과와 요양급여비용 환수 조치

2. 방사선안전관리책임자 선임 필수
① 진단방사선분야에서 실무경력이 3년 이상의 경력을 갖춘 치과위생사는 구내진단용 방사선 발생장치만 설치된 치과에서 안전관리책임자로 선임될 수 있으나 치과용 CT, 파노라마 및 세팔로 장치가 설치된 치과의원의 안전관리책임자는 치과의사나 방사선사만이 선임.
② 선임된 방사선안전관리책임자는 1년 이내에 질병관리본부장이 지정하는 교육기관에서 실시하는 '안전관리책임자 교육' 필수 이수

3. 방사선 배지는 촬영이 가능한 직원 모두 착용하는 것이 원칙
① 티앨배지는 3개월에 1회 이상, 필름배지는 1개월에 1회 이상 피폭선량 측정
② 방사선 배지 분실 시 과태료 부과

그림 35-33 방사선 배지 착용

36 임상사진 촬영하기

치료를 시작하기 전·후에 환자의 구강 상태를 촬영하는 것은 육안이나 X-ray로는 발견할 없었던 치아의 상태를 좀 더 자세하게 파악할 수 있으며, 치료 종결 시 치료 결과에 대한 확인을 하기 위해서도 필요한 부분이다. 치료 전·후 사진은 구강카메라로 진행하는 경우도 있으나, 좀 더 고화질의 자료를 위해서라면 DSLR 카메라를 권장한다.

촬영된 임상 사진은 학술, 출판물, 광고 및 홍보에 활용되는데, 첫째는 목적에 맞게 잘 촬영하는 것이 중요하고, 둘째는 잘 분류해서 관리하는 것이 중요하다. 사진촬영은 열심히 하는데 막상 케이스가 좋아서 사용하려고 보면 치료 전 사진이 없던지 치료 후 사진이 없어서 사용을 하지 못하는 경우를 해프닝처럼 보기도 한다.

1 : 기본 구강내 photo 촬영

1) 준비물 : 리트렉터, 구강촬영용 거울, DSLR 카메라 + 플래쉬

2) 구내 촬영법

▶ 일반적으로 구내촬영은

정면 / 우측 / 좌측 / 상악 교합면 / 하악 교합면 5매를 촬영하며, 경우에 따라 구치부/ 전치부 등 필요부분을 부분 촬영을 하기도 한다.

▶ 촬영 시 유의사항

모든 사진의 촬영 시, 침이나 기포가 없도록 썩션 및 에어 적용 뒤 촬영하도록 한다.

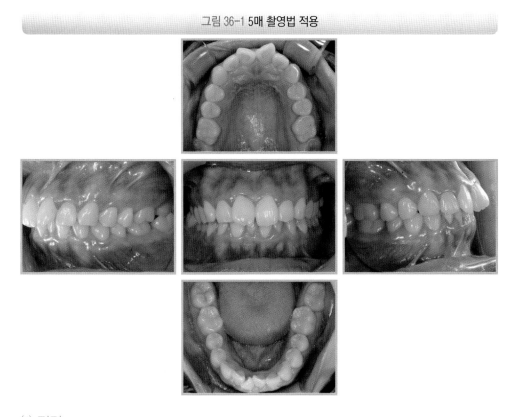

그림 36-1 5매 촬영법 적용

(1) 정면

정면의 교합면 라인과, 정중선 라인이 촬영 화면의 정 중앙에 오도록, 그리고 수직과 수평이 되도록 촬영한다. 교합면 라인은 살짝 스마일 라인을 이루도록 한다. 촬영 방향은 상악 중절치와 렌즈가 평행하도록 촬영한다.

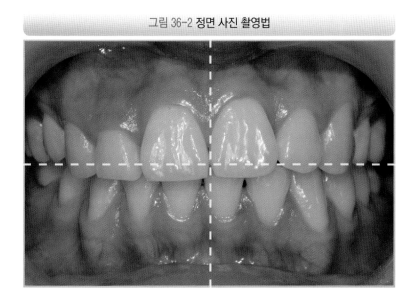

그림 36-2 정면 사진 촬영법

(2) 우측 및 좌측

① 교합면 라인은 카메라 화면의 정중앙에 오도록 하고 수평을 이루도록 촬영한다.

② 촬영 방향은 상악소구치와 렌즈의 사각 화면과 평행하도록 촬영한다.

③ 구치부 교합을 확인하기 위해서는 최소 제1대구치의 교합까지는 나오는 것이 좋다(입술의 리트렉션 가능 정도에 따라 촬영 범위가 달라질 수 있다).

그림 36-3 우측 촬영	그림 36-4 좌측 촬영

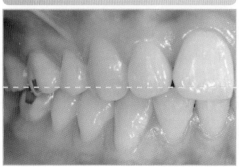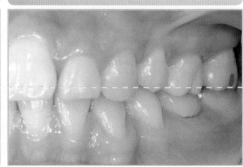

(3) 교합면

a. 상악 교합면 촬영

① 정중선이 촬영 화면의 정중앙에 오도록 하고 수직을 이루도록 촬영한다.

② 촬영 방향은 상악 구치부의 교합면이 렌즈와 평행하도록 촬영한다.

③ 치아가 짤리는 부분이 없도록, 악궁 전체가 나오되 좌우의 대칭이 맞게 촬영한다.

b. 하악 교합면 촬영

① 상악 교합면의 촬영방법과 동일하다.

② 하악의 경우, 혀를 환자분이 '얼' 하게 하여 올리고 찍는 것을 권장한다.

※ 혀가 치아의 설측이나 교합면이 덥히게 되면 모양을 완전히 촬영하기 어려울 수 있다.

그림 36-5 교합면(상악)	그림 36-6 교합면(하악): 위의 케이스는 #30번대 소구치 missing으로 대칭 불균형

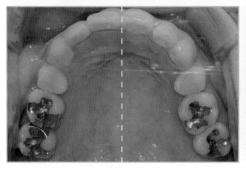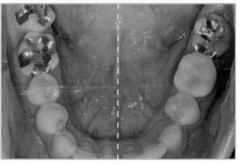

(4) 부분촬영

　　a. 구치부

　　　① 교합면 라인이 촬영화면의 정중앙에 오도록 하고, 수평을 이루도록 촬영한다.

　　　② 촬영 방향은 구치부 교합면이 렌즈와 평행하도록 촬영한다.

　　　③ 4,5,6,7번 모두 나오도록 하며, 상·하악 적용 동일하다.

　　b. 전치부

　　　① 치아의 정중선과, 절단연 라인이 촬영화면의 정중앙에 오도록 하고, 절단연이 정중선을 중심으로 수직과 수평을 이루도록 촬영한다.

　　　② 촬영 방향은 중절치 순면과 교합면이 렌즈와 평행하도록 촬영한다.

　　　③ 견치에서 견치까지 6전치 모두 나오도록 하며, 상·하악 모두 동일하게 적용하다.

그림 36-7 부분촬영(구치부)	그림 36-8 부분촬영(전치부)
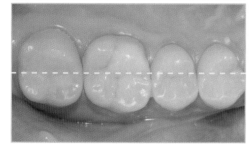	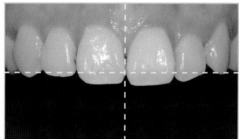

※ 전치부의 경우 치아의 형태를 좀 더 선명하게 하기 위한 목적으로 백그라운드를 블랙으로 촬영하는 경우가 있다. 이런 경우 블랙 백그라운드와 치아의 비율은 1:1 또는 블랙 백그라운드가 조금 더 비중을 차지하여도 상관없다.

2 : Shade taking을 위한 photo 촬영

　인상채득 후 보철물의 의뢰 시 전치부이거나 환자분의 특색 있는 치아 색상을 보철물로 재현하기 위해서는 기공소에 보철물 의뢰를 사진을 함께 첨부하는 경우가 대부분이다. 이때 해당 치아와 가장 비슷한 shade guide를 선택하여 지대치 옆에서 함께 촬영한다. 정확한 사진의 표현이 치아의 형태와 색상의 보다 정확한 보철물을 제작하는 결과로 연결될 것이다.

1) 초점 맞추기

　초점이 정확하지 않은 경우 치아의 형태 및 색상 파악이 어렵다.

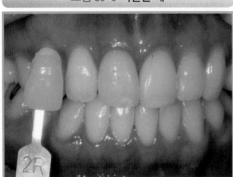
그림 36-9 적절한 예

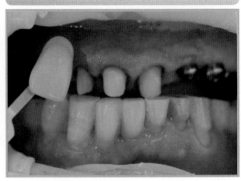
그림 36-10 부적절한 예(초점과 색상)

2) 적당한 밝기

플래쉬가 너무 밝은 경우. 너무 밝게 나온 사진은 초점이 안 맞는 사진과 같은 결과가 된다. 색상 구분이 어렵다. 명암 및 그라데이션 등 세세한 부분의 구분이 가능하도록 살짝은 어두운 것이 좋다.

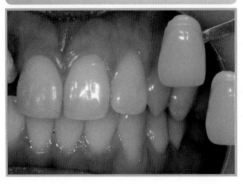
그림 36-11 적절한 예

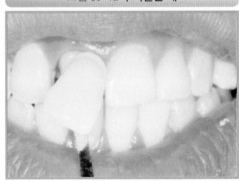
그림 36-12 부적절한 예

3) 촬영이 필요한 치아의 방향과 각도 맞추기

각도가 맞지 않으면, 치아의 형태 및 빛 반사에 따른 색상 차이로 색상 파악까지도 정확히는 어렵다. 해당 지대치 외에 다른 치아의 방향도 함께 맞추어 촬영하자.

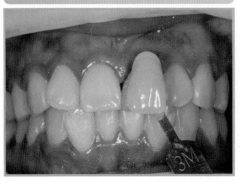
그림 36-13 적절한 예

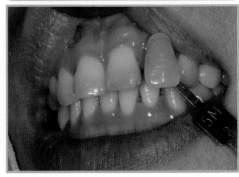
그림 36-14 부적절한 예

3 : DSLR 촬영 후 사진 관리하기

이렇게 촬영한 사진을 임상 기록 및 상담 등의 자료로 활용하기 위해서는 눈으로 확인할 수 있는 장비에 업로드하여야 한다.

일반적으로는 촬영한 DSLR 카메라 내의 SD 카드를 컴퓨터에 연결된 카드리더기에 연결하여 컴퓨터 내의 폴더로 일일이 저장하는 경우가 대부분이다.

그러나 이렇게 할 경우 카드가 고장나거나, 자료가 손실되는 경우가 있어 최근에는 무선으로 사진이 전송되는 시스템도 많이 활용되는 추세이다.

그림 36-15 출처 : 덴탈포커스 2017. 02. 16

[김사부의 스마트치과 100% 만들기 ①] 편리한 DSLR 사진관리 방법

김사부 칼럼   승인 2017.02.16 13:15   댓글 0

DSLR 카메라는 이제 더 이상 치과기기에서 분리할 수 없는 도구가 됐다. 특히 개원가서 잘 되는 치과는 대부분 DSLR 카메라로 찍은 환자의 임상사진을 잘 활용하고 있다는 점을 고려하면, 이제 우리치과에 도입하는 것을 검토할 시기다.

하지만 일반적인 동네치과는 물론, DSLR 카메라를 잘 활용하는 치과도 사진관리에 있어서는 많은 불편을 겪고 있다. 보험청구 프로그램이나 영상진단장비와는 다르게, DSLR 카메라 자체로는 치과 내 다른 프로그램과 연동이 되지 않아, 일일이 수동으로 사진을 정리하고 PC 내 폴더 형태로 관리하는 치과가 대부분이다.

위 자료는 2017년 2월 16일자 덴탈포커스에 연재된 글이며, DSLR 사진관리 방법이 잘 정리되어 있다. 기사를 참고하여 정리한 내용은 다음과 같으며, 각 치과에서는 참고하여 적절한 관리방법과 매뉴얼을 제작할 것을 권한다.

▶ 첫 번째 수동 저장 방식
임상에서 가장 보편적으로 사용되는 관리 방법이다.

그림 36-16 **수동 저장 방식** (출처 : 덴탈포커스 2017. 02. 16)

첫째는 수동 저장방식이다. 임상사진 촬영과 찍은 사진을 관리하는 업무를 전담하는 담당직원을 지정하고, SD 카드를 분리해 PC로 일일이 파일을 옮기는 방식이다. 아직 대부분의 치과서 이 방법을 주로 사용하고 있다.

① DSLR 촬영 ② DSLR SD카드 분리 ③ 컴퓨터 SD카드 삽입

④ 환자분류 ⑤ 컴퓨터 구동 및 이미지 전송

잦은 SD카드 분리로 인한 카메라 고장

환자분류 수작업에 따른 자료손실 및 인력손실

이 수동 저장방식은 5단계를 거쳐야 한다. ①먼저 dSLR 카메라로 임상사진을 찍고 ②카메라에서 SD 카드를 분리한 후 ③컴퓨터에 SD 카드를 삽입한다. ④이후 폴더를 환자별로 만들어 사진을 저장한 후 ⑤필요할 때 PC를 켜 저장된 사진을 이미지로 열거나 전송해야 한다.

▶ 두 번째 자동 전송 방식

캠파이 또는 와이파이를 활용한 무선 전송 방법이다. 리더기나 컴퓨터에 꽂을 필요 없이 카드 내에서 무선으로 전송된다. 무선 전송 방식의 특성상 에러가 발생할 수 있으며, 다른 프로그램과의 호환성 문제가 발생할 수 있다. 자동 전송 방식은 편리하긴 하지만 환자 분류 폴더 작업의 수고로움은 여전히 있다.

① DSLR 촬영
② 환자 분류 폴더 내에 정리
③ 이미지 구동

그림 36-17 자동 전송 및 분류 방식 (출처 : 덴탈포커스 2017. 02. 16)

두 번째는 최근 임상가들 사이에서 이슈가 되고 있는 와이파이 혹은 캠파이를 이용하는 방식이다.

① DSLR 촬영
② DSLR SD카드 분리
③ 컴퓨터 SD카드 삽입
④ 환자분류
⑤ 컴퓨터 구동 및 이미지 전송

치과환경에 따른 무선전송장치 안정성 문제

수동적 환자분류에 따른 인력 및 자료 손실 발생

와이파이나 캠파이를 이용하면 수동 저장방식에 비해 SD 카드를 분리하는 단계와 이를 컴퓨터에 삽입하는 단계를 생략할 수 있다. 시간 단축 측면에서 효율적인 것.

그러나 와이파이와 캠파이 모두 치과내 무선인터넷 환경에 민감한 제품들이다. 치과내 전문적인 무선환경이 구축되지 않을 경우 에러가 잦은 단점이 있다. 또 해당 프로그램 모두 치과환경을 고려한 프로그램이 아닌 만큼 호환성 문제가 발생할 수 있고, 환자 분류작업은 수동 저장방식과 마찬가지로 전담직원이 일일이 관리해야 하는 번거로움이 있다.

▶ 세 번째 자동 전송 및 분류 방식

'닥터키퍼'라는 프로그램으로 무선으로 전송 및 환자 분류까지 이루어진다. 컴퓨터 및 아이패드 등 장비를 활용하여 이미지 구동도 가능하다.

특징은 위의 2가지 방법에서 단점을 보완하여, 환자 분류 및 폴더 정리 부분이 생략되고 번거로움이 해결되어 편리하고 빠르게 이용할 수 있다. 단, 비용이 부담스러울 수 있고 별도의 시스템 운영방법을 숙지해야 하는 부분이 있다.

① DSLR 촬영
② 이미지 구동

그림 36-18 '닥터키퍼' 시스템 (출처 : 덴탈포커스 2017. 02. 16)

세 번째 방식은 최근 일부 얼리어답터들 사이에서 주목받고 있는 치과 DSLR 전용 프로그램인 '닥터키퍼' 시스템을 활용하는 방법이다.

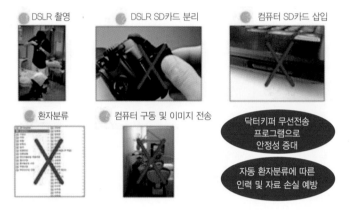

닥터키퍼는 사진촬영만 하면 자동으로 촬영된 임상사진이 무선인터넷 환경 하에서 지정된 PC로 전송되며, 환자별로 자동으로 분류까지 이뤄지는 치과전용 프로그램이다.

시스템 도입 시 치과에 최적화된 무선 인터넷 환경을 제공해 프로그램의 안정성을 충분히 확보하고 있을 뿐만 아니라, 환자 프로그램과 연동되어 직원이 일일이 지정하지 않아도 자동으로 분류된 환자 폴더 아래로 사진이 즉각적으로 전송된다. 시간을 단축할 수 있을 뿐만 아니라, 사진을 관리하는데 들어가는 인력을 다른 업무에 효율적으로 투입할 수 있다. 전송·분류·저장·관리 단계를 모두 프로그램이 수행하는 만큼, 정확성 측면에 있어서도 신뢰할 만하다. 뜻하지 않게 자료를 유실하는 문제도 손쉽게 해결할 수 있다

앞으로의 장비의 발전 및 시스템의 발전에 따른 치과 내에서의 변화들이 속도를 따라가지 못한다면, 경쟁에서 뒤쳐질 수밖에 없을 것이다. 치과마다 모든 최신 시스템을 구비하고 활용할 필요는 없지만, 구비되어 있지 않더라도 변화의 흐름을 숙지하고 있도록 하자.

국소마취 **37**

1 : 국소마취

1) 치과에서 사용하는 국소마취법

(1) 하치조신경전달마취(Inferior alveolar nerve block anesthesia, IAN B/A)

하악지의 안쪽에서 하치조신경이 하악지 내로 들어가기 전(lingula)의 위치에 마취제를 주사하여, 하악 전체를 마취하는 방법으로 하악 구치부위 치료 시 주로 사용된다.

 ※ 건강보험 청구 시 주의사항
 ① 유치의 하악 D, E번 산정 가능하다.
 ② 상·하악 양측으로 각각 산정한다.
 ③ 동일부위 2번 마취하더라도 행위료는 주된 마취 행위료 1회만 인정한다.
 ④ 사용한 앰플은 개수대로 약재비로 인정한다(의약품 관리료도 인정).

(2) 후상치조신경전달마취(Posterior superior alveolar nerve block anesthesia)

상악 구치부 후방전정에 마취제를 주사하여 상악 구치부를 마취하는 방법으로 상악 구치부 치료에 사용된다.

 ※ 건강보험 청구 시 주의사항
 ① 상악 3대구치 발치에 주로 사용되며, 6, 7번 근관치료 등에도 산정 가능하다.
 ② 6, 7번의 간단한 치료나 4, 5번 등의 치료에는 침윤마취를 적용하는 것이 좋다(이 부분은 약간의 이견이 있다).
 ③ 유치 상악 D, E번은 산정할 수 없으나, 동시에 다수의 치료 시에는 인정한다.

(3) 침윤마취(Local infiltration)

치료할 치아의 주위 조직에 마취하는 방법으로 가장 많이 사용한다.

※ 건강보험 청구 시 주의사항

① 전악에 적용 가능하다.

② 치수에 직접 마취하는 경우도 침윤마취에 해당된다.

③ 치주인대 마취도 침윤마취에 해당된다.

④ 동일부위 전달마취와 동시에 시행했을 경우 침윤마취에 대한 행위료는 인정 안 되며, 사용한 앰플 수만 약재비로 인정된다.

(4) 이신경전달마취(Mental nerve block anesthesia)

하악 이공 부위(하악 3~5번 전정부위)에 마취하는 방법으로 하악 전치부 점막 등의 치료에 사용한다.

※ 건강보험 청구 시 주의사항

– 일반적으로 해당부위는 침윤마취로 적용하므로 자주 사용되지는 않는다.

(5) 비구개신경전달마취(Nasopalatine nerve block anesthesia)

상악 전치부 설측의 비구개공 위치에 마취하여 상악 전치부 설측 점막을 마취하는 방법이다.

※ 건강보험 청구 시 주의사항

– 매복된 정중과잉치 등의 외과적 술식이나, 이식 수술 및 연조직 처치에 산정 할 수 있다.

2) 마취 시 사용되는 기구 및 약제

(1) 마취용 syringe

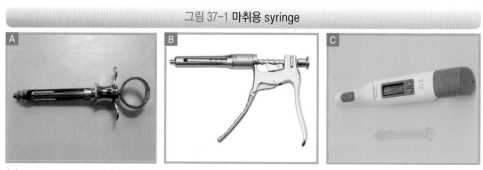

그림 37-1 **마취용 syringe**

(A) Injection syringe, (B) Periodontal ligament injection syringe (치주인대 마취용 시린지), (C) 무통마취기(OSSTEM-SLOWJEC) 전치부나 공포가 심한 환자에게 사용

(2) 마취용 ample

그림 37-2 마취용 ample

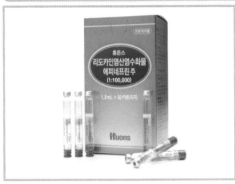

에피네프린이 있는 염산 리도카인 성분 ample

예 휴온스 리도카인 염산염수화물 에피네프린
(1:10만) 1.8 mL

에피네프린이 없는 염산 리도카인 성분 ample

예 리그노스판 스텐다드(1:10만) 1.8 mL (Non-epinephrine)

염산 아티카인 성분 ample

예 휴온스 리도카인 염산염수화물 에피네프린
Septanest (1:10만) 1.8 mL
(전달마취로는 사용하지 않는다.)

염산 메피바카인 성분 ample

예 Scandonest 3%

(3) 치과용 일회용 주사침

그림 37-3 치과용 일회용 주사침

30G Long needle(일회용)

예 길이(25 mm), 직경(0.3 mm)
주로 하치조신경 전달마취 시 사용

30G Short needle(일회용)

예 길이 (21 mm), 직경(0.3 mm)
주로 침윤마취 시 사용

27G Long needle(일회용)

예 길이(32 mm), 직경(0.4 mm)

* 27G Long needle 쓰는 사람도 많음, 확실히 많이 아픔

2 : 무통마취

1) 무통마취란?

마취를 할 때 속도, needle의 굵기 등을 조절하여 마취할 때의 통증을 줄여주는 마취법으로, 효과적인 무통마취를 위해서는 무통마취기를 사용하며, 무통마취기를 사용한다는 것만으로도 환자들에게 마취에 대한 공포를 줄이는 심리적인 효과도 기대할 수 있다.

2) 무통마취기의 준비물

: 무통마취기 본체, Ample holder, ample, needle

그림 37-4 무선 무통마취기 예 OSSTEM-SLOWJEC

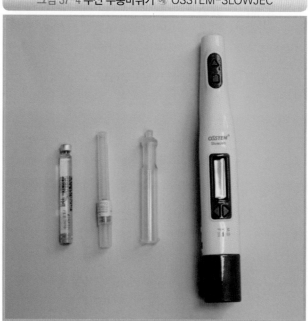

시중에 판매되는 무통마취기의 제품은 다양하다. 하나 보유하고 있으면 무통마취기를 찾는 분이 있을 때 혹은 홍보용으로 유용하다. 하지만 효용성에 대해서는 아직은 잘 모르겠다.

3) 무통마취기 사용방법(예 : OSSTEM - SLOWJEC)

순서	방법
(1) Ample이 들어갈 공간 확보를 위해 아래쪽 버튼을 눌러 피스톤이 들어가게 한다.	 그림 37-5 아래쪽 버튼 누르기
(2) Needle을 오픈하여 ample holder에 고정시 킨다.	 그림 37-6 Needle을 개봉하여 연결 중 
(3) Ample을 ample holder에 넣는다. 이때 needle이 들어갈 부분이 앞쪽을 향하도 록 한다.	 그림 37-7 앰플의 방향을 확인하여 넣는다.

(4) Ample holder를 본체에 연결한다.
돌려서 딸깍 소리가 날 때까지 고정한다.

그림 37-8 딸깍 소리나게 고정시킨다.

(5) 사용 준비가 완료된 무통마취기.
버튼을 눌러 작동을 시작한다.

그림 37-9 사용 준비된 모습

4) 무통마취기를 사용해야 할 때

① 무통마취기가 있다면 전치부 치료 시에는 무조건 사용한다.
② 겁이 많은 환자일 경우 사용하는 것이 좋다.

5) 무통마취 진료순서 및 해야 할 말

순서	환자에게 해야 할 말
(1) 공포를 느끼는 환자에게 무통마취로 안 아프게 마취를 해드리겠다고 설명을 한다.	"저희 치과는 마취하실 때 안 아프게 하는 무통마취기가 있습니다. 마취하기 전에 바르는 마취연고를 먼저 바르고 무통마취기로 마취를 하실 건데요. 아마 평소 맞으셨던 마취주사보다 훨씬 덜 아프실 겁니다. 걱정하지 않으셔도 됩니다."
(2) 마취할 부위에 도포마취제를 바른다.	"우선 마취연고를 먼저 바르겠습니다. 아픈 것은 아니니까 겁내지 않으셔도 됩니다. 향은 좋으나 맛은 좋지 않습니다. 혀를 대면 혀도 일시적으로 마취되실 수 있으니 대지 않으시는 게 좋습니다. 바른 상태에서 조금만 기다리겠습니다."
(3) 환자가 맛을 안 좋아하는 것 같으면 물 양치를 권한다.	"물 양치를 한 번 해보시겠어요?"
(4) 원장님을 모셔온 후 무통마취기로 마취를 한다.	"자, 이제 마취를 하도록 하겠습니다. 아프지 않으실 거예요. 걱정하지 마세요. 아~ 해보세요."
(5) 마취 상태를 확인하면서 손을 살짝 잡아 드린다.	"괜찮으시죠? 제가 손을 잡아 드리겠습니다. 조금만 이대로 계시면 됩니다."
(6) 마취 후 양치를 권해 드린다.	"어떠세요? 아프지 않으시죠? 입안의 침은 삼키지 마시구요. 양치 한 번 해보시겠어요? 마취가 될 때까지 잠시 기다리셨다가 진료를 들어가도록 하겠습니다. 고생하셨어요."

6) 무통마취기 정리하는 방법

① Ample holder를 딸깍 돌려 제거한다.
② Ample과 needle을 제거한다.
③ 하단 버튼을 눌러, 피스톤이 들어가게 한다.
④ 미사용 시 충전을 시행한다.

7) 무통마취 사용 시 주의할 것

① 마취 ample을 사용하기 전에 따뜻한 곳에 보관한다.
② Ample holder를 잃어버리지 않도록 조심한다.
③ Ample holder가 부러지지 않도록 주의한다.
④ Ample holder를 마취기에서 분리시킬 때 너무 힘을 주지 않도록 한다.
⑤ 미사용 시 충전하도록 한다.

알고 계시나요?

■ 마취제의 사용 시에도 환자의 병력체크가 중요!

리도카인을 사용할 경우 몇 가지 주의사항이 있습니다. 고혈압 및 혈관질환이 있는 환자 분에게는 신중히 투여해야 한다. 특히 에피네프린(혈관수축제가 포함된 마취제)는 더욱 주의하도록 하자. 아미드계 국소마취제 , 리도카인 등에 과민증이 있는 환자, 패혈증 환자, 주사부위 등에 염증이 있거나 과다출혈 및 쇼크 상태에 빠져 있는 경우 절대로 투여하면 안 된다. 고령자나 임신부도 조심해서 사용해야 하기 때문에 마취제 사용 전 환자의 병력을 다시 한 번 확인하도록 하자.

필자의 마취 스타일은 독특해서 세미나에서 다루면 반응이 좋다.
필자의 마취 스타일은 『사랑니 발치』 책에 수록되어 있으며, Chapter 4를 참고하면 된다.

주사, 진정요법, 투약과 처방 38

1 : 주사 종류

1) 피하근육주사(Subcutaneous injection, IM/ Intramuscular injection)

피하근육(주로 엉덩이)에 항생제 또는 진통제 등을 주사하는 방법이다.

① 외과적인 시술 시에 적용 가능하다.

② 약제비는 따로 산정 가능하다.

③ 일반적으로 주사제로 많이 사용되는 약제

타벡 (소염, 진통제)	로시덴 (소염, 진통제)
타라신 (소염, 진통제)	링코마이신 (항생제)

2) 정맥내주사(IV/ Intravenous injection)

① 빠른 효과를 기대하여 정맥내로 항생제 또는 진통제 등을 주사하는 방법이다. 최근에는 진정요법 때문에 시행하는 사례가 늘었으나, 비급여로 하는 것이 논란이 되고 있어서 다시 주춤한 상태이다. 일반적으로 치과에서는 항생제와 진통제를 주사하기 위해서는 피하근육주사를 사용하므로, 정맥내주사는 거의 사용하지 않는다.

② 약제비는 따로 산정 가능하다.

2 : 진정요법

1) 수면마취

수면마취는 의식하진정요법으로 용어에서 혼동이 있을 수 있지만 흔하게 사용하는 말이기 때문에 사용하였다. 수면마취는 현실적으로 문제 삼긴 어렵지만 법적으로 비급여로 받을 수 없기 때문에 활성화되긴 어려운 부분이 있다. 성인이라도 공포가 심한 환자의 경우 원활한 진료를 위해서 수면마취를 권할 수 있다. 수면마취라고 해서 잠을 자는 것처럼 수면을 하는 상태가 아니라 약간 몽롱한 상태에서 진료를 진행하는 것으로 진료 중 말하는 대로 들을 수는 있으나 진료가 끝난 후 환자는 진료내용을 정확히 기억하지 못할 수 있다.

(1) 수면마취 시 사용되는 약품 및 재료

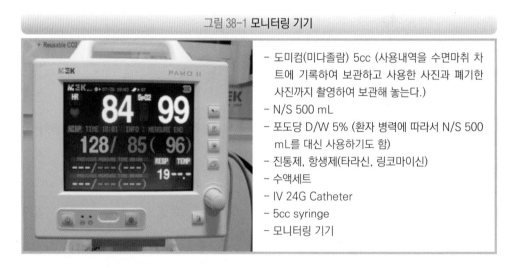

그림 38-1 **모니터링 기기**

- 도미컴(미다졸람) 5cc (사용내역을 수면마취 차트에 기록하여 보관하고 사용한 사진과 폐기한 사진까지 촬영하여 보관해 놓는다.)
- N/S 500 mL
- 포도당 D/W 5% (환자 병력에 따라서 N/S 500 mL를 대신 사용하기도 함)
- 진통제, 항생제(타라신, 링코마이신)
- 수액세트
- IV 24G Catheter
- 5cc syringe
- 모니터링 기기

(2) 수면마취 진행 순서

치과에서는 safety zone이 넓어 '프로포폴' 보다는 주로 '미다졸람'을 많이 사용한다.
① 전신질환을 살펴본 후 vital sign을 체크한다.
② 환자의 키, 몸무게, 성별, 나이를 체크하여 수면마취 차트에 기재하고 원장님께 보고한다.
③ 환자의 팔에 IV 주사를 연결하고 미다졸람을 원장님의 지시 하에 투여한다.
④ 진료할 부위를 국소마취한다.
⑤ N/S 500 mL에 도미컴 2cc를 투여하고 환자의 반응을 살핀다(환자의 전신병력에 따라서 포도당 DW 5%를 투여하는 경우도 있다).
⑥ 원장님의 지시에 따라, 환자의 반응에 따라서 10분 간격으로 체크하면서 1cc씩 더 투여한다.
⑦ 1cc씩 10분 간격으로 2회 투여한 후에도 환자의 수면마취 반응이 없을 경우 원장님의 지시 하에 20분 후 0.5cc를 더 투여한다(환자의 반응에 따라 투여시간 간격과 투여량은 차이가 있을 수 있다).
⑧ 진료 중에 환자가 통증을 느끼는 경우 원장님의 지시 하에 항생제, 진통제 등의 주사제를 투여한다.

(3) 수면마취 시 체크해야 할 사항(모니터링 기기에서 체크 가능)

진료 전 체크하여 진료 중에 변화되는 부분이 있는지 체크한다.
① 맥박 (기준 : 1분에 60~80회)
② 혈압 (기준 : 120/80)
③ 산소포화도 (기준 : 95~99%)

2) 웃음가스(N_2O)

소아나 치과치료에 두려움이 많은 환자 등 치료에 어려움이 있는 환자의 경우 N_2O 가스를 흡입하여 의식을 떨어트려 행동을 조절하는 치료방식이다. 건강보험이 적용되는 진료내용에 대하여 시술할 경우에 건강보험 청구가 가능하다.
– N_2O, O_2 재료대는 별도 청구 가능하다.

2 : 투약과 처방

1) 원외처방

처방료는 기본진료비(초진, 재진)에 포함되어 있으므로 따로 산정할 수 없다. 그러나 잘못된 처방전의 발행으로 처방료가 삭감될 때에는 기본진료비에서 소정의 금액이 삭감된다.

(1) 환자에게 처방전(환자보관용과 약국보관용 2장)을 드리고 약국에서 처방을 받도록 한다.

(2) 약의 종류

① 진통제(아나프록스, 부루펜, 타이레놀 등)
② 항생제(아목시실린, 클라본, 아모크라, 유크라, 세파클러 등)
③ 소화제(알마겔 등)
④ 클로로헥시딘(헥사메딘)
⑤ 신경손상 시, 주로 nombness시 사용(뉴론틴)
⑥ 안정제(바리움)

2) 외래환자 조제, 복약지도료

의약 분업 예외환자에게 조제한 경우나 예외의약품을 조제하여 투약한 경우에 산정한다.

① 일일 2회 이상 처방조제를 하더라도 1회만 산정한다.

② 실제 치과에서 원내 조제하는 경우는 없기 때문에 거의 의미가 없다고 본다.

알고 계신가요?

■ 처방전 발행 원칙

① 매번 똑같은 약을 일수 만큼만 처방하지 않는다.

② 처방내용은 꼭 차팅한다.

③ 되도록 저렴한 약을 처방한다.

④ 비급여 진료 시에는 처방도 비급여로 한다.

⑤ 항생제나 진통제를 두 가지씩 처방하지 않는다.

⑥ 저 함량 배수처방을 하지 않는다.

(같은 약에 500 mg 짜리가 있으면, 250 mg 짜리 2개를 처방하지 말고, 500 mg 짜리 1개를 처방하라는 것)

⑦ 치수염 상병으로 항생제를 처방하지 않는다.

⑧ 처방하는 약의 효능과 상병명을 일치시킨다.

* 심평원에서 약에 대한 전산심사를 강화하고 있어서, 약의 허가된 범위 내에서 정해진 사용법을 알고 처방해야 한다.

* 생각보다 처방은 매우 중요하다.

출처 : 김영삼 원장의 치과건강보험 달인되기, 처방전 편 참고하여 숙지하자.

그림 38-2 출처 : 데일리 덴탈, 제 2564호, 2017. 11. 21

개원가, 소화관·대사약제 처방 주의를

11월 1일부터 허가심사 → 전산심사로 전환
허가사항, 효능·효과, 용법·용량 어기면 자동 삭감

강은정 기자 | 등록 2017.11.21 16:14:48

11월 1일부터 소화관 및 대사약제도 전산심사가 적용되는 만큼 치과 개원가에서는 처방약의 효능·효과를 사전 숙지해 처방에 각별히 유의해야 할 것으로 보인다.

치협은 지난 1일부터 WHO ATC 코드 A01~A06에 해당하는 소화관 및 대사약제에 대한 전산심사가 적용된다고 밝혔다.

전산심사는 기존 허가사항 심사가 이루어지던 부분을 전환하는 것으로 처방할 때 특별한 예외사항 없이 식약처의 허가사항과 효능·효과, 용법·용량을 어기게 되면 전산 시스템으로 걸러 자동으로 삭감할 수 있도록 점검하는 시스템이다.

이번 전산심사 대상 소화관 및 대사약제는 구강의학용 의약품(A01), 산 관련 질환용 의약품(A02), 소화기 질환용 의약품(A03), 구토약 및 멀미약(A04), 쓸개즙 및 간 치료제(A05), 변비 치료용 의약품(A06), 지사제·소화계통 항염증제/항감염제(A07), 효소를 포함한 소화제(A09), 당뇨병에 사용하는 의약품(A10), 비타민(A11), 무기질 보충제(A12), 기타 소화계통 및 물질대사 의약품(A16) 등이다.

#치료목적 등 명기해야 병행 처방 가능

'본격적인 진료 파트로 들어가기 전에'

교재에 수록된 내용은 하나의 예시일 뿐 각자 자신의 치과에 맞는 재료와 방식으로 이와 같은 매뉴얼을 만들어 보면 좋을 듯하다.

치과의 특성상 직원의 이직이 잦기 때문에 처음에는 의욕적으로 직원들을 교육을 하는데 그게 반복되다 보면 의욕이 떨어지는게 사실이다. 이럴 때 매뉴얼을 만들어 놓으면 반복적인 직원교육에 도움이 된다.

매뉴얼은 내용보다는 만드는 형식이 중요하다. 필자는 17년 전에 처음 봉직의로 입사했을 때 작은 동네치과에 취업했는데도 그 치과에서 출근 첫날 매뉴얼 하나 던져주고 그것만 보라고 했던 기억이 난다.

비록 A4 용지에 흑백 사진이 들어간 게 전부였으나 필자가 그 치과의 진료스타일을 이해하는데 있어서 그 무엇보다 확실히 도움이 되었고 실제로 매뉴얼의 필요성을 느끼고 만들게 된 것도 17년 전 A4 묶음의 매뉴얼이 계기가 되었다.

39 스케일링

1 : 스케일링(Scaling)

1) 준비물

기본세트, 초음파 스케일러(ultrasonic scaler), hand scaler(전치용, 구치용), 칫솔, 소공포, Polishing 기계 및 기구, H_2O_2

그림 39-1 스켈링 준비

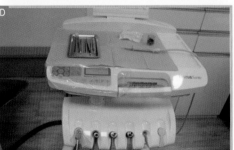

(A) 스케일링 기본 셋트
(B) 핸드 스케일러
(C) 칫솔
(D) 스케일링 준비
(E) Air jet polishing

2) [스케일링 하기 전] 치과위생사가 해야 할 것들

(1) 스케일링 과정에 필요한 환자에 대한 정보 확인

① 과거 치석제거 경험, 불편부위가 있는지, 특정하게 붓거나 피가 나는 부위가 있는지, 염증 소견은 없는지, 치주치료가 동반되는 상황인지 등 현재 구강상태 및 심리상태에 대한 정보를 수집하고, 기록한다.

그림 39-2 환자의 구강상태 및 심리상태에 대한 정보 수집

② 확인한 부분을 환자에게 설명하고 스케일링에 대한 필요성을 설명한다.

– 잇몸이 안 좋은 부위는 거울로 직접 보여 드리거나 말로 설명한다.
– 구강카메라가 있으면 사진을 찍어서 보여주면 더욱 효과적일 수 있다.

(3) 스케일링 시작 전에 환자에게 말해야 할 것들

세부 상황	환자에게 해야 할 말
소요시간과 비용	"소요시간은 30분 정도 걸리며 비용은 ○○입니다."
진료 후 예상되는 증상	"스케일링 후 당분간 이가 시릴 수 있습니다. 이 증상은 일주일 전·후로 서서히 사라지는 것이 일반적입니다."
	"스케일링 후 입안이 허전하며 이 사이사이가 벌어진 것처럼 느끼실 수도 있는데 이것은 그 동안 붙어 있던 치석이 떨어지면서 막혀 있던 공간이 원래의 상태로 돌아갔기 때문이다. 스케일링으로는 절대 이가 부서지거나, 잘 접착된 보철물이 떨어지거나, 이 사이사이가 벌어지지 않습니다."
진료 시 상황	"잇몸에 염증이 있는 경우 스케일링 중에 피가 나기도 합니다."
	"소리가 시끄럽고 약간 시큰거리는 느낌이 들 수 있습니다."
	"물이 계속 나오기 때문에 코로 천천히 숨을 쉬고 계시면 기계에서 물을 다 빨아들입니다."
	"너무 아프거나 갑자기 시리거나 양치하고 싶을 땐, 왼손을 들어서 표시해 주시면 잠시 멈췄다 하겠습니다."
환자가 걱정하는 부분이 있다면?	"걱정하지 마세요. 제가 안 아프게 해보도록 노력하겠습니다."

알고 계신가요?

■ 스케일링의 건강보험 적용

스케일링에 대해 건강보험을 청구할 때는 후속 치주치료가 동반되는 경우와 후속 치주치료 없이 치석제거만으로 치료가 종료된 전악 치석제거도 급여 적용이 가능하다. 스케일링 청구 시 원칙적으로는 전악을 하루에 하는 것을 권장하지만, 내역설명이 첨부된다면 부분치석제거도 청구가 가능합니다.

■ 스케일링 건강보험 적용에 대한 다른 부분들도 알아볼까요?

[후속 치주질환치료가 동반되는 치석제거(1/3 악당)]
– 1~2개의 치아만 스케일링 시에는 50%만 인정
– 3개월 이내에 재스케일링(re-scaling) 시는 치주치료후처치로 간주
– 3~6개월은 50%만 산정 가능
– 6개월을 초과하고 치주질환 후치료가 동반되는 경우만 다시 스케일링을 청구할 수 있음
– 교합조정술과 동시에 실시한 경우 각각 100% 청구 산정
– 스케일링 후 환자가 내원하지 않아 치주질환 후치료가 없을 경우 내역설명이 필요함

[후속 치주질환치료 없이 치석제거만으로 치료가 종료된 전악 치석제거]
– 만 19세 이상을 대상으로 함.
– 연1회에 한해 급여 적용(2018년부터 1월 1일 기준 횟수 재생성)
– 사전등록제로 시술 전 국민건강보험공단 요양기관정보마당에서 잔여횟수 확인 및 등록
– 이틀에 나누어서 시행할 경우 각 실시 날짜에 0.5씩 나누어 2회까지 산정 가능
– 1~2개의 치아만 스케일링 시에는 부분치석제거로 청구
〈『치과건강보험 달인되기』에서 일부 발췌 -김영삼 쏨-〉

최근 치석제거의 급여확대 적용으로 인해 스케일링을 아무 이유 없이 무조건 비급여 적용을 해서 환자에게 과도한 진료비 부담을 주는 문제가 많이 해소되었다. 그러나 건강보험에 대한 기본지식 없이 스케일링 보험 청구를 하는 것도 문제가 될 수 있다. 변화된 건강보험에 대한 정확한 정보 습득을 통해 올바른 보험 청구를 실천하자.

3) [스케일링하면서] 치과위생사가 알아야 할 것들

(1) 안 아프게 하는 스케일링의 첫걸음! 올바른 리트렉션

환자가 스케일링을 받을 때 '이 선생님 스케일링 편안하게 잘한다.' 라는 느낌을 받는 첫 번째는 리트렉션(retraction)에 있다. 리트렉션(retraction)은 치경을 이용해서 입술이나 볼, 혀를 재껴 시야를 확보하기 위한 목적이다. 그러나 때로는 치경으로 잇몸을 누르

거나 입술을 누를 때는 치아에 스케일러가 닿는 것을 느끼지 못할 정도로 아픔을 느낀다. 비교하자면 근육주사(IM: intramuscular injection)를 놓을 때 주사바늘 들어가는 따끔한 고통을 잊기 위해 손으로 다른 부위를 톡톡 두드리는 것같은 효과일 것이다. 치경으로 연조직을 리트렉션할 때에는 무리하게 힘을 주어 누르고 있지는 않은지 확인하자.

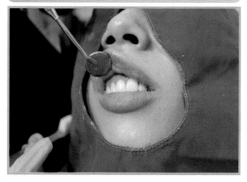
그림 39-3 입술이 말려들어간 리트렉션 (X)

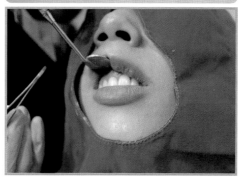
그림 39-4 기구가 깊숙이 도달되지 않은 리트렉션 (X)

그림 39-5 치경이 경조직을 누른 리트렉션 (X)

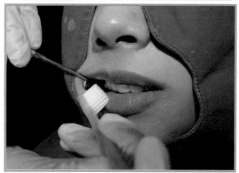
그림 39-6 미흡한 리트렉션으로 기구가 다른 연조직에 닿는 리트렉션 (X)

(2) 환자의 구강 상태에 맞춰 스케일링하기

스케일링을 안 아프고 안전하게 할 수 있는 노하우를 모아 치과의 프로세스를 만들어 품질관리를 해보는 건 어떨까? 환자의 구강상황에 따른 프로세스를 소개한다. 모두가 익숙해진다면 효율성도 높아질 것이다.

① 치석 양이 비교적 적은 경우

초음파 스케일러를 공격적으로, 많이 사용 할 필요가 없다. 초음파 스케일러는 치석이 있는 부분에만 적용하고, 그 외의 부위는 다음은 프로세스로 해보는 것은 어떨까? 각 치과의 스타일에 맞는 예방법이나 칫솔질 법 또는 프로그램을 활용해도 좋다.

그림 39-7 칫솔 준비

[치석이 적은 경우의 스케일링 권장되는 프로세스]

A. 핸드 스케일러를 이용하여 치석과 플라그를 제거한다.

B. 치약을 묻히지 않고 잇몸과 함께 전문가 잇솔질을 이용하여 피가 나는 부위를 확인한다.

C. 치약을 묻히고 잇몸과 함께 칫솔질을 하여 전체적으로 개운한 느낌을 들게 한다.

그림 39-8 치석이 적은 경우의 스케일링 프로세스

  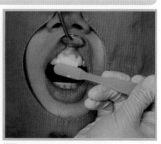

A 핸드 스케일러 적용　　B 무치약 전문가 잇솔질　　C 유치약 전문가 잇솔질

그림 39-9 전문가 잇솔질 방법

 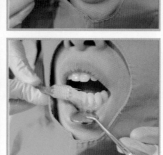 

 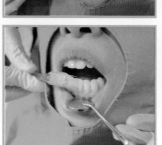 

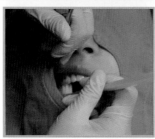

▶「46. 잇솔질 교육」참고

　이 분들은 대부분 구강 상태가 대체적으로 깨끗한 경우가 많고, 본인이 구강관리를 노력하시는 분들이 많다. 이렇게 신경 쓰시는 점. 검진 꾸준히 하고 계신 점 등을 칭찬해드리자. 특정하게 안 닦이는 부위가 있다면 상세하게 알려 드리며, '양호하거나 건강한 상태입니다. 이러한 부분은 조금 더 신경 써 주시면 더욱 좋은 구강상태를 가지실 것 같습니다.' 등과 같은 희망찬 문구로 마무리하자.

② 치석 양이 비교적 많은 경우

초음파 스케일러의 각도는 직각은 되도록 피하고, 치아와 수평이 되게 부드럽게 사용하자.

그림 39-10 초음파 스켈러 팁과 치아 수평 (O)	그림 39-11 초음파 스케일러 팁과 치아 직각 (X)

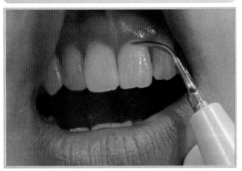 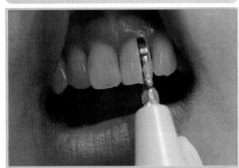

초음파 스케일러로 대량의 치석들을 제거한 뒤, 남아 있는 치석은 핸드 스케일러로 꼭 마무리하자.

큰 덩어리가 제거된 경우, 잔여 치석이 울퉁불퉁하게 남아서 오히려 찌꺼기가 달라붙기 쉬운 환경이 될 수 있다. 치아 표면이 매끄럽게 마무리되는 점을 신경쓰자.

치석의 양이 너무 많아 시간이 오래 걸릴 경우, 환자분의 재내원 가능 여부를 확인하고 상·하악을 나누어서 다른 날에 진행하는 것도 방법이 될 수 있다. 술자와 환자 모두 지칠 수 있고, 이후 환자는 스케일링에 대한 안 좋은 기억을 가질 수 도 있다.

③ 치아 표면에 외인성 착색물이 많은 경우

외인성 착색물을 제거하는 방법 중 엔진을 이용한 방법이 많이 이용되고 있으며, Air jet polishing도 이용되고 있다.

가. 엔진 연마

　　A. 기구 및 재료 : handpiece, contra angle, rubber cup and pumice

　　B. 순서

　　　a. 연마제를 rubber cup에 담아 몇 개의 치아에 골고루 바른다.

　　　b. angle을 modified pen grasp로 잡고 구강내에 finger rest를 연마할 치아와 가능한 가까운 부위에 고정한다.

　　　c. rubber cup을 치은연부위에서 교합연 또는 절단연으로 sliding motion 또는 lifting and patting 동작으로 치아에 rubber cup을 사용하여 한 치아당 10~20초 정도 연마한다.

나. Air jet polishing

그림 39-12 Air jet polishing 사용방법

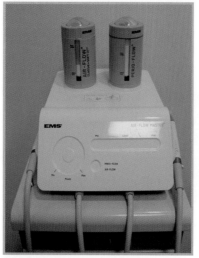

A 장비를 적절한 위치에 배치한다.

B 전원을 켠다.

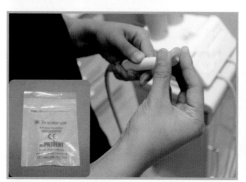

C Orokeeper를 개봉한다.

D Orokeeper를 장비 핸드피스에 씌운다.

E 페달을 밟으며 작동한다.

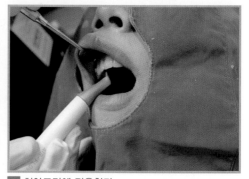

F 치아표면에 적용한다.

(3) 스케일링하면서 스탭이 알아야 할 디테일

① 입을 잘 벌려주고 잘 참아주시는 것에 대한 고마움을 자주 표현하자.
스케일링을 하는 30분 정도 시간을 잘 활용하면 환자와의 친밀도를 높이는데 효과적일 수 있음을 명심하자.

② 스케일러 팁은 눕혀서 시리지 않게 옆면으로 치석을 제거한다.

③ 많이 아파하거나 물만 닿아도 시려하시는 경우, 핸드 스케일러를 적극 활용하자.

④ 시간이 어느 정도 더 걸릴지에 대해 중간에 말씀 드린다.

> ※ 초음파 스케일러는 치아를 파괴할 수도 있는 강력한 무기가 될 수 있다. 따라서 초음파 스케일러 팁은 치면에 수평하게, 부드럽게 사용하자. 또한, 치아에 미세한 크랙을 유발할 가능성이 높다. 되도록 핸드 스케일러를 사용하자.
> 치료 받은 치아를 경우도 주의가 필요하다. 아말감이나 금속 수복물, 도재 혹은 레진 수복 등에는 손상을 남길 수 있다. 또한 임플란트 지대주에 금속 팁이 직접 접촉하는 경우 악영향을 줄 수 있으므로 고무 팁 등을 이용하여 제거해야 한다.

4) [스케일링 후] 치과위생사가 해야 할 것들

(1) 환자 상태에 따른 설명

구강 상황	환자에게 해야 할 말
치석이 양이 많았던 치아	"스케일링 이후 입안이 허전하며 이 사이사이가 벌어진 것처럼 느끼실 수 있습니다. 이것은 그 동안 붙어 있던 치석이 떨어지면서 막혀 있던 공간이 원래의 상태로 돌아간 것입니다."
출혈이 있는 잇몸	"피는 곧 멈출 거구요, 치석이 있던 자리에 염증이 있어서 나는 거니 너무 걱정하지 마세요."
부어 있는 잇몸	"스케일링 이후 부은 잇몸이 가라 않으면 지금보단 잇몸 선이 내려갈 수 있으나, 치석이 제거되고 난 후 원래의 잇몸 선을 찾아가는 과정으로 생각해주시면 됩니다."

(2) 공통적인 설명

① 치실로 치석 찌꺼기를 제거하고 잇솔질 교육(Tooth Brushing Introduction：TBI)을 해드린다.

가급적이면, 치아모형을 이용하지 말고 환자 구강 내에서 직접해 드릴 수 있도록 한다. 필요한 경우 치실과 치간칫솔의 사용법에 대해 설명드리고 직접 시범을 보인다.

② 칫솔 구입을 원하시면 칫솔 각각의 가격을 데스크에 준비된 대로 설명드린다.

스케일링 중 치료해야 할 곳이 있으면 환자에게 설명드리고 차트에 기록한 후 다시 내원하시도록 한다. 원장님께서 검진을 안 하시고 바로 스케일링한 경우에는 스케일링을 한 후, 혹은 다음 내원 시에 원장님께 말씀드려 검진 받으시도록 한다.

③ 정기검진의 중요성을 설명드린다.

잇몸질환 예방을 위해서는 물론 집에서 양치를 잘 하는 것이 가장 중요하지만, 정기적으로 치과에서 검진을 받고 필요하면 스케일링 및 잇몸치료를 해 주시는 것도 중요하다고 설명드린다.

④ 정기검진 및 다음 치료 약속 잡기

차트에 담당스탭이 사인을 하고 정기검진 및 다음치료 약속을 해 드린다.

2 : 스케일링에 대한 필요성 설명하기

1) 스케일링에 대한 인식

대부분의 환자들은 스케일링에 대해 안 좋은 인식을 갖고 있다. 환자들에게 스케일링을 권하게 되었을 때,

"스케일링을 하고 나면 더 시려지나요?."

"한 번 스케일링을 받고 나면 계속 받아야 된다."

"스케일링을 잘못하면 잇몸이 내려가나요?"

"스케일링하면 너무 힘들고 아파서 다시는 하고 싶지 않다. 라던데, 맞나요? "

등의 얘기를 흔히 듣게 된다.

스케일링에 대한 이런 환자들의 부정적인 인식에 대해 치과진료에 종사하는 사람들이 책임을 피할 수는 없을 것이다. 스케일링을 할 때 미리 충분히 설명을 드리고 했더라면 하고 나서 왜 잇몸이 내려가고 시린 느낌이 있는지 알았을 것이고, 스케일링이 왜 중요한지 설명을 했더라면 다시는 스케일링을 받지 않겠다는 얘기는 안 하지 않았을까...

기본적으로 스케일링은 다른 잇몸치료의 연계과정에 있는 진료이기 때문에 환자가 통증을 호소하는데도 무리하게 진행할 필요는 없다. 남은 부분들은 추후 잇몸치료를 통해 필요하면 마취하에 진행해도 된다고 생각하자.

스케일링을 하는 30여 분간 환자의 입안상태를 거울로 보여주기도 하면서 자세히 설명해준다면 환자와의 친밀도도 상승할 것이고 후속 치료에 대한 동의율도 자연히 높아지게 된다. 그러기 위해서는 스케일링을 '안 아프게' 하는 것이 가장 기본이라는 점을 명심해야 한다.

2) 스케일링의 필요성 설명하기

구강 상황	환자에게 해야 할 말
스케일링이란?	"스케일링은 입안에 있는 지저분한 것들을 깨끗이 청소하는 것이라고 생각하시면 됩니다. 청소를 오랫동안 안 하면 먼지가 계속 쌓여서 나중에 청소하기 힘들 듯이 스케일링도 오랫동안 안 하시게 되면 치석이 많이 싸여서 나중에는 제거하기도 어렵고 아플 수 있습니다."
스케일링의 중요성	"또한 치석이 많이 쌓이게 되면 잇몸과 잇몸뼈를 파괴시키고 한 번 파괴된 잇몸과 잇몸뼈는 다시 원래대로 돌아오지 않습니다. 때문에 잇몸이 나빠지기 전에 미리 예방하고 관리하는 것이 매우 중요합니다."
치석이란?	"양치를 한두 번 정도 안 하고 지낸 적 있으시죠? 그러면 입안이 찝찝하고 뭐가 낀 듯한 느낌을 받아보셨을 겁니다. 그리고 양치를 하고 나면 굉장히 개운해지죠? 이것은 대부분이 세균성 치태에 의한 것인데 치태는 양치를 잘하게 되면 제거가 됩니다."
치석을 제거하지 않으면?	"양치가 잘 되지 않는 치아 사이나 치아와 잇몸 사이 부분들은 치태가 쌓이고 쌓여서 석회화가 되고 딱딱하게 굳어진 것이 바로 치석입니다."
잇몸병의 진행	"치석은 양치질로 절대 제거할 수 없고 스케일링이라고 하는 치석제거술을 통해서만 제거가 가능합니다. 치석은 잇몸에 염증을 유발하고 제거되지 않으면 염증이 진행되어 차후 잇몸병이 생기게 되고 결국 잇몸과 잇몸 뼈를 파괴시켜 최악의 경우 치아가 흔들리게 됩니다."
스케일링 후 증상	"잇몸병은 통증 없이 찾아오기 때문에 증상이 생겨서 치과를 찾을 때는 잇몸질환이 너무 많이 진행되어 있는 경우가 많습니다. 건강한 잇몸의 경우에는 잇몸색이 핑크색이고 양치할 때 피가 나지 않습니다. 건강하지 않은 잇몸의 경우에는 잇몸색이 붉은색이고 양치할 때 피가 자주 나고 잇몸을 조금만 건드려도 아픕니다."
	"치석이 많이 생기고 잇몸질환이 진행된 상태에서 치석제거를 하시게 되면 스케일링할 때 아프고 치석제거를 한 자리가 시릴 수 있습니다."

※ 전신질환이 있다면 구강질환이 전신질환에 영향을 줄 수 있다는 언급도 필요하다.

3) 권장되는 스케일링 주기

환자에게 해야 할 말
"스케일링의 주기는 일반적으로는 6개월에 한 번 정도 검진 후 스케일링을 권해 드리고 있으며, 양치를 잘 하시는 분들의 경우는 1~2년에 한 번 정도 스케일링을 하시는 경우도 있습니다."
"스케일링이 처음이시라면 처음이기 때문에 치석이 많고 그래서 제거할 때 좀 더 불편할 수 있지만 다음부터는 관리만 잘 되시면 스케일링하실 때 아프지 않으시고 시원하실 겁니다."

40 치주낭 측정

1 : 치주낭 측정검사(Probing)

치아가 겉으로 보기에 잇몸으로 둘러싸여 있는 것만으로는 치아의 건강상태를 파악할 수 없다. 치조골을 비롯한 치아 주변 조직들이 건강해야 하고, 특히 부착치은이 치조골이나 치아와 단단하게 밀착되어야 건강한 상태라고 볼 수 있다. 치주낭 측정은 부착치은의 부착 정도나 치조골의 소실 정도와 같은 잇몸 건강상태를 판단하는데 중요한 기준점이 된다. 치주낭 측정을 할 때는 치주낭의 깊이가 얼마나 되는지, 측정 시 출혈이 있는지, 출혈이 있다면 어느 정도인지 등을 알아보는 것이 중요하다.

2 : 준비물

그림 40-1 **기본세트**

Periodontal probe, 치주차트(필요 시 사용), 삼색 볼펜

3 : 진료방법

① 1치아 당 6곳을 측정하는 것을 원칙으로 하고, mm 단위로 표시한다.
   건강보험 청구 시에는 치아당 2면 이상 mm 단위로 기록해야 인정된다.
② 출혈이 있는 부위는 빨간색으로 표시한다.
③ 20 g 정도의 미약한 힘으로 측정한다.
④ 건강보험 청구 시에는, 측정한 치아 개수와 상관없이 1/3악당으로 산정한다.
⑤ 일반적으로 동일부위에 동일상병으로 치주치료가 완료되기 전까지는 1회 산정을
   원칙으로 한다.
⑥ 환자에게 아프거나 불편하면 왼손을 들어 표시해 달라고 말하고 진행한다.
⑦ 단독으로 시행하지 않고, 주로 다른 치주치료와 함께 시행한다.

4 : Probing, 치과위생사의 업무분야인가?

「의료기사 등에 관한 법률 시행령」에 따른 치과위생사의 업무 범위로는 치석 등 침착물(沈着物) 제거, 불소 도포, 임시 충전, 임시 부착물 장착, 부착물 제거, 치아 본뜨기, 교정용 호선(弧線)의 장착·제거, 그 밖에 치아 및 구강 질환의 예방과 위생에 관한 업무. 이 경우 「의료법」 제37조 제1항에 따른 안전관리기준에 맞게 진단용 방사선 발생장치를 설치한 보건기관 또는 의료기관에서 구내(口內) 진단용 방사선 촬영업무를 할 수 있다라고 규정되어 있다.

그러나 필자는 Probing이 구강위생관리 영역에 포함되지 않을까라는 생각에 굳이 법적인 언급없이 치과위생사가 Probing을 할 수 있다고 생각한다.

41 잇몸치료

현대적 치주개념으로 Scaling과 Root planning을 합쳐서 비외과적 치주치료(Scaling and Root Planning)이라고 부르고 일반적으로 Curettage부터 치주치료라고 본다.
현대 치주치료의 개념에서 큐렛은 없어졌다고 봐도 좋다.
Flap을 안 할 거라면 Scaling & Root planning의 무한 반복과 잇솔질 교육이 궁극적인 치료법이다. 그러나 현재도 큐렛을 시행하는 치과의사가 많고 건강보험법상으로도, 인정되는 부분이니 인정되는 치침을 파악 후에 Scaling & Root planning과 잘 비교 적용해 보자.
우리나라는 건강보험청구가 Scaling 그리고 그 이후에 Root planning, Curettage으로 구분하고 있기 때문에 현실에 맞춰서 잇몸치료에서 Root planning & Curettage을 묶어 보았다.
외국에서는 영어로는 Deep Scaling이라고 하며, Scaling 이후에 시행되는 Flap 전단계의 잇몸치료를 Deep Scaling이라고 부르고, 우리는 여기서는 Scaling과 Flap 사이의 잇몸치료를 Root planning & Curettage이라고 표기했다.

1 : 준비물

그림 41-1 기본세트

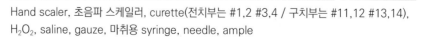

Hand scaler, 초음파 스케일러, curette(전치부는 #1,2 #3,4 / 구치부는 #11,12 #13,14), H_2O_2, saline, gauze, 마취용 syringe, needle, ample

2 : 치주치료 전에 환자에게 설명해야 할 것들

① 잇몸치료를 하는 이유는 더 이상 잇몸이 나빠지지 않게 하기 위함입니다. 잇몸치료를 하신다고 해서 잇몸이 예전처럼 되는 것은 아닙니다.

② 잇몸치료는 조금 지루할 수 있습니다. 한 번에 전체를 다 치료할 수 없고 안 좋은 부위를 위주로 체크 받으시면서 약 1주일에 한 번 정도 치료를 받으시게 될 겁니다. 꾸준히 치료를 받으시면서 양치하는 법도 같이 배우셔야 합니다.

③ 잇몸치료를 받으신 후에도 꾸준한 관리가 필요합니다. 보통 6개월 정도 단위로 검진 받으시면서 관리가 안 되신 부분을 체크하고 치료를 하시게 될 겁니다. 그냥 편하게 양치하러 오신다고 생각하시고 들러주세요. 보험적용이 되는 부분이므로 진료비 부담이 크진 않으실 겁니다.

④ 잇몸치료는 쉽게 생각하면 스케일링을 조금 더 깊게 하는 거라고 생각하시면 됩니다. 다만, 스케일링이 치아 위에 붙어 있는 치석을 제거하는 것이라면 잇몸치료는 잇몸 안쪽에 붙어 있는 치석과 염증을 제거하는 것이기 때문에 마취를 하고 진행하는 차이가 있습니다.

⑤ 잇몸치료를 하시기 전에는 반드시 치아전체가 나오는 큰 사진이 필요합니다. 전반적인 잇몸상태를 체크하기 위한 것입니다. 보험적용이 되므로 비용은 OO원 안팎으로 나올 겁니다.

⑥ 기구를 이용해서 잇몸검사를 하겠습니다. 잇몸검사는 잇몸질환으로 인해 잇몸이 얼마나 들떠 있는지, 뼈 높이가 얼마나 낮아져 있는지를 알아보기 위한 검사입니다. 기구를 잇몸 속으로 넣게 되는데 살짝 눌리는 느낌이 날 수 있습니다. 혹시 아프거나 불편하시면 말씀해 주세요.

⑦ 치료를 받으실 때는 마취가 되므로 아프지는 않지만 긁어내는 느낌은 들 수 있습니다.

3 : 치료 후에 환자에게 설명해야 할 것들

① (처방전이 있는 경우) 마취가 풀린 후에 아플 수도 있으며 처방전이 나가니까 약을 약국에 가서 타야 합니다.

② 오늘은 술이나 담배를 안 하시는 게 좋습니다.

③ 잇솔질 후 식염수로 입을 헹궈 주시면 도움이 됩니다.

④ 아프시더라도 잇솔질을 부드럽게 잘 해 주시고, 치료 부위 쪽에 잇몸이 다치지 않도록 조심하십시오.

42 치은판막수술

1 : 준비물

그림 42-1 기본세트

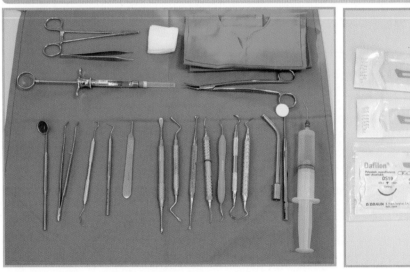

기본기구, 마취기구, blade holder(2개), blade(#12, #15C), surgical curette(straight 1개, curved 1개), periosteal elevator, kirkland knife, orban knife, back action chisel, adson tissue forcep, needle holder, silk, metal bowl, scissor, metzenbaum scissor, saline syringe, 소독된 gauze, 소공포.
(※수술기구는 선호에 따라 준비가 약간씩 다를 수 있음)

2 : 수술 전 환자에게 말해야 할 것들

① 마취가 되셨기 때문에 수술하는 동안 통증은 없으실 겁니다.
  단지 입을 오래 벌리고 있어야 하므로 턱이 아프실 수 있습니다.
② 수술 중에는 움직일 수가 없을 겁니다. 불편하거나 혹시 통증이 생기거나 하시면

바로 왼손을 드시던지 아니면 소리를 내주십시오.

③ 통증은 없으셔도 긁히는 느낌 같은 건 있을 겁니다.

④ 너무 긴장을 하시면 오히려 수술 끝난 후에 온몸에 몸살이 날 수 있으니 맘을 편히 가지시고 몸에 힘을 너무 주거나 하지 않는 것이 좋습니다.

3 : 수술 순서

① 수술할 부위를 먼저 마취한다.

② 마취가 되었는지 확인한다.

③ 환자의 입안과 얼굴에 포타딘으로 소독을 한다.

④ 환자의 얼굴에 소공포를 덮어준다.

⑤ 스탭은 blade를 원장님에게 건네주고 blade로 절개한다. 절개 시 metal suction tip으로 혈액과 조직액들을 바로 suction하여 술자의 시야를 가리지 않도록 한다.

⑥ Straight surgical curette과 periosteal elevator를 이용하여 판막을 젖혀준다.

⑦ 염증조직 및 육아조직을 제거한다. 이때 스탭은 소독된 식염수에 적신 gauze를 준비하여 염증조직을 제거할 때 닦아준다.

⑧ Calculus와 염증조직을 scaler와 gracey curettes을 이용해서 제거해낸다.
   판막을 젖힐 때에는 prichard periosteal elevator를 이용하면 편하다.

⑨ Metzenbaum scissor로 필요 없는 조직은 잘라낸다.

⑩ 염증 및 육아조직이 다 제거되었으면 봉합한다.
   봉합할 때는 스탭의 역할 또한 중요하다. 항상 정확한 부위의 retraction과 제때의 suction은 기본이며 needle이 잘 나오지 않을 때는 pincette으로 잡아주는 역할도 겸해주면 좋다. Cutting할 때는 환자 입술이 눌리지 않도록 주의하여 약 2~3 mm 정도의 길이로 cutting한다.

⑪ 수술이 끝났으면 환자의 입 주위를 거즈로 깨끗이 닦아준다.

⑫ 물 양치를 한 번 하게 한 후 클로르헥시딘으로 가글하도록 한다.
   가글 후에는 30분 동안 음식물이나 물을 섭취하면 안 되는 것과 물 양치를 금할 것을 설명한다.

⑬ 환자의 얼굴을 닦아준다.

⑭ Cold pack을 환자에게 주고 주의사항을 설명한다.

⑮ 1주일 후 실밥을 푸는 약속을 잡아준다.

4 : 수술 시 스탭의 주의사항

① Metal suction tip을 사용하고 혈액이나 조직액이 나오면 즉시 suction한다.

② Suction할 때 연조직을 너무 세게 흡입하지 않도록 주의한다.

③ Retraction을 잘하여 수술부위의 시야를 확보한다.

④ 판막을 젖혀야 할 경우는 periosteal elevator를 사용하여 젖히는 것이 편하다.

⑤ 수술 시 환자의 입술주위가 마르지 않도록 식염수로 자주 적셔준다.

⑥ 입을 오래 벌리고 있으므로 수술 중 잠시 쉴 수 있도록 해 준다.

5 : 수술 후 환자에게 말해야 할 것들(주의사항)

① 수술한 부위에 얼음찜질을 잘 하셔야 합니다. 그렇지 않으면 많이 부으실 수 있습니다.

② 얼음찜질은 오늘 하루만 하시고 계속 대고 있지 말고 3분 정도 댔다가 3분 정도 뗐다가 그런 식으로 반복해 주십시오.

③ 술, 담배는 당분간 삼가하십시오.

④ 오늘은 뜨거운 물에 목욕, 사우나는 금하는 것이 좋습니다.

⑤ 맵고, 뜨겁고, 짠 음식은 오늘 드시지 않는 것이 좋습니다. 오늘은 되도록 연한 음식을 드십시오.

⑥ 수술 부위가 아물 때까지 식사는 반대편으로 하는 것이 좋습니다.

⑦ 양치하실 때는 다른 부위는 예전처럼 양치하고 수술한 부위는 잇몸이 아물 동안 클로르헥시딘 용액으로 가글하십시오. 하루에 2~3번 정도만 하면 됩니다. 너무 자주하면 입안이 헐 수 있습니다.

⑧ 마취가 풀리면 약간의 통증이 있을 수 있습니다. 약을 처방해 드렸으니 식후 30분 후에 드십시오.

⑨ 실로 봉합해 드렸기 때문에 당분간 불편하실 수 있습니다. 실이 뺨이나 잇몸을 찌를 수도 있으니까요. 혹시 많이 불편하시면 내원해 주십시오.

⑩ 다음에 오시면 실밥을 풀어 드릴 겁니다.

⑪ 오늘은 집에 가셔서 힘든 일 하지 마시고 푹 쉬십시오. 고생하셨습니다.

알고 계신가요?

■ Cold pack과 hot pack의 차이점

원장님들은 발치나 잇몸 수술한 환자에게 어떨 때는 cold pack을 하라고 하고, 어떨 때는 hot pack을 하라고 하기도 합니다.

■ 과연 cold pack과 hot pack을 하는 차이점은 무엇일까요?

Cold pack의 목적은 부종의 억제와 통증의 경감에 있습니다. Hot pack의 목적은 혈행을 촉진하여 부종을 빨리 가라앉게 하고 연조직의 치유를 촉진하는데 있습니다. 우리 신체는 외상을 입었을 때 48시간 정도까지 부종이 증가했다가 이후 서서히 가라앉게 됩니다. 따라서 수술 후 붓는 것을 막기 위해서는 수술 후 이틀까지는 cold pack을 이용한 냉찜질을 해서 붓는 것을 예방하고, 이틀 후부터는 hot pack을 이용한 온찜질을 해서 부은 부위가 가라앉도록 도와주는 것이 좋습니다.

memo

43 자가치은이식술

1 : 준비물

그림 43-1 **자가치은이식술 준비**

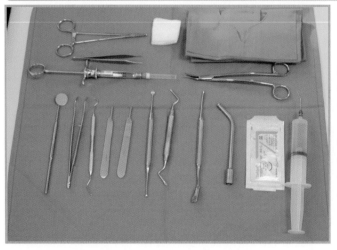

기본기구, blade(#12, #15), blade holder 2개, surgical curette (straight, curved), periosteal elevator, needle holder, adson tissue forcep, scissor, metzenbaun scissor, 호일 조금, 소독거즈, 소공포, stent, collar tape, saline syringe
(※수술기구는 선호에 따라 준비가 약간씩 다를 수 있음)

2 : 진료순서 및 해야 할 말

① 시술할 부위(수여 부위)와 치은을 떼어낼 부위(공여 부위) 양쪽에 마취를 한다.

② 마취될 동안 환자의 입안과 얼굴에 포타딘으로 소독한다.

③ 마취가 되면 blade 또는 다른 기구로 성형할 부위만큼 인지해 놓는다.

④ 인지한 부위를 절개한 후 조직이 손상되지 않게 판막을 젖혀 안쪽 조직을 tissue forcep으로 잡고 조직을 떼어낸다. 이때 출혈이 심하므로 metal suction tip을 사용하여 시야확보를 잘한다.

⑤ 떼어낸 조직을 식염수에 적신 gauze에 싸서 잘 보관한다.

⑥ 조직을 떼어낸 부위를 판막 안쪽에 넣은 후 봉합한다.

⑦ 이식할 부위에 떼어낸 조직을 놓고 부위를 잘 맞추어 봉합한다.

봉합할 때는 tissue forcep으로 조직을 잘 잡으면서 한다.

⑧ 식염수로 irrigation한다.

⑨ 조직을 떼어낸 공여 부위를 gauze로 압박한다.

⑩ Stent를 끼워서 공여 부위가 압박될 수 있도록 한다.

⑪ 환자의 얼굴을 닦아준다.

⑫ Cold pack을 드리고 주의사항을 설명한다.

memo

44 치아 홈 메우기

1 : 준비물

그림 44-1 치아홈메우기 준비

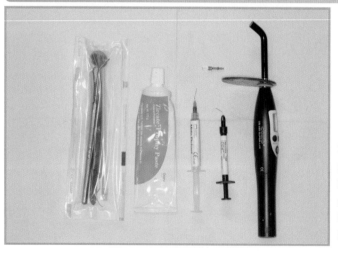

기본기구, pumice, polishing rubber cup, Metabiomed-Meta etchant, 3M-Clinpro sealant, light curing(필요에 따라서는 gingicord, cord packer, 마취기구, rubber dam)

2 : 진료순서 및 해야 할 말

순서	환자에게 해야 할 말
(1) 대상치아의 교합면의 groove가 잇몸에 덮여 있을 경우 gingival cord를 적당한 길이로 잘라 packing한다. 협·설 groove가 완전히 노출되도록 cord를 정확하게 끼운다.	"구석구석 코팅을 하기 위해 실을 꼽겠습니다. 조금 따끔따끔하실 겁니다."
(2) OP(Oral Prophylaxis) - explorer로 열구 내의 음식물 찌꺼기를 제거한다. Pumice를 묻힌 rubber cup이나 ICP brush로 표면을 깨끗이 한다.	"전동칫솔 같은 것이니 놀라지 마세요."

(3) 방습 & etching – cotton roll 또는 rubber dam을 이용해 치아를 격리시킨 후 건조하고 etching한다. 20~30초 후에는 약 10초 이상 깨끗이 세척하고 잘 건조시킨다.	"깨끗이 닦은 후 해야 오래 지속됩니다."
(4) Sealant 도포 – 도포 시 기포가 형성되지 않도록 하고, 광중합한다. 기포가 생기면 그 부위에 추가로 sealant를 바르고 광중합 후 양치시켜 드린다.	"중간에 침이 들어가면 안 되므로 솜을 좀 넣겠습니다. 혀를 대거나 입을 다무시면 안 됩니다."

3 : Sealant 후 주의사항

① 저작이나 양치에 의해 탈락될 수 있으니 6개월에 1번씩 오셔서 검진을 받으셔야 합니다.

② 만약 정기검진을 통해 다시 시술할 경우에는 기본진료비 정도만 받고 다시 해드릴 수 있지만 너무 오래 지나서 오게 되면 새로 하는 비용을 받게 되니 검진을 잘 받아야 합니다.

③ (아직 맹출 중이어서 시술하지 못한 치아가 있는 경우) 아직 맹출되지 않았으니, 맹출 후 하시면 됩니다.

④ Sealant는 어금니 씹는 면의 홈(pit, groove)을 막아서 이 부위에 생길 수 있는 충치를 예방하는 효과는 있지만, 그 외 부분(인접면, 치경부)의 충치예방은 안 됩니다. 이런 부분들은 잇솔질을 통하여 관리를 잘 하셔야 합니다.

⑤ 불소 양치액을 함께 사용하면 충치 예방에 더욱 도움이 될 수 있습니다.

알고 계신가요?

Sealant는 2007년부터 건강보험에 적용되었다. 처음에는 6~14세 아동의 6번 치아만 가능했으나, 점차 확대되어 현재 만 6세~18세 이하. 충치가 없는 상·하악 6,7번 모두. 총 8개의 대구치가 적용 가능하다. 2017년 10월부터는 치아홈메우기에 대해 건강보험 외래 본인부담금도 30%(치과의원 기준)에서 10%로 인하되어 청소년기 치과의료 이용 접근성 제고가 기대된다.

[치아홈메우기 산정지침]
– 치아우식증에 이환되지 않은 순수 건전치아를 가진 만 18세 이하 소아의 제 1,2 대구치에 대하여 인정한다.

알고 계신가요?

– 탈락 또는 파절로 2년 이내에 동일치아에 재도포를 시행한 경우의 비용은 별도 산정 불가하나 이때 진찰료는 산정 가능하다.
– 재료대(전색제 비용 포함), 러버댐 장착료 및 재도포비용은 소정점수에 포함되므로 별도 산정하지 아니한다.
– 만 8세 미만의 소아에 대하여 소정점수의 30% 가산한다.

"Sealant는 하는 것이 중요한 게 아니고, 잘 하는 것이 중요하다. 제발 두껍게 하지 말자."

memo

불소 도포 45

1 : 준비물

그림 45-1 기본세트

(왼쪽부터) 기본기구, (A) 어린이 치약(혹은 pumice), polishing rubber cup, 치실, 불소 바니시
(B) 불소겔, tray, gauze, 종이컵(필요 시)

2 : 불소 겔과 불소 바니시의 1회 사용 분량

불소 겔이나 용액은 5 mL, 바니시는 대상자당 1개씩 이용

그림 45-2 불소 겔의 양

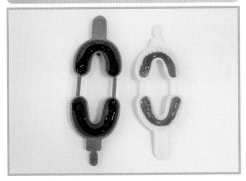

그림 45-3 불소 바니시 1회 사용 분량

3 : 진료순서 및 해야 할 말(예: 불소 겔 도포)

순서	환자에게 해야 할 말
(1) 전체치아의 치면을 깨끗이 polishing한다.	"전동칫솔 같은 것으로 먼저 치아를 깨끗이 하겠습니다."
(2) tray를 맞춰본다. – 길면 적당히 뒤쪽을 잘라주고 짧을 경우에는 거즈를 잘라 덧대어 준다.	"틀이 잘 맞는지 맞춰 볼게요."
(3) 불소겔의 냄새를 미리 맡게 한 후 tray에 불소겔을 골고루 짜서 구강 내에 삽입한다.	"불소 냄새인데 한 번 맡아보세요." "괜찮으시겠죠."
(4) 4분 ~10분 동안 물고 있되 계속 저작하듯 씹도록 해서 치아 사이 부위까지 불소 겔이 골고루 도포되도록 한다. 침이 흐를 경우 종이컵을 대준다.	"양쪽으로 조금씩 씹어보세요. 그래야 약이 구석구석 잘 스며듭니다."
(5) 4분~10분 뒤 tray를 빼내고 입안에 남아있는 불소겔을 모두 뱉게 한다. 썩션과 거즈를 이용해서 입안의 불소겔을 깨끗이 제거한다.	"틀을 빼 드릴 테니 입안에 있는 약을 다 뱉으시기 바랍니다."
(6) 1주 간격으로 3회 이상 실시해야 효과가 있으며, 평균 6개월에 한 번씩 정기적으로 도포해야 효과가 있음을 설명한다.	"한 번으로 끝나는 것이 아니니 정기적인 검진을 하시기 바랍니다." "고생 많으셨습니다."

※ 불소 바니시 도포

불소 바니시(fluoride varnish)는 불소 겔과 달리 치면에 붓을 이용해 단순 도포하는 방식으로 트레이와 같은 특별한 장비가 필요하지 않아 사용이 간단하다. 수분이 있는 치아 표면에도 도포할 수 있으며, 겔보다 삼켜도 안전하고 체내에 덜 흡수된다는 장점이 있다(3~7세 정도까지는 불소 겔보다 불소 바니시 추천).

그림 45-4 불소 바니시 도포 방법

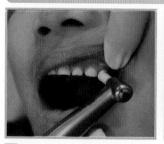 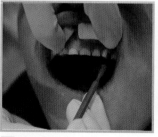 

A 도포 전처치
(플라그 컨트롤이 안되는 경우만 시행) B 불소 바니시 도포 C 인접면 치실이용 도포

* 주의 : 매니큐어 칠하듯 덧칠하지 말자. 얇게 도포하되 치아 전체를 모두 꼼꼼하게 도포하지 않아도 된다.

4 : 주의사항

① 치과진료실에서 전문가 불소도포를 위해 사용하는 불소화합물은 체내 흡수 시 독성을 나타내므로 술자는 1회 권장 사용량을 준수해야 한다.

② 진료의자를 세운 상태로 유지하여 환자가 앉아서 진료 받을 수 있게 한다.

③ 도포에 집착하지 말자. 더 중요한 것은 30분 동안은 물양치하지 않는 것. 또한 어떤 음식물 섭취도 안 된다는 점을 강조한다.

④ 환자가 불소를 삼켰다면 복용한 양과 대상자의 체중에 따라 응급조치 사항이 차이가 있지만, 일반적으로 5 mg/kg 이하의 불소 섭취 후, 복통을 호소하거나 독성이 우려되는 경우 칼슘이 함유된 우유를 섭취하고 관찰할 필요가 있다.

memo

46 잇솔질 교육

1 : 잇솔질 교육(Tooth Brushing Introduction: TBI)

1) 잇솔질의 종류

(1) 바스법

　① 칫솔모가 치아의 장축에 45도로 치은열구를 향하도록 한다.
　② 미세한 진동을 준다.
　③ 부드러운 모의 칫솔을 사용한다.
　④ 클로르헥시딘 용액을 종이컵에 따라서 사용한다.
　① 잇몸이 많이 부어 있거나, 피가 많이 나는 경우 권유한다.

(2) 회전법

　① 칫솔모를 잇몸에서부터 쓸어 올리듯이 교합면 쪽으로 회전시킨다.
　② 칫솔모가 치아의 사이사이 들어가도록 한다.
　③ 처음에는 치약을 묻히지 않고 해본다.
　④ 순서대로 다 한 다음에 칫솔모에 치약을 묻혀서 다시 한 번 간단히 하도록 한다.

(3) 와타나베법

　① 칫솔모가 치아의 장축에 45도가 되도록 한다(바스법과 반대).
　② 이를 닦는 순서대로 치아의 사이사이로 칫솔모를 밀어 넣는다(한 부위 당 10회 정도).
　③ 들어가지 않는 곳은 억지로 하지 않는다.
　④ 치아 사이 공간이 큰 경우는 치간칫솔을 함께 사용한다.
　⑤ 다 끝난 뒤 치약을 묻여서 3~4회 다시 반복한다(냄새제거를 위해).
　⑥ 냄새가 심하거나, 피가 날 때는 환자에게 보여주면서 한다.

(4) 폰즈법

① 칫솔을 타원형으로 빙글빙글 돌리면서 이를 닦는다.

② 어려운 잇솔질법을 배우기 어려운 아이들에게 주로 권해준다.

③ 교합면과 설측도 마찬가지로 회전하면서 닦는다.

2) 잇솔질 전 환자에게 말해야 할 것들

① 잇몸 관리를 위해 스케일링이나 잇몸치료도 중요하지만 가장 중요한 것은 평소에 잇솔질을 잘 해주는 것이 가장 중요합니다.

② 병원에 오실 때는 잘 하시다가 집에서는 잘 안 하시면 아무 소용이 없습니다. 올바른 잇솔질을 습관화하셔야 합니다.

③ 음식을 드실 때마다 저희가 관리해 드릴 수는 없습니다. ○○○님께서 평소에 스스로 관리하시는 것이 가장 중요합니다.

④ 그 어떠한 좋은 약도 잇솔질보다 잇몸에 좋은 것은 없습니다. 지금부터 좋은 잇솔질 방법을 알려 드리겠습니다.

3) 양치하는 방법과 순서(예: 와타나베 잇솔질법)

순서
(1) 칫솔의 준비 ① 칫솔은 중간 정도의 2줄 칫솔이나 강한 강도의 1줄 칫솔을 쓴다. ② 칫솔 머리는 치아 1개 반에서 2개 반 정도를 가리는 크기가 적당하다. ③ 칫솔은 연필을 잡는 방법으로 잡는다.	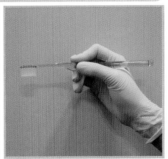 그림 46-1 두 줄모 칫솔과 칫솔 잡는 법
(2) 앞니 바깥 쪽 ① 칫솔을 치아와 잇몸경계부 2~3 cm 밑에 위치시킨 후 치아와 칫솔이 30~45도를 이루게 하고 앞니 끝을 향해 닦는다. ② 칫솔모는 교합면과 수평을 이룬다. ③ 잇몸부위에 칫솔을 30~45도 위치시킨 후 좌·우로 방향을 바꿔가며 좌·우로 짧게 움직이며 닦는다.	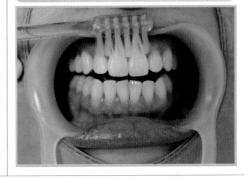 그림 46-2 상악 전치 순면 잇솔질 방향

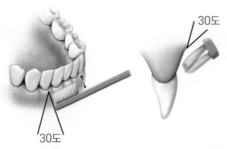

* 각도는 치아의 각도에 따라 30도~45도로 차이가 있을 수 있다.

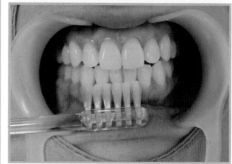

그림 46-3 하악 전치 순면 잇솔질 방향

(3) 앞니 안쪽
 ① 칫솔이 처음 시작할 때 치아와 치은 경계부위에 위치한다.
 ② 칫솔모 끝부분을 이용하여 강모가 치간 사이에 삽입되도록 전후로 왕복동작을 한다.

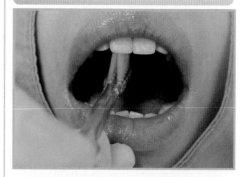

그림 46-4 상악 전치 설면 잇솔질 방향

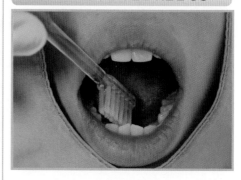

그림 46-5 하악 전치 설면 잇솔질 방향

(4) 어금니 바깥 쪽
 ① 방법과 원리는 앞니를 닦을 때와 동일하나 작은 어금니는 50도 정도, 큰 어금니는 70도 정도의 각도로 칫솔을 위치시켜 닦는다.
 ② 칫솔모는 교합면과 수평을 이룬다.
 ③ 어금니 옆면을 닦을 때는 뺨의 근육에 방해받기 때문에 입을 살짝만 벌리고 잇솔질을 해야 한다.

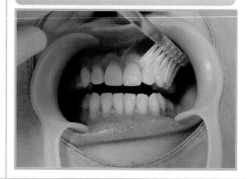

그림 46-6 상악 구치부 협면 잇솔질 방향

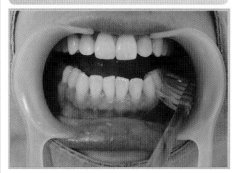
그림 46-7 하악 구치부 협면 잇솔질 방향

(5) 어금니 안쪽
　① 방법과 원리는 바깥 쪽 닦을 때랑 동일하나 교합면 선상과 칫솔모의 위치가 상악은 수평, 하악은 사선을 이루도록 위치한다.
　② 어금니 안쪽은 칫솔을 치아 반 개 길이만큼 더 깊이 넣어 닦는다.

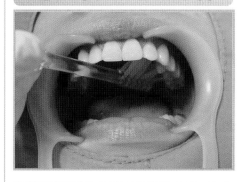
그림 46-8 상악 구치부 설면 잇솔질 방향

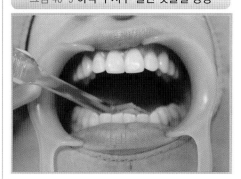
그림 46-9 하악 구치부 설면 잇솔질 방향

4) 잇솔질이 동반되지 않는 치주치료는 효용이 없다.

　팔자의 병원은 '나'를 환자로 TBI를 시행 후 통과해야 할 수 있다. 잇솔질 교육 내용이 직원마다 다르면 환자들이 헷갈려하기 때문에 나의 원칙은 시간(15분 이상), 행위, 멘트를 통과해야 환자에게 적용할 수 있게 한다.

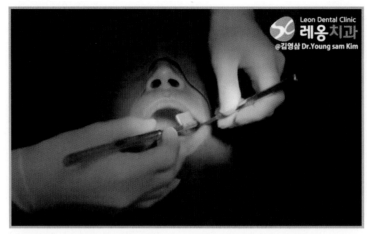

TPM (와타나베) 잇솔질 영상 – 전문가 잇솔질 (칫솔질)

2 : 특별 구강위생관리 프로그램

1) 순서 및 해야 할 말

순서 (첫째날)	환자에게 해야 할 말
(1) 환자의 이전 상황을 설문하여 기록해 둔다.	ㅇㅇㅇ님 하루에 잇솔질은 얼마나 하십니까? 잇솔질은 언제 어떻게 하십니까?
(2) 기본 검진을 진행한다. 초진상태를 사진과 방사선 사진을 촬영하여 기록해 둔다.	"ㅇㅇㅇ님 처음 상태보다 얼마나 나아지는지를 보기 위해 사진을 찍도록 하겠습니다." 그림 46-10 **사진촬영**

(3) 착색제로 착색 후 입을 살짝 헹구게 한 다음, 잔존치태를 환자에게 확인하게 한다. (Q-ray 검사로 정밀검사, 구취측정 등을 추가로 시행하기도 함)	"얼마나 잇솔질이 잘 되셨는지 보기 위해 식용색소인 착색제를 좀 바르겠습니다. 이 착색제는 프라그만을 착색시키므로 착색 정도를 통해 현재 프라그 상태를 알 수 있습니다. 착색제는 잇솔질로 제거되는 것이니 걱정하지 않으셔도 됩니다." 그림 46-11 **착색제 준비** 
(4) 그림에 착색 부위와 정도를 색연필을 이용해서 면으로 표시하고, 거울을 환자에게 들게 한 후 보여준다.	"○○○님 이 부위가 빨갛게 물들었습니다. 잇솔질이 잘 안 되었다는 증거입니다. 이러한 부위를 더 잘 닦으셔야 합니다."
(5) 잇솔질 방법을 설명한다. 환자 구강 내에서 직접 해보면서 피가 나는 정도도 기록하고, 입 속 상태와 올바른 잇솔질에 대해 환자에게 설명한다.	"칫솔을 보시면 두 줄모이고 쐐기 모양으로 되어 있어 치아 사이를 잘 닦을 수 있습니다." "잇몸에 칫솔을 대고 치아 쪽으로 닦아 내리면 되는데 치아 사이로 칫솔모가 들어가는 느낌이 들게 닦으셔야 합니다. 그래서 이 잇솔질을 일명 이쑤시개형 잇솔질이라고도 합니다." (피가 나는 부위를 확인시킨 후) "이렇게 피나는 부위는 조금 더 닦아 주시는 것이 좋습니다."
	그림 46-12 **잇솔질 방법 교육** 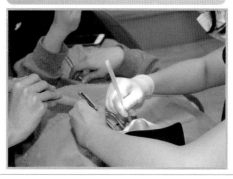

순서 (둘째날)	환자에게 해야 할 말

(6) 사용한 칫솔을 제공하고 다음 내원일을 예약해 드린다(1주일 후).

"○○○님 다음 약속 날 칫솔을 가져 오셔야 합니다. 안 가져 오시게 되면 새로 구입하셔야 하니까 꼭! 가져 오셔야 합니다."

그림 46-13 **사용한 칫솔**

"잇솔질이 잘 되고 있는지는 다음 약속날 확인하도록 하겠습니다."
"잇솔질 잘 해 주시고 다음에 뵙도록 하겠습니다. 안녕히 가십시오."

순서 (둘째날)	환자에게 해야 할 말
(1) 잇솔질을 직접 하게 한다.	"○○○님 먼저 잇솔질을 한 후 확인해 드리겠습니다. 잘 안 되는 부위는 제가 다시 도와드리겠습니다."
(2) 착색제를 이용하여 확인 및 기록한다.	"○○○님 확인해 보겠습니다." (안 된 부분이 있으면 확인해 드리기) "잘 하셨는데, 이 부분은 잘 안 되셨네요."
(3) 잇솔질을 다시 한 번 알려드린다. (스탭이 옆에서 칫솔을 가지고 같이 한다.)	"○○○님 이 부위는 이렇게 하시는 것이 좋습니다. 저처럼 해 보십시오." (피가 나는 것이 많이 줄었다면 바로 확인시켜드리거나 사진 촬영을 한다)
(4) 치간칫솔 사용법을 알려드린다.	"○○○님 이 칫솔은 이쑤시개처럼 사용하는 칫솔로, 잇몸 맛사지도 하고 치아 사이를 닦아주어 잇몸건강에 도움이 됩니다." 그림 46-14 **치간칫솔** 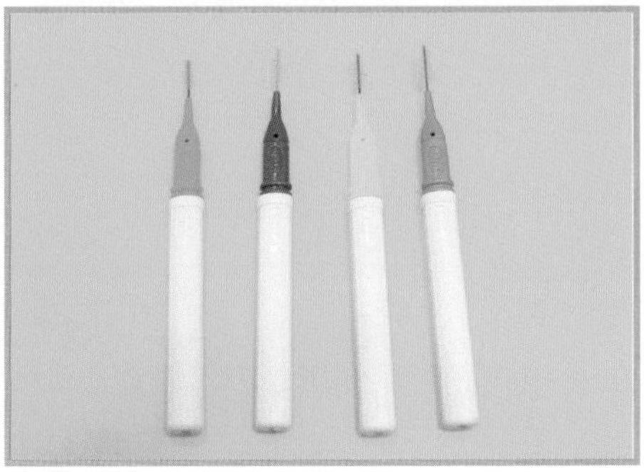

	"이쑤시개는 치아 사이를 벌어지게 하지만, 이 칫솔은 치아가 벌어지는 걱정은 안 하셔도 좋습니다. 그러나 잘 안 들어가는 부위는 억지로 넣지 마시구요, 들어가는 부위만 잘 닦아 주셔도 효과가 좋습니다."
(5) 다음 오실 날을 약속해 드린다.	"○○○님 다음 내원 시에는 더 좋아지도록 열심히 해 주십시오. 예약해 드리겠습니다." "그럼 안녕히 가십시오."

순서 (셋째날)	환자에게 해야 할 말
(1) 둘째 날과 동일하게 하고 보조 구강용품 설명 시 치실 사용법을 추가하여 알려드린다. (*환자 구강 상태에 따라서 둘째 날 치실 사용법 설명이 들어갈 수 있다)	"○○○님 이것은 치아 사이를 닦는 실입니다. 30~40 cm 정도 잘라서 중간 손가락에 걸어 엄지와 검지를 이용해서 치아 사이를 넣었다 뺐다 하면서 닦아주는 것입니다. " 그림 46-15 **손가락에 치실 감은 모습** 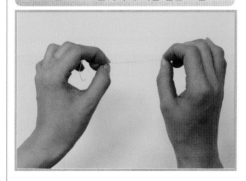

🔍 **알고 계신가요?**

■ "치실" 누구나 써야하는 것만은 아니다?

우리는 구강보건용품이라 하면 칫솔, 치간칫솔, 치실 이 3가지를 대표적으로 떠올리고, 치아 사이 공간이 있어야만 들어가는 치간칫솔보다는 어디에나 적용할 수 있는 치실을 좀 더 보편적으로 설명하였을 것이다.

그러나 치실의 효용이 크게 입증된 것은 아니라는 논문이 유럽 치주학회(11th European Workshop in periodontology)에서 발표되었는데, 그 내용을 추리면 다음과 같다.

『 "치실은 치주염환자의 플라그를 제거하거나 염증을 줄여주는데 효과적이지 않다."

"치간 칫솔은 건강한 치은과 치주부위가 아니면 치아 사이를 외상없이 통과할 수 있다."

"우리는 치은염 환자에게 치실 대신 치간 칫솔을 추천하고, 치주염이 있었던 환자에게는 각 치아 사이의 공간에 맞게 치간 칫솔을 추천해야 한다."

알고 계신가요?

이는 앞으로 구강보건전문가가 환자에게 구강위생을 실천할 수 있도록 관리해주고 조언하는 방식에 변화를 예고한다.

그러나 오랜 시간 우리에게 자리 잡힌 치실도 그 역할은 있음을 강조하였다.

"결론적으로 우리는 이번 워크샵을 통해 치실 사용에 대한 근거는 없다. 다만, 치간 칫솔 사용과 치은염과의 관련성에 대한 근거만이 확보되어 있을 뿐이다."라고 밝혔다.

번역 - 전북대학교 치과대학 예방치과학교실 홍진실, 김주연

[원문] No evidence flossing benefits patients with gingivitis or Periodontitis - European workshop in Periodontolgy. (Nov. 2014)

⊙ 오래된 구강용품으로서 치실이 우리에게 자리 잡고 있는 것은 맞다. 그러나, 우리는 책임감을 가지고 환자에게 구강보건교육을 하는 사람들로서, 환자의 건강한 구강건강을 위한다면 건강한 치은, 치은염과 치주염 대상자 각각 개인의 상황에 맞는 교육을 고민해 보는 점은 충분히 필요한 부분으로 생각된다.

순서 (마지막날)	환자에게 해야 할 말
(1) 둘째 날, 셋째 날과 동일하게 하고 다시 한 번 더 잇솔질을 강조해서 설명을 드리고 사진과 방사선 사진을 촬영하도록 한다.	"○○○님 처음보다 얼마나 좋아지셨는지 사진을 찍어 보겠습니다. 다음 내원하실 때 처음과 비교해서 보여드릴 것입니다."
(2) 만족도를 파악하기 위한 설문을 한다.	"○○○님 저희 프로그램이 어떠셨는지 알기 위해 설문을 하고 있습니다. 작성해 주시면 고맙겠습니다."
(3) 다음 내원일을 약속한다. (1주일 후)	"○○○님 1주일 후 체크 및 사진을 보여드리기 위해 약속을 잡아 드리겠습니다."

순서 (체크)	환자에게 해야 할 말
(1) 초진 상태와 나중 상태를 비교해서 보여 드리고 잇솔질을 잘 하실 수 있다는 점을 강조해 준다.	"○○○님 처음에는 이랬는데 지금은 이렇게 많이 좋아지셨습니다. 여기서 끝내는 것이 아니라 더 잘 관리하셔서 지금보다 나빠지지 않도록 하셔야 합니다. 그러기 위해서는 저희가 알려드린 방법으로 잇솔질을 하시고 치간칫솔과 치실을 잘 활용하셔야 합니다. 그리고 저희가 정기적으로 검진해 드릴테니 나오셔서 검진 받으시면 됩니다."

2) 스탭이 반드시 알아야 할 사항

① 구취나 bleeding, 잇솔질 횟수, 치면 착색 정도 등 시술하면서 환자의 전 사항을 자세히 기록한다.

② TPM(tooth pick method) 과정 중에 환자가 잇솔질이 익숙해졌을 때 스케일링하도록 한다.

③ 환자의 기분이나 잇솔질, 횟수 등 나아지는 정도를 잘 기록해 둔다.
(환자와 많이 이야기도 하고 친숙해져서 많은 정보를 알아내도록 한다)

④ 잇솔질이 잘 안 되었다고 지나치게 환자를 나무라진 않는다.

⑤ 잇솔질 교육의 목적은 잇솔질이 잘 안 되는 환자를 나무라기 위함이 아니고, 환자가 올바른 잇솔질을 습득할 수 있도록 인도하는 것이다.

memo

47 러버댐 장착

1 : 준비물

그림 47-1 기본세트

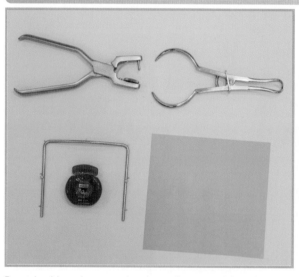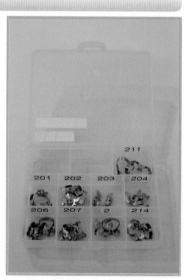

Dental rubber dam punch, clamp forcep, rubber dam sheet, dental rubber dam frame, dental floss, clamp.

2 : 러버댐 사용의 장점

① 불필요한 감염을 막아준다.
② 치료 시 생기는 치아 잔사나 NaOCl, 산부식제 같은 약제가 환자에게 직접 접촉되는 것을 막아준다.
③ 치과기구나 재료, 약품 등을 삼키거나 들여 마시는 것을 막아준다.
④ 신경치료와 같이 치수가 노출되는 치료를 하는 경우 치수강이 구강 내 세균으로

오염되는 것을 막아준다.

⑤ 충치치료 시 습기를 막아주어 충치치료의 성공률을 높인다.

⑥ 시술 부위에 확실한 시야확보를 해 줌으로서 진료의 효율성을 높이고 진료시간을
단축시킨다.

3 : 러버댐 구성품

그림 47-2 Rubber dam sheet

그림 47-3 Dental rubber dam frame

▶ 러버댐을 팽팽하게 당겨서 치료대상 치아에
러버댐을 고정시키는데 사용

그림 47-4 Dental rubber dam punch

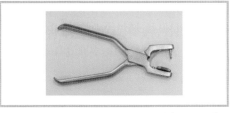

▶ Clamp가 위치할 구멍을 뚫는데 사용(hole 크기)

No.1: 하악 전치   No.2: 상악 전치

No.3: 소구치와 견치

No.4: 구치와 가공의치의 지대치

No.5: 최후방치아와 긴 계속가공의치

그림 47-5 Clamp

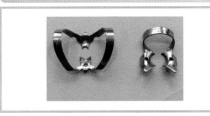

▶ 크롬이나 니켈 도금강으로 되어 있으며, 치아에
걸어서 러버댐을 고정시키는데 사용

그림 47-6 Clamp forcep

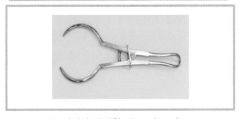

▶ Clamp를 걸거나 제거할 때 쓰이는 기구

그림 47-7 Dental floss(치실)

▶ Clamp를 삼키게 되는 사고를 방지하는데 사용하거
나 여러 치아 치료 시 러버댐이 치아 사이에 잘
들어가도록 하는데 사용

4 : Clamp의 구조

① Bow (활모양으로 구부러진 부분): 러버댐 밖으로 튀어나오게 되는데, 악궁에서는 제일 뒤쪽에 오게 해야 한다.

② Jaw (치아를 꽉 집는 부분): 갈퀴모양으로 되어 있으며, 갈퀴가 치아에 꽉 맞물려지게 위치시켜 움직이지 않게 해야 한다.

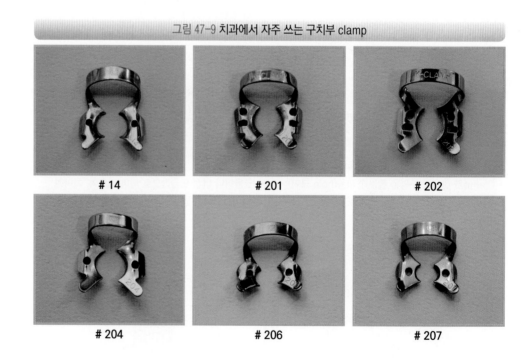

그림 47-8 Clamp의 구조

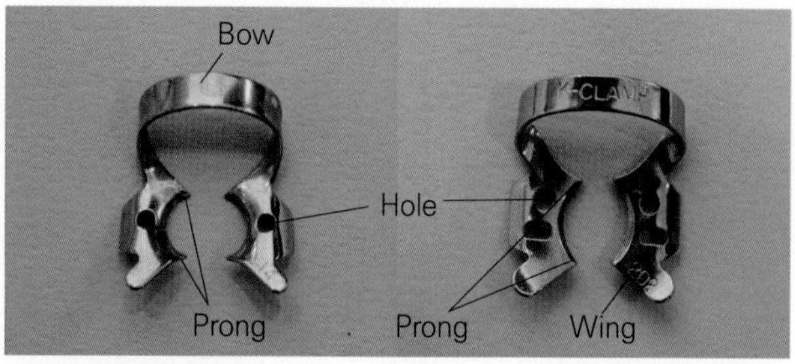

그림 47-9 치과에서 자주 쓰는 구치부 clamp

14   # 201   # 202

204   # 206   # 207

5 : 다양한 clamp의 종류

그림 41-10 다양한 영구치 클램프

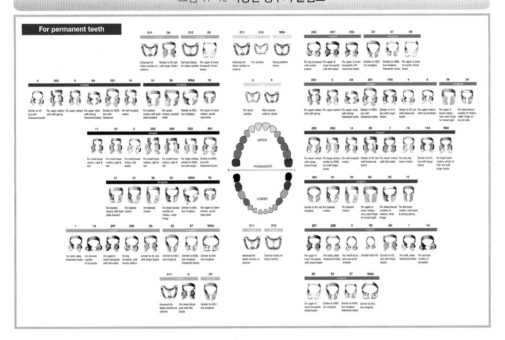

6 : Clamp 위치

① Jaw의 위치는 치아의 치경부측의 최대풍융부의 직하방이나 약간 아래쪽의 법랑백악질경계부(CEJ)에 위치하게 한다.

② 잘못 위치시킬 경우 치아에서 용수철처럼 미끄러져 튕겨나가 환자나 술자가 다칠 수 있다.

7 : 러버댐 장착 순서(예: 하악 제1대구치 One-step method)

순서	사진
(1) 면봉을 이용하여 환자의 구각 주위에 바셀린을 바른다.	그림 47-11 입술에 바세린 바르기 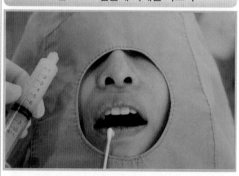
(2) Clamp를 선택하고 rubber dam sheet의 대상 부위에 punching한다. 하악 제1대구치 : 러버댐을 가로로 2등분한 후 세로로 3등분하여, 왼쪽은 제1대구치, 오른쪽은 제2대구치용으로 구멍을 뚫는다.	그림 47-12 대상 부위 punching 
(3) 치료할 치아에 clamp를 시적하고, clamp bow에 치실을 묶는다.	그림 47-13 Clamp bow에 치실을 묶기 
(4) Clamp의 bow를 원심을 향하도록 잡고 치아에 장착한다.	그림 47-14 Clamp의 bow를 원심을 향하도록 잡고 치아에 장착 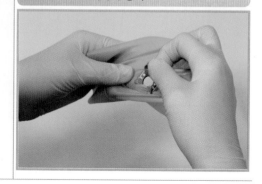

(5) Rubber dam sheet를 frame에 팽팽하게 고정하고. Clamp bow에 걸려 있는 치실을 협측으로 하여 frame에 묶고 rubber dam sheet가 접촉점 하방으로 들어가게 한다.

그림 47-15 **치실을 협측으로 하여 frame에 묶는다.**

(6) 해당 진료가 마무리되면 Clamp와 러버댐을 제거한다.

그림 47-16 **Clamp와 러버댐을 제거**

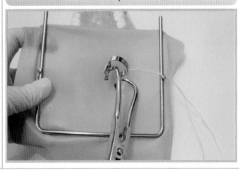

8 : 러버댐 장착 시 주의사항

1) 구멍의 크기와 간격

① 노출시키려는 치아의 크기에 맞추어 주어야 한다.
② 일반적으로 구멍 사이의 간격은 가장자리에서 가장자리까지의 거리가 3.0~ 3.5 mm가 되게 뚫는 것이 적당하다.

2) 구멍 크기와 구멍 사이의 간격 차에 의해 발생되는 문제

① 구멍이 너무 크면, 구멍을 통해 침이 스며 올라올 수 있다.
② 구멍이 너무 작으면, 치아 위로 쉽게 끼울 수 없게 된다.
③ 구멍을 너무 가까이 뚫으면, 러버댐이 당겨지거나 찢어질 수 있다.
④ 구멍을 너무 넓게 뚫으면, 치아 사이에 너무 많은 러버댐이 들어갈 수 있다.

3) 러버댐 장착 시 환자가 불편할 수 있는 상황

① 치아가 짧은 경우 클램프를 잇몸까지 내려가서 쪼여, 굉장한 불편감이 일어날 수 있다.
   장착 시에 잇몸이 눌리지 않게 주의하자.
② 타액 양에 따라 침이 환자 구강 내에 계속 고일 수 있다. 러버댐에 가려져 보이지 않으니, 진료 시간이 늘어나면 틈틈이 체크하여 썩션 하도록 하자.

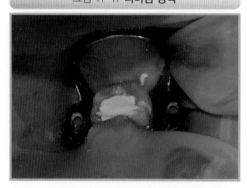
그림 41-17 러버댐 장착

매트릭스 밴드와 웨지

1 : 매트릭스 밴드 장착

복잡와동 형성 후 수복 시의 충전조작을 용이하게 하고, 외형이 재현되도록 복잡와동을 단순와동으로 재형성시키는 방법

1) 장점

① 충전을 간편하고, 용이하게 함
② Condensation을 완전히 할 수 있음
③ 시간, 노력을 절약
④ 방습에 도움이 됨
⑤ 외형 형성이 쉬워짐

2) 기능

① 복잡한 와동을 단순와동으로 바꿔줌
② Contact point 개선
③ 충전재가 인접면 부위에서 overhang되는 것을 막아줌

3) 조립단계

그림 48-1 Matrix retainer

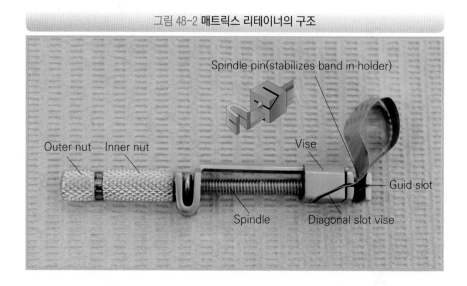

그림 48-2 매트릭스 리테이너의 구조

그림 48-3 매트릭스 밴드 윙이 있는 것

그림 48-4 매트릭스 밴드 윙 없는 것

① 치료할 치아의 크기와 와동의 깊이에 맞게 적당한 밴드를 고른다.

② Retainer의 사선 모양의 slot이 보이게 잡고서 vise의 diagonal slot으로 spindle의 끝부분이 보일 때까지 outer nut을 시계방향으로 돌린다.

③ Inner nut을 시계반대방향으로 돌려서 vise가 guide slot의 옆에 오도록 한다.

④ 밴드의 끝부분을 마주 잡아 고리모양을 만든다.

⑤ 사선 모양의 slot이 자기쪽을 향하게 하여 마주 잡은 밴드를 diagonal slot으로 위치시킨다.

⑥ 교합면쪽이 더 큰 원이고, 치은쪽이 더 작은 원쪽임을 확인하고 밴드를 고정한다.

⑦ Outer nut를 시계방향으로 돌려서 밴드를 vise 안에 단단히 고정시킨다.

⑧ 필요한 경우 치경의 손잡이로 밴드의 고리 안을 둥글게 만난다.

⑨ Inner nut를 돌려서 밴드 고리의 크기를 조절한다.

⑩ 수복재를 충전한다.

⑪ Outer nut를 풀어주고 retainer에서 밴드가 빠지게 된다.

4) 치아 위치별로 밴드를 장착한 모습

그림 48-5 하악 우측

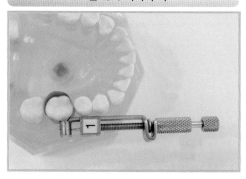

그림 48-6 하악 좌측

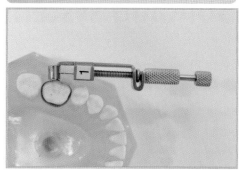

그림 48-7 윙 있는 밴드 사용(distal 부위 깊을 때 용이)

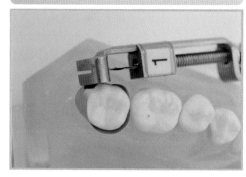

그림 48-8 매트릭스 리터이너에 밴드 장착

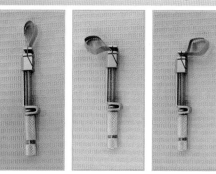

2 : Wedge

① 매트릭스가 치경부에 견고하게 고정해서 충전압에 견디게 함
② 매트릭스 두께에 의해 생길 수 있는 contact point 틈새 방지

그림 48-9 Wedge

49 Bonding system

1 : Bonding system의 종류 및 특성

　　상품으로 나온 bonding system의 종류는 매우 많다. 이렇게 많은 종류의 bonding system 의 사용법을 모두 설명하는 것은 불가능하므로 여기서는 치과에서 대표적으로 많이 사 용하고 있는 bonding system 몇가지를 소개하고자 한다.

제품이름	사용법	특성
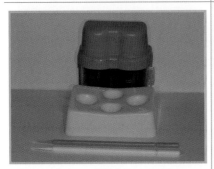 Single bond universal (3M)과 microbrush	(1) 에나멜과 덴틴에 도포한다. (2) Air를 사용하여 5초간 부드럽게 얇게 펴서 용제를 증발시킨다. (3) 5초간 광중합한다. *휘발성이므로 사용 후 바로 뚜껑을 닫아놓는다.	– Total etch와 self etch 그리고 selective enamel etch까지 모두 사용 가능. – 수분이 있는 덴틴도 사용 가능. – 술후 민감증이 적다. – 마진이 적합도와 높은 심미성 – 한 번의 절차와, 한 번의 코팅으로 끝남. – 높은 본딩력으로, 프라이머 없이 사용 가능.
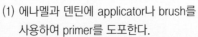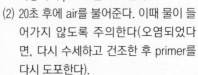 SE Bond (Kuraray/일본)와 microbrush	(1) 에나멜과 덴틴에 applicator나 brush를 사용하여 primer를 도포한다. (2) 20초 후에 air를 불어준다. 이때 물이 들 어가지 않도록 주의한다(오염되었다 면, 다시 수세하고 건조한 후 primer를 다시 도포한다). (3) 새로운 applicator나 brush를 이용하여 bond를 도포한다. (4) 바로 air를 서서히 불어준다. (5) 10초간 광중합한다.	– 에칭 단계가 필요 없는 자가 etching 본딩제이다. – 광중합형 레진, 컴포머, 포세린, 메탈의 접착제로도 사용되며 치경부 마모증 및 crown prep으로 인한 지각과민 처치에 도 효과적이다. – Singbond에 비하면 술자의 숙련도에 덜 민감해서 고른 결합력을 보여준다.

제품이름	사용법	특성
 Clearfil S-bond (Kuraray/일본)와 microbrush	(1) 술식부위를 완전히 건조시킨다. (2) 에나멜과 덴틴에 본드를 도포한다. (3) 20초 후 강한 air로 건조한다(5초간). (4) 10초간 광중합한다.	– 에칭, 프라이머, 본딩이 통합되어진 one-step bonding 시스템이다.
 One-step bond (Bisco)와 microbrush	(1) Etching이 끝난 후 남아 있는 물기를 철저히 제거한다. (2) 전체 와동에 최소 2회 정도 도포한다. (3) Air로 용제를 증발시킨다. (4) 10초간 광중합한다.	– Composite으로 만들어진 base나 liner 와 함께 사용할 수 있으며 GI와도 함께 사용할 수 있다. – One-step에 있어 air dry는 가장 중요한 요소이므로 각별히 주의하도록 한다.

🔍 알고 계신가요?

■ Bonding을 아껴 씁시다.

Bonding system은 작은 용기에 비해서 낭비가 심한 소모성 재료이기도 합니다. 2018년 기준으로 single bond는 132,000원, SE bond는 138,000원, AQ bond 는 139,000원입니다. Bonding system마다 용량에 차이는 약간 있지만 한 bottle 당 대략 15~20방울 정도 나옵니다. 대략 한 방울에 적게는 6,600원에서 많게는 9,200원 정도 된다는 거죠.

한 방울이 한 끼 식사와 맞먹는 가격이라는 걸 아신다면 한 방울 한 방울 아껴 써야겠 죠! 대부분의 bond가 휘발성이기 때문에 사용 후 뚜껑을 꼭 닫아야 한다는 것도 잊 지 마세요.

50 레진치료

본장에서 주의깊게 보아야 할 내용은 레진치료에 대한 전반적인 술식보다는 해당 치과에서 사용하는 제품의 사용설명서를 꼭 확인 후, 적합하고 올바른 방법으로 적용하도록 하자.

1 : 구치부 레진치료

1) 준비물

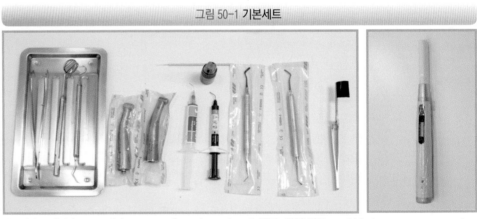

그림 50-1 **기본세트**

Handpiece(high-speed, low-speed), etchant, bond, 레진, 레진 기구, carbide bur, spoon excavator, resin polishing bur, strip (인접면 우식의 경우), micro brush, 교합지, light gun

2) 진료순서 및 해야 할 말

순서 (둘째날)	환자에게 해야 할 말
(1) 충치 부위를 bur와 spoon excavator를 이용해서 제거한다. 물리적 접착력을 높이기 위해서 low-speed handpiece를 이용하여 접착면을 거칠게 해주는 것이 좋다.	"조금 시릴 수 있습니다. 많이 시리면 왼손을 살짝 들어 알려주시기 바랍니다."
(2) Etchant를 치료부위에 바른다.	"치아에 혀를 대시면 안 됩니다."
(3) 20초 정도 후 물로 깨끗하게 씻고 건조시킨다.	"물이 많이 나옵니다." "기계가 다 빨아들이니 코로 숨 쉬시면 됩니다."
(4) Bond를 바른 후 광중합한다. (SE-bond를 사용할 때는 etching을 생략하고 primer를 바르고 30초 후에 bond를 바르고 광중합한다.)	그림 50-2 Bond 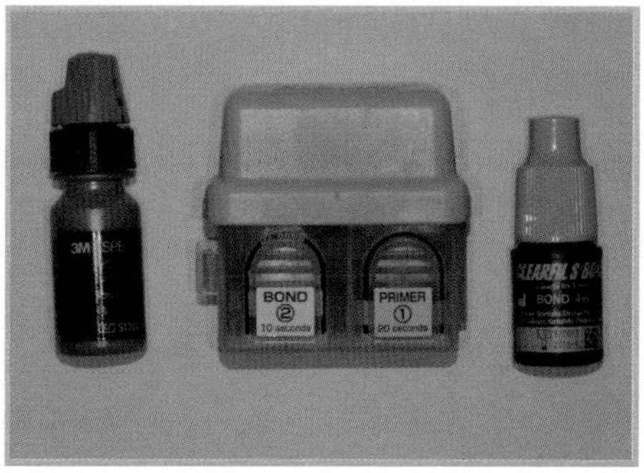 (왼쪽부터) Single bond, SE bond, Clearfil S3bond
(5) 레진 기구를 이용하여 레진을 와동 내에 다져 넣고 광중합을 20초 정도 해준다.	그림 50-3 광중합 레진 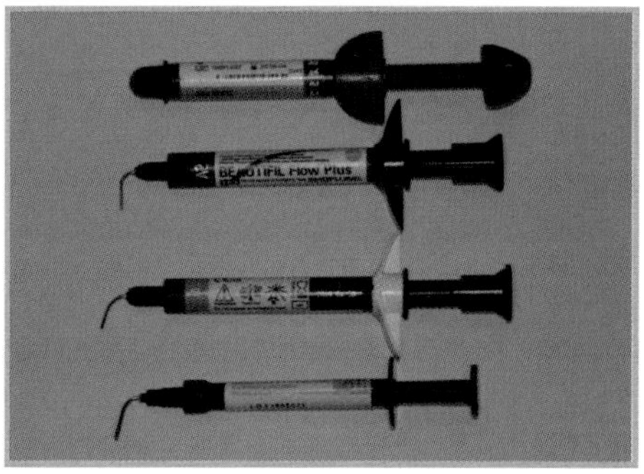 Unfil flow – GC Beautiful injectable – SHOFU INC. Beautiful flow plus – SHOFU INC. Filtek Z250 – 3M
(6) Polishing 한다.	"부드럽게 다듬어 드릴께요." "놀라지 마세요."
(7) 시술 부위를 거울로 확인시켜 드리고, 오래 사용하다 보면 조금씩 닳아질 수 있고, 경계부에서 변색이 될 수 있음을 설명드린다.	"이 색이라 잘 안 보이실 텐데 이 부위가 방금 치료한 부위입니다." "오늘 고생 많으셨습니다."

3) 주의사항

① Light gun의 tip 끝 부분은 진료 후 반드시 닦아줘야 한다.
② Micro brush는 사용 후 버린다.
③ 구치부에서 2면 이상일 경우는 resin 치료를 피하는 것이 좋다.

2 : 치경부 및 전치부 레진 치료

1) 치경부 치료(Cervical abrasion)

(1) 준비물

그림 50-4 Gingival cord, cord packer, 나머지는 구치부 레진과 동일

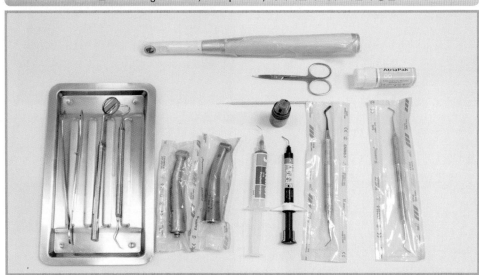

(2) 진료 순서

구치부 레진 충전과 동일하나 시술 전에 미리 해당치아에 도포마취 또는 필요 시 마취 후 cord packing을 먼저 한다.

2) 전치부 치료: 앞니 사이 충치(Proximal caries) / 치간이개(Diastema)

(1) 준비물

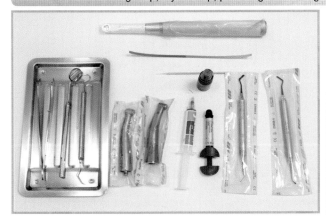
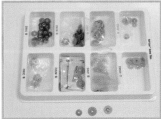

그림 50-5 Polishing strip, mylar strip, polishing disc. wedge, 나머지는 구치부 레진과 동일

(2) 진료 순서

① 구치부 레진 충전과 동일하나 앞니 사이 치료나 치간 이개의 경우 mylar strip을 사용해서 충전한다.

② Polishing disc나 polishing strip을 사용하여 치아모형을 바로잡고 수정한다.

(3) 주의사항

– 레진충전의 부위가 넓거나 절단면인 경우 레진 탈락의 가능성이 높으므로 환자에게 설명한다.

(4) 전치부 레진의 장점

① 한 번에 치료가 마무리될 수 있다.

② 치아의 삭제를 적게 하여 치료할 수 있다.

③ 비용의 부담을 덜 수 있다.

(5) 전치부 레진의 단점

① 치아의 색을 완벽하게 재현할 수 없다.

② 백태나 반점이 있는 전치부의 shade를 다 표현하기 어렵다.

③ 변색이 되기 쉽다.

④ 절단면이나 부위가 큰 경우는 탈락의 가능성이 높다.

51 신경치료

1 : 신경치료의 순서 및 준비물

순서	준비물	환자에게 해야 할 말
(1) 진단-방사선 촬영	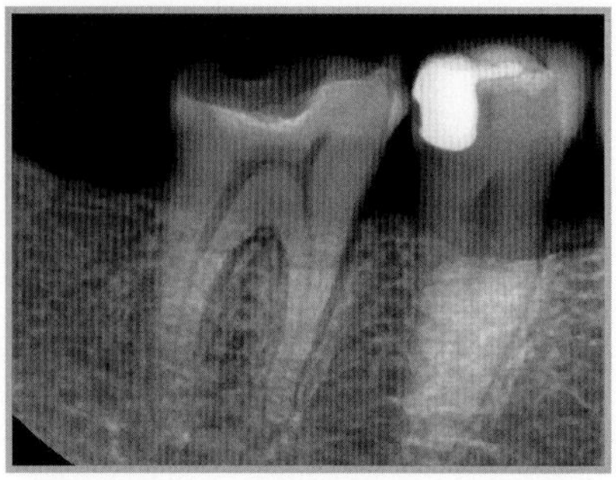 치근단 사진(apex까지 다 나오도록 촬영한다.)	"오늘 치료하실 부위 방사선사진 먼저 찍 겠습니다."
(2) 마취 & 러버댐 장착	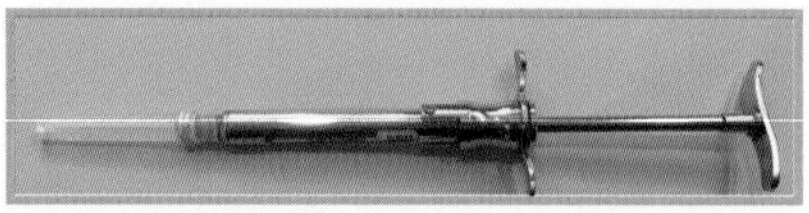 Ample과 needle이 끼워진 Injection syringe 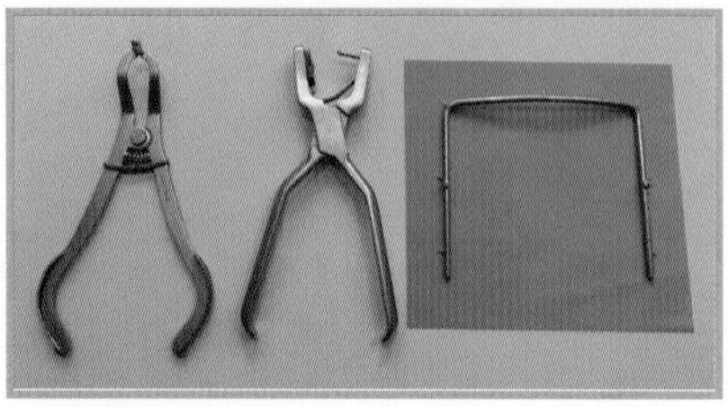 (왼쪽부터) Clamp forcep, punch, rubber dam sheet, rubber dam holder 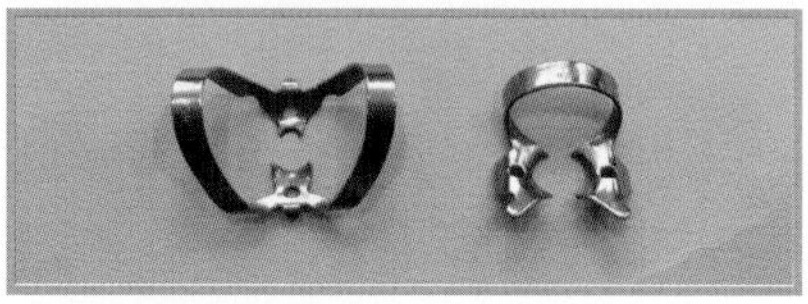 적용될 치아마다 다른 크기의 clamp	"마취해 드리겠습니다. 조금 따끔하실 거 예요. 놀라지 마세요." "입안으로 약물이나 물이 들어가지 않도록 고무 같은 것을 끼우고 진료하실 겁니다. 치아에 조이는 느낌이 좀 있으실 겁니다."

순서	준비물	환자에게 해야 할 말
(3) 치수강 개방(A.O) & occlusal reduction	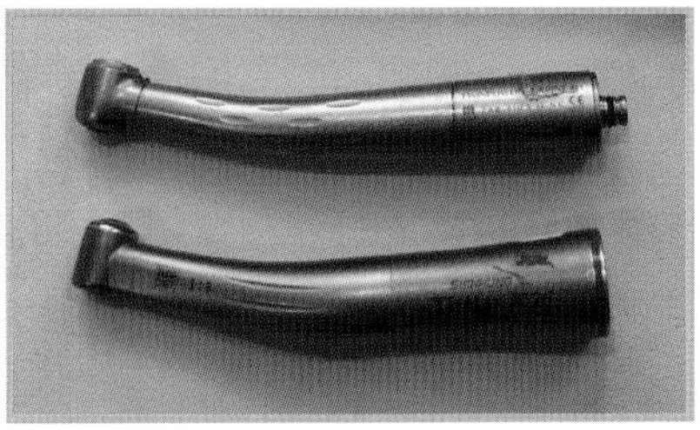 Handpiece, contra angle  File 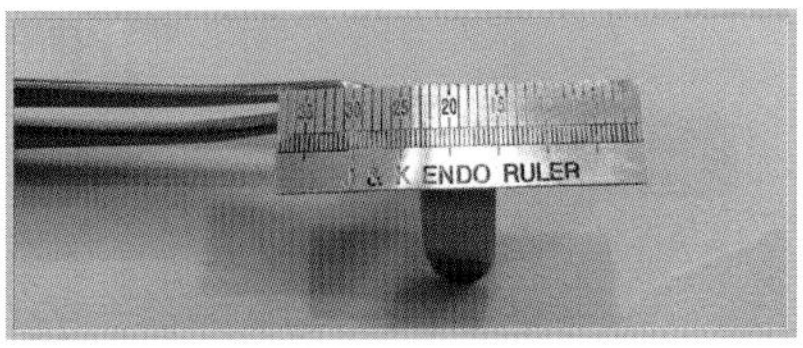 Ruler	"물이 나옵니다. 시리시거나 아프시면 왼손 들어주세요." "입안에 침이 고이거나 물이 고여 있으면 왼손 들어주세요. 빼드리겠습니다."
(4) 치수강 확대	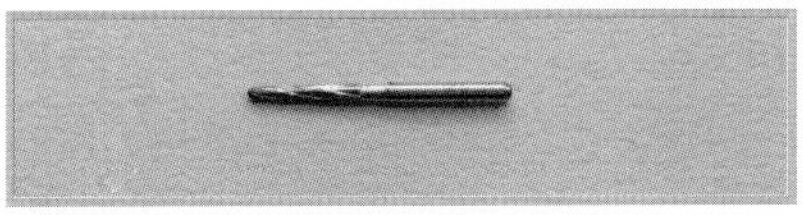 Endo Z bur	
(5) 발수 & Orifice 확인 및 확대	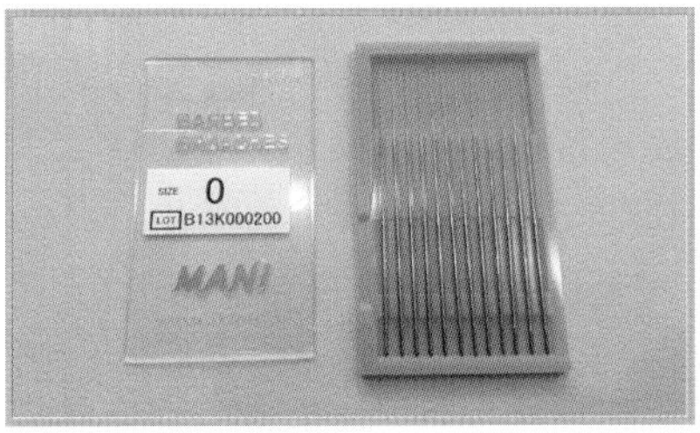 Barbed broach 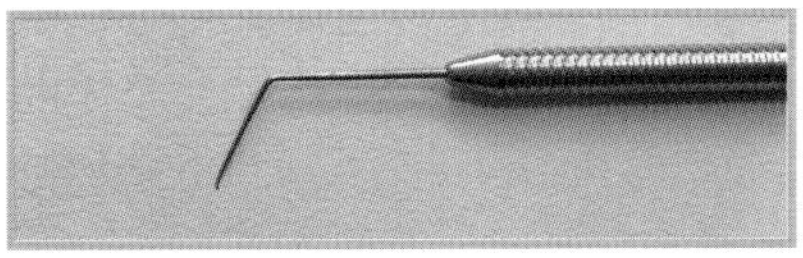 Endodontic explorer 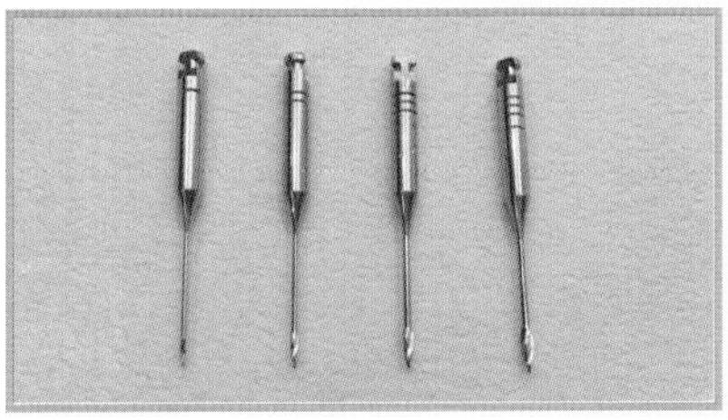 GG bur (gate glidden bur)	"울리는 느낌 있습니다. 놀라지 마세요."

순서	준비물	환자에게 해야 할 말
(6) 근관장 길이 측정	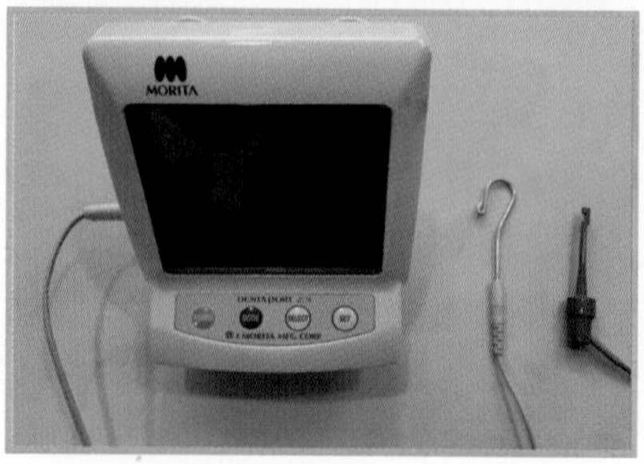 **전자 근관장 측정기(ROOT ZX)** - 전원을 먼저 켠다. - 전자 근관장 측정기의 고리를 환자 입술 한쪽에 걸어드린다.	"신경관 길이 측정을 하실 거예요. 입술에 고리를 좀 걸어 드리겠습니다."
(7) 방사선 촬영 (필요 시)	- 길이 측정을 위한 방사선사진 촬영	"입안에 기구가 들어 있으니 다물지 마시고요. 정확한 측정을 위해 방사선 사진을 찍겠습니다."
(8) 근관 확대, 성형	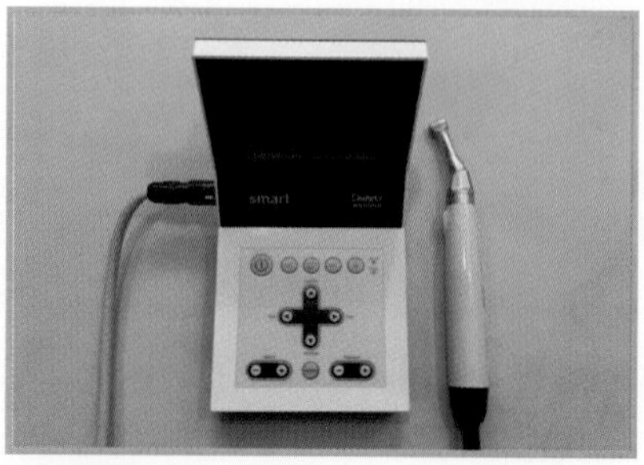 **엔도 엔진** 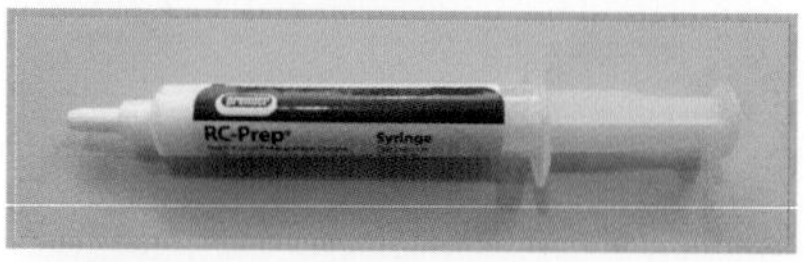 **RC PREP** 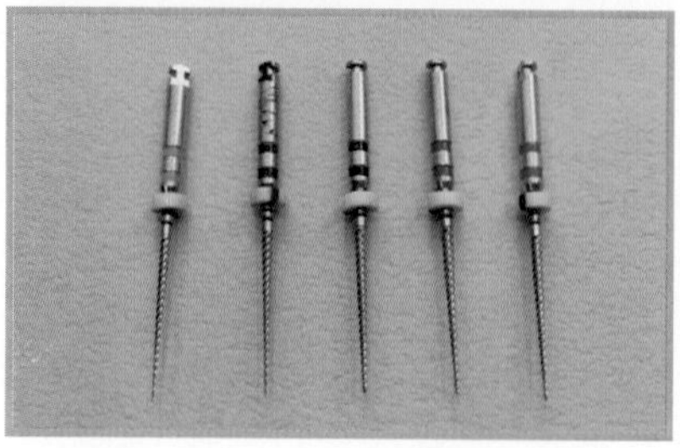 **Pro-file** 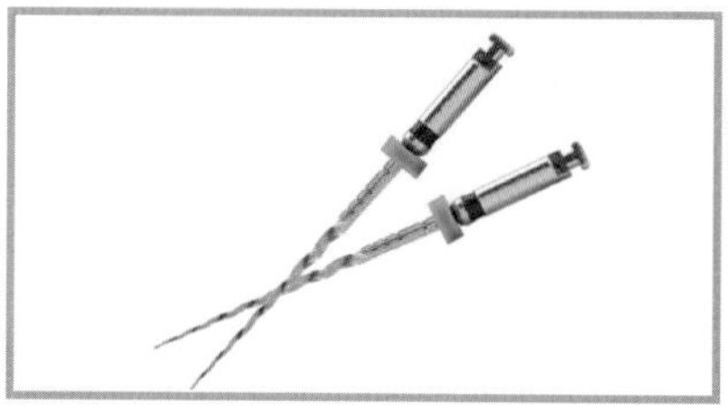 **Ni-Ti file**	"입안에 기구가 긴 것이 들어갑니다. 다물지 마시고 아~ 하고 계세요."

순서	준비물	환자에게 해야 할 말

 알고 계신가요?

■ Ni-Ti file 재사용 가능 제품과 1회용 제품 구별

2017년 12월 정부가 갑자기 치과용 Ni-Ti file의 재사용 '감시의 칼'을 빼든다는 보도가 있었다.
원칙적으로 Ni-Ti file은 재사용을 할 수 있도록 허가 받은 것을 제외하고 일회용으로 허가 받은 Ni-Ti file의 경우 재사용을 하게 되면 불법이다. 그러나 재사용과 1회용으로 허가 받은 제품이 큰 차이가 없다는 것이 개원의들의 의견이다. 또한 Ni-Ti file은 재료비에 비해 보험수가가 낮다보니 재사용이 개원가에선 일반적인 현상으로 이러한 보도는 치과계가 혼란에 빠질 수밖에 없다.
현재까지 알려진 허가 제품의 종류는 다음과 같다.

〈재사용 가능〉

Profile, Reciproc, Pathfile, Protaper Universal, Protaper Gold

〈일회용〉

Protaper Next, Waveone Gold, Waveone Gold Glider, Reciproc Blue, ProGlider
특히 일회용 Ni-Ti 파일의 경우 의료기기법에 의거해 제품의 외관 또는 포장에 '일회용', '재사용 금지' 등의 표시가 기재되어 있으니 확인하고 사용하자.

＊ 허가사항 확인

식품의약품안전처 홈페이지(http://mfds.go.kr)

(9) 근관 세척

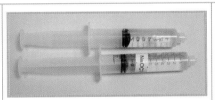
Irrigation Syringe - Saline, NaOCl

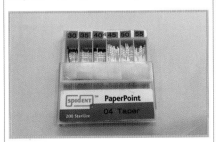
Paper point

Metal suction tip

(NaOCl 사용 시)
"입안에 안 좋은 맛이 나면
바로 왼손 들어주세요."

순서	준비물	환자에게 해야 할 말
(10) 근관 충전	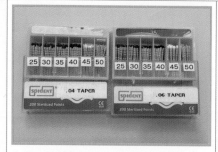 G-P cone (필요 시 accessary cone)  Plugger (필요 시 spreader)	"오늘 신경치료 마무리할 겁니다."

Sealer 예)

AH26, AH Plus

Sealapex

Alpha, beta gun

- 사용하기 5분 정도 전에 전원을 킨다.
- 온도눈금을 200도 끝까지 올려놓는다.
- 사용 시에는 환자 입술에 닿지 않도록 주
  의 한다.

"약간 꾸욱 누르는 느낌이 있을 수 있습
 니다."

순서	준비물	환자에게 해야 할 말

알고 계신가요?

1. 'MTA' 라는 충전재도 있다!

MTA

'치과용 시멘트' 라고도 불리는 MTA는 뿌리 끝을 메우는 밀봉능력이 뛰어나므로 근단 염증이 심하거나, 예후가 좋지 않은 신경치료 케이스에 한하여 사용하는 근관 충전재이다.

비용은 비급여로 보험적용이 되지 않는 점도 알아두자.

– 비급여로 환자에게 적용될 시에는, 반드시 미리 수가표로 확인 시켜드리며 책정된 비용을 [고지, 설명, 환자의 동의]의 과정이 필요하다.

2. 신경치료 시 사용되는 vitapex / calcipex 도 있다!

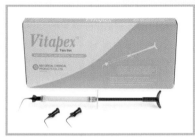

Vitapex

Calcipex

두 제품 모두 수산화칼슘제재의 근관임시충전재이다.

근단에 염증이 있거나, 삼출액이 계속 나오는 근관 또는 감염근관 등에 적용한다. 근관 내의 세균을 최소화하여 뿌리 끝 염증을 줄이고, 주변 뼈의 경조직화를 돕기 위해 사용된다.

방사선 불투과성으로 주입 후 사진을 통해 확인이 가능하다.

☞ vitapex / calcipex 차이점은?

1) vitapex : 제거가 어렵다.

　　– 지용성으로 제거 시 file이 필요하다.

　　– 유치의 신경치료 시 영구 근관충전재로 사용하기도 한다.

2) calcipex : 제거가 쉽다.

　　– 수용성으로 근관 소독 시 제거가 가능하다.

---

(11) 최종 방사선

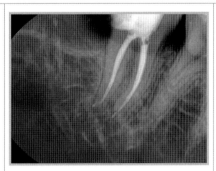

충전 당일 X-ray 사진 촬영

– 이때 반드시 apex까지 다 나오도록 촬영한다.

"신경치료는 끝나셨습니다.
　마무리 방사선사진 찍어 드릴께요."

순서	준비물	환자에게 해야 할 말
(12) 임시충전	 Stopper, caviton, cotton pallet **임시충전한 치아** 신경치료 과정은 여러 단계에 걸쳐 진행하는 경우가 많다. 이 단계마다 소독 중인 근관이 오염되지 않도록, 임시충전을 시행한다. – 완전히 밀봉되도록 pallet으로 말끔히 정리한다. – 교합면의 높이가 높아지지 않도록 주의한다. – 밀봉재의 두께가 너무 얇아지지 않도록 조절한다.	"보이는 재료는 임시 충전재입니다. 굳을 때까지 30분 식사하지 마세요. 재료가 굳은 뒤에도 빠지지 않도록 식사에 주의하세요."
(13) Core & post	 **소구치 casting post setting 사진** 신경치료 완료가 확인이 되면 core용 resin을 mix하여 filling한다. 치질이 적은 경우 post & core filling을 하고 치근만 남아 있는 경우 casting post를 제작한다.	

2 : 신경치료 중 스탭이 환자에게 신경 써야 할 것들

① 신경치료는 canal을 최대한의 멸균 상태로 만드는 치료임을 유념하자. 임시충전제 제거 후 소독 중인 canal에 타액이나 이물질이 들어가지 않도록 cotton roll을 주변 치에 물려드리고 기다리시는 등, canal의 멸균상태를 유지해주는 것도 중요한 사항이다.

② Canal irrigation 시 metal suction tip을 canal 바로 옆에서 suction하여 환자 입안으로 NaOCl이나 saline이 흘러들어가지 않도록 한다.

> ※ 간혹 NaOCl이 환자 옷에 튀어 변색되는 경우가 있는데, 이런 경우 변상 문제로 환자와 불편한 상황이 되는 경우가 있다. NaOCl은 시린지에 미리 담아 두면 팁이 막힐 수 있으니 사용 시 그때 그때 담아서 안전하게 사용하는 것이 필요하다.

③ 진료 시 file이나 여러 가지 엔도기구 사용으로 입을 크게 벌리고 있어야 한다. 이때 환자가 입을 다물지 못하게 하는 것도 치과위생사의 역할이다.

④ 신경치료는 치과치료 중에서 환자들이 제일 치료하기 싫어하는 부분 중 하나이다. 통증이나 치료기간이 긴 것 등으로 인해 환자가 불만을 얘기하지 않도록 환자를 달래면서 치료하는 것이 중요하다

⑤ 신경치료 기간 중 중단하는 환자가 생기므로 반드시 신경치료를 마무리해야 하는 중요성을 강조한다.

⑥ 신경치료 기간 중 중단하는 환자가 생기게 되면 전화로 다시 한 번 신경치료를 마무리해야 하는 중요성을 강조하고 약속을 잡아준다. 연락을 받지 않는 경우 문자 메시지 전송으로 내용을 전달하는 등 환자관리에 신경 쓴다.

271

52 Core & Post

1 : Core

Core의 종류에 따른 사용법과 특성

Resin core도 bonding system과 마찬가지로 많은 제품들이 있기 때문에 여기서 모든 제품들의 사용법과 특성을 언급하기에는 무리가 있다. 많이 사용하는 대표적인 resin core의 종류에 대한 사용법과 특성에 대해 간략히 알아보도록 하겠다.

제품이름	사용법	특성
 Core paste (Denmet)	(1) 와동 내를 에칭한 후 깨끗이 세척한다. (2) 방습하고 건조시킨 후 bonding(Single bond 또는 one-step bond)을 바른 후 10초간 광중합한다. (3) Core paste의 BondLink Bond Enhancer를 바른다. (4) Core paste A와 core paste B를 동량 mix하여 tip에 담고 gun에 넣어 와동 내 filling한다. (5) 5분간 self-curing한다.	– 자연치의 강도를 지닌 core 재료로 지대치 삭제 시 유리 – Cast post의 사용이 필요없고 Prefabricated Post와 함께 사용 가능 – Syringeable Paste로서 치아 내벽에 잘 위치되고 기포가 발생하지 않음 – 화학중합형으로 완벽한 중합을 보장 – PFM, Gold Crown 내부에는 White Color를 사용하고, Tooth Colored restoration 하방에는 Dentin 또는 Enamel Shade를 사용
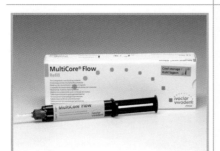 MultiCore Flow (IVOCLAR)	(1) 와동 내를 에칭한 후 깨끗이 세척한다. (2) 방습하고 건조시킨 후 bonding(Single bond 또는 one-step bond)을 바른 후 10초간 광중합한다. (3) MultiCore Flow를 짜서 와동 내에 filling한다. (4) 40초간 광중합한 후 5분간 self-curing한다.	– 20년 동안 임상으로 입증된 TetricCeram의 Composite – Dentin 표면에 최적의 Adaptation – Dentin의 강도와 유사해 조각하기 편함 – 두 가지 점도로 모든 임상에 시술에 자신감 확보 – Heavy Body는 수복 시 기구에 전혀 붙지 않음 – Flow Type은 포스트 시술 시 접착시멘트로 사용 가능 – 두 가지 중합 옵션으로 시술의 편리성 도모

제품이름	사용법	특성
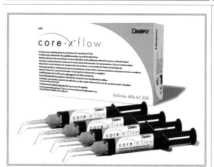 Core x-flow (Dentsply)	(1) 와동 내를 에칭한 후 깨끗이 세척한다. (2) bonding을 바른다. (3) curing한다. (4) mixing tip으로 자동믹스하여 와동 내에 적용한다. (5) curing한다.	− Auto mix 타입의 시린지로 구성되어 있어, 사용하기에 용이 − 높은 filler함유량을 가진 레진 코어 빌드업과 포스트−시멘테이션 용 레진 − 생체친화성 높은 우레탄 레진. 치아 색상을 제공

2 : Post

Post 종류에 따른 특성

제품이름	특성
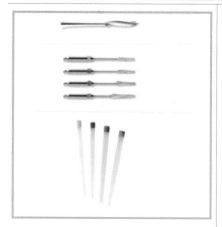 X-POST (DENTSPLY)	− 덴틴과 유사한 탄력성 − 덴틴 삭제 최소화 − 안정적인 build up − 평행하게 밀집된 glass fiber가 균열과 파절을 방지 − Root canal의 형태를 재현한 post 디자인 − Cement와의 접착력을 극대화하기 위한 micro 단위의 다공 표현 − X−ray상에서 쉽게 식별 가능한 방사선 불투과성
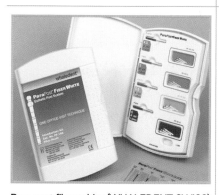 Para post fiber white (WHALEDENT.SWISS)	− 이중 언더컷의 둥근 헤드가 응력으로 인한 코어의 파절을 최소화 − 내부식성의 생체친화성 메탈프리 제품 − 방사선 불투과성 − 심미성이 좋은 글라스 fiber 소재의 심미수복용 포스트

제품이름	특성
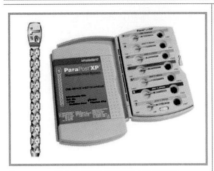 **Para post XP (WHALEDENT.SWISS)**	- Round head : 코어 내부에서 스트레스를 줄여준다. - Double undercuts : 코어와의 결합력을 최대화하기 위한 기계적 결합 구조 - Anti-rotational head : 회전방지 및 코어의 안정성 제공 - 자연치의 덴틴과 유사한 굴곡강도 - 압력을 골고루 분산시켜 루트파절의 위험성을 줄인 디자인

memo

치아미백 53

1 : 자가 치아미백

1) 첫째 날

(1) 준비물

본뜨기용 tray(위·아래), alginate 인상 준비, 글러브

(2) 진료순서

그림 53-1 인상채득

① Tray를 환자의 입 안에 맞춰보고 tray 크기를 선택한다.
② Alginate를 mix하여 위·아래 본을 뜬다.

2) 둘째 날

(1) 준비물

미백 tray, 자가치아미백 묶음(미백치약, 트레이 케이스, 주의사항 용지, 미백틀, 미백제 2개), 카메라, retractor

(2) 진료순서 및 해야 할 말

(3) 미백틀 관리하는 법 설명하기

① 미백틀은 사용하신 후 흐르는 물에 깨끗이 씻어서 보관하시면 됩니다.
② 물로 씻으실 때 너무 뜨거운 물에 헹구시면 변형이 될 수 있으므로 주의하셔야

합니다.

③ 미백틀을 밟거나 하여 손상되지 않도록 주의해주시기 바랍니다.

④ 미백틀을 잃어버리는 경우가 있습니다. 케이스에 보관하셔서 잃어버리지 않도록 주의해주시기 바랍니다.

순서	환자에게 해야 할 말
(1) Shade guide를 치아에 대고 사진을 찍는다.	"미백 전 치아의 색을 미리 찍겠습니다." "그래야 미백 후 얼마나 색이 변했는지 알 수 있습니다." 그림 53-2 **미백 치료 전 치아색 촬영** 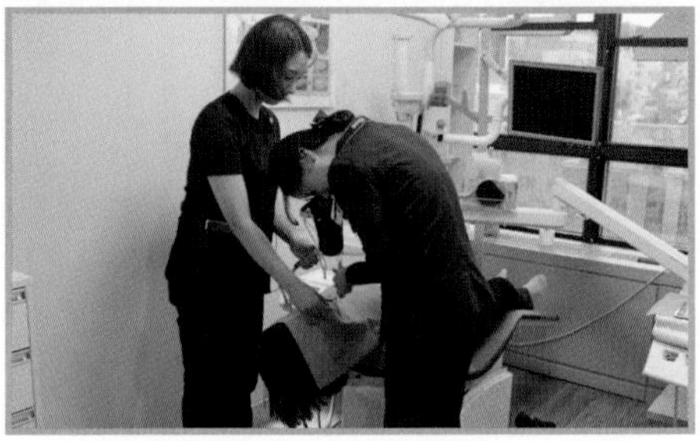
(2) 미백 tray가 맞는지 위치시켜 본다.	"미백틀이 잘 맞는지 맞춰볼게요."
(3) 치아에 묻은 침을 거즈로 닦아낸다.	"치아를 깨끗이 해 드릴께요."
(4) 미백제를 소구치부터 한 방울씩 짜면서 약제 넣는 방법을 설명한다.	"틀의 치아가 닿을 부위에 약제를 한 방울씩 짜면 됩니다." 그림 53-3 **자가미백제** 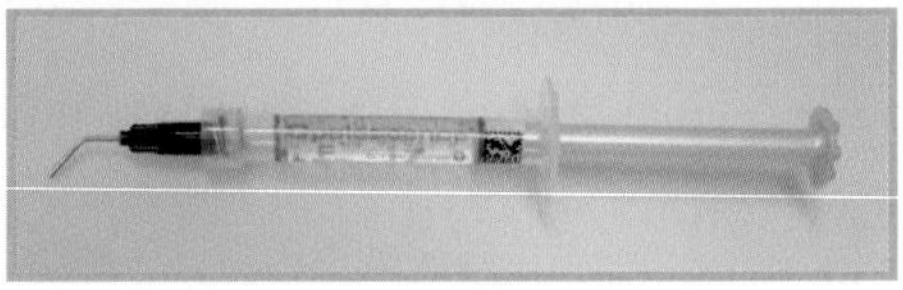
(5) Tray를 입안에 위치시켜 약이 도포되는 것을 환자에게 보여 준다. 보는 앞에서 틀을 끼우는 법을 직접 해보도록 한다.	"약제를 다 짜 넣으신 후 틀을 치아에 맞게 끼워 넣으세요." "지금 한 번 직접 해 보시겠어요?"
(6) 주의사항을 설명하고 환자에게 열심히 하도록 당부한다.	"매일매일 빠뜨리지 말고 해주세요." "단, 많이 시리시면 하루 이틀 건너서 하셔도 됩니다." "미백하시는 동안에 시린 증상이 있을 수 있지만 미백이 끝나면 없어지니 걱정하지 마시고 그 정도가 심하시면 병원으로 연락주세요." "주의사항을 잘 읽어보세요." "다음에 오실 때 미백틀을 가지고 오세요." "잇몸이 간지럽거나 따끔거리실 수도 있으나 미백을 하지 않으면 증상은 없어집니다."

3) 셋째 날(7~10일 후)

(1) 준비물 : 카메라, 거울, shade guide, retractor

(2) 진료순서 및 해야 할 말

순서	환자에게 해야 할 말
(1) 환자에게 미백을 몇 번 하셨는지 확인하고 차트에 내용을 기록한다.	"그 동안 몇 번 정도 미백을 하셨나요."
(2) 치아 색을 확인하고 기록한 후 사진을 찍는다.	"색이 얼마나 변했는지 사진을 찍어 확인해 보겠습니다."
(3) 환자에게 shade guide를 대고 치아 색을 확인시켜준다.	"지난번하고 많이 달라지셨죠."
(4) 시리다고 하시는 경우는 미백틀을 이용하여 불소도포 한다.	"시린 증상을 조금 완화시키는 약을 발라드리겠습니다. 3분 정도 틀을 끼고 계시면 됩니다." "침이 나오면 티슈로 닦아내세요."
(5) 불소도포 후 주의사항을 설명한다.	"30분 동안 물이나 음료를 드시거나 물 양치를 하시면 안 됩니다." "맛이 안 좋으시면 침만 뱉어내세요."
(6) 환자에게 다시 한 번 미백을 열심히 하도록 당부하고 필요한 경우 약제를 더 드린다.	"약은 얼마나 남으셨나요? 약제를 조금 더 드리겠습니다. 되도록 매일 꾸준히 하셔야 효과가 있습니다. 열심히 해보세요."

4) 넷째 날(1~3주 후)

(1) 준비물 : 카메라, retractor, shade guide

(2) 진료순서 및 해야 할 말

순서	환자에게 해야 할 말
(1) 환자에게 미백을 열심히 하셨는지 확인하고 차트에 내용을 기록한다.	"몇 번이나 미백을 하셨나요?"
(2) Shade guide로 치아 색을 확인하고 기록한 후 사진을 찍는다.	"색이 얼마나 변했는지 사진을 찍어 확인해 보겠습니다."
(3) 환자에게 shade guide를 대고 치아 색을 확인시켜준다.	"지난번하고 많이 달라지셨죠."
(4) 미백이 끝남을 알리고 터치업을 설명한다.	"미백은 끝나셨습니다. 몇 가지 주의사항을 말씀 드리겠습니다." (아래 참고) "그리고 한 달 뒤 반드시 체크하러 오셔야 합니다." "그 동안 고생 많으셨습니다."

5) 미백 후 환자에게 말해야 할 것들

① 1~3주마다 치과에 오셔서 상태를 보시는 것이 좋습니다.

② 치아가 너무 시리거나 잇몸이 아프시면, 치과에 전화하거나 나오십시오.

③ 치료하면서 얼룩단계를 보일 수 있습니다. 하얗게 되어가는 정상적인 단계입니다.

④ 미백틀을 끼우는 앞·뒤로 2시간은 담배를 피우지 마시기 바랍니다.

⑤ 치료기간에는 착색의 원인이 되는 커피, 녹차, 주스 등은 마시지 않는 것이 좋습니다.

⑥ 처음 며칠은 시릴 수 있습니다. 너무 무리하지 마시고, 익숙해질 때까지 쉬면서 천천히 조금씩 합니다.

⑦ 미백틀을 입안에 너무 오랫동안 끼우고 있으면 턱관절이 아플 수 있습니다. 이럴 때는 잠깐 동안 빼주시면 곧 좋아집니다.

⑧ 미백효과를 높이기 위해, 미백틀을 끼우기 전·후로 이를 닦으실 때 미백치약을 쓰시는 것도 좋습니다.

⑨ 끼우고 잘못 잠들었을 경우, 잇몸이 욱신거릴 수 있습니다. 이럴 때는 1~2일 정도 약을 안 쓰시는 게 좋습니다. 되도록 2~3시간만 하시되 괜찮으시면 좀 더 있으셔도 됩니다(15%는 반드시 2~3시간만 하도록 권한다).

2 : 전문가 치아미백

1) 준비물

그림 53-4 **기본세트**

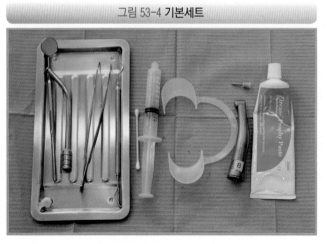

Retractor, 바세린, 면봉, 핸드피스, rubber cup and pumice, 추가로 디지털 카메라

그림 53-5 미백 준비물

치아미백제

예 잇몸 보호제
(FineDam), Hydrogen
peroxide(Polaoffice), 미백약
제(Luminous Multi-Boost)
shade-guide, light curing,
tongue retractor
(1:10만) 1.8 mL

그림 53-6 미백기

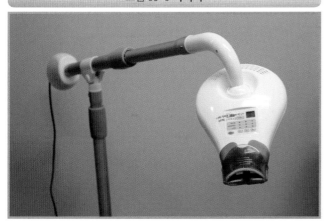

미백기

예 알라딘 치아미백기〈한국〉 그 외
다른 미백기도 있음

알고 계신가요?

■ 치아미백제

치아미백제는 주성분인 과산화수소가 고농도일 경우 구강 점막에 화상을 입힐 수 있으며, 동물실험 결과 점막에 염증 반응을 일으키는 것으로 보고되어 있다. 이러한 위해성으로 인해 우리나라에서는 〈의약외품 범위지정〉에 따라 치아미백제는 의약외품으로 분류되어 과산화수소로서 3%를 초과하지 않도록 규정하고 있고, 3% 이상 함량 제품은 의약품으로 관리하고 있다.

식품의약품안전처가 무허가 치아미백제 사용을 금지하고 있다. 얼마 전 국내 치과에서 35% 고농도 과산화수소를 원료로 치아미백제를 제조하여 사용한 것이 적발된 바 있으며, '무허가 치아미백제 사용·불법 제조는 약사법 및 의료법 위반'에 해당하므로 주의하시기 바란다. 제품 선택 전 식약청 허가 받은 제품인지 확인하고 사용하자.

2) 「미백치료하기 전」 상담 시 말해야 할 것

▶ 미백치료 효과

① 선천적으로 누런 치아보다는 후천적으로 누렇게 된 치아가 훨씬 효과가 좋을 수 있습니다.

② 미백을 하시게 되면 누구나 다 원래 치아보다는 두 톤 정도 밝아지는 것을 목표로 합니다.

③ 미백을 하신 후 효과가 많이 나타나지 않는다고 느낀다고 해서 진료비용을 환불해 드릴 수는 없습니다.

④ 미백을 하신다고 해서 치아 색이 눈처럼 하얗게 되지는 않습니다.

▶ 미백 횟수

– 미백은 총 3~4회 정도 시행하는 것이 일반적이지만 색이 변하는 정도에 따라서 그 횟수는 틀려질 수 있습니다. 다만 4회 이상을 하신다고 해서 계속 효과가 나타나는 것은 아닙니다.

▶ 미백 후 변색

– 미백 후 다시 음식물을 섭취하는 과정에서 색이 다시 돌아올 수 있으나 식습관에 따라서 기간의 차이는 있습니다. 보통은 2년 안팎 정도의 기간으로 보고 있습니다.

▶ 미백 과정 중 주의사항

① 미백을 하는 과정 중 너무 많이 시린 경우 미백을 중단할 수 있습니다.

② 미백을 하는 기간 동안에는 색깔 있는 음식을 섭취하는 것은 삼가해 주셔야 합니다.

3) 전문가 미백 진료순서와 해야 할 말

순서	환자에게 해야 할 말
(1) 환자 입술에 바세린을 바르고 retractor를 장착한다. (바세린이 치아에 닿지 않도록 주의한다.)	"오랫동안 입술을 벌리고 있으시면 입술이 마를 수 있으니 바세린을 발라 드리겠습니다." 그림 53-7 **입술에 바세린 바르기** 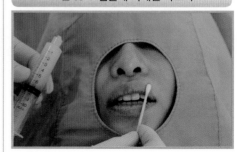

(2) 환자의 치아 색 측정을 위하여 shade-guide
를 치아에 대고 사진 촬영을 한다.

"○○○님 시작하기 전, 현재 치아 색을 기록하기
위해 사진을 촬영하겠습니다."

그림 53-8 **치아 색 측정**

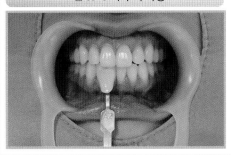

(3) 미백을 하기 전 미백할 치아를 깨끗이 닦는다.
Rubber cup을 이용해 치태를 제거해 드린다.

"미백하시기 전에 치아를 깨끗이 닦아 드리겠습
니다."

그림 53-9 **치태 제거**

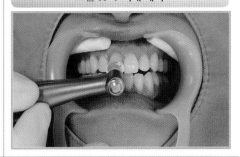

(4) 거즈나 코튼을 이용해 입술과 혀 있는 쪽을
방습한다.

"침이 닿으면 안 되므로 거즈를 넣겠습니다."

그림 53-10 **코튼롤 넣기**

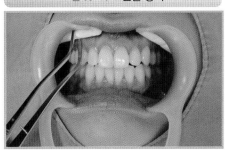

(5) 입 안에도 침이 고일 수 있으므로, 거즈를 넣어
방습을 마무리한다. 이후 air를 불어 치아 및
잇몸을 건조한다.

"물기가 있으면 안 되기 때문에 바람을 불어서
건조하겠습니다."

그림 53-11 **미백대상치가 잘 보이도록 방습**

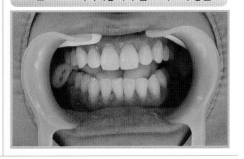

(6) 미백을 할 잇몸부위에 gingiva dam을 도포하고 광중합한다.

"잇몸보호약제 발라 드리겠습니다."

그림 53-12 Gingiva dam을 도포하고 광중합

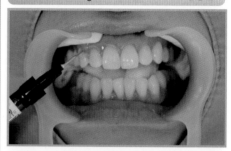

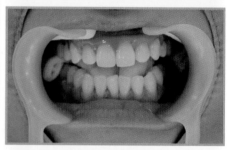

(7) 미백 약제를 준비하여 혼합한다.
Plastic bowl에 powder를 적당히 넣고 polaoffice를 넣어 혼합한다. 겔 형태가 되면 적당히 mixing이 된 상태이다.

그림 53-13 미백 약제 혼합

(8) 약제가 흐르지 않도록 치아에 도포한다. 이때 상·하 4번에서 4번까지 한다.	"○○○님, 이제 미백 약제를 바르겠습니다. 약간 차가운 느낌이고 좋지 않은 냄새가 날 수도 있습니다." 그림 53-14 **미백 약제 도포** 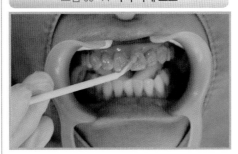
(9) 미백기의 전원을 켜고 치아모양 버튼을 누르면 초록색 버튼이 들어온다. 발판을 한 번 누르면 12분 동안 작동한다. 환자는 눈을 감고 계시라고 말하고 스탭은 보안경을 낀다.	"빛을 쬐이겠습니다. 혹시 시리시면 왼손을 들어 알려주세요. 광선이 나오므로 눈을 감고 계세요." 그림 53-15 **광선 적용** 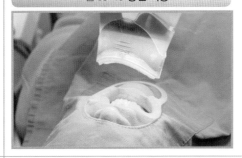
(10) 환자의 구강 안에 침이 많이 고이지 않도록 suction을 자주 한다. 심하게 시리다고 하시면 시린 부위의 약제를 제거하고 코튼 볼에 물을 묻혀 닦아낸다.	"약 1시간 작동합니다. 머리는 되도록 움직이지 마세요." "혹시 많이 시리거나 불편하시면 왼손을 들어 주시기 바랍니다." 그림 53-16 **구강 안에 침이 많이 고이지 않도록 썩션** 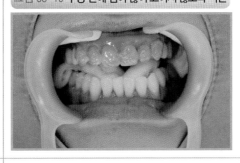
(11) 미백 기계의 초록색 치아모양 버튼 불이 꺼지면 5번의 술식부터 다시 반복한다.	"○○○님 괜찮으셨나요?" "그럼 약을 더 바르겠습니다."
(12) 기계가 완전히 꺼지면 metal suction tip으로 약제를 제거하고 물로 세척한다.	"미백치료가 끝났습니다." "세척해 드리겠습니다."

그림 53-17 미백 약제 제거 및 세척

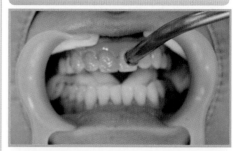

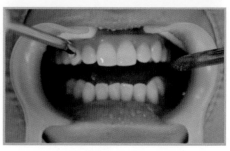

(13) Gingiva dam과 거즈를 제거한다.

"이제 다 하셨습니다. 마무리해 드릴께요.
양치 한 번 해보시겠어요."

그림 53-18 Gingiva dam 제거

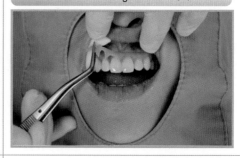

(14) 환자에게 거울을 보여드리고 색 변화를 확인
시켜 드린다.

☞ 거울의 변신은 무죄

Shade guide 스티커 부착으로 미백치료 동기 유
발을 유도하거나 스스로 치아색 변화를 재미있게
확인할 수 있다.

그림 53-19 환자용 거울

"○○○님 고생하셨습니다."
"집에서 추가적으로 더 미백을 하시면 효과가 더
증대됩니다. 그리고 미백하는 동안에는 커피,
콜라, 녹차는 자제하시고 담배는 피우지 않는
것이 좋습니다. 또한 치아가 시리거나 찌릿한 느
낌이 날 수 있습니다. 이 증상은 미백치료가 끝
나면 사라지는 일시적인 증상이니 걱정하지 마
시고 그 정도가 심하시면 병원에 연락주세요."

3 : 죽은 치아미백(Walking bleaching)

1) 준비물

그림 47-20 **소듐퍼보레이트**

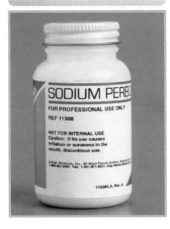

GI 필링제(이노지트) 작은 tip,
15% 치아미백제, 소듐퍼보레이트,
유리판, 아말감 기구, cotton ball, 콘덴서 35% 과산화수소

2) 진료순서

① 신경치료 마무리 후 GI로 base (resin sealer를 사용하는 경우는 base를 생략되기도 함)

② 치수강 내에 미백제를 넣음
넣는 미백제의 종류 : 전문가 미백제 단독으로 사용하기도 하고, 증류수, sodium perborate, 35% 과산화수소, gel 타입의 자가 미백제를 술자의 선호도에 따라 적절히 섞어서 사용하기도 함

③ 임시가봉 : GI, caviton, ZOE, resin 등을 술자의 선호도에 따라 사용하되, 탈락되지 않도록 단단히 가봉함, 임시가봉재가 탈락 시 병원으로 바로 내원할 것을 환자에게 당부함

④ Re-call 체크 : 3~5일 후

⑤ 1~3회 정도 시행

(주의) 미백제 농도: 식양처 허가기준 알아두고 대처하는 방법 필수!

03 임상 매뉴얼

PAF

54 외과용 기구

외과 파트를 들어가기에 앞서...
개원가 원장님들의 진료 스타일에 따라 사용하는 외과용 기구의 종류 및 쓰임이 매우 다양할 수 있다.

따라서 치과마다 다른 외과용 기구를 모두 숙지할 필요는 없다.
본인의 치과에서 사용되고 있는 기구를 우선적으로 숙지하길 권장하며, 아래의 내용을 참고하여 각자 치과에 맞는 매뉴얼을 만들어 보기를 바란다.

1 : Surgical curette

그림 54-1 Straight Surgical curette

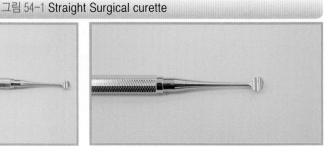

그림 54-2 Curved surgical curette

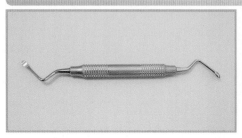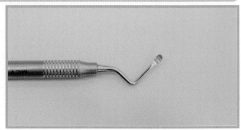

2 : Elevator

그림 54-3 Straight elevator (tip의 두께에 따라 여러 종류가 있음)

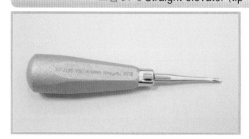
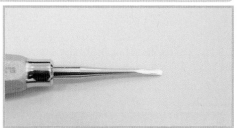

3 : Root picker

그림 54-4 Curved root picker

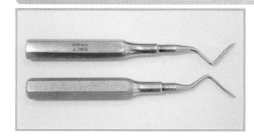
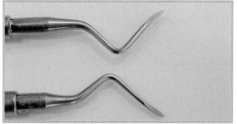

그림 54-5 Straight root picker

4 : Periosteal elevator

그림 54-6 Periosteal elevator - Molt

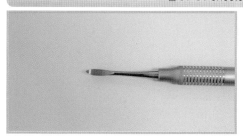
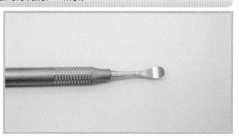

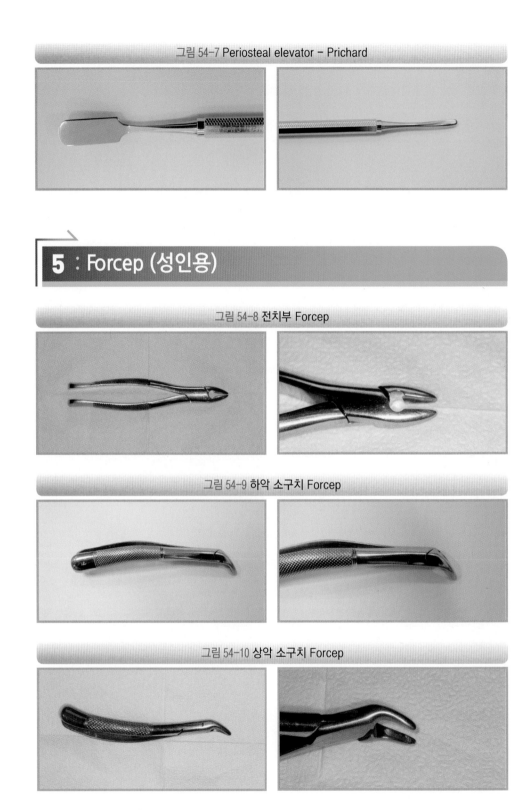

그림 54-7 Periosteal elevator – Prichard

5 : Forcep (성인용)

그림 54-8 전치부 Forcep

그림 54-9 하악 소구치 Forcep

그림 54-10 상악 소구치 Forcep

그림 54-11 하악 대구치 Forcep

그림 54-12 상악 대구치 Forcep

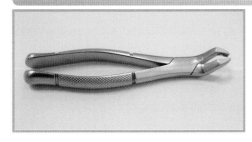
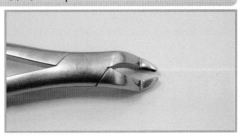

6 : 그 외 기타 Forcep

그림 54-13 유치 Forcep (기구의 크기가 작다)

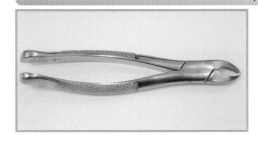
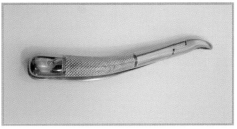

그림 54-14 Root forcep

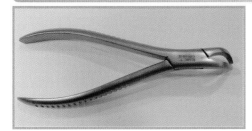

7 : Bone file

그림 54-15 Bone file

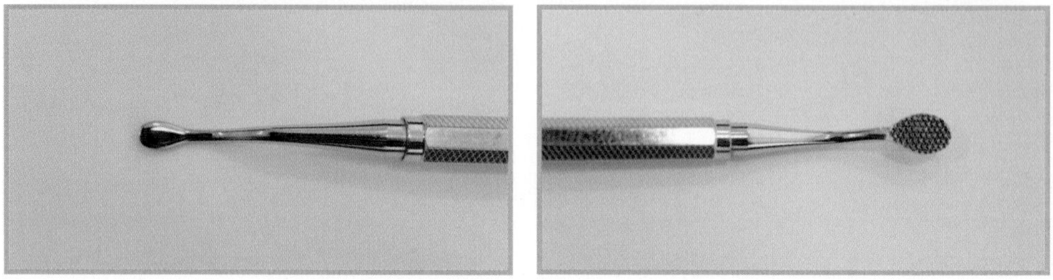

8 : Bone ronger

그림 54-16 Bone ronger

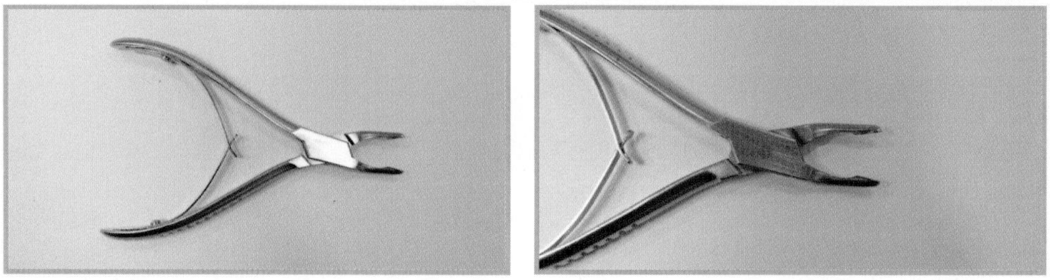

9 : Scissor

그림 54-17 Dean scissor

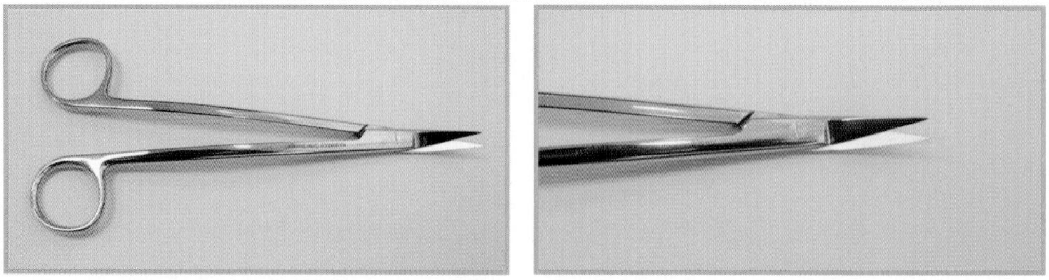

그림 54-18 Iris scissor

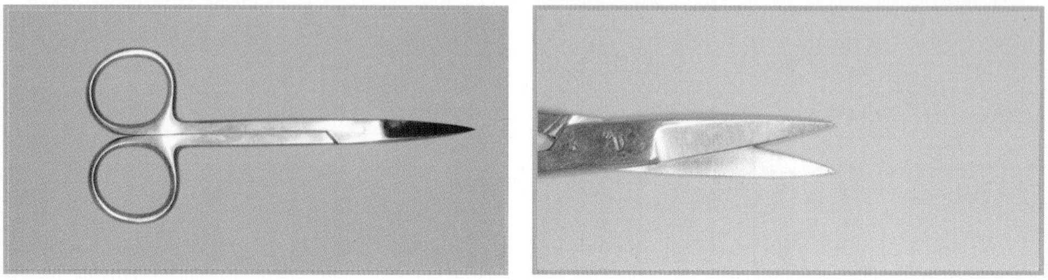

10 : Needle holder

그림 54-19 Needle holder

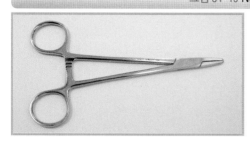
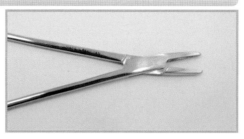

11 : Blade holder

그림 54-20 Blade holder

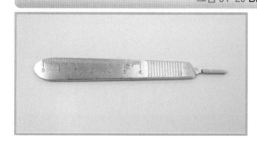
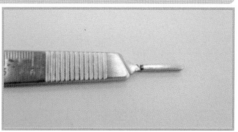

12 : Mosquito

그림 54-21 Straight mosquito

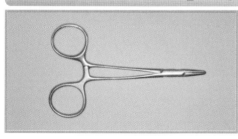
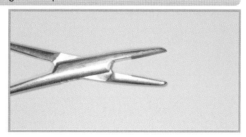

그림 54-22 Curved mosquito

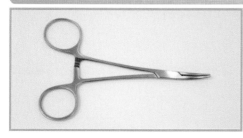
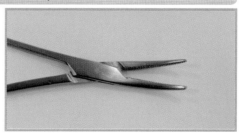

13 : Tissue forcep

그림 54-23 Tissue forcep – adson plan

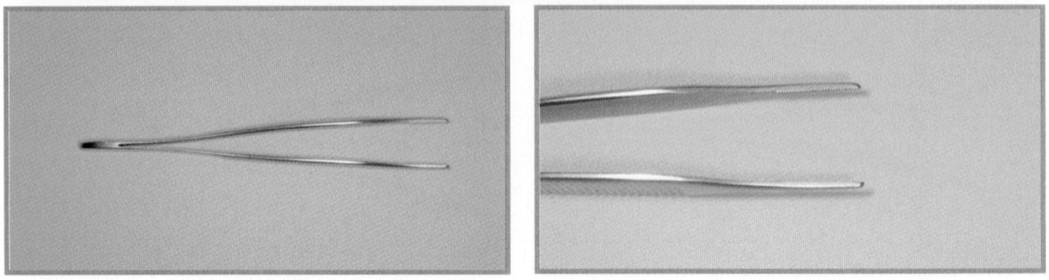

그림 54-24 Tissue forcep – adson (tip의 끝단에 뾰족한 부분이 있음)

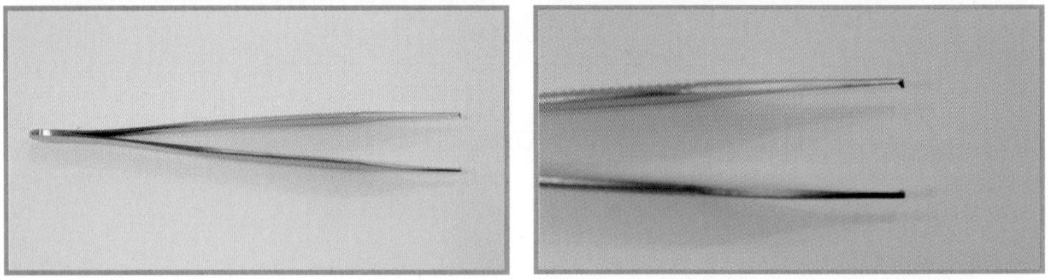

14 : 그 외 기구

그림 54-25 Orban knife

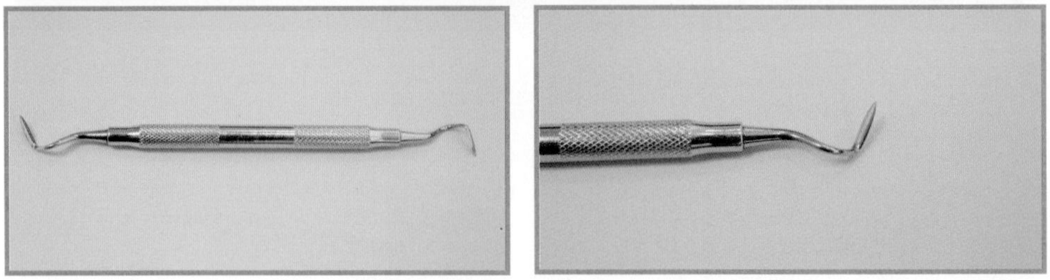

그림 54-26 Goldmanfox

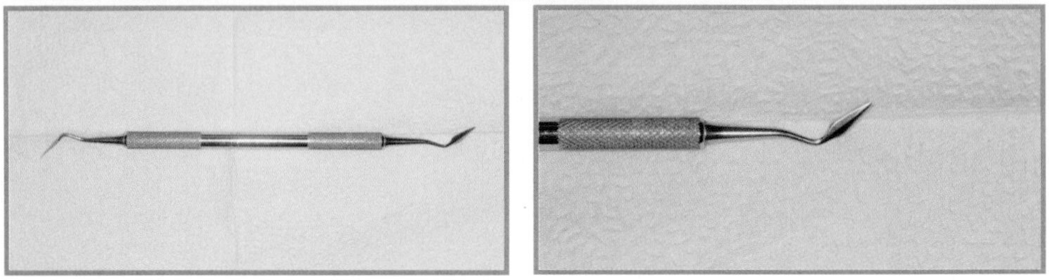

그림 54-27 schluger curved file

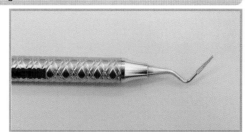

15 : Blade

그림 54-28 위 - blade #15번, 아래 - blade #12번

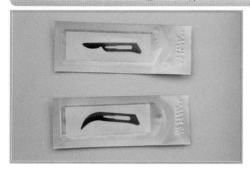
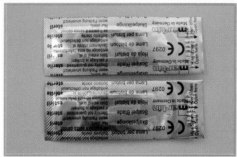

16 : 그 외 외과재료

그림 54-30 Hemospon

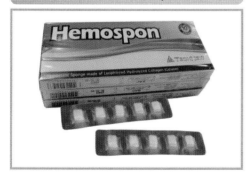

그림 54-31 Osteon 3 - collagen

17 : Silk

그림 54-31 Black silk

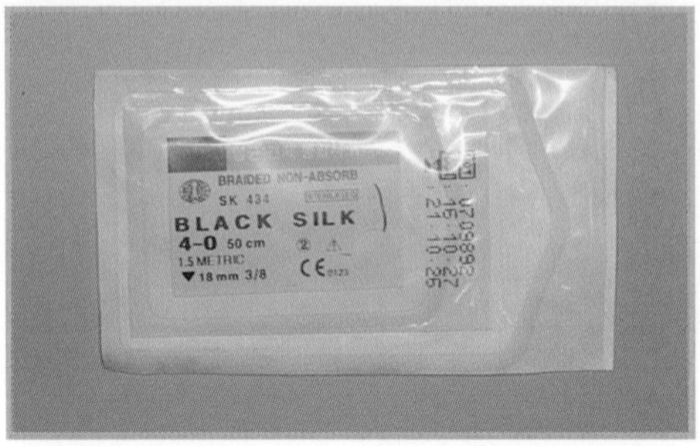

그림 54-32 Blue nylon

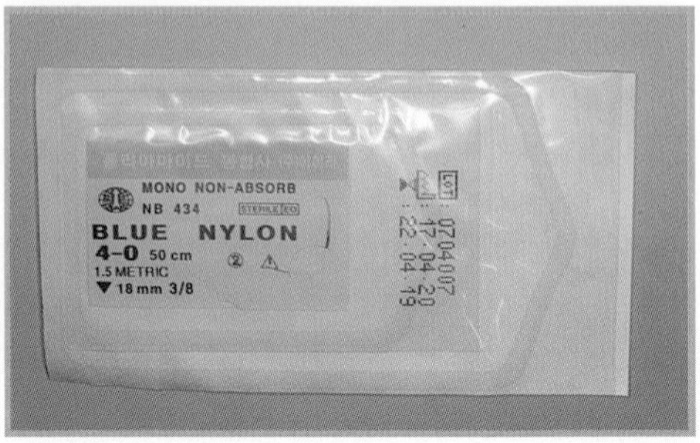

그림 54-33 Coated vicryl

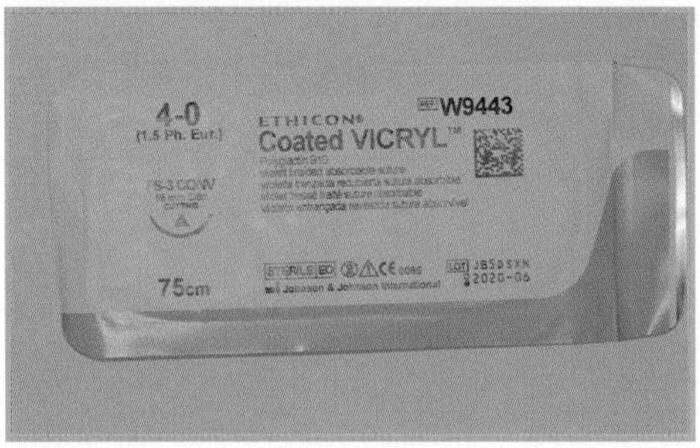

그림 54-34 Happyion

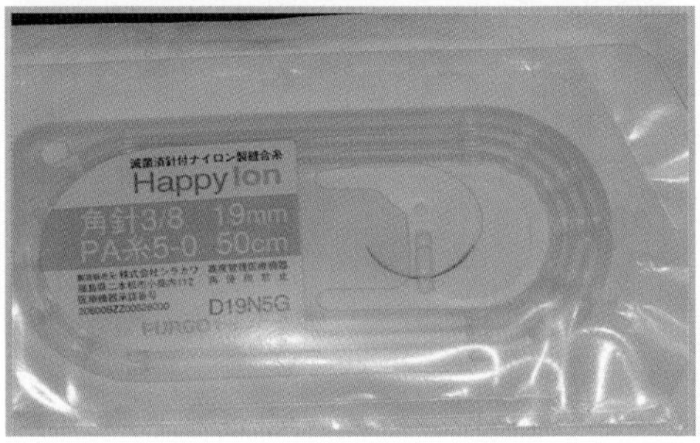

그림 54-35 Dafilon

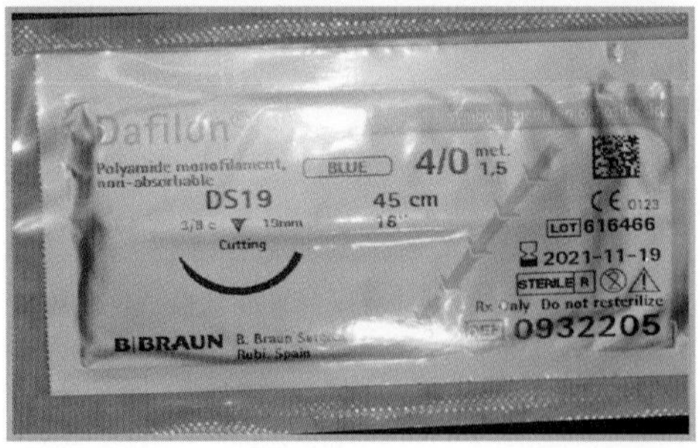

외과적 치과치료 전 확인해야 할 병력

55

발치 및 임플란트 수술 등 출혈이 예상되는 외과적 치료 시에는 환자분의 전신질환이나 복용 중인 약을 확인해야 한다. 전신질환이 있어 수 개월 이상 투약 중이거나 진료 중인 환자의 경우에는 관혈적 처치에 앞서 미리 '진료의뢰서'를 받는 것이 좋다.

1 : 확인해야 할 병력 사항

① 감염성 질환에 취약한 만성질환자(당뇨, 신장질환 등)
② 심장질환, 간질환, 신장질환 등 지혈에 문제가 있거나 관련 약을 복용하는 경우

> ※ 혈관확장제
>
> 혈전용해제, 혈액순환개선제, 항혈액응고제(아스피린, 와파린, 쿠마린, 플라빅스 등)와 같은 약을 복용하는 환자의 경우에는 다니는 내과에 직접 확인해보는 경우가 가장 정확하다. 해당 약의 경우 5일에서 1주일 정도 복용을 멈추고 치료를 진행하는 경우가 대부분이니, 진단 시에 미리 확인하여 환자분의 일정을 조정하도록 하자.

③ 골다공증 관련 약물을 복용하는 경우.

> **알고 계신가요?**
>
> ■ BRONJ 에 대하여
>
> BRONJ (Bisphosphonate related osteonecrosis of jaw)는 모두가 알다시피 골다공증에 사용하는 비스포스포네이트 계열의 약들에 의한 악골의 괴사를 말한다.
> 10여년 전에 그 중요성이 부각되어 치과의사들에게는 공포의 대상이 되었었다.
> 최근 관련된 연구가 많이 진행되어 비스포스포네이트 말고 다른 약들도 원인이 된다고 하여, MRONJ (Medication related osteonecrosis of jaw)라고 바꿔 부르기도 한다.

> **알고 계신가요? (계속)**
>
> 그러나 초기에 치과의사들이 이런 약물을 투여한 환자들에게 무조건적인 거부감을 가지던 것에 비하면, 생각보다 그 발생빈도가 낮고, 치과치료를 하지 않고 방치하는 것 또한 더 큰 위험이 될 수 있기 때문에 현재는 조금 더 적극적으로 환자를 대하는 편이다.
>
> 전반적인 분위기가 그렇다 라는 것이고... 최근에는 관련된 연구가 매우 많기 때문에 전문적인 내용은 관련된 문헌에서 공부하기를 바란다. 이 책은 매뉴얼 책이므로 무엇보다도 이런 경우에 내과에 의뢰해서 주치의의 소견서를 받고 진료를 시행하는 것이 더 중요함을 강조한다.
>
> 반드시 사전에 골다공증약의 복용 유무를 확인하고, 그에 맞는 조치를 취하는 시스템을 만들어 놓을 필요가 있다.

④ 항암치료와 방사선치료 여부

항암치료 중이더라도 회복기에는 외과적 수술이 가능하나 꼭 필요한 상황이 아니라면 항암치료 중 외과적 치과치료는 피하는 것이 좋다. 또한 방사선 치료 중에도 외과적 치과치료가 불가능한 것은 아니지만 방사선 치료 종료 후 최소 1년 이상은 지난 후 외과적 치과치료가 추천된다.

⑤ 공황장애, 심한 우울증 등 심각한 정신질환을 앓는 경우

2 : 확인해야 할 vital sign

1) 혈압수치

	저혈압	정상혈압	경계혈압	고혈압
최고혈압	100 이하	140 이하	140~160	160 이상
최저혈압	60 이하	90 이하	90~95	95 이상

① 수술 전 혈압을 측정할 경우 병원에 들어와 바로 혈압을 체크하기 보다는 10분 정도 안정을 취한 다음 혈압을 측정하는 것이 좋다.
② 통증이나 불안, 스트레스는 혈압상승과 심박 수 증가를 초래하며, 이는 고혈압 환자에게 영향을 줄 수 있으므로 편안하게 진료 받을 수 있도록 좀 더 신경 쓰자.
③ 고혈압 환자는 가급적 오전시간 (10시~12시)을 이용하여 치과 예약을 하는 것 좋다.

2) 혈당수치

	식전 혈당	식후 혈당
정상	100 이하	140 이하
공복혈당장애	110~125	140 이하
내당능장애	125 이하	140~200
당뇨병	125 이상	200 이상

④ 수술 전후의 혈당은 140~180 mg/dL로 유지하는 것이 좋으며, 만약 잘 조절되지 않는 경우 조절 후에 수술하는 것이 좋다.

※ 올바른 혈당 측정 방법

당뇨환자의 경우 8시간 이상의 공복 시 혈당과 식사 전 후 2시간, 저녁식사 전, 잠들기 전, 이렇게 4회가 적당하다. 치과에서 혈당을 측정하는 방법은 다음과 같다.

※ 준비물 : 혈당계, 혈당지, 체혈기, 체혈침 , 알코올 솜

① 혈당지를 혈당계에 삽입하고 혈당기가 켜짐을 확인한다.

② 손가락은 끝을 알코올 솜으로 소독한다.

③ 체혈침을 체혈기에 꽂고 보호캡을 열고, 손가락 끝을 깊지 않게 찔러서 채혈한다.

④ 혈액을 혈당지에 묻혀준다. 살짝만 대도 자동으로 혈액이 빨려 들어 간다.

⑤ 혈당계에서 수치를 확인한다.

⑥ 측정한 체혈침은 안전 및 감염에 유의하며, 보호캡으로 닫아 폐기한다.

56 외과적 치과치료 시 동의서 받기

1 : 외과적 치과치료 전 예약 일정 동의 받기

간혹 환자가 모르고 발치나 외과적 수술 당일 저녁 일정 잡아 놓는 경우가 있다. 그러므로 환자에게 일정 조정할 수 있게 사전에 중요한 주의 사항을 미리 알려주는 것이 좋다. 간략하게 거즈 2시간 물고 있어야 하며, 음주 약속은 잡으면 안 된다는 내용이면 충분하다.

2 : 발치 동의서 받기

1) 가급적이면 모든 발치의 경우에 동의서를 받을 수 있어야 한다.
2) 동의서를 받을 때는 중요 부분에 밑줄이나 표시를 하거나 필요한 경우 그림 등을 그려서 환자에게 확실하게 주의시켰음을 누가 보아도 알 수 있도록 해야 한다.
3) 발치동의서 받는 방법의 예
   ① 사랑니의 증상에 대해서 설명을 해 드리겠습니다.

   ② 사랑니는 치아 위치상 가장 끝에 있기 때문에 구조상 아래턱 감각 신경과 가까이 위치해 있습니다.

   특히 뿌리 끝 쪽이 신경관과 가까운 경우 일시적으로 신경관련 증상이 나타날 수 있습니다. 이 증상은 마취된 느낌과 비슷하게 얼굴의 반을 나눠서 입술, 뺨, 치아, 잇몸, 혀 부분까지 감각이 없거나 둔한 느낌이 있습니다.
   이러한 것은 모두에게 나타나는 게 아니고, 사랑니 발치 환자의 약 2% 정도가 이런 증상이 나타나는 경우가 있다고 합니다.
   신경손상이 나타나더라도 대부분 다시 돌아오긴 하지만 돌아오는데 걸리는 시간은 환자분들마다 개인적인 차이는 있습니다.

짧게는 하루에서 1주일, 길게는 6개월에서 2년까지도 갈 수가 있습니다.

이 증상은 이를 잘 뽑느냐 못 뽑느냐 하고는 관계가 없으며, 신경은 굉장히 민감한 부분이기 때문에 가능성이 있으신 분들께 미리 설명을 드립니다.

③ 이를 뽑고 나면 2시간 동안 솜을 물고 있으면 웬만큼 피는 멈추지만 조금씩 피맛이 느껴질 정도로 나올 수는 있습니다. 간혹 그 다음날까지도 피가 나오는 경우가 있으나, 만약 입안에 피가 고일 정도로 많이 나오거나 상태가 안 좋다고 느끼시면 바로 병원으로 문의 주시고 내원해 주십시오.

④ 마취가 풀리면 아플 수 있습니다. 처방 받으신 약을 복용하시면 대부분 괜찮아지며 가능하면 마취가 풀리기 전에 복용하시길 권장 드립니다.

약을 드셔도 아프실 경우 저희 병원으로 문의해 주세요.

⑤ 붓기는 보통 오늘보다는 내일, 내일보다는 내일 모레 3일째 날까지 제일 많이 부을 수 있으며, 4일째부터 조금씩 가라앉을 겁니다.

힘들게 뽑은 치아일수록 부을 가능성이 크며, 얼음찜질을 잘 해주신다면 붓기는 훨씬 감소할 것입니다.

⑥ 이를 뺀 자리에 청소상태나 관리가 잘 안 될 경우 이 부위에 세균이 번식하여 오염되어 발치 후 감염이 생길 수 있습니다. 이를 뽑은 후에도 양치를 잘 해주셔야 합니다. 기본적인 관리만 잘 하신다면 크게 문제없을 겁니다. 불편감이 있을 경우 다시 치과에 내원해 주세요 ^^

⑦ 이를 뽑은 자리에 피딱지가 만들어져서 아물어야 하는데 흡연을 하거나 음식물이 들어갔다가 피딱지와 함께 나오게 되면 심한 통증이 생길 수 있습니다. 이럴 때는 혀로 건드리거나 손으로 만지지 마시고 반드시 치과에 오셔서 체크를 받으셔야 합니다.

⑧ 이를 뽑을 때 긴장을 하기도 하고 입을 계속 크게 벌리고 계셔야 하기 때문에 뽑고 나서 일시적으로 입을 벌리기가 힘들거나, 입이 잘 안 벌어질 수 있습니다. 이것은 일시적인 것이니 며칠 지나면 괜찮아지실 겁니다.

⑨ 빼는 치아 주변에 오래 전에 씌운 금니가 있을 경우, 이를 뽑는 과정에서 기구 사용으로 인해 이런 오래된 금니들이 빠질 수 있습니다. 빠진 부분에 대해서는 저희가 붙여 드리겠습니다만 금니가 빠지는 것에 대해 안에 이미 충치가 진행되어 있었거나 금니의 수명이 너무 오래된 것이 영향을 미친 경우라면 저희가 그냥 해드리기 어렵고 어쩔 수 없이 금니를 다시 하셔야 하고 씌우는 비용이 발생합니다.

⑩ 이를 뽑을 때 간혹 뿌리가 휘어 있는 경우 뿌리 끝 쪽이 부러져서, 뽑는데 시간이 좀 더 걸릴 수도 있습니다. 그런 상황이 발생할 경우 저희가 말씀드리겠습니다.

⑪ 이를 뽑는 동안 입을 벌리고 있기 때문에 식도와 기도가 열려 있는 상태입니다. 따라서 되도록 코로 숨을 쉬시는 게 좋습니다. 입으로 숨을 쉬시면 목으로 치아조각이나 물이나 피가 넘어가서 힘드실 수 있습니다. 저희 직원 설명을 잘 들으시면서 하시면 크게 문제없으실 겁니다.

그림 56-1 발치동의서

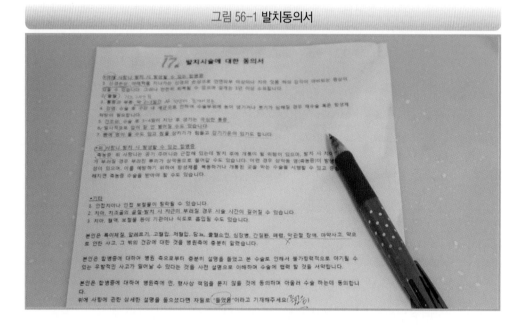

⑫ 다 들으셨으면 여기다 '들었음'이라고 써주시고, 오늘 날짜와 성함을 써주시면 됩니다.

55장과, 56장을 마무리하며...

「외과적 술식 전 동의서 받기」라는 절차가 물론 중요하지만,
가장 중요한 것은 안전한 치료를 진행하는 것이다.
모두의 안전을 위해 반드시 치료 전 환자의 병력을 꼼꼼히 확인하고,
내과의사와 consult하도록 하자.

발치 준비 57

1 : 단순발치

1) 준비물

(1) 마취 준비

기본기구, 마취 syringe, ample, needle (마취 부위에 맞는 needle 준비)

그림 57-1 **마취 준비**

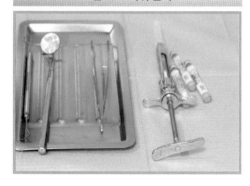

(2) 단순발치 준비

기본기구, surgical curette, 발치 elevator, metal suction, 소공포, 소독된 거즈, 소독된 장갑, 식염수 syringe, 발치 forcep (해당 부위별로 준비)

그림 57-2 **단순발치세트 준비**

2 : 복잡발치

1) 준비물

(1) 마취 준비

기본기구, 마취 syringe, ample, needle (마취 부위에 맞는 needle 준비)

(2) 복잡 발치 준비

기본도구 2 set , blade holder & blade (#15C 또는 #12), periosteal elevator, surgical cu-rette, needle holder, silk, scissor, surgical bur (round bur, fissure bur), 필요 시 root picker, root forcep

그림 57-3 **복잡발치세트 준비**

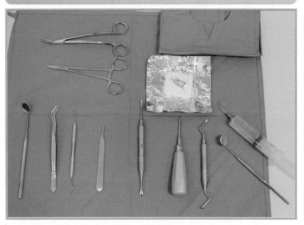

*사진촬영을 위해 연출한 상황이니 참고 바란다.
포 위에는 소독된 기구 및 재료만 올리도록 한다.

▶ 부위별로 해당 forcep 구별

그림 57-4 **상악 대구치**	그림 57-5 **하악 대구치**
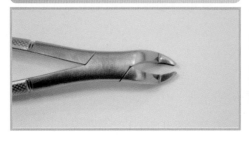	

발치 진료순서

58

1 : 진료순서 및 해야 할 말(예: 복잡발치)

순서	환자에게 해야 할 말
(1) 먼저 환자의 핸드폰 진동 여부를 확인한다.	"혹시 급한 일이 없으시면 핸드폰은 꺼주시거나 진동으로 해주시면 감사하겠습니다."
(2) 환자의 방사선사진을 띄우고 기본세트를 준비한다. 오늘 뽑을 치아를 다시 한 번 확인한다.	"오늘 오른쪽 아래와 위에 치아 뽑기로 하셨죠?"
(3) 마취 준비를 한다.	"마취 먼저 할 겁니다."

그림 58-1 **마취 준비**

순서	환자에게 해야 할 말
(4) 원장님을 모셔온 후 마취를 한다. 마취액이 입안으로 흘러나올 수 있으므로 suction 할 준비를 하고 마취할 때 환자의 목으로 마취액이 넘어가지 않도록 suction 한다.	"눕혀 드리겠습니다. 아~ 크게 하시겠어요. 몸에 힘은 빼고 계세요. 약간 따끔합니다."
(5) 환자를 앉히고 양치시킨 후 클로르헥시딘 용액으로 가글을 하게 한다. 가글한 후 양치는 못 하게 한다.	"고생하셨습니다. 마취되면 얼얼한 느낌 있으실 거예요. 마취된 후에 이를 뽑도록 하겠습니다." "이를 뽑기 전에 입안 소독 좀 할 겁니다. 소독액을 입안에 물고 계셨다가 1분 정도 후에 뱉으세요. 맛이 좀 안 좋으실 겁니다. 뱉으신 후에는 양치하시면 안 됩니다."

305

	그림 58-2 클로로헥시딘 용액 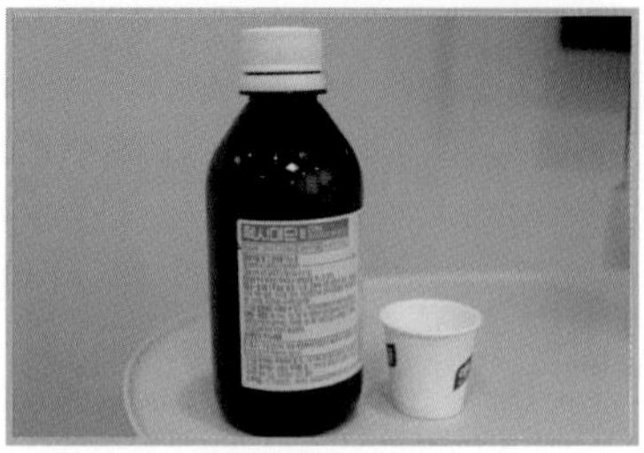
(6) 발치 기구세트를 준비한다.	"이를 뽑을 때 물이 좀 나올 겁니다. 코로 숨을 쉬시는 게 좋습니다. 마취가 되면 아프지 않을 겁니다. 그러나 치아가 움직이는 느낌은 있을 겁니다. 혹시 시술 도중에 아프거나 불편하시면 왼손을 바로 들어주세요. 저희가 도와 드리겠습니다. 지금 긴장되세요? 긴장되면 더 힘드시니까 긴 장하지 마시구요. 제가 옆에서 도와 드릴 테니 까 너무 걱정하지 마세요."
(7) 발치 순서에 맞게 기구를 나열한다.	그림 58-3 발치 준비 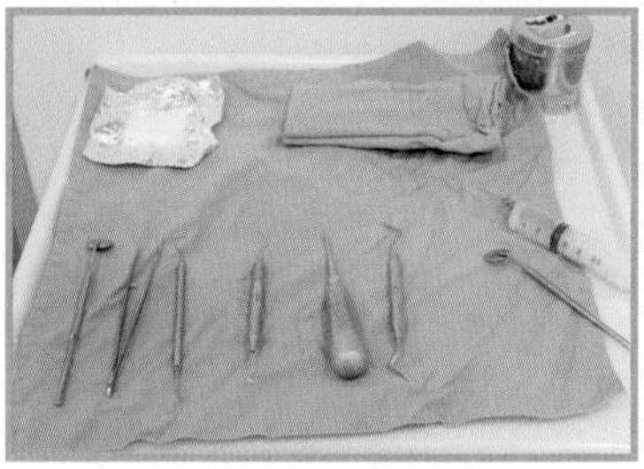
(8) 소독장갑을 꺼내놓는다. 소독된 기구를 만질 때는 소독겸자를 사용한다.	
(9) 환자의 입안을 포타딘으로 소독한다.	"이를 뽑기 전에 먼저 소독을 하겠습니다. 입안 소독부터 할게요."
(10) 식염수로 소독하면서 suction한다.	"소독물 좀 뿌리겠습니다."
(11) 환자의 얼굴을 포타딘으로 소독한다. 이때 입술에서부터 원을 그리듯 소독해 나 가고 소독한 부분을 다시 닿지 않게 한다.	"얼굴 소독을 하겠습니다." "이를 뽑을 때 얼굴에 기구나 손이 닿기 때문에 소독을 좀 하겠습니다. 이제부터 얼굴 위로 손 을 올리시면 안 됩니다. 소독이 되었기 때문에 손이 닿지 않게 해주세요." 그림 58-4 환자 얼굴 포타딘 소독 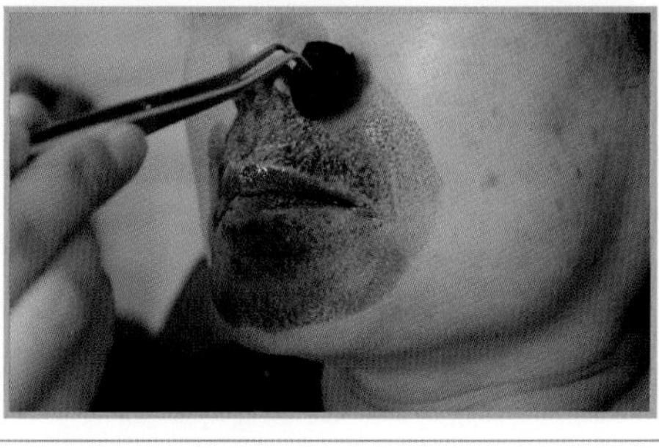

(12) 환자가 마취되었는지 확인한다.	"좀 얼얼한 느낌이 있으세요?"
(13) 소공포를 덮는다.	"얼굴에 포를 덮고 하겠습니다."
(14) Blade로 잇몸을 절개한다. 절개시 나오는 조직액과 혈액은 바로 suction해서 수술부위의 시야를 확보해준다. 환자가 무서워하면 환자의 손을 가볍게 잡아서 안정을 찾도록 도와준다. ▶접촉은 개인에 따라 받아들이는 차이가 있으므로 성별, 혹은 개인차를 고려하자.	"마취되었는지 한 번 확인해 볼게요. 만져보겠습니다. 지금 아프지 않으시죠? 계속하겠습니다." 그림 58-5 환자 손 잡아주기 
(15) Periosteal elevator로 잇몸을 연다.	"약간 누르는 느낌이 있으실 겁니다."
(16) 스탭은 mirror를 사용하여 혀나 뺨을 젖혀서 시야 확보를 한다. 원장님이 surgical bur로 치아를 자르는 경우 스탭은 핸드피스에 suction tip이 닿지 않도록 주의한다.	"물이 나옵니다. 물은 제가 빨아들일 테니 코로 숨 쉬세요. 괜찮으시죠? 아프시면 왼손 드세요."
(17) Elevator로 치아를 움직일 때 스탭은 mirror나 suction tip을 빼주고 필요할 때마다 적절히 suction을 통해 시야를 확보해준다.	"치아가 움직이는 듯한 느낌은 좀 있을 겁니다."
(18) Elevator로 치아를 뺀다. 만약 뿌리가 부러진 경우 root picker를 준비한다. 이때 스탭은 발치 겸자로 기구를 잡고 소독된 기구세트 위에 떨어뜨린다.	"이는 다 빼셨습니다."
(19) 원장님이 surgical curette으로 발치와를 정리하면 스탭은 식염수를 뿌리면서 suction한다. 이때 발치와 너무 깊숙이 suction하지 않도록 한다.	"마무리만 하면 됩니다." 그림 58-6 발치와 소독 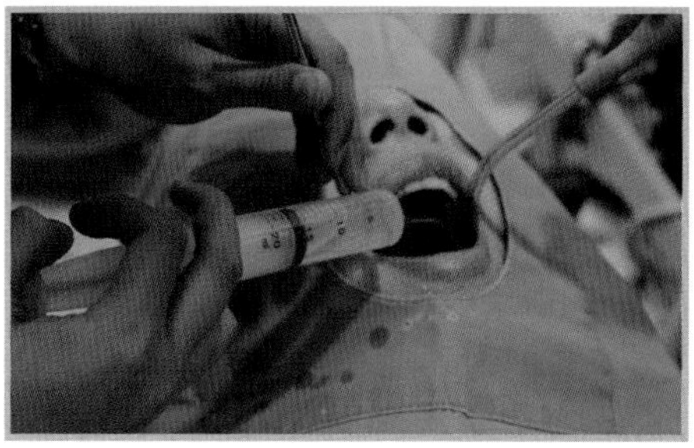
(20) 봉합시에 스탭은 mirror를 이용하여 시야확보를 한다. Silk를 자를 때는 2~3 mm로 자른다.	"거의 다 하셨어요. 지혈을 위해서 몇 바늘 꿰매기만 하면 됩니다."
(21) H_2O_2로 소독한다.	"소독 좀 하겠습니다."

(22) 식염수를 뿌린다. 스탭은 suction한다.	"물 좀 뿌리겠습니다."
(23) 거즈를 물려 드린다.	"솜 좀 물려 드리겠습니다. 꽉 물고 계세요. 물리셨죠?
(24) 환자를 앉힌다. 고생하셨다는 인사를 한다.	"앉혀 드리겠습니다." "힘드셨죠? 고생하셨습니다."
(25) 얼굴을 닦아 드린다.	"얼굴 좀 닦아 드리겠습니다."
(26) 주의사항을 설명한다.	(주의사항 설명하기 참고)
(27) 대기실로 안내한다.	"이쪽으로 오시겠어요? 안내해 드릴께요."
(28) 스탭은 발치한 기구를 정리할 때 반드시 사용한 suction tip을 물을 한 번 suction한 뒤 suction tip을 뺀 상태에서 다시 한 번 물을 suction 한다. 그래야 혈액이 남아서 응고되지 않고 깨끗하게 사용할 수 있다.	그림 58-7 사용한 suction 물 빨아들이기 

발치의 진료파트를 마치며...

가장 일반적인 분류로 크게 나누어 발치를 설명하였지만
사람마다 얼굴의 크기와 형태가 다 다르듯, 사람의 치아도 그 크기와
형태가 모두 다르다.
현 책에서 발치에 관하여 자세히 다룰 수는 없으니 다양한 치아 발치
및 사랑니 발치에 관하여는
2018년 출간한 김영삼 원장의 『사랑니 발치』를 참고하길 바란다.

2 : 발치 후 환자에게 말해야 할 것들

1) 잘 읽히는 치료 후 주의사항을 만들자.

아래의 사례를 참고하여 각 치과에 맞는 주의사항을 만들어 보길 바란다.

그림 58-8 출처 : design by 노경만 image from flaticon

치료부터 회복까지 안전하게
발치 후 주의사항

좋아요

거즈는 2시간 동안 꽉 물고 계시고, 침과 피는 절대로 뱉지 마시고 삼키십시오. (침을 뱉게 되면 피가 잘 멈추지 않습니다)

이를 뺀 부위에 **얼음 찜질**을 해주십시오.

양치질할 때 **이가 빠진 자리**에는 음식물이 끼지 않도록 **물로만 헹구어** 주세요.

안돼요

발치 후 일주일간은 음주, 흡연을 삼가 주십시오.

식사는 이 뺀 부위 **반대편으로** 하시고 뜨겁거나 자극성 있는 음식은 피하세요. (빨대는 절대 사용하지 마세요)

이를 뽑으신 후 1~2주 동안은 **심한 운동, 사우나, 찜질방, 온탕욕**은 삼가야 합니다. 가벼운 샤워는 괜찮습니다.

알려드립니다

만약 피가 많이 나거나 **고열**을 동반할 경우 즉시 **치과로 연락** 주시기 바랍니다.

발치 후 **멍**이 생길 가능성이 있으나 **48시간 후부터 온찜질**을 해주시면 서서히 없어집니다.

발치 후 **실밥** 제거나 **1주일 후**에 치과에 내원하셔서 받으시면 됩니다.

image : www.flaticon.com

발치 후 주의사항

◆ 발치 후 2시간 동안은 거즈를 단단히 물고 있어야 합니다. 침이랑 피는 뱉지 마십시오.

◆ 처음 2일 동안은 피가 조금은 날 수 있습니다. 입 안에는 침이 있기 때문에 출혈이 심해 보일 수가 있으니 이를 유념하시고 출혈이 심해지면 치과에 다시 내원하셔야 합니다.

◆ 마취가 풀리는 시간은 개인마다 차이가 있으며, 완전히 풀린 후 식사하시고, 첫날은 액체나 유동음식을 섭취하되 미지근한 것이나 약간 찬 것이 좋습니다.

◆ 발치 부위에 음식물이 낀다고 일부러 빼거나 혀를 대거나 하시면 안되시며, 발치 부위는 치과에 내원하여 소독해야 합니다.

◆ 발치 당일에는 양치질이 어려우며, 다음 날부터는 정상적으로 하시며, 발치 부위는 치과에 내원하여 소독해야 합니다.

◆ 발치 후 최소 3일 정도는 술, 담배, 운동, 사우나(찜질방)는 피해주셔야 합니다. (빨대 사용 금지)

◆ 불편하시거나 궁금하신 점이 있으시면 치과로 연락해 주십시오.

YONSEI 인스타일 치과
tel 02)3141 · 0428, 02)3143 · 0428

발치 후 주의사항
사랑니 | 스케일링 | 임플란트 | 충치치료
임플란트 | 치아미백 | 보철치료 | 틀니 · 의치
라미네이트 | 치아성형 | 턱관절치료 | 악 · 보톡스

1. 거즈는 2시간 동안 꼭 물고 계시다 고처 물거나 고쳐 빼지 마세요.
   침이나 피는 뱉어내면 피가 잘 멈추지 않기 때문에 그냥 삼키시는게 좋습니다.

2. 2시간 정도 후에 거즈를 빼시고 조금씩 피가 배어나오는 것은 괜찮은 것입니다.
   만약 피가 계속해서 많이 나면 치과로 전화를 주시기 바랍니다.

3. 거즈를 빼고 나서 바로 약을 드세요.
   처방해드린 약은 빠짐없이 계속 드시는 것이 좋습니다.

4. 이를 뽑은 부위의 볼이나 목 안쪽이 부을 수 있으므로, 이를 뽑으신 날부터 이틀 후까지 얼음팩으로 냉찜질을 해주세요.
   수술 후 많이 부으셨을 때는 발치하고 3일 후부터 따뜻한 찜질을 해주세요.

5. 부분마취는 2~3시간 후에 풀리므로 입술이나 볼 안쪽을 씹지 않도록 조심하세요.

6. 발치 직후 빨대를 사용하면 피가 멈추는데 방해가 되므로 피해주세요.

7. 발치 후 3~4일 동안은 무리한 운동이나 뜨거운 목욕(찜질방, 사우나) 등은 삼가시고 뜨겁고 자극이 강한 음식도 피해주세요.

8. 잇솔질은 평소처럼 하시되 뽑은 곳은 조심해서 해주세요. 이를 뽑은 곳에 음식물이 끼지 않도록 물이나 가글로서 자주 헹궈주시는 것이 좋습니다.

9. 술, 담배는 일주일 동안 삼가주세요. 아주 끊으시면 더 좋겠죠?

10. 이를 뽑은 다음 날은 소독 및 경과를 관찰하기 위해 치과에 내원해주세요.

강남 레옹치과
Gangnam Leon Dental Clinic
H·P 010-4569-1848 ☎ (카카오톡 가능)
H·P 010-2804-1848 ☎ (상시·보철전용)
서울시 서초구 강남대로 415 대림빌딩 8층
Tel 02-535-2119   Fax 02-591-2119

진료시간 안내
평 일 AM 10:00~PM 7:00
토요일 AM 10:00~PM 5:00
점심시간 PM 1:00~PM 2:00
※일요일·공휴일 야간진료 ~PM 9:00

(http://blog.naver.com/chamelen120/)

2) 환자에게 설명할 내용

① 지금 물고 계신 솜은 2시간 동안 꽉 물고 계셔야 합니다. 지금이 10시니까 12시까지 꽉 물고 계세요. 솜을 물고 있는 동안은 물을 드시면 안 됩니다.

② 침이나 피는 절대 빨아내거나 뱉지 마시고 삼켜주세요.

③ 2시간 후에 솜을 빼신 후에도 피가 조금씩 나올 수 있습니다. 피 맛이 나는 정도는 괜찮으니 자연스럽게 삼켜주시고요. 만약 많이 나오면 여분의 거즈를 드릴 테니 물을 살짝 적셔서 다시 물고 계세요. 혹시라도 상태가 안 좋은 것 같으시면 바로 치과로 전화주시거나 체크 받으시러 오십시오.

④ 술이나 담배는 안 됩니다. 1주일간은 피해주세요.

⑤ 뜨거운 음식, 맵고 짠 자극적인 음식은 피해주세요. 특히 뜨거운 음식은 3~5일간은 금하셔야 합니다.

⑥ 오늘 무리한 운동이나 사우나, 뜨거운 물에 하는 목욕은 하시면 안 됩니다. 간단한 샤워 정도는 괜찮습니다.

⑦ 얼음 팩을 드릴 테니 오늘, 내일 이틀 동안 찜질해 주세요. 얼음찜질은 3분 정도 대셨다가 떼셨다가를 반복해주세요.
3일째까지는 많이 부을 수 있습니다. 목 뒤로 부으면 침 삼키기나 음식물 드시기 불편할 수 있습니다.

⑧ 실밥으로 봉합해 드렸습니다. 실밥은 1주일 후에 풀어드릴 거고요. 내일 잠깐 소독 받으러 오시면 됩니다.

⑨ 약은 처방전을 드릴 테니 식후 30분 후에 드시면 됩니다. 처방해 드린 약은 꼭 드세요.

⑩ 혹시 오늘 집에 가셔서 응급상황이 생기거나 궁금하신 점 있으시면 언제든 전화주세요.

소독과 실밥 풀기 59

1 : 발치 후 소독

1) 준비물

기본세트, H₂O₂, 포타딘, 식염수 시린지

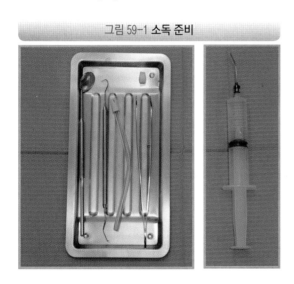

그림 59-1 **소독 준비**

2) 진료순서 및 해야 할 말

순서	환자에게 해야 할 말
(1) 환자를 진료실로 안내한다. 상태를 물어본다.	"괜찮으셨어요? 힘드셨죠? 통증은 좀 어떠세요?"
(2) 의자에 앉히고 기본세트 준비를 한다. 에이프런을 해준다.	"오늘은 간단하게 소독만 하실 겁니다."
(3) H₂O₂, 포타딘으로 소독한 후 식염수를 뿌린다.	"소독하겠습니다. 소독물 좀 뿌리겠습니다."

(4) 환자를 물 양치시킨다. 에이프런을 빼준다.	"고생하셨습니다."
(5) 대기실로 안내한다	"약은 다 드셔야 합니다. 통증은 내일까지도 남아 있을 겁니다. 다음 주에 오셔서 실밥 푸시면 됩니다."

알고 계신가요?

■ 소독의 목적

소독이란 수술 부위에 단순히 소독액이나 포타딘을 바르기 위한 행위가 아닙니다.
환자가 집이 멀다고 해서 소독은 가까운 곳에서 받으시라고 하는 것은 소독이라는 진료 의미를 잘 모르는 말이랍니다.

소독을 하면서 꼭 확인해 봐야 할 몇 가지가 있습니다.
1. 수술 후 마취가 잘 풀렸는지, 감각이상이 있지는 않은지
   (어제 이 빼시고 마취는 잘 풀리셨나요?)
2. 피는 잘 멈췄는지, 잘 멈추지 않았다면 피가 얼마나, 언제까지 났는지
   (거즈를 빼시고 나서 피는 잘 멎었나요?)
3. 침을 삼킬 때 목주변이나 턱밑이 아프진 않았는지
   (침 삼키실 때 목이나 턱밑이 아프진 않으신가요?)
4. 입 벌릴 때 개구장애는 없는지 등
   (입 벌릴 때 불편하지 않으신가요?)

어때요? 소독이란 참 중요한 진료행위죠?
괄호 안에 있는 방식으로 환자에게 질문을 한다면 환자의 상태를 파악하는데 더 도움이 될 것입니다.
진료준비를 하면서 이런 부분들을 환자에게 물어보고 미리 확인하고 미리 원장님께 귀띔을 해주신다면 원장님께서 진료하시기가 많이 수월해지겠죠. 아울러 병원에서는 능력 있는 스탭이, 환자에게는 자상한 치과위생사로 인정받는 일석이조의 효과를 볼 수 있다는 거 잊지 마세요. ^^

2 : 실밥 풀기

1) 준비물

기본세트, H_2O_2, 포타딘, 식염수 시린지, scissor

그림 59-2 **실밥 풀기 준비물**

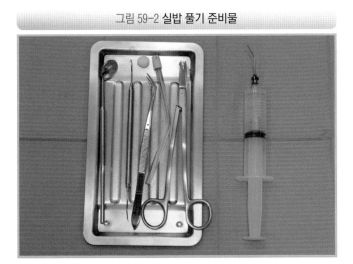

2) 진료순서 및 해야 할 말

순서	환자에게 해야 할 말
(1) 발치한 부위를 포타딘으로 소독한다.	"소독약입니다."
(2) 식염수로 irrigation한다.	"코로 숨 쉬세요."
(3) Scissor로 실밥을 자르고 핀셋으로 실밥을 제거한다.	"조금 따끔하면서 당기는 느낌이 있을 수 있습니다."
(4) H_2O_2로 소독한다.	"소독약입니다. 삼키지 마세요."
(5) 식염수로 irrigation한다.	그림 59-3 Irrigation

(6) 환자를 양치시키고 앞으로의 주의사항을 설명한다.	"아직까지 완전하게 아물지 않았기 때문에 통증이 남아 있을 수 있습니다." "이를 뽑은 쪽으로 음식물이 낄 수 있으므로 양치하실 때 주의해 주셔야 합니다." "뼈가 차올라서 원래 잇몸처럼 되기까지는 2~3개월 정도 걸립니다."

실밥을 제거하고 나서도, 음식물이 계속 껴서 불편감을 호소하는 경우도 간혹 있다.
또는 환자분께서 "계속 이렇게 음식물이 끼나요?"라고 물어보신다.

이럴 경우 "안쪽의 뼈가 차 오르기까지는 몇개월이 걸리지만, 윗부분의 잇몸이 치유되는 것은 보통 2주 정도 걸리니 그 전까지는 음식물이 낄 수 있습니다. 이는 치아의 형태마다 해당 기간은 다릅니다. 불편하실 경우 치과에 오시면 소독해 드리겠습니다."고 설명드리는 편이다.

임플란트 수술기구

1 : 임플란트 kit

임플란트 키트 시스템은 회사의 제품마다 각기 다르다.

아래의 제품 및 수술 구성품은 어디까지나 보기일 뿐이니,

각 소속치과에서 사용하는 제품을 중심으로 숙지하여 매뉴얼을 만들어 보길 권장한다.

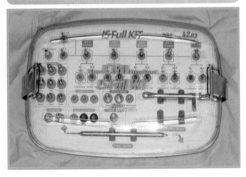

그림 60-1 Neo – active

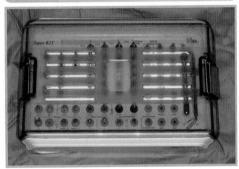

그림 60-2 Osstem – TS

그림 60-3 Luna

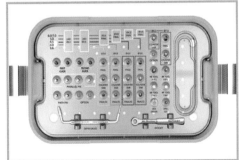

그림 60-4 Dentium – Suplerline

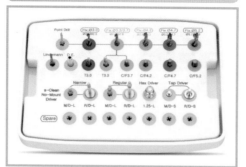

그림 60-5 Dentis - 1Q Smart

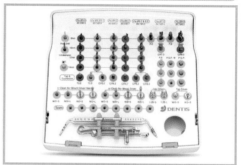

그림 60-6 Dentis - 1Q Surgical

2 : 임플란트 모터

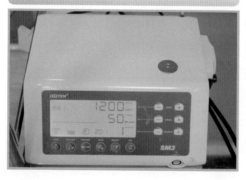

그림 60-7 임플란트 모터 - OSSTEM-SM3

그림 60-8 임플란트 모터 - NSK-SURGIC TX PLUS)

3 : 임플란트 수술세트

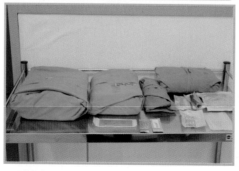

그림 60-9 수술 준비 과정 (1)

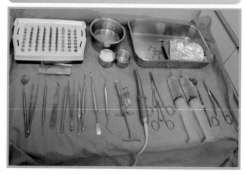

그림 60-10 수술 준비 과정 (2)

※ 기본기구: 세부적인 사진은 「54. 외과용 기구」 참고

그림 60-11 수술 준비 과정 (3)

그림 60-12 수술 준비 과정 (4)

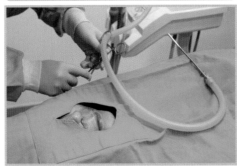

※ 세부 수술 준비 과정은 「66. 임플란트 수술 준비」 참고

임플란트 핸드피스의 관리

임플란트 핸드피스는 수술 시 사용하기 때문에, 피가 묻을 가능성이
매우 높다.
이렇게 묻은 피는 핸드피스 안쪽에 스며들어 굳으며 핸드피스가 분리
되는 것을 방해하고, 안에 부속품이 제대로 작동하는 것을 방해한다.

수술이 끝난 직후 세척 및 오일링을 바로바로 시행하도록 하자.

오일링 후 남은 오일을 깨끗히 air로 날려주는 것이 좋다.
핸드피스에 오일이 남은 채 멸균을 돌린 경우, 오일과 함께 굳어서
핸드피스가 분리되지 않을 수도 있기 때문이다.

임플란트 드릴

1 : 임플란트 Kit 안에 들어 있는 기구

아래에 구성품은 OSSTEM TS KIT를 예시로 설명하였다. 그러나 임플란트 kit는 타 제품의 경우에도 어느 정도 비슷한 구성품으로 이루어져 있다. 해당 제품을 예시로 하여 해당 치과의 제품을 숙지하거나, 또는 이를 보기로 매뉴얼을 만들어 보기를 권장한다. 아래의 내용은 참고로 하도록 하자.

그림 61-1 OSSTEM TS KIT.

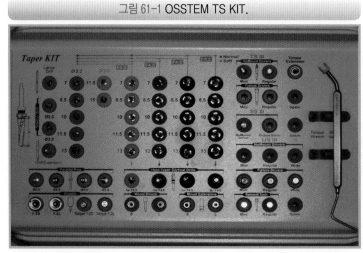

기구	특성
그림 61-2 Lance Drill	– Initial drilling이 용이하도록 뼈에 구멍을 형성 – Drilling을 통해 골밀도 판단 가능

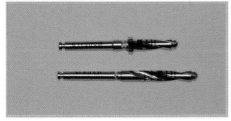 그림 61-3 Sidecut Drill	– 측면 삭제용 – 임플란트 식립 방향을 바꿀 때 사용 – 발치와의 ridge부 삭제 시 사용 – 발치와의 site preparation이 용이
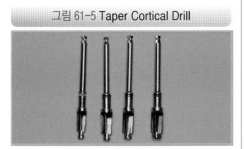 그림 61-4 Three Cutter Twist Drills (위쪽부터: Stopper Drill, No Stopper Drill)	Stopper Drill – Stopper가 있어서 정해진 길이만큼만 drilling이 가능함 – 1 mm 정도의 추가 삭제가 가능 No Stopper Drill – Ridge 부에서 깊이 조절이 용이하도록 15 mm 드릴에서 stopper 삭제 – 하나의 드릴을 사용하여 모든 길이의 drilling이 가능하도록 7~15 mm까지 laser marking으로 길이 표시 – 자루부의 color coding은 drill의 길이 표시
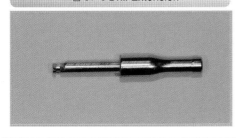 그림 61-5 Taper Cortical Drill	– 최종단계에서 사용하는 cortical bone 확장용 drill – Hard bone 이상에서 최종 drill 구멍을 형성시킨 후 사용 – Fixture 직경별로 전용 drill 구비 – Marking line의 하단 선까지 drilling하는 것을 추천
 그림 61-6 Drill Extension	– Drill 및 기타 핸드피스 사용 도구의 길이를 확장하는데 사용 – Drill 자루의 평탄면을 drill extension의 평탄면과 연결하여 사용 – 무리한 힘이 가해지지 않도록 조심할 것
그림 61-7 Simple Mount Driver (위쪽부터 Short, Long)	– Fixture 식립 시 simple mount에 연결하여 사용

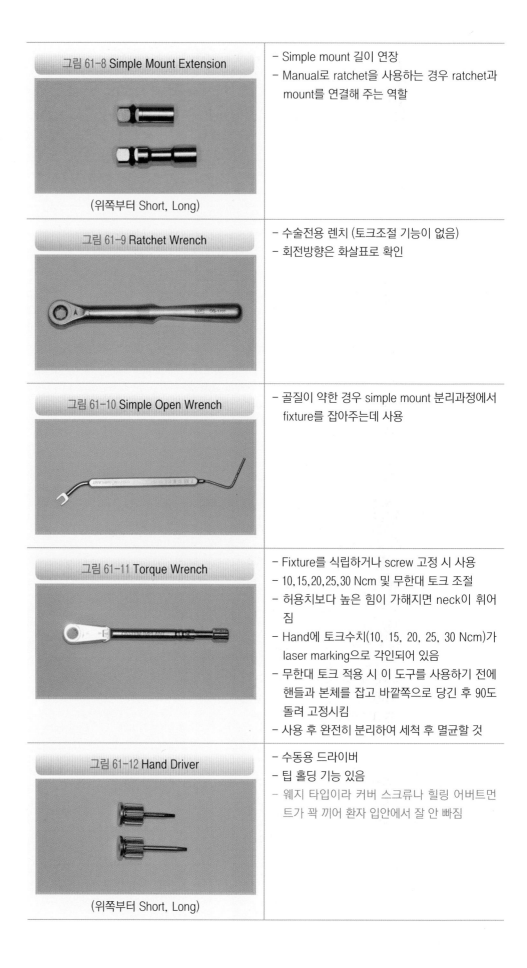

그림 61-8 Simple Mount Extension (위쪽부터 Short, Long)	- Simple mount 길이 연장 - Manual로 ratchet을 사용하는 경우 ratchet과 mount를 연결해 주는 역할
그림 61-9 Ratchet Wrench	- 수술전용 렌치 (토크조절 기능이 없음) - 회전방향은 화살표로 확인
그림 61-10 Simple Open Wrench	- 골질이 약한 경우 simple mount 분리과정에서 fixture를 잡아주는데 사용
그림 61-11 Torque Wrench	- Fixture를 식립하거나 screw 고정 시 사용 - 10, 15, 20, 25, 30 Ncm 및 무한대 토크 조절 - 허용치보다 높은 힘이 가해지면 neck이 휘어짐 - Hand에 토크수치(10, 15, 20, 25, 30 Ncm)가 laser marking으로 각인되어 있음 - 무한대 토크 적용 시 이 도구를 사용하기 전에 핸들과 본체를 잡고 바깥쪽으로 당긴 후 90도 돌려 고정시킴 - 사용 후 완전히 분리하여 세척 후 멸균할 것
그림 61-12 Hand Driver (위쪽부터 Short, Long)	- 수동용 드라이버 - 팁 홀딩 기능 있음 - 웨지 타입이라 커버 스크류나 힐링 어버트먼트가 꽉 끼어 환자 입안에서 잘 안 빠짐

그림 61-13 Torque Wrench 용 Torque Driver	– 토크 렌치 체결용 드라이버 – 팁 홀딩 기능 없음 – 스트레이트 타입이라 커버 스크류나 힐링은 반드시 스크류나 어버트먼트가 장착된 후에 사용해야 함
그림 61-14 Fixture Mount 용 Removal Tool	– Fixture와 fixture mount 끼임 발생 시 fixture mount screw 제거 후 사용 – 드라이버 핸들 및 토크렌치에 체결 후 사용 – 수직으로 삽입하여 시계방향으로 회전
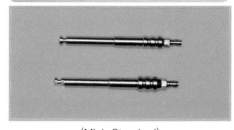그림 61-15 No Mount Driver (Mini, Standard)	– 시술과 동시에 치은 높이의 측정이 가능하도록 1 mm 간격마다 groove 및 lasder marking 표시되어 있음 (1~6 mm) – Holiding 부의 파절방지 및 수술 시 혈흔 등의 이물질 침입 방지를 위하여 stopper 부여
그림 61-16 Fixture Driver	– Mount free fixture의 식립 시 혹은 mount 분리 후 fixture를 넣거나 제거할 때 사용 – 토크 150 Ncm 이상 사용 가능

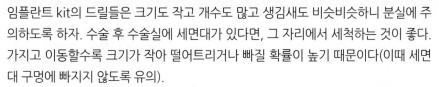

알고 계신가요?

임플란트 kit의 드릴들은 크기도 작고 개수도 많고 생김새도 비슷비슷하니 분실에 주의하도록 하자. 수술 후 수술실에 세면대가 있다면, 그 자리에서 세척하는 것이 좋다. 가지고 이동할수록 크기가 작아 떨어트리거나 빠질 확률이 높기 때문이다(이때 세면대 구멍에 빠지지 않도록 유의).

드릴의 총 개수를 kit에 적어두고, 세척이 끝난 뒤 개수를 세어 분실 여부를 확인하는 것도 관리법 중 하나이니 참고하도록 하자.

62 임플란트 수술 시 필요한 추가 기구들

임플란트 수술 시 필요한 추가 기구들은 시간이 흐름에 따라 계속하여 개발되고 있는 추세이다.

각 제조사마다 다양한 제품들이 출시되니 모두 다 알 수는 없는 것이다.

아래는 가장 흔히 쓰이는 추가 기구만 간략히 추렸으니, 그 외에 제품들은 각 치과에서 사용하는 것을 중심으로 숙지하도록 하자.

1 : 골이식 관련 수술기구

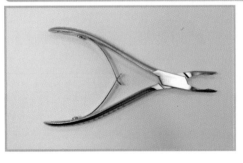

그림 62-1 Bone ronger

그림 62-2 Trephine bur

그림 62-3 Metal dish

2 : Sinus elevation 관련 기구

- 일반적으로 sinus elevation시 bone graft가 동반됨으로 골이식 기구와 같이 준비할 것

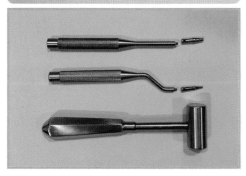

그림 62-4 Osteotome, Mallet

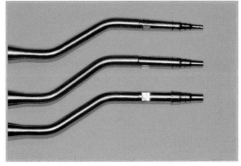

그림 62-5 Osteotomes

필자가 오래 전부터 사용한 ossteotome이다. 현재는 판매되지 않는 것으로 알고 있다. 최근에는 거상 높이를 조절할 수 있도록 file처럼, stop이 있는 제품도 있다.

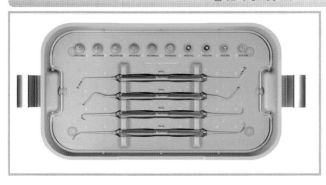

그림 62-6 Sinus kit

예) Dentium – DASK (Sinus elevation instrument + sinus bur)

알고 계신가요?

상악동 거상술 kit의 bur는 끝단에 날이 없고, 둥글둥글 하다.
이는 상악동의 얇은 막을 들어 올릴 때 상악동의 천공이 일어나는 것을 방지하기 위한 디자인이다.
bur 이외의 다른 기구들도 모두 기구의 끝이 라운딩 처리되어 있는 것을 알 수 있다.

63 뼈이식 재료

1 : 뼈이식 재료의 종류

1) 자가골이식재(Autogenic bone graft)

(1) 장점

   ① 자신의 뼈에서 채취하기 때문에 골 재생능력 좋다.
   ② 치유가 가장 잘 되고 거부반응과 부작용이 없는 편이다.

(2) 단점

   ① 구강 내에서 채취하는 방법이므로, 얻을 수 있는 양의 한계가 있다.
   ② 이식한 뼈의 50% 정도가 흡수될 수 있다.
   ③ 채취하는 방식이기 때문에 임플란트 수술부위 외에 새로운 수술부위가 생길 수 있다.

2) 동종골이식재(Allogenic bone graft) : 사람의 뼈에서 채취

(1) 장점

   ① 유전적으로 같은 종에게 채취한 이식재이기 때문에 치유 능력이 좋다.
   ② 외상에 의한 골 결손 치유, 임플란트 관련 G.B.R에 효과적이다.

(2) 단점

   ① 사람의 사체에서 얻은 이식재이기 때문에, 질병의 전염 가능성이 있다.
   ② 거부반응이 나타날 수 있다.
   ③ 가격이 다소 고가이다.
      예) 동종골(Regenoss)의 조직이식결과기록서

■ 인체조직 안전에 관한 규칙 [별지 제9호서식]

조직이식결과기록서

※ □에는 해당한 곳에 ∨표시를 합니다.

조직을 이식받은 사람	성 명		생 년 월 일	
	주 소		전 화 번 호	

조직 식별번호	□ 뼈 :
	□ 연골 :
	□ 근막 :
	□ 피부 :
	□ 양막 :
	□ 인대 :
	□ 건 :
	□ 심장판막 :
	□ 혈관 :
	□ 신경 :
	□ 심낭 :

조직을 이식한 의사	성 명	전 문 과 목	이식한 조직	이 식 일 시

「인체조직안전 및 관리 등에 관한 법률」 제19조 제2항 및 「인체조직 안전에 관한 규칙」 제18조 제2항에 따라 위와 같이 기록하고 통보합니다.

년   월   일

(이식의료기관)   (인)

(   ) 조직은행의 장 귀하

그림 63-1 Calpore	그림 63-2 Regenoss

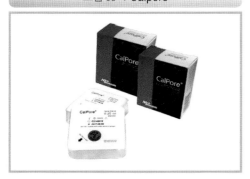

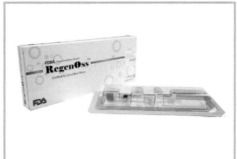

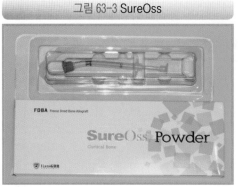

그림 63-3 SureOss

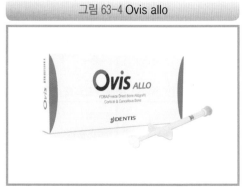

그림 63-4 Ovis allo

3) 이종골이식재(Xenograft) : 소, 말 등 동물의 뼈에서 채취

(1) 장점

   ① 골 형성 단백질이 매우 풍부하여, 골의 재생력과 신생골 형성이 되기 좋은 구조로 되어 있다.

   ② 뼈가 형성되면 형태 유지가 매우 잘 된다.

(2) 단점

   – 대체로 무기물 성분이 사용되어 골 형성 속도는 느리다.

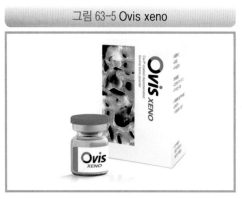

그림 63-5 Ovis xeno

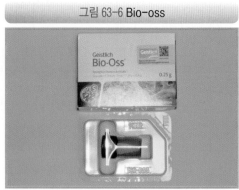

그림 63-6 Bio-oss

4) 합성골이식재(Synthetic substitutes) : HA와 β-TCP로 구성된 혼합골 대체재료

(1) β-TCP(β-tricalcium phosphate = 삼 인산칼슘)

  합성골 대부분이 β-TCP (B-tricalcium phosphate & HA (hydroxyapatite)) 혼합형태이다. β-TCP 비율 높으면 용해율이 높아 골 형성을 빠르게 진행하는 특징이 있다.

(2) 장점

① 사람의 뼈와 유사한 형태로 구입이 간편하고, 가격이 저렴하다.
② 감염의 위험성이 적다.

(3) 단점

− 골을 형성하는 치유능력이 다른 이식재료에 비하여 떨어지는 편이다.

그림 63-7 Ovis bone HA
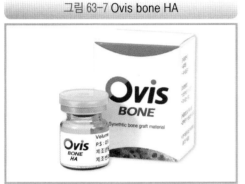

그림 63-8 Ovis bone BCP

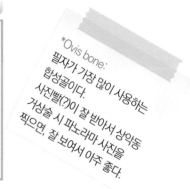
*Ovis bone:
필자가 가장 많이 사용하는 합성골이다.
사진빨(?)이 잘 받아서 상악동 거상술 시 파노라마 사진을 찍으면, 잘 보여서 아주 좋다.

그림 63-9 Osteon

그림 63-10 Osteon-sinus

5) 자가치아 골이식

자신의 치아에서 채취한 뼈이식 재료, 발치한 치아를 의뢰기관에 보내면 특수가공처리하여 보내준다. 이를 이용하여 골이식을 하는 방법으로 당장 뼈이식이 필요하지 않은 경우 실온에서 5년간 보관 가능하다.

골이식 재료는 환자에게는 인공뼈라는 말로 통일하여 말하는 것이 좋다. 적절한 재료이며, 정당한 의료행위지만, 소뼈나 죽은 사람뼈를 가공하여 사용한다고 말하면, 환자는 놀라고 싫어하기 때문이다.

동종골의 경우 사람의 사체에서 얻은 이식재이기 때문에, 질병의 전염 가능성이 높지는 않으나 없지는 않다.

그러므로, 추적 관찰을 위하여 이식재 재료에 따른 이식자와 용량을 기록해 두어야 한다.

2 : 뼈이식 수술 시 주의사항

① 임플란트 수술 중 뼈이식을 진행할 경우, assist 선생님은 썩션에 주의하도록 하자.

메탈 썩션팁의 강한 힘으로 해당부위를 썩션할 경우, 애써 이식한 재료들이 다 빨려 들어갈 수 있다.

이때는 시야확보 등의 이유로 필요한 경우에 따라 최소한으로 주변에 흘러내리는 혈액을 썩션하거나, 거즈로 스며들게 썩션하는 것도 방법이다.

② 수술방에서 뼈이식 재료의 취급 시 주의사항.

원칙적으로 한 번 개봉한 재료의 재사용은 안 된다. 나누어 쓰는 것을 당연하게 생각하기 보다는 어쩔 수 없는 경우에는, 작은 단위로 구매하여 사용하는 것을 권장한다. 또한 굳이 환자들이 알게 할 필요는 없다. 수술방에서의 대화를 주의하도록 하자.

"죽은 소뼈다", "그거 다시 열어", "남길까요?" 와 같은 표현들은 주의하도록 하자.

▶ 필자는 병원에서 따르는 양에 따라서 암호를 사용하기도 한다.

연차별 선생님의 이름 또는 대기실의 상황을 날씨로 표현하기도 한다.

(예 오늘 날씨가 상당히 좋네요? 날씨가 흐리네요?)

치과 안에서의 의료진의 대화에 환자는 늘 귀 기울여 듣고 있다. 수술을 앞두고 있다면 더더욱 그렇다. 눈이 포로 덮여 있는 상태로 누워 있으면 시야가 가려지니 불안감은 더해져, 귀는 더더욱 쫑긋 열고 있을 수 밖에 없다. 이런 환자의 마음을 이해하도록 하자.

임플란트의 종류 64

임플란트의 종류는 각 제조사마다 종류가 천차만별이지만 어느 정도의 타입과 규격은 나뉘어 있으니 그 기준은 알아두도록 하자.

초기에는 internal type은 submerged 형태의 fixture가 없었고. 보철물 제작이 용이하지 않아 external type이 주로 사용되었다. 그러나 internal type의 submerged 형태가 출시되면서, 현재는 해당 타입이 가장 사용빈도가 높은 추세이다.

1 : Fixture의 형태에 따른 분류

1) External connection type

Fixture에 외부로 돌출된 연결부를 이용하여 fixture와 abutment를 연결해주는 형태.

연결부의 높이는 보통 0.7~1 mm로 짧고, fixture와 abutment가 맞대기 이음 구조(butt joint)로 연결되며 결합력을 거의 screw에만 의존한다.

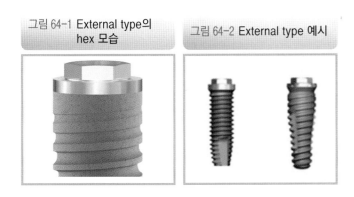

그림 64-1 External type의 hex 모습

그림 64-2 External type 예시

(1) 장점

① 보철물 제작이 용이하다(fixture 식립 각도에 영향을 적게 받는다).

② 연결부위가 fixture 위에 있기 때문에 보철물이 가라앉는 현상(abutment sinking) 이 적다.

(2) 단점

① 교합력이 screw에 집중되어 스크류 풀림이나, 파절이 일어날 가능성이 높다.
② 밀접한 접합이 어려워 abutment 접합 후 반드시 방사선사진을 통해 접합상태를 확인해야 한다.
③ Fixture가 깊게 식립된 경우는 적용이 어렵다.

2) Internal connection type

Abutment의 일부가 fixture 내부로 삽입되어 연결되는 형태로 abutment와 fixture의 접합을 효과적으로 높일 수 있어서 유지력이 향상된다.

| 그림 64-3 Internal type 내부 모습 | 그림 64-4 Internal type의 hex 모습 | 그림 64-5 Internal type 예시 |

(1) 장점

① 교합력의 분산이 용이하여 external에 비해 스크류 풀림이나, 파절이 일어날 가능성이 적다.
② 연결부의 틈이 거의 없어 생체적합성이 좋다.
③ External에 비해 fixture가 깊게 식립된 경우는 적용이 편하다.

(2) 단점

① 보철물이 시적 및 접착이 external에 비해 fixture 식립 각도에 영향을 크게 받는다.
② 연결부위가 fixture 안에 있기 때문에 보철물이 가라앉는 현상(abutment sinking) 이 있다. 이는 곧 교합이 낮아질 수 있다.

2 : 시술방식에 의한 분류

1) Submerged type

① Fixture를 치조골에 심고 잇몸을 완전히 덮을 수 있는 형태
② 골이식을 동반하는 경우 수술부위를 외부에 노출시키지 않고 보존할 수 있다는 장점이 있으나 차후에 2차 수술을 해야 한다는 부담이 있다.

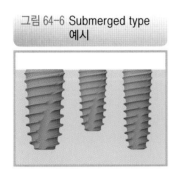

그림 64-6 Submerged type 예시

2) Non-submerged type

① Fixture를 치조골에 심고 fixtrue의 일부를 구강 밖으로 노출시키는 형태
② 2차 수술이 필요 없으나 골이식을 동반하는 수술부위에는 사용이 어렵다.

그림 64-7 Non-submerged type 예시 이미지

3 : 임플란트의 구분

	External connection	Internal connection
Submerged	Branemark / Osstem – US	Astra / Osstem – TS / Dentium – Implantium, Superline , NR line / Neo – Active
Non–submerged		ITI / Osstem – SS / Dentium – One / Neo – IT system

> **알고 계신가요?**
>
> 최근에는 각 임플란트 회사마다 하나의 특정 타입보다는 각각 다양한 타입을 모두 출시하고 있는 경향이다. 물론 우리가 이 모든 제품을 다 알 수는 없다. 그러나 해당 치과에서 주로 사용하는 임플란트 제품의 제조회사가 어디이고 어떤 타입인지, 그렇다면 어떠한 장점이 있는지 정도는 알아 두는 것이 임상을 이해하는 것은 물론, 환자분의 질문에 대응하기에도 더 좋을 것이다.

memo

Healing abutment

1 : Healing abutment 종류

Healing abutment는 임플란트 시스템마다 다른 형태와 크기를 가진다. 최근에는 여러 제품들간 호환이 이루어지고 있으므로 자주 사용하는 몇 가지 시스템을 알아두면 도움이 될 것으로 생각된다. 호환 가능한 제품은 제조사에 확인하는 것이 가장 정확하다.

그림 65-1 DENTIS – oneQ

그림 65-2 NEO – active

그림 65-3 DENTIUM superline

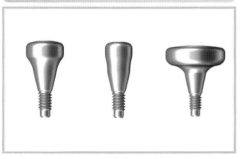

그림 65-4 DENTIUM – NRline

* Healing abutment는 폭과 길이에 따라 종류가 다양하다. 최종 보철물의 마진의 높이와 크기를 고려하여 고르는 센스가 중요하다.

2 : Healing abutment의 관리

Healing abutment는 진료실과 수술실 모두에서 사용하여 이 역시 이동이 잦은데다 크기가 매우 작다. 분실에 각별히 주의하고 깨끗이 세척 및 멸균하여 관리하도록 하자. 사용한 healing abutment는 나사선 부분에 혈액이나, 드라이버가 들어가는 HEX 부분에 치태 또는 치석까지 붙어 있는 경우도 있다. 이는 초음파세척기로 세척하고, 그래도 안 떨어지는 딱딱한 이물질은 스트레이트 핸드피스와 러버포인트로 메탈을 polishing하듯 깨끗하게 닦아낸 뒤 멸균하는 방법도 있다.

알고 계신가요?

원칙적으로 healing abutment, impression copping, lab analog는 1회용품이라고 명시되어 있다. 그러나 필자가 조사해 본 바로 실제로 그렇게 사용하는 곳은 1%도 안 된다. 임플란트의 수가가 워낙 저수가 이다 보니, 어쩔 수 없는 현실이나 이는 절차상으로는 면허취소 사유에 해당된다. 그러나 보험 임플란트의 수가책정에서 이를 고려해주는 부분은 없다.

우리는 알고 있도록 하자. 재사용에 대한 언급을 굳이 할 필요는 없으나 너무 당연하게 생각하거나 재사용을 어필하는 부분에서는 조심하도록 하자.

임플란트 수술 준비 66

1 : 환자가 오기 전에 해야 할 일

① 수술세트와 임플란트 kit를 포에 쌓여 있는 채로 꺼내 놓는다.

② 소독액에 마취 ample과 필름을 넣을 비닐을 담가 놓는다. Surgical stent 도 담가 놓는다.

③ 식립할 fixture를 준비한다.

④ 식염수를 준비한다.

⑤ 수술모자와 소독장갑을 2개씩 준비한다.

그림 66-1 **포터블 엑스레이**

⑥ 환자의 파노라마를 띄워놓는다.

⑦ 골이식을 할 경우 필요한 기구와 재료를 준비한다.

⑧ 임플란트 모터의 발판을 내려놓고 코드를 꽂아 놓는다.

⑨ Blade와 silk를 준비해 놓는다.

⑩ Photo나 방사선사진이 있는지 확인하고 없으면 미리 준비해 놓는다.

⑪ 포터블 엑스레이 장치와 디지털 카메라를 미리 준비한다.

2 : 수술 전 준비

1) 준비물

기본기구 (mirror 2개, pincette, explorer), metal probe 1개, blade holder 2개, adson tissue forcep, surgical curettes (curved 1개, straight 1개), periosteal elevator (prichard 1개,

molt 1개), metal retractor, injection syringe, metal bowl (saline 담는 큰 것 1개, 작은 것 3개), scissor, needle holder, hemostat (mosquito 1개, kelly 1개), saline syringe, needle, metal suction tip (얇은 것 1개, 굵은 것 1개), suction tube, 호일 2장, gauze, 수술용 대공포, 임플란트 핸드피스

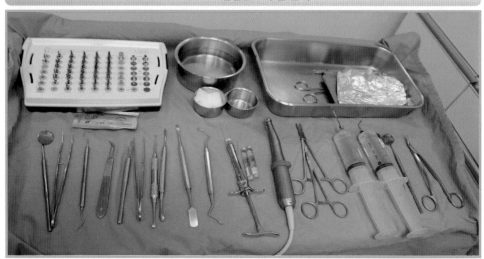

그림 66-2 **임플란트 수술 준비**

2) 수술 준비

Second assist 스탭이 하는 일	
(1) 스탭은 환자를 눕혀드리고 수술할 부위를 정확하게 사진을 찍는다.	
(2) 구강 내부와 외부를 소독한다. <구강 내부> 구강내부를 잇솔질하고, 포타딘으로 환자의 입안 소독을 한 후 saline으로 irrigation한다. <구강 외부> - 환자의 콧등에서부터 턱까지 구멍포 밖으로 노출되는 부분을 포타딘으로 소독한다. - 소독된 부위에 환자가 손을 올리지 않도록 주의시킨다.	그림 66-3 **구강내 소독** 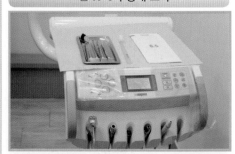 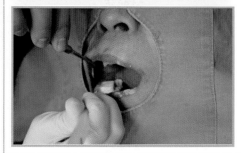

그림 66-4 구강외 소독

(3) 핸드피스의 연결부위를 들어 first assist 스탭이 핸드피스를 끼울 수 있도록 한다.

(4) 플라스틱 suction에 고무를 빼고 소독된 고무 튜브의 끝을 잡고 끼운 후 suction을 켠다.

(5) 밀봉되어 있는 팩을 개봉해서 first assist 스탭이 무균 처리된 재료를 꺼낼 수 있도록 한다.

(6) Saline을 따라 놓는다.

그림 66-5 Saline

(7) X-ray를 연결한다.

그림 66-6 시작 시 X-ray

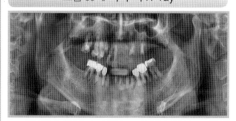

그림 66-7 수술 도중 X-ray

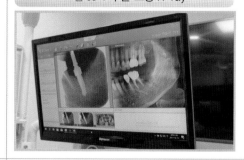

(8) 원장님을 모셔온다.

First assist 스탭이 하는 일	
(1) 수술세트와 임플란트 kit를 풀어 펼쳐 놓는다. (2) Blade와 silk를 오픈하여 수술세트 위에 떨어뜨린다. (3) 임플란트 핸드피스를 수술세트 위에 떨어뜨린다. (4) 마스크와 수술모를 쓰고 소독된 장갑을 낀다. 소독된 장갑을 착용한 이후로는 소독된 것만 만져야 한다. (5) 수술세트를 수술 순서대로 진열한다. (6) Blade holder에 blade를 끼워 놓는다.	 그림 66-8 **수술세트 진열** 
(7) 스탭 쪽의 light 손잡이를 은박지로 감싼다. 소독장갑이 소독 안 된 것에 닿지 않도록 한다.	 그림 66-9 **Light 손잡이**
(8) 핸드피스를 연결한다. (9) 소독된 은박지로 소독되지 않은 핸드피스 아래쪽을 감싼다. (10) 핸드피스를 수술세트 위에 걸쳐 놓는다.	 그림 66-10 **정리된 수술 세트** 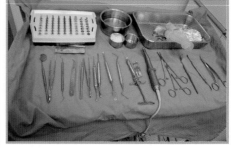

(11) 환자의 얼굴에 소독된 소공포를 덮는다.

그림 66-11 소공포를 덮은 환자의 얼굴

(12) Suction tip을 고무튜브에 연결시키고 sec-ond assist 스탭에게 고무튜브를 suction에 연결하게 한다.

그림 66-12 Suction에 연결

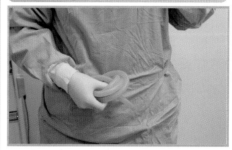

(13) Suction 튜브가 떨어지지 않게 환자의 소공포에 kelly를 이용하여 고정시켜 놓는다.

그림 66-13 소공포에 kelly를 이용하여 Suction 튜브 고정

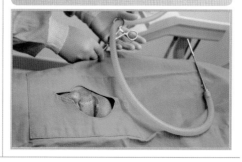

(14) 환자의 마취 여부를 확인한다.	그림 66-14 마취 여부 확인 
(15) 환자에게 수술 시 주의사항을 설명한다.	

3 : 임플란트 수술 준비 시 주의할 점!

소독된 것 / 소독 안 된 것을 구분하도록 하자.

그렇다면 소독된 글러브를 끼고 만질 것 / 만지면 안 될 것이 구분되어질 것이다.

소독된 글러브를 끼고 수술 준비 중 무언가 꺼내기 위해 서랍을 열어야 하거나, 소독이 안 된 무언가를 만져야 한다면,

① 글러브를 벗고 꺼낸 뒤 새로운 글러브를 착용한다.

② 다른 선생님에게 요청한다든지 다른 방법으로 해결하여, 고생해서 소독한 공간들이 오염되지 않도록 하자.

알고 계신가요?

■ 수술방에 들어서는 순간 생각하자!

본인의 용모와 복장이 수술방 출입에 적합한지 항상 생각하도록 하자.

특히 소홀하기 쉬운, 흘러내리는 머리카락은 실핀이나 헤어밴드 또는 왁스 등으로 고정하도록 한다.

임플란트 수술 67

수술은 혼자하는 것이 아니다. 수술실에서의 팀워크에 따라 환자가 느끼는 수술의 만족도가 달라질 수 있다.

중요한 수술일수록, 구성원간의 손과 발이 안 맞는 것을 환자가 느낀다면, 불안감은 더욱 커질 것! 따라서 수술에 임하는 구성원은 책임감을 느끼고 환자의 불안 해소를 위한 노력과 각자의 자리에서 역할에 충실해야 할 것이다.

〈환자의 불안과 공포를 줄이기 위한 노력〉

치과 공포를 줄이기 위한 노력으로는 통증이나 불편감에 대해 미리 설명하고, 가장 심한 공포를 유발하는 날카로운 기구 등은 시야에 보이지 않도록 하는 등 특별히 고려해야 한다.

생물학적 특성을 고려하여 여성에게는 더욱 세심하게 응대하고, 치과 치료공포가 높은 사람일수록 정기검진으로 예방차원의 치과 방문을 할 수 있도록 권장한다면 치과 치료공포를 줄이는 데 도움이 될 것이다. 따라서 학문적인 지식과 임상경력 외에도 환자를 심리적으로 안정시킬 수 있는 능력과 환경을 만드는 것이 필요하다.

(▶출처 : 대학생의 치과 치료공포에 영향을 미치는 요인, 문학진, 이정숙, 이주열 등, 2017. 11.16. 한국학교·지역보건교육학회지)

심리적 안정을 위한 환경 구성의 예:
환자의 불안감 해소를 위해 설치된 기가지니는 수술 전 환자가 직접 원하는 음악을 말하고 선곡한다.

"지니야, 음악 들려줘"

좋아하는 음악을 들으며 수술을 진행한다고 한다.

(▶사진 제공 : 부천사과나무 치과병원)

수술실에 설치된 기가지니

이 밖에도 편안한 진료를 위해 목배게, 아로마, 손으로 잡고 있을만한 인형, 수술 전후 활용할 수 있는 안마기 등을 서비스로 제공하고 있다.

〈어시스트의 역할〉

① First은 최대한 원장님의 상황과 환자의 구강상태에 집중하고 응급 시 신속하게 대처하고 현상황을 알리며 도움을 요청하는 것이 가장 최선의 역할일 것이다.

② 2nd assist은 원장님과 first 선생님이 환자에게 집중할 수 있게, 수술이 전반적으로 이루어짐에 문제없게 지원을 잘 하는 것이 가장 알맞은 역할일 것이다.

위의 제시된 역할이 꼭 아니라도 좋다. 해당 치과의 상황에 맞는 선생님들의 협업에 대해 고민해보자.

1 : 수술순서 및 해야 할 말

순서	환자에게 해야 할 말
(1) 환자분께 수술 시 주의사항 및 안내사항을 설명드린다.	"하면서 불편하거나 힘드시면 소리내시고 말씀해 주세요." 그림 67-1 환자에게 수술 시 주의사항 설명 
(2) 수술을 시작하고, 원장님께서 잇몸을 절개하면 retraction과 suction을 한다.	"아~ 해보시겠어요. 마취되었는지 한 번 만져보겠습니다. 지금 아프지 않으시죠?" 그림 67-2 임플란트 수술 진행 
(3) Twist drill로 drilling을 시작하면서 점차 크기를 늘려간다. 스탭은 수술부위에 정확히 irrigation하면서 suction한다.	"물이 좀 나올 겁니다. 물은 제가 빨아 들일거예요." "진동이 좀 느껴지실 거예요."

(4) Parallel pin을 이용하여 drilling한 깊이를 확인한다.	그림 67-3 임플란트 수술 중 pin이 꽂혀 있는 모습. 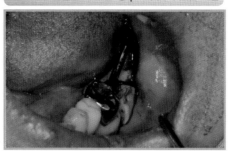
(5) 수술 부위를 포터블 엑스레이로 찍는다. Second assist 스탭이 도와준다. (경우에 따라 photo mirror를 사용한다.)	"사진을 찍어보겠습니다." "입안에 필름을 좀 넣을게요." "네, 고생하셨습니다." 그림 67-4 임플란트 식립 각도 확인 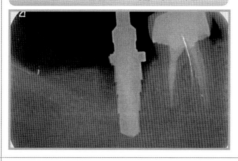
(6) 식립할 때 스탭은 아주 조금씩 irrigation하면서 원장님께서 잘 보이도록 suction에 신경 쓴다. 물론 retraction도 잘 해야 한다. (retraction 시 기구가 bur에 닿지 않도록 특히 주의한다.)	"혹시 아프시면 소리 내세요." "움직이지 않는 게 좋습니다. 아주 잘하고 계세요." 그림 67-5 임플란트 수술 어시스트 모습 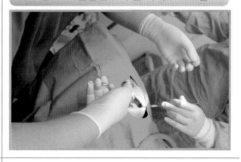
(7) Suture를 할 때 retraction과 썩션을 한다. silk는 3 mm 정도 길이로 cutting한다.	"수술이 반쯤 진행되었습니다." "이제 거의 다 하셨습니다. 마무리 하면 됩니다." 그림 67-6 suture 후 silk의 cutting된 모습 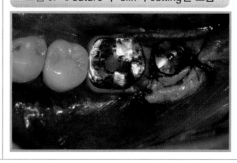

(8) 수술부위를 마지막으로 H_2O_2로 소독하고 식염수로 소독한다.	"이제 다 끝나셨습니다." "소독 좀 할게요. 소독액 좀 뿌리겠습니다." 그림 67-7 임플란트 수술 후 소독 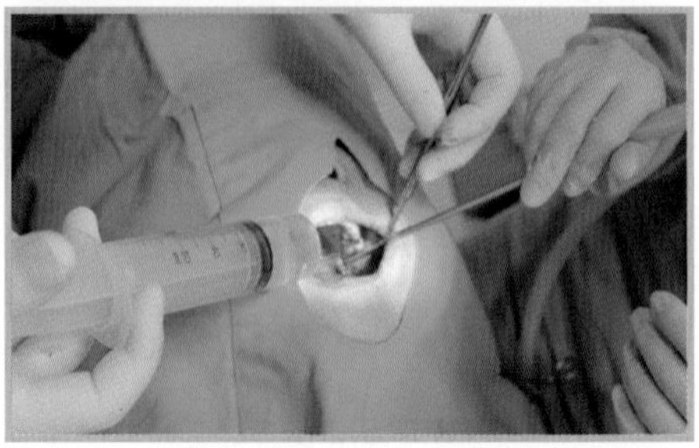
(9) 소독 거즈를 식염수에 묻혀 물려 드린다.	"소독거즈를 좀 물려 드리겠습니다." "물리시죠? '앙' 물고 계세요."
(10) Light를 다 끄고 소공포를 빼드린 후 환자를 앉힌다.	"앉혀 드릴게요." "힘드시죠? 고생하셨습니다."
(11) 화장지에 물을 묻혀 환자의 얼굴에 묻은 포타딘을 깨끗이 닦아 드린다.	"얼굴 좀 닦아 드릴게요. 어지럽지는 않으세요?"
(12) 파노라마를 찍는다. 이때 거즈는 물고 있는 상태로 찍는다.	"사진 한 장만 찍어보겠습니다." "자리를 좀 옮겨서 찍을게요. 이쪽으로 오시겠어요." 그림 67-8 임플란트 식립 후 파노라마 사진 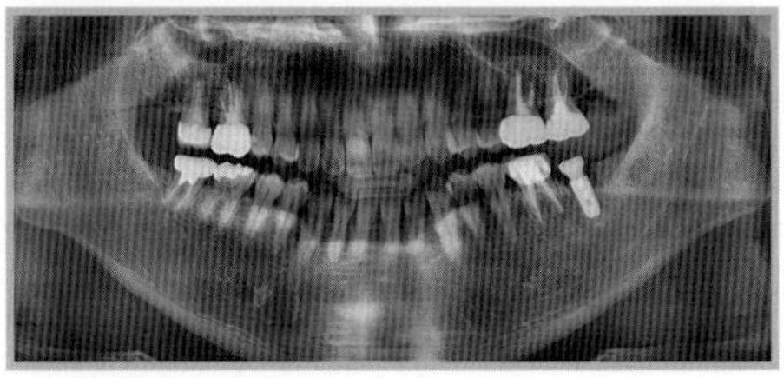
(13) 회복실로 안내한다.	"여기서 잠시만 쉬고 계세요."
(14) 대기실로 안내한다.	"대기실로 안내해 드리겠습니다."
(15) 외투와 가방을 갖다 드린다.	"약 처방과 주의사항 설명해 드릴 겁니다."

알고 계신가요?

■ 치과임플란트의 건강보험 적용

2017년 7월 1일 기준 만 65세 이상 어르신에 대한 임플란트 건강보험이 적용이 가능하다.

임플란트는 구치부, 전치부 조건 없이 적용이 가능하며 1인당 평생 2개가 인정된다. 골이식 등의 부가수술은 비급여로 청구하면 된다.

■ 치과임플란트 건강보험 적용에 대한 다른 부분들도 간단하게 알아볼까요?

[치과임플란트 건강보험 적용법]
- 상악 또는 하악에 부분 무치악으로 악골내에 분리형 식립재료(고정체·지대주)를 사용하여 비귀금속도재관(PFM crown)보철 수복을 실시하는 경우 산정한다.
- 치과임플란트는 진료단계별(총 3단계)로 비용을 산정하고 각 진료단계 종료 시 청구한다.
  1단계 : 진단·치료계획
  2단계 : 고정체(본체) 식립술
  3단계 : 보철 수복

memo

68 임플란트 수술 후 해야 할 일

1 : 임플란트 수술 후 주의사항

① 지금 물고 계신 거즈는 1시간 정도 지그시 물어 주세요.
이후 혹시라도 거즈를 뺏는데 피가 아직 나오는 경우는 여분의 거즈를 동그랗게 말아서 해당부위에 정확히 위치하고 1시간 더 물어주세요.

② 냉찜질은 수술 당일 또는 다음날까지 해주세요. 10분 간격으로 쉬어가며 찜질해 주세요(아이스 팩 드리는 경우도 많은데, 치과마다 다를 수 있다).

③ 맵고 뜨거운 음식, 자극적인 음식은 2~3일 정도 피하셔야 합니다.

④ 빨대 사용은 2~3일 정도 피해주세요. 입 안에 압력 때문에 지혈이 방해됩니다.

⑤ 최소 5~7일 정도는 술, 담배는 삼가해 주세요. 그리고 담배는 앞으로 되도록 끊으시는 게 좋습니다.

⑥ 싸우나, 찜질방, 반신욕, 무리한 운동 등은 피해주세요.

⑦ 처방 받으신 약은 식사 후 용법에 따라 복용해 주세요.

⑧ 실밥 때문에 당분간 좀 불편하실 겁니다. 실밥은 약 1주일 뒤 제거할 거예요.

⑨ 수술부위 이외에 다른 부위들은 예전과 똑같이 양치해 주시면 됩니다.

⑩ 다른 부위는 양치하신 후 가글액(클로르헥시딘)으로 입안에(가급적 수술부위) 1분 정도 머금은 뒤 뱉으세요. 이 후, 30분 동안은 물을 드시면 안 되고 물 양치도 안 됩니다(골 이식하신 분은 가글액을 드리지 않는 경우도 있음).

⑪ 내일 소독 받으러 와 주세요. 오래 걸리진 않습니다. 잘 아물고 있는지 경과를 보는 의미이니, 짧더라도 내원해 주시는 것을 권장드립니다.

⑫ 오늘 힘든 일하지 마시고, 되도록 집에 가셔서 쉬시는 게 좋습니다.

⑬ 집에 가셔서 문의사항 있으시면 언제든지 연락주세요.

1) 뼈이식을 동반한 경우

① 오늘 뼈이식을 함께 진행했기 때문에, 조금 붓거나 심하면 멍이 들 수도 있습니다.

② 입안에 뼈이식 가루가 떨어질 수 있어 가루가 느껴질 수 있으나 삼키셔도 괜찮고 불편하시면 뱉으셔도 됩니다. 덩어리가 나오는 것이 아니라면 걱정 안 하셔도 됩니다.

2) 상악동 거상술을 동반한 경우

① 수술 후 코피가 날 수 있습니다. 상악동 거상술 시행 시 코 근처 조직이 자극되기 때문에 일어날 수 있는 일입니다.

② 5일~7일 정도 코를 세게 풀지 마세요. 자극은 줄이는 것이 좋습니다.

> ※ 수술 전 1주일 정도 혈관확장제, 혈전용해제, 혈액순환개선제, 항혈액응고제(아스피린, 와파린, 쿠마린, 플라빅스 등)와 같은 약을 중단하셨던 환자분들은 언제부터 다시 약을 복용해야 하는지 확인하도록 하자.

2 : 수술 후 정리

① Drill이나 driver, screw 등이 녹이 슬지 않도록 증류수에 담가 놓는다.

② 기구들은 수술이 끝난 즉시 세제에 묻혀 세척하고 녹이 슨 것도 제거한다.

③ 모든 기구를 건조시켜 놓는다.

④ 수술포와 수술복은 세척한 후 다리미로 다려서 접어 놓는다.
수술복 접는 방법: 수술복의 안쪽이 밖으로 나오게 한 후 3갈래로 접는다.

⑤ 소공포와 수술복을 접을 때 주의할 점
– 반드시 한쪽방향으로 폈을 때 다 펴지도록 어긋나게 접는다.

3 : 기구 소독방법: 수술포 포장

① 써지칼 키트 2개와 임플란트 키트를 같이 수술포로 싼다.

② Drill kit, 겸자, 수술복도 각자 수술포로 싼다.

③ 포장할 때는 벗겨지지 않도록 잘 싼 후 항상 모서리의 끝부분이 반대로 접히도록 하고 마지막에 끝으로 단단하게 묶는다.

④ 소독 tape로 포장한 포에 공간이 생기지 않도록 붙인다.

⑤ Autoclave에 넣고 소독한다.

〈수술 기구 소독포 포장 예시〉

그림 68-1 소독할 기구를 포에서 정가운데보다 살짝 아래 올린다.

그림 68-2 아래 모서리를 위로 접어 올린다. 길이가 긴 경우 한 번 더 접어 손잡이를 만든다.

그림 68-3 한 쪽을 접어 손잡이를 만든다.

그림 68-4 다른 한 쪽도 같은 방법으로 시행한다.

그림 68-5 남은 부분을 말아서 감싼다.

그림 68-6 남은 부분까지 말아서, 멸균스티커를 붙인다. 소독날짜, 기구이름, 소독한 사람을 기재한다.

PRF (Platelet Rich Fibrin)

초기에 사용하던 PRP (Platelet Rich Plasma)에서 사용추세는 PRF (Platerlet Rich Fibrin)로 전환되고 있다.

PRF는 환자의 자가혈로부터 추출한다는 점에서 이물감 없이 치유를 촉진한다는 장점을 가지고 있다. 그러나 환자분의 혈액을 뽑아야 한다는 불편함 때문에 치과에서 모두 사용하지는 않지만, 기본 개념과 작용원리 그리고 과정은 숙지하고 있도록 하자.

1 : PRF란?

환자의 혈액을 원심분리기를 이용하여 분리해 얻을 수 있는 혈소판이 풍부한 혈장의 섬유소를 말한다. 여기에는 성장인자가 많아 상처치유, 콜라겐생성, 세포증식 등을 촉진하는 효과가 있고 치아 발치 후 상처 회복 속도를 빠르게 하는 것으로 알려져 있다.

그림 69-1 PRF 이미지	그림 69-2 PRF 시술장비 - PRF DUO (오스코)

2 : PRF의 효과

뼈의 재건 혹은 임플란트 식립을 위한 뼈이식 시에 치료부위의 안정성을 높이고 뼈와 연조직을 자극해 치유시간을 단축시킨다. 혈소판 지혈로 출혈 및 염증을 예방하고, 치료부위의 회복속도를 촉진시킴으로써 환자의 고통을 최소화하는 효과를 가지고 있다.

3 : PRF의 시술 과정

순서	사진(출처 : 오스코)
(1) 환자의 혈액으로부터 10ml 정도 소량의 혈액을 채취한다.	그림 69-3 혈액을 채취하는 모습. 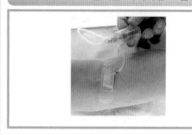
(2) 채취한 혈액을 전용 용기에 담아서 원심분리한다. ▶ 이 과정에서 혈소판과 혈액세포(백혈구)가 농축됨.	그림 69-4 장비에 용기를 담아 원심분리하는 과정. 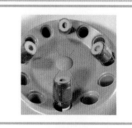
(3) 피브린 겔 형태로 농축된 성장인자를 시술부위에 맞게 모양이과 두께로 형성하여 적용한다.	그림 69-5 만들어진 PRF 모습. 

임플란트 2차 수술

2차 수술 약속이 잡힌 경우, 환자가 내원하기 전에 해당 종류 임플란트에 적합한 healing abutment가 준비되어 있는지 미리 확인하자.

마취를 하고, 잇몸도 절개하였는데 적합한 abutment가 없다면 매우 난감한 상황이기 때문이다. 치과에 모든 사이즈가 구비 안 되어 있을 수 있으니 사용 가능성이 있는 사이즈가 준비되어 있는지, 그리고 여러 종류의 임플란트를 취급할 경우 해당 환자가 식립한 임플란트와 맞는 healing abutment가 준비되어 있는지를 확인하는 것이 중요하다.

1 : 2차 수술 준비

1) 준비물

기본기구, 마취준비 (injection syringe, ample, needle), blade holder, blade (#15C, #12), surgical curette, bone profiler (fixture에 맞는 것), periosteal elevator, driver (screw용, healing abutment용), healing abutment, 봉합준비 (needle holder, silk, scissor), saline syringe, 소독된 gauze, 소공포

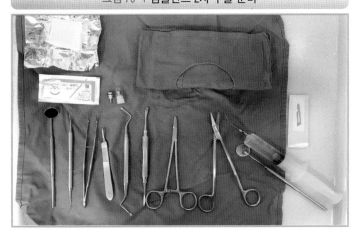

그림 70-1 임플란트 2차 수술 준비

2 : 2차 수술 순서 및 해야 할 말

순서	환자에게 해야 할 말
(1) 수술부위에 마취를 한다.	"마취하겠습니다." "약간 따끔하실 겁니다."
(2) 마취가 되면 환자에게 소공포를 씌운다.	"마취되는 것 같으세요?" "얼굴에 포 좀 덮고 하겠습니다." "하시다가 불편하시면 왼손 드세요."
(3) Blade로 수술부위를 절개한다. 이때 스탭은 바로 suction한다.	"마취되었는지 보겠습니다." "괜찮으시죠?"
(4) Periosteal elevator로 잇몸을 연다.	"잇몸에 눌리는 느낌이 좀 있을 거예요."
(5) Screw 주위로 bone을 쳐야 할 경우 bone profiler를 이용한다. Bone profiler는 contra angle에 끼워서 사용하고 스탭은 saline syringe로 irrigation한다.	"약간 울리는 느낌 있을 겁니다." "물 나옵니다."
(6) 드라이버로 screw를 제거하고 healing abutment로 바꾼다.	그림 70-2 Healing abutment 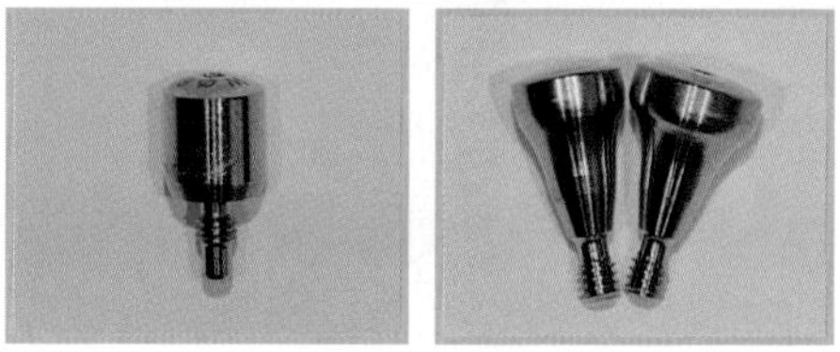
(7) 방사선 사진이 필요할 경우 사진을 찍어 abutment가 잘 들어갔는지 확인한다.	"체크를 해보기 위해서 사진을 한 장 찍어보겠습니다." 그림 70-3 Healing abutment 체결 후 촬영한 X-ray 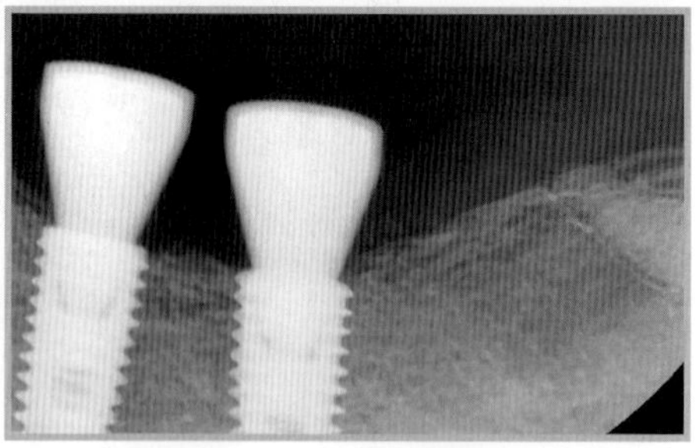
(8) Suture가 필요하면 suture한다.	그림 70-4 Healing abutment 체결 후 suture한 모습 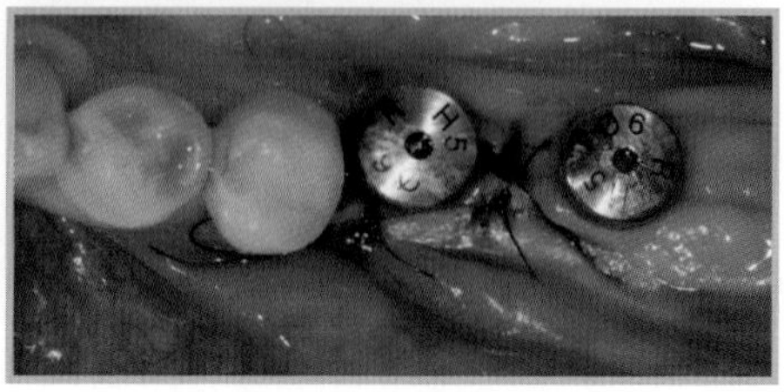

(9) H$_2$O$_2$, 포타딘으로 소독한 후 saline syringe 로 irrigation한다.	"소독 좀 하겠습니다." "다 끝나셨어요."
(10) 환자를 앉히고 대기실로 안내한다.	"고생하셨습니다. 대기실로 모셔 드릴게요. 이쪽으로 오시겠어요."
(11) 주의사항을 설명한다.	"간단한 수술이기 때문에 많이 붓거나 힘들지는 않으실 겁니다. 그래도 술, 담배, 뜨거운 음식 정도만 좀 피해주시고요. 실밥은 1주일 후에 풀어 드리겠습니다. 약은 이틀 정도만 드시면 됩니다."

memo

임플란트 보철 Component

Impression coping은 임플란트의 fixture level 인상채득 시 필요하다. 이렇게 채득된 경우 abutment의 적용과 prep 작업은 기공소에서 이루어진다.

시스템마다 약간씩 다른 형태를 가지지만, 최근에는 여러 제품들 간 호환이 이루어지고 있으므로 자주 사용하는 몇 가지 시스템을 알아두면 도움이 될 것으로 생각된다.

1 : Impression coping

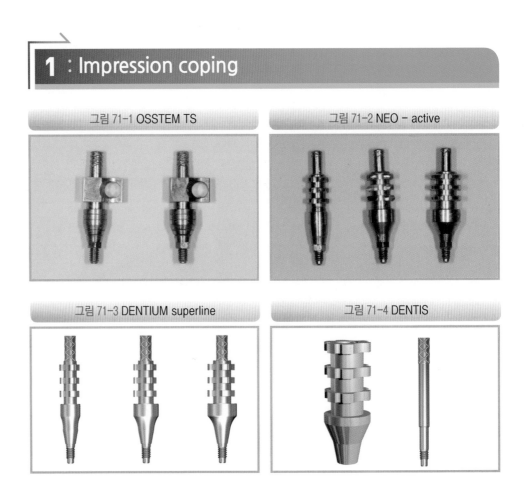

그림 71-1 OSSTEM TS

그림 71-2 NEO – active

그림 71-3 DENTIUM superline

그림 71-4 DENTIS

그림 71-5 SHINHUNG LUNA IMPLANT

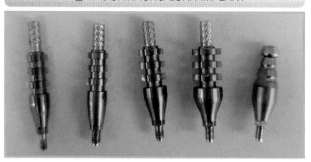

2 : Abutment

그림 71-6 DENTIUM custom abutment 폭과 길이가 다양하다.

그림 71-7 DENTIS abutment

그림 71-8 DENTIUM dual abutment

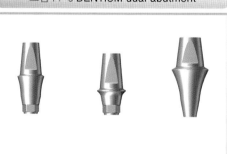

그림 71-9 Custom abutment (맞춤형)

Impression coping을 이용한 fixture level 인상채득에 비하여, 환자 구강에 abutment를 장착하고 prep 뒤 인상채득을 진행하는 abutment level 인상채득의 비중이 일반적으로 90% 이상이다.
인상채득은 다양한 방법이 있지만, 각 치과의 방법에 맞게 적용하면 될 것이다.

72 임플란트 보철 본뜨기

임플란트 보철 본뜨기에 앞서...

기공소장님들에 의하면, 95% 이상의 치과가 Abutment level에서 인상채득을 진행한다고 한다. 임프레션 코핑을 이용한 fixture level의 인상채득은 비교적 고가이고, 진행과정도 번거롭다. 허나 오차율은 적은 편이라는 평가가 이루어지고 있다.

1 : Abutment level에서 implant impression

1) 준비물

Rubber 인상재, mixing gun, mixing tip, bite tray (필요 시 code, code packer) hand driver, abutment, bite gun

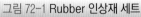

그림 72-1 Rubber 인상재 세트

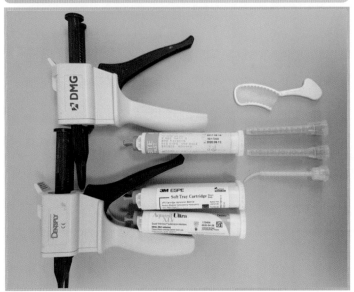

2) Abutment level에서 implant impression 과정

Abutment level에서 implant impression 과정	
(1) Driver로 screw 또는 healing abutment를 제거한다.	 그림 72-2 Hand driver
	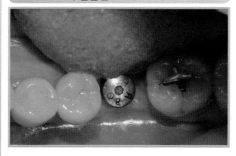 그림 72-3 구강 내에 healing abutment 상태의 임플란트
(2) Abutment를 끼운다. 이때 더 이상 움직이지 않도록 30N으로 조여 놓는다.	 그림 72-4 구강 내에 적용된 abutment
(3) Abutment의 hole은 clip으로 막은 뒤 광조사하고, abutmnet margin 주위에 필요 시 코드를 삽입한다.	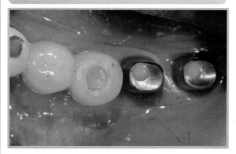 그림 72-5 Abutment hole 막은 모습

(4) Light body rubber로 impression을 채득한다. Impression 채득 후, bite를 확인하고 bite impression을 채득한다.

그림 72-6 Abutment level에서 인상채득

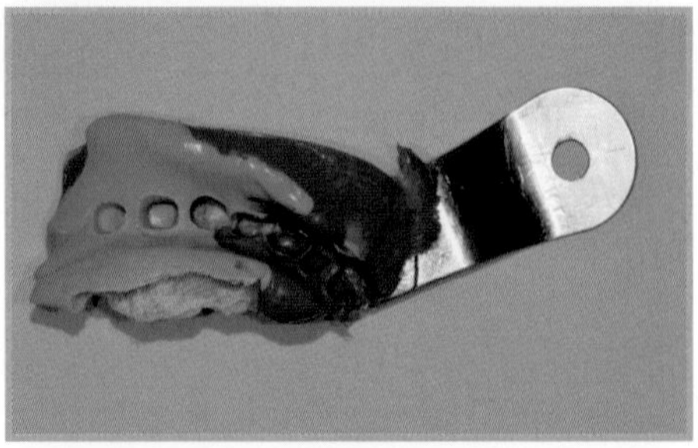

그림 72-7 채득한 bite

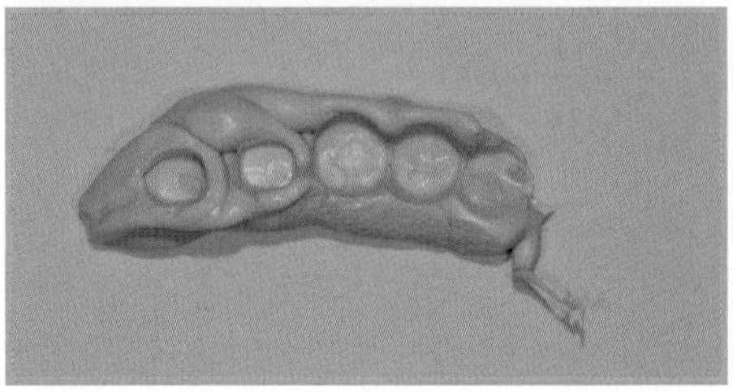

2 : Fixture level에서 implant impression

1) Individual tray 만들기

① Individual tray 제작을 위해서 알지네이트로 미리 인상을 연조직 부분이 다 나올 수 있도록 채득한다.

② 2차 수술이 끝나고 약 1~2주일 후에 잇몸이 완전히 나으면 implant impression을 채득하게 된다.

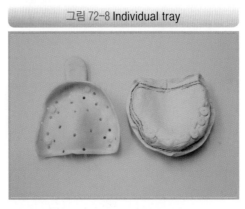

그림 72-8 Individual tray

2) Abutment level에서 implant impression 과정

: 위와 동일(추가: 개인트레이, hand driver, impression coping).

3) 진료순서 및 해야 할 말

순서	환자에게 해야 할 말
(1) 환자에게 진료내용을 설명한다.	"오늘은 임플란트 부위에 본을 뜨겠습니다." "기구가 좀 큰 것에 들어가서 하실 때 입을 좀 크게 하셔야 되어서 좀 힘드실 수 있습니다."
(2) 소공포를 씌운다.	"얼굴에 포를 덮고 하겠습니다."
(3) Screw나 healing abutment를 드라이버로 제거한다. 기구들이 작기 때문에 환자의 목으로 넘어가지 않도록 입안에 거즈를 넣고 하거나 혹 환자가 삼키더라도 뺄 수 있도록 드라이버에 치실을 묶어 놓는다.	"아~ 해 보시겠어요." "불편하신 것 있으시면 말씀하세요." 그림 72-9 아~하고 있는 환자 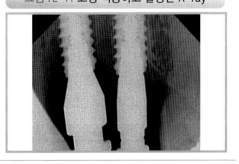
(4) 임플란트 fixture에 air를 분다. Impression coping을 끼운다.	"기구가 좀 긴 것이 들어갑니다." "조금 더 크게 해 주시고요." "입을 다무시면 안 됩니다." 그림 72-10 Impression coping (예시: LUNA. 식립한 임플란트에 맞는 코핑 제품을 준비.)
(5) Coping이 잘 들어갔는지 방사선 사진을 찍어서 확인한다.	"잘 들어갔는지 사진 찍어 확인해 보겠습니다." 그림 72-11 코핑 적용하고 촬영한 X-ray

필자의 경우 코핑을 이용한 인상채득을 진행하고 있다. 친동생이 치과기공사이기 때문에 비용을 아끼려다 의리가 상할 수도(?) 있기 때문이다. 해당 기공물에 대한 환자분들의 만족도는 매우 높다.

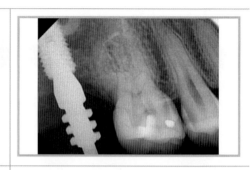

(6) 사진 확인이 되고 잘 들어갔으면 individual tray를 환자의 입안에 맞춰본다.	"틀을 좀 맞춰보겠습니다."
(7) Tray에 adhesive를 바른다.	그림 72-12 Tray에 adhesive 적용 
(8) Impression을 뜨기 전에 block out을 할 곳이 있는지 확인하고 wax를 이용한다. Impression coping 주위에 air를 분다. Medium body로 impression coping 주위를 주입한 후 air를 분다. 다시 rubber 인상재를 주입하고 heavy body rubber 인상재가 담긴 individual tray를 환자의 입안에 넣는다. 이때 impression coping의 screw 부분이 보이도록 cotton roll을 이용해서 닦아낸다.	"입 안에 물컹한 재료가 들어갑니다. 계속 아~ 하고 계셔야 합니다." "굳을 때까지 5분 동안 잡고 있겠습니다."
(9) Setting 될 때까지 환자의 입안에 침이 고이지 않도록 suction을 잘 해준다.	"물 좀 빨아 들이겠습니다."
(10) Setting이 되면 드라이버를 이용해 impression coping screw를 fixture로부터 제거한다.	"아~ 크게 해 보시고요." "기구가 큰 것이 들어갑니다."
(11) Individual tray를 빼낸다. 뺄 때 환자의 치아에 tray가 부딪치지 않도록 주의한다. 대합치와 Bite를 확인하고 impression을 뜬다.	"모양 뜬 것을 빼내겠습니다." 그림 72-13 Pick up coping impression 후 모습 

12) 다시 healing abutment를 끼워 넣는다.	"다 끝나셨습니다. 힘드셨죠?" "고생하셨습니다."
13) 대기실로 안내한 후 예약해 드린다.	"대기실로 안내해 드리겠습니다." "이쪽으로 오시겠어요."

 알고 계신가요?

■ 임플란트 인상채득 시 주변 치아에 유의하자.

임플란트 해당 부위를 제외하고 주변 치아의 상태도 살펴보자.

치주 또는 치조골 상태가 내려가 있다면 치아의 지지력이 약하고 또는 치아 자체가 흔들릴 수 있다. Rubber 인상재로 인상채득 시 미리 이런 공간은 utility wax 등으로 메우고 시행하도록 하자.

그렇지 않은 경우 흔들리던 치아가 빠지거나, 아니면 굳은 러버 인상재가 이런 공간에 걸려서 빠지지 않을 수도 있으니 필히 유의하도록 하자.

73 임플란트의 보철물 연결방식

1 : 임플란트의 특징

① 인공치아이다.

② 자연치아는 periodontal ligament가 있지만 임플란트는 없다.

③ 수직력에 강하지만 수평력에 대해서 완충력이 약하다.

④ 나사로 연결되어 있다.

⑤ 상부 보철물만 교체가 가능하다.

⑥ 치주관리가 안 될 경우 발치 가능성이 있다.

⑦ 90% 이상의 저작력이 있다.

⑧ 골(bone) 내에 식립되어 치근 역할을 하는 fixture에서 지지를 받는다.

2 : 임플란트 보철 방식

임플란트 보철 방식은 SRP (Screw Retained Prosthesis), CRP (Cement Retained Prosthesis), SCRP (Screw Cement Retained Prosthesis) 3가지로 구분할 수 있다.

1) SRP : 나사고정(Screw fixation)

① 보철물을 나사로 고정하는 방식이다.

② 보철물을 구강 내에 체결 후 환자의 부주의, 교합관계 불량, 사고 등으로 보철물이 파손되어 수리를 해야 할 때 탈부착이 쉬운 장점을 가지고 있다.

그림 73-1 Screw type의 임플란트 보철물 기공 모델

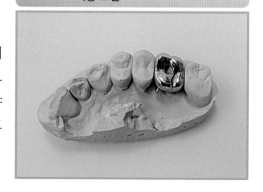

③ 반면 다수의 크라운이 하나의 브릿지로 연결될 때 수동적 적합이 어렵고 교합조정 시 나사를 풀고 조이는 반복 과정이 복잡하다.

④ Screw access hole로 인한 심미성이 떨어지는 단점이 있다.

2) CRP : 시멘트 고정(cementation fixation)

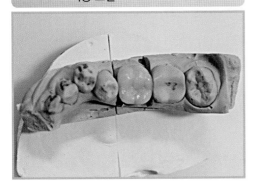

그림 73-2 Cement type의 임플란트 보철물 기공 모델

① 시멘트 고정방식은 지대주에 치과용 시멘트로 크라운을 고정하는 방식이다.

② 고도의 정밀도를 요구하는 나사 고정방식에서의 부적합성을 시멘트 고정방식에서는 지대주와 크라운 사이에 시멘트가 들어가는 공간으로 조절이 가능하여 수동적 적합이 나사 고정보다 쉬운 장점이 있다.

③ 나사 홀이 없어 심미적이고 교합면 형태 형성이 자유롭다.

④ 보철물 수리 시 고정되어 있는 보철물의 탈착이 어렵다.

⑤ 시멘트 고정 시에 연조직 부위에 시멘트가 들어갈 수 있는 단점이 있다.

3) SCRP : 나사와 시멘트가 배합된 고정(Screw & Cementation fixation)

① Screw type과 Cement type의 장점이 배합되어 고정하는 방식이다.

② 기둥, 크라운 모두 분리된 상태로 제작이 되며, 처음 하부구조물에 기둥을 스크류로 연결시킨 뒤 그 위에 접착제로 크라운(SRP 타입처럼 크라운에 hole이 뚫려 있음)을 부착한다.

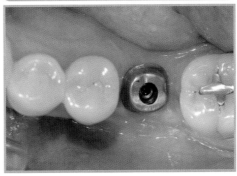

그림 73-3 Screw & Cement type의 abutment

③ 각각의 장점을 활용하여 시술 할 수 있으며 구강내에서 한 번 더 잘 맞도록 세팅이 될 수 있다.

④ 보철 제작 과정과 setting에 번거로움이 있다.

74 임플란트 보철물 Setting

1 : Fixture level impression 경우

(abutment level impression의 경우 일반적인 crown setting과 동일)

1) 준비물

기공물, driver, 교합지 홀더, 교합지, temporary cement, polishing bur, straight angle, light gun, clip

그림 74-1 임플란트 보철물 setting

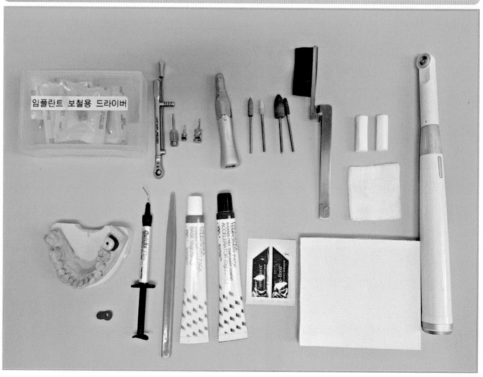

2) 진료순서 및 해야 할 말

순서	환자에게 해야 할 말
(1) 드라이버로 환자의 임플란트 healing abutment를 제거한다. 임시치아를 끼워 놓은 경우는 임시치아를 제거한다.	"임플란트 단추 좀 제거하겠습니다. 아프신 거 아니니까, 걱정하지 않으셔도 됩니다." 그림 74-2 Healing abutment 상태의 임플란트 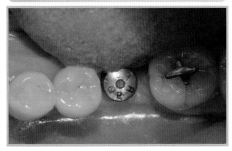
(2) Transfer jig(pattern resin을 이용하여 제작)를 abutment에 끼워서 구강 내로 옮겨 abutment를 정확한 위치에 장착한다. 이때 internal type이나 지대치가 여러 개인 경우는 한 번에 들어가지 않을 수 있으므로 abutment의 협측면에 표시를 하여 개별적으로 장착하는 것이 유리하다.	그림 74-3 구강 내 transfer jig 적용 모습 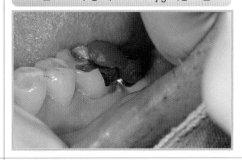
※ 보철물의 개수가 여러 개일 경우 setting 과정 전에 cap check 과정을 거친 후 setting을 할 수도 있다. 이 경우 abutment 체결 후 cap을 장착해 잘 맞는지 확인하고 필요 시 bite 채득을 한다.	그림 74-4 여러 개의 임플란트 기공 모델 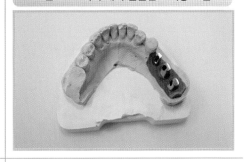
(3) Fixture와 정확하게 맞는지 방사선 사진을 찍는다.	"잘 맞는지 사진을 찍어 확인해 볼게요." 그림 74-5 Abutment 체결 후 X-ray 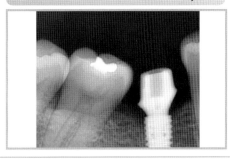

(4) 보철물을 끼운다.	"먼저 보철물을 맞춰 보겠습니다."
(5) 환자에게 잘 맞는지 확인하고 원장님께 교합 체크를 말씀 드린다.	"딱딱하고 씹어 보세요. 지금 높이 어떠세요? 좀 닿는 것 같거나, 사이에 끼는 느낌 있으시면 말씀하세요."
(6) 맞지 않는 부분이 있으면 원장님께서 교합조정을 한다.	"네~ 약간 닿는 것 같으시다구요. 원장님께서 체크해 보시고, 조정해 드리겠습니다."
(7) Abutment를 한 번 더 조인다. 이때 final tightening을 위한 driver와 ratchet을 준비한다.	그림 74-6 구강 내 abutment 내에 screw를 라쳇으로 조이는 모습 
(8) 나사 hole에 clip을 넣고 광중합하여 hole을 메운다.	그림 74-7 Hole에 clip을 채워 광중합한 모습. 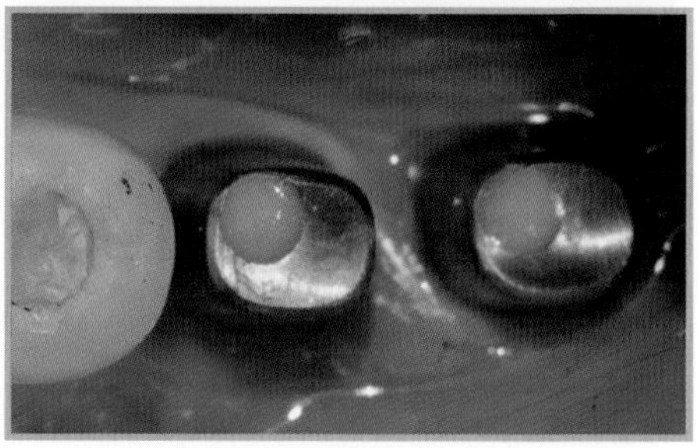
(9) 교합이 맞으면 임시접착제를 margin 주위에 살짝 바르고 setting을 한다.	"오늘은 임시로 붙여 드릴 겁니다. 약 1~2주 정도 써보세요."
(10) 3분 후 cement 제거를 한다.	"여분의 접착제를 제거해 드리겠습니다." "괜찮으신지 딱딱 씹어보세요."
(11) 셋팅한 후 방사선 촬영을 한다. Abutment와 크라운의 margin이 잘 맞는지 확인한다. 혹시 cement가 남아 있는지 체크하고 남아 있는 부위는 다시 깨끗이 제거하여 체크한다.	그림 74-8 임플란트 crown 셋팅 후 X-ray 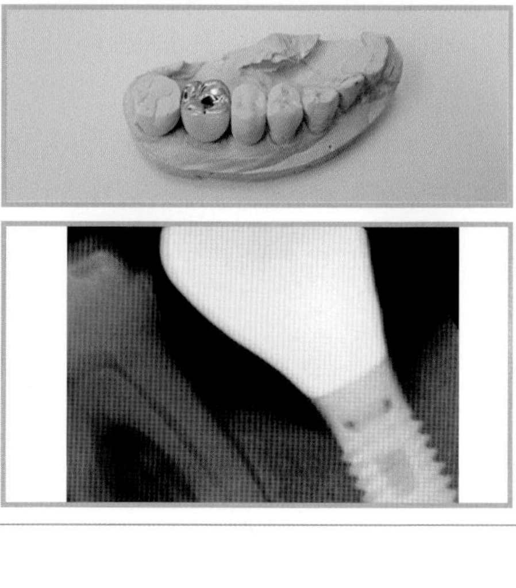

(12) 환자가 불편한 것이 있는지 확인하고, 보철물을 거울로 보여드린다.	"거울 한 번 보세요."
(13) 주의사항을 설명한다.	"몇 가지 주의사항을 말씀 드리겠습니다." (아래 참고)
(14) 대기실로 안내한 후 약속한다.	"대기실로 모셔드리겠습니다. 다음 예약 도와 드릴께요."

3) Abutment 체결 시 드라이버와 라쳇 사용 방법

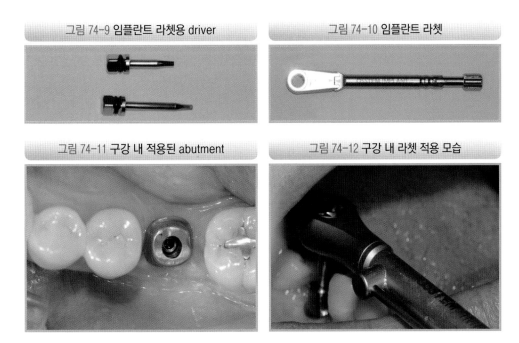

그림 74-9 임플란트 라쳇용 driver

그림 74-10 임플란트 라쳇

그림 74-11 구강 내 적용된 abutment

그림 74-12 구강 내 라쳇 적용 모습

20N 또는 30N으로 조일 때 환자에게 혹시 시큰하거나 불편한 곳이 없는지 확인하면서 조인다.

임플란트 보철 셋팅 진료부분을 마무리하며...

본 책에 기재된 과정은, 한 치과의 케이스일 뿐이다.

본 책은 매뉴얼 책이지, 임상책이 아니므로 술식에 집중하지 말자.

위를 예시로 참고하여 해당 치과만의 매뉴얼을 만들어 보길 바란다.

2 : 임플란트 보철 셋팅 후 환자에게 말해야 할 것들

① 질기고 딱딱하고 끈적이는 음식은 내일부터 드시고 오늘은 밥알이나 김치 정도는 씹어보시기 바랍니다.

② 임시 접착제를 사용하였으므로 빠질 가능성이 있습니다. 쉽게 빠지지 않겠지만 혹시 빠지면 바로 병원으로 연락주세요.

③ 임플란트는 폭이 좁기 때문에 음식물이 더 잘 낍니다. 반드시 치간칫솔을 이용하여 잘 닦아 주셔야 합니다.

④ 처음에는 맞물리는 치아가 뻐근할 수 있습니다. 그 동안 사용하지 않아서 생긴 증상이니 시간이 지나면 없어집니다.

⑤ 임시로 붙인 상태라 도중에 풀릴 수 있습니다. 완전히 붙이게 되면 괜찮습니다.

⑥ 임시라 해도 잘 풀리지 않거나 잘 빠지지 않으면 그 상태에서 계속 사용하기도 합니다.

⑦ 임플란트는 정기적인 관리가 매우 중요합니다. 저희가 연락을 드리거나 약속을 해 드리면 꼭 오셔서 정기검진을 받으셔야 합니다.

3 : 임플란트 환자 계속관리 과정

관리 기간	해야 할 것
1~2주 체크	- 임플란트 보철물이 불편한 사항(음식물이 끼거나 씹을 때 불편한 것 등)이 없는지 환자에게 여쭤보고 체크한다. - 만약 수정이 필요하면 보철물을 제거하여 다시 기공소에 맡기거나 다시 본을 뜨기도 한다. - 임플란트 보철물 주변으로 양치가 잘 되었는지 체크한 후 양치방법을 다시 한 번 설명한다. - 치간칫솔 사용법을 설명하고 권장한다.
한 달 체크 3개월 체크 6개월 체크 1년 정기 체크	- 방사선 촬영(파노라마 사진)을 해본 후 사진을 보며 체크한다. - 불편한 사항이 없는지 확인한다. - 임플란트 보철물 주변으로 양치가 잘 되었는지 체크한다. - 치주관리가 안 되었을 경우 스케일링을 하도록 한다.

필자가 호주 치과에 갔을 때 일이다.

해당 치과에서는 임플란트 수술 동의서에 정기검진 일자를 지정하여 각서를 작성하고 사인을 받았다.

그 정도로 정기검진을 중요 시 하는 모습이 인상 깊었다.

꼭 위의 내용대로의 체크가 아니더라도, 각 치과의 특성과 상황에 맞는 계속관리 과정을 만들어보길 권장한다.

memo

75

보철물의 종류와 특성

보철물에 관한 파트이다.

현재 보철물의 종류는 매우 다양할 뿐 아니라, 원장님들의 진료 스타일도 매우 다양하다.

이는 매뉴얼 책이지 이는 임상책이 아니므로, 술식에 집중하지 말자.

파트를 나눈 기준과, 매뉴얼 과정에 집중하길 바란다.

1 : 인레이, 온레이 종류 및 특성

종류	특성
그림 75-1 Gold inlay, onlay 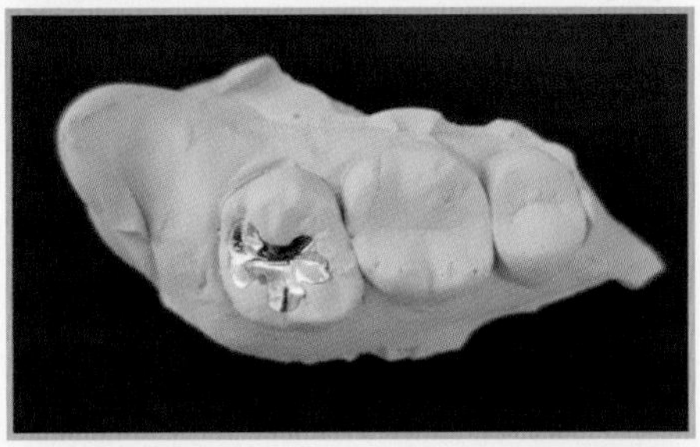 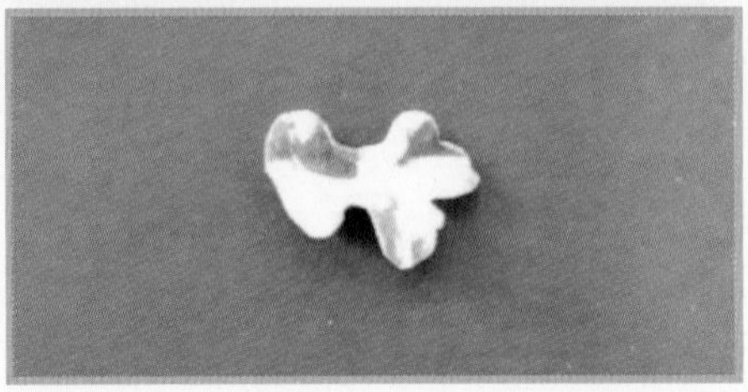 	▶ Gold inlay, onlay - 강도가 강하다. - Ceramic inlay에 비해 삭제량이 적다. - 열전도성이 강해서 찬 것, 뜨거운 것에 시릴 수 있다. - 셋팅 후 환자의 저작력에 의해 교합이 맞아지 기도한다. - 심미적이지 않다.

그림 75-2 (Ceramic, Resin) inlay, onlay

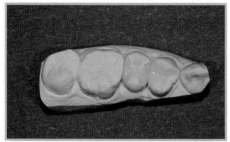

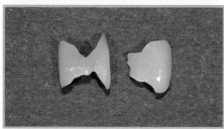

▶ Ceramic inlay, onlay
- 자연치의 자연스러운 색조와 광택을 낼 수 있어 심미적이다.
- 열팽창이나 경도, 내마모성 등이 우수하다.
- 금속 알러지가 있는 환자에게 안심하고 이용할 수 있다.
- 치아 삭제량이 많다.
- 과도한 교합력이 가해지는 부위에는 적합하지 않다.

▶ Resin inlay, onlay
- Resin cement을 사용하여 setting해야 강도도 좋아진다.
- 오래 사용했을 때 변색의 가능성이 있다.
- 강도는 ceramic inlay나 gold inlay에 비해 떨어진다.
- 심미적이다.

2 : 크라운의 종류 및 특성

종류	특성
그림 75-3 Gold crown 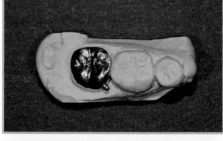 	▶ Gold crown, bridge - 강도가 우수하고 치아와 성질이 비슷하다. - 치아와의 결합력이 좋아 margin의 재현이 쉽다. - 치아의 적합도가 좋다. - 심미적이지 않아 전치부나 보이는 부위의 구치부에 사용하기는 어렵다. - 심미적인 크라운에 비해서 치아 삭제량이 적다. - 교합력이 강하거나 교합이 긴밀한 환자에게도 가능하다.

그림 75-4 PFG · PFM crown, bridge	▶ PFG · PFM crown, bridge

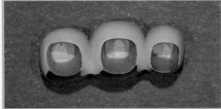
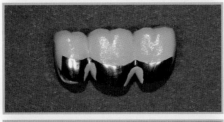
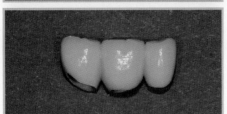

▶ PFG · PFM crown, bridge
- 골드크라운에 비해 삭제량이 많다.
- 골드크라운에 비해 심미적이어서 전치부나 소구치 부위에 수복이 가능하다.
- PFG의 경우 치아와의 결합력이 좋다.
- 교합력이 강한 부위에 수복할 경우 깨질 가능성이 있으므로 교합면을 metal이나 gold bite로 제작하는 것이 좋다.
- 전치부에 사용할 경우 투명도가 없으므로 all-ceramic에 비해 심미적으로 떨어질 수 있다.

3 : 심미보철의 종류 및 특성

종류	특성
그림 75-5 Laminate 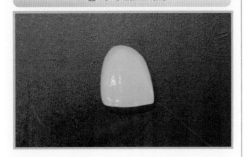	▶ Laminate - 치아의 삭제량이 적다. - 투명도와 색감이 좋아 매우 심미적이다. - 치아 사이 벌어진 경우, 치아색이 예쁘지 않은 경우, 치아모양이 예쁘지 않은 경우, proximal caries, 절단면 파절 등의 치료에 적합하다. - Setting을 잘 하면 강도도 강한 편이다. - 이갈이나 교합이 안정적이지 않은 경우는 파절이 일어날 가능성이 있다.

그림 75-6 Empress crown

▶ Empress crown
- 투명도와 색감이 좋아 매우 심미적이다.
- 치아 불규칙, 치아모양, 파절 등 앞니성형의 치료에 적합하다.
- Bonding system으로 제대로 setting하면 쉽게 탈락하지 않고 강도도 강한 편이다.
- 금속 post나 변색이 심한 치아의 경우 색이 비쳐 나와 적합하지 않다.

그림 75-7 Zirconia crown

▶ Zirconia crown
- Empress crown에 비해 강도가 강하다.
- 생체 친화력이 좋다.
- 안쪽에 금이나 금속이 들어있는 포세린 크라운에 비해 심미적으로 치료가 가능하다.
- Empress crown에 비해 치아색 비침이 덜하다.

76 Inlay prep

1 : 준비물

기본기구, inlay prep bur, handpiece, 소공포, spoon excavator, fermit (임시충전용 레진), stopper, light gun

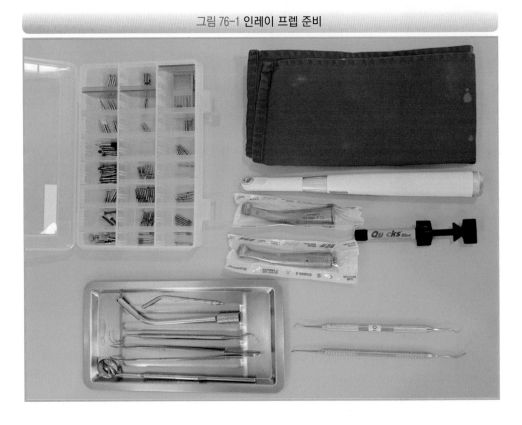

그림 76-1 인레이 프렙 준비

2 : 진료순서 및 해야 할 말

순서	환자에게 해야 할 말
(1) 환자의 의자를 눕혀 드린다.	"진료 시작할게요. 뒤로 기대보세요. 눕혀 드리겠습니다."
(2) 소공포를 덮어 드린다.	"물이 많이 튀니까 포를 덮고 진료하겠습니다. 하다가 불편하시면 말씀하세요."
(3) 원장님께서는 prep을 시작하고, 스탭은 suction 한다.	"자, 시작하겠습니다. 물이 좀 나올 겁니다."
(4) 와동 내 base가 필요한 경우 flowable resin 이나 적절한 base용 재료를 이용한다.	"이제 조금만 더 하시면 됩니다."
(5) 마무리 prep을 한다.	"마무리만 하시면 됩니다."
(6) 원장님은 prep을 끝내고 환자에게 양치를 한 번 시켜 드린다.	"이제 물 나오는 것은 다 하셨습니다. 물 양치 한 번 해 보시겠어요?"
(7) 스탭은 임프레션을 뜬다. 원장님께 임프레션을 확인받는다.	"자, 이제 치아 모양만 뜨면 됩니다."
(8) 임시재료를 메워 드린다.	"임시재료 넣어 드리겠습니다. 기대보시겠어요?"

그림 76-2 임시재료 메우기

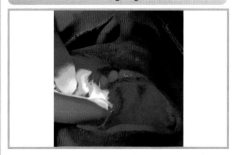

| (9) 와동에 임시재료를 메우고 교합을 확인한다.
임시재료가 광중합형인 경우 광중합을 한다.

▶ 인접면을 포함할 때는 contact이 이동하지 않도록 인접치의 contact에 닿게 충전한다. 이때 치간유두가 눌리지 않게 주의한다.
충전 후 불편한 곳이 없는지 반드시 확인한다. | "딱딱 씹어보세요, 좌·우로도 한 번 갈아보시고요." "눈 감고 계세요(light gun 사용 시). "

그림 76-3 light gun 사용

"다시 한 번 딱딱 씹어보시고요. 지금 괜찮으세요? 불편한 곳 없으시고요?" |

(10) 진료의자를 세워드리고, 양치를 시킨다. 진료한 곳을 거울로 보여 드리고 주의사항을 설명한다.

※ 치아 사이를 포함한 인레이의 경우 재료가 탈락하면 치아가 움직일 수 있으므로 반드시 치과에 오시라고 당부드린다.

"오늘 치료한 곳입니다. 거울로 보시겠어요? 지금 충치를 제거하고 임시재료로 막아 놓았습니다.
임시재료는 빠질 수 있기 때문에 다음 진료 때까지 끈적이는 껌, 카라멜 같은 음식은 드시지 마시고요.
되도록 반대편으로 식사를 해주세요. 혹시 임시재료가 빠지게 되면 시린 느낌이 드실 겁니다.
빠지시면 아무 때나 전화주시고 치과로 오세요. 다시 해 드리겠습니다."

 알고 계신가요?

높게 충전된 임시충전재료는 씹을 때 불편하거나 아플 수 있다.
임시충전재로 충전 후 광중합하기 전에, 교합지를 이용하여 높은 부위를 미리 체크하는 것도 방법이다.
광중합 후에 체크하여 높은 부위가 있다면 조정하여 불편감이 유발되지 않도록 꼭 확인하자.

Crown, Bridge prep

1 : 준비물

Inlay prep 준비물과 동일, cord packer, 치은압배사 (gingi-cord), scissor, 보스민, temporary cement, 임시치아 제작 준비물 (「83. 임시치아 만들기」참조)

그림 77-1 크라운 프렙 준비

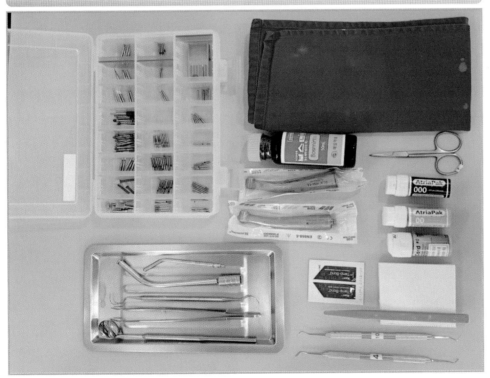

그림 77-2 임시치아 제작을 위한 준비

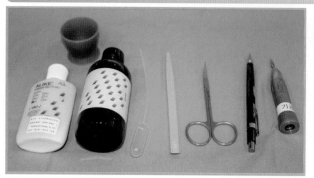

2 : 진료순서 및 해야 할 말

순서	환자에게 해야 할 말
(1) Crown prep을 한다. ▶ Prep 과정은 위 inlay prep 과정과 동일하다.	(Prep 과정은 inlay prep 과정과 동일)
(2) 임시치아를 미리 찍어 놓는다. ▶ 이때 교합면의 간격을 확인하여 긴밀한 경우 교합면 삭제를 원장님께 요구한다.	"임시치아를 만들어 드릴 겁니다. 그런데 재료에서 냄새가 좀 날 거예요." 그림 77-3 임시치아 찍기 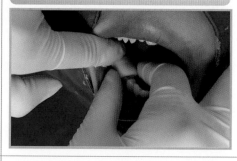
(3) 코드를 넣는다.	"본이 잘 나오게 하기 위해 잇몸에 실을 넣을 건데 따끔따끔하니 아프실 수 있습니다. 많이 아프시면 마취를 해 드릴 테니 왼손을 들어 알려주시면 됩니다." 그림 77-4 코드 삽입 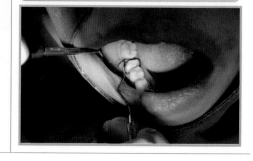

(4) 임프레션을 뜬다.	"이제 치아 모양을 뜨겠습니다." "치아에 혀를 대거나 입을 다무시면 안 됩니다."
(5) 진료의자를 세운 후 기다리는 동안 스탭은 임시치아를 다듬는다.	"재료가 굳을 때까지 치아를 움직이지 마시고 그대로 계세요. 침이 흐르면 크리넥스로 닦으시면 됩니다." 그림 77-5 **임시치아 다듬기** 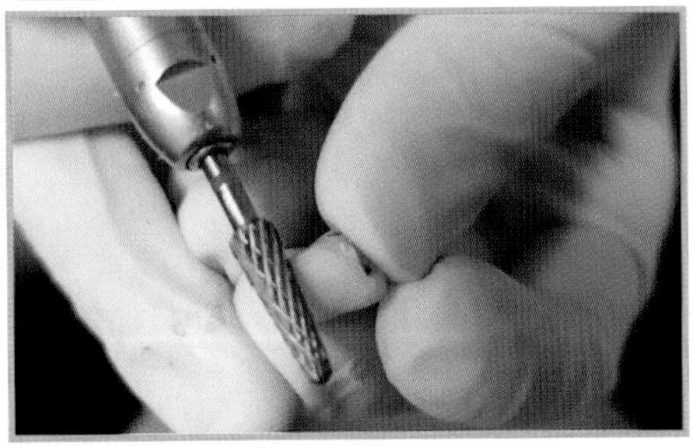
(6) 임프레션을 빼낸다.	자, 이제 빼겠습니다. 아~ 해보시겠어요?
(7) 인상을 확인한다. 원장님께도 확인하고 기공물 의뢰서를 작성한다.	"잘 해주셔서 본이 잘 나왔습니다." 그림 77-6 **인상채 확인** 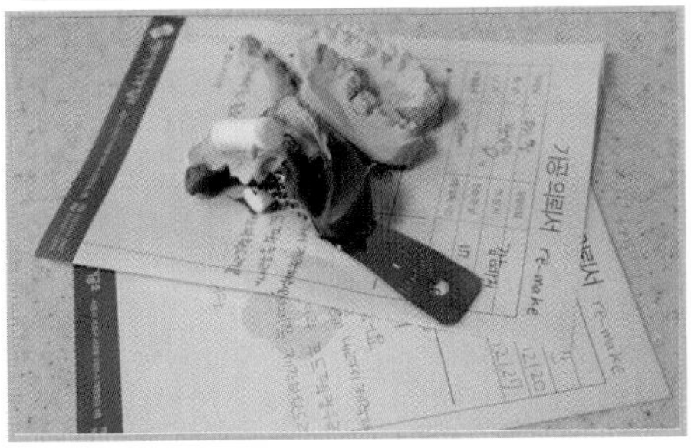
(8) 임시치아를 조정하여 셋팅한다.	"임시치아를 붙여드릴 겁니다. 진짜 이가 나올 동안만 하고 계시면 됩니다." "아~ 해 보시겠어요. 임시치아 붙이겠습니다." 그림 77-7 **임시치아 내면 cement 도포** 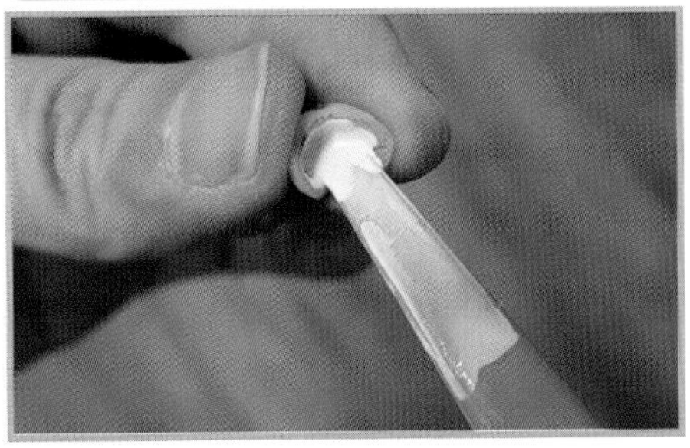
(9) Cement 제거를 하고 주의사항을 알려 드린다.	"붙여드린 잉여재료를 제거하겠습니다. 살짝 잇몸이 따끔할 수 있습니다." "몇 가지 주의사항이 있습니다(구치부 임시치아 셋팅 후 주의사항을 말씀드린다). "오늘 고생 많으셨습니다."

알고 계신가요?

■ 임시치아의 형태에 따라 임시접착제의 양을 조절하자!

1) 임시치아의 수직적 길이가 짧은 경우 : 임시치아의 유지력은 약하다.
   이 때 임시접착제의 양은 충분히 넣는 것이 좋다.

2) 임시치아의 수직적 길이가 긴 경우 또는, 여러 개의 임시치아가 연결되어 있을 경우
   : 해당 임시치아의 유지력은 강하다. 제거 시 안 빠지거나 또는 어려움을 겪을 수 있다.

memo

코드꼽기 78

1 : Cord를 넣는 목적

지대치의 정확한 인상을 얻기 위하여 코드를 치은열구에 넣어 치은을 치아로부터 격리시킨다.

알고 계신가요?

■ 꼭 코드를 넣어야 하나?

Cord를 넣어 보면 환자들이 많이 아파합니다. 그래서 때로는 '꼭 cord를 넣어야 하나?' 라는 의문들을 많이 가질 수도 있습니다. 하지만 정확한 본을 뜨기 위해서는 cord를 넣는 과정이 반드시 필요합니다.

Cord를 넣는 이유는 크게 두 가지입니다.

1. 수분을 억제하기 위해

치은열구에서는 조직액들이 많이 올라옵니다. Alginate를 제외한 대부분의 인상재들은 수분을 흡수하지 않기 때문에 치은열구에서 올라오는 치은열구액을 막지 못하면 정확한 인상을 채득하기가 어렵습니다. 하지만 치은열구 사이에 cord를 넣음으로써 한시적으로 치은열구액이 나오는 것을 막을 수 있습니다.

2. 마진을 정확히 노출시키기 위해

cord를 넣게 되면 잇몸이 벌어져서 보철물의 마진이 더 명확하게 드러나게 됩니다.

위 그림처럼 열구에 cord를 넣게 되면 마진을 덮고 있던 잇몸이 바깥 하방쪽으로 벌어지면서 마진이 더 선명한 인상을 채득할 수 있습니다.

단, 조심할 것은 cord를 넣은 채로 15분 이상 지나면 벌어진 잇몸이 영구변형이 일어나서 다시 제자리로 돌아오지 못할 수도 있습니다. 인상채득 후에는 잇몸 안에 cord가 남아 있진 않은지 반드시 확인해 봐야 합니다.

2 : 준비물

기본기구, cord paacker, 치은압배사 (gingi-cord), scissor, 보스민

그림 78-1 **치은압배사 삽입 준비**

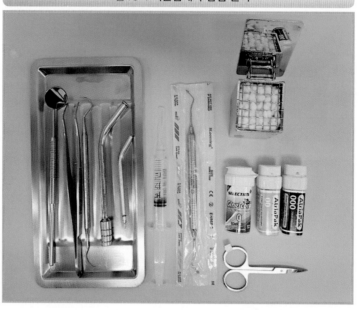

3 : 코드를 넣는 방법

순서	사진
(1) 코드를 넣기 전 explorer로 gingival sulcus의 열구 깊이를 확인한다.	그림 78-2 **코드 길이 확인** 
(2) 코드는 각 치아의 길이에 맞게 자른다. 예 구치부의 경우에는 검지 손가락 첫째 마디에 감아서 길이를 잰다.	

(3) 코드에 보스민을 적신다.

그림 78-3 **보스민 적신 코드**

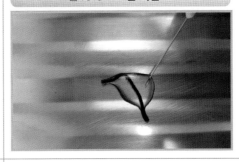

(4) 치아 주위에 loop를 만들어 협면쪽에서 잡는다.

그림 78-4 **치아 주위 코드**

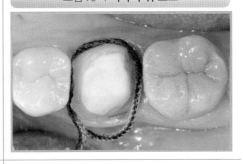

(5) 코드를 치아의 근심쪽에서 넣기 시작하여 설측의 원심방향으로 밀어 넣는다.

그림 78-5 **코드 삽입**

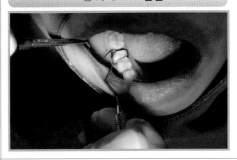

(6) 협면 근심에서 여분의 코드를 자른 후 끝부분을 밀어 넣는다.

그림 78-6 **코드 삽입 마무리**

(7) 남아 있는 원심방향의 코드를 겹치지 않게 밀어 넣어 정돈한다.

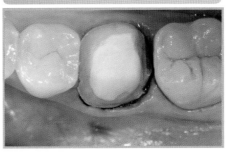

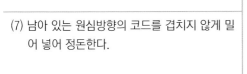
필자의 케이스가 아니다.
참고자료로 보길 바란다.
필자는 프렙을 매우 잘한다. ^^

4 : 스탭이 코드를 넣을 때 주의할 점

① 코드를 넣을 때는 기구의 끝이 이미 넣은 코드 쪽을 향하게 해야만 코드가 빠져 나오지 않는다.

② 마취를 하지 않고 prep을 한 경우 환자가 느끼기에는 impression 과정이 더 아프다고 느낄 수 있다.

③ Deeping이 아니라 widening! 아프지 않게 넣는 것이 요령이다.

④ 코드를 넣기 전 도포마취제를 발라주기도 한다.

⑤ 잇몸이 깊은 경우 코드를 2개를 겹쳐 꼽기도 한다.

⑥ 코드가 잇몸 위로 자꾸 올라오는 경우에는 코드를 제거하자마자 벌어진 잇몸이 다시 원위치되기 전에 바로 impression을 뜨도록 한다.

memo

트레이 79

1 : 트레이의 종류

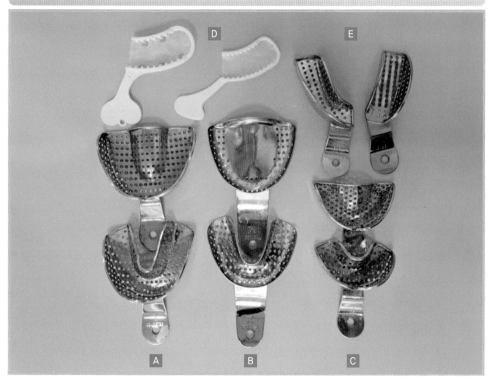

그림 79-1 인상용 기성 트레이

A. 전악 유공 트레이(상·하악)

B. 무치악 트레이(상·하악)

C. 전치부 부분 트레이

D. 구치부 바이트 트레이

E. 구치부 부분 트레이

2 : 트레이 선택

1) 종류별 트레이 적용범위

종류	대상
(1) Bite tray	– 인레이 하나 이상 – 싱글 크라운(턱이 있는 트레이 사용)
(2) 긴 bite tray	– 지대치가 1소구치일 경우 – Bite tray로는 지대치 좌우로 인접치가 인상에 포함되지 않을 경우
(3) Partial tray	– 2개의 지대치가 소구치이고 bite tray가 잘 맞지 않을 때 – 상·하 크라운이 하나씩일 때 – Contact 조정 등을 위해 pick-up 인상 시 – 전치부 지대치가 3개 미만일 때
(4) Full tray	– 지대치가 2개 이상일 때(크라운 6, 7번일 때) – 지대치가 좌·우로 있을 때 – 지대치가 브릿지일 때 – 4전치 이상일 때 – Single의 경우라도 최후방치이거나 인접치의 결손이 심해 교합기록이 부족하다고 판단될 때
(5) Individual tray	– 환자 개인에게 맞게 만들어진 개인트레이 – Denture impression, implant impression 뜰 때 – Metal tray가 잘 맞지 않을 때

2) Bite 트레이 사용 시 주의사항

① 편한 상태에서 치아를 물도록 한 후 지대치 교합과 반대쪽 교합, 전치부의 교합 상태를 확인한다.
② Bite tray를 물도록 한 후 다시 교합을 확인한다.
③ 환자에게 반복교육을 시킨다.
④ Impression을 물린 후에 확인했던 교합상태와 같은지 다시 확인한다.

3) Full 트레이 사용 시 주의사항

① 무치악일 경우 알지네이트 믹싱을 약간 되게 한다.
② 삽입 시 한쪽 구각을 당겨 트레이를 구강 내에 시적한다.
③ 구강 내 시적 후 상악은 입술과 볼 부분을 당겨 트레이를 자연스럽게 덮도록 한다.

④ 하악은 시적 후 혀를 입술 밖으로 쭉 내밀도록 하고 아래 입술도 트레이에 눌리지 않도록 잡아당겨서 트레이를 덮도록 하고 환자에게 입술을 오물거리라고 한다.

⑤ 트레이 제거 시 좌·우로 흔들지 않도록 한다.

알고 계신가요?

적합하지 않은 metal tray로 인상채득 시 잇몸 주변 뼈가 눌리면
환자는 생각보다 정~말 아프다. 눈물이 찔끔 날 수도 있을 정도이다.
모르겠다면, 상호 실습을 통해 경험해 보는 것도 추천한다.

인상채득 전 tray 시적을 통해 충분히 눌리는 부분이 없는지 확인하고,
시적한 동선 그대로 인상채득이 되도록 신경쓰자!

 memo

80 알지네이트 본뜨기

1 : 준비물

기성 트레이, 알지네이트, 계량컵, 물, 스파츌라, 러버볼 또는 알지네이트 믹서기

그림 80-1 수동으로 믹스할 때	그림 80-2 알지네이트 믹싱기기를 사용할 때

2 : 진료순서 및 해야 할 말

순서	환자에게 해야 할 말
(1) 환자의 구강에 맞는 기성트레이를 선택한다. ▶ 선택요령 ① 상악은 hamular notch (익돌상악절흔) 후연에 맞추고 전치부 치조제를 포함하는지 확인한다. ② 하악은 후구치 삼각부위를 덮고 설측 치조구 전면을 포함해야 한다. 트레이와 치아의 폭이 5~6 mm 정도 있어야 한다.	"본뜨기 전에 틀을 맞춰보겠습니다." 그림 80-3 상악 트레이 시적 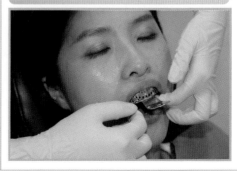

그림 80-4 하악 트레이 시적

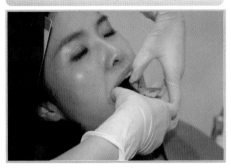

(2) 계량컵에 물을 계량하여 믹싱 컵에 넣는다.
알지네이트를 믹싱 컵에 알맞게 넣는다.
골고루 섞이도록 흔들어 준 다음 믹싱기기에
넣는다. 셋팅한 시간을 입력한다.

그림 80-5 믹싱 컵에 계량한 물 적용

그림 80-6 믹싱 컵에 알지네이트 넣고 밀봉

그림 80-7 믹싱 컵을 믹싱기기에 넣고 시간 셋팅

(3) 알지네이트를 트레이에 담는다.
인상재는 기포가 생기지 않도록 한쪽 끝에서
시작하여 다른 쪽 끝으로 담는다.

그림 80-8 알지네이트 모으기

그림 80-9 알지네이트 트레이에 담기

(4) 알지네이트를 교합면, 상악 구치 협면, 하악
전치부 설면에 먼저 바른다.

"차가운 느낌과 물컹한 재료 들어갑니다.
약 3분 정도면 다 마릅니다."
"빼드리겠습니다. 힘을 좀 줄께요.
놀라지 마세요."

(5) 정중선에 맞추어 트레이를 위치시킨 후 3~5
분 정도 기다린 후 제거해 낸다. 진료체어를
45도 정도 뒤로 젖히고, 스탭은 환자의 뒤쪽
에서 인상을 채득한다. 채득 시 트레이를 누
르는 힘이 더 많이 가해지지 않도록 주의한
다.

그림 80-10 **인상채득**

(6) 인상을 확인한 후 흐르는 물에 깨끗이 씻어 (타액이 남아 있으면 정확한 인상을 얻기 어렵다) 최대한 빨리 pouring한다.

바로 pouring 할 수 있는 상황이 아니라면, 인상채를 티슈로 감싸고 물을 가볍게 뿌려 주어 변형을 최소화시킨다.

"힘드셨죠. 잘하셨네요."

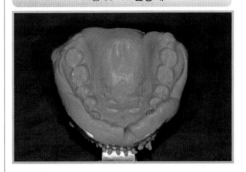

그림 80-11 **인상체**

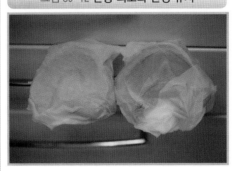

그림 80-12 **변형 최소화 환경 유지**

3 : 알지네이트 채득 시 주의사항

① Tray와 치아가 닿지 않도록 한다.
　알지네이트의 안정성을 위해서는 6 mm 정도의 두께가 필요하다. Tray와 치아가 닿으면 그 부위에서 변형의 원인이 될 수 있다.

② Denture impression을 뜨기 위한 individual tray용 알지네이트 인상을 뜨는 경우에는 평소의 양보다 많이 mixing하고 혼합율도 물을 조금 덜 사용하여 되게 mix되도록 하여 인상을 채득한다. 그래야 연조직에 충분한 압력이 가해질 수 있다.

③ Individual tray 용 알지네이트 인상을 뜨는 경우에는 트레이를 삽입한 후 혀나 입술운동을 충분히 시켜서 주변조직이 정확히 다 나오도록 한다.
　☞ 상악 : 경구개와 결절 등 / 하악 : 후구치부, 설측소대, 골융기 등

④ 임프레션 채득 후 트레이를 뺄 때 한쪽 손을 환자의 턱을 한쪽 손을 tray를 잡고 빼되 tray가 대합치아를 건드리지 않도록 주의한다.
　☞ 힘을 너무 많이 주는 경우 metal tray가 대합치에 충격을 줄 수 있다.

4 : 알지네이트 인상체에 석고 붓기

그림 80-13 알지네이트와 스톤 분말 보관함

그림 80-14 스톤모형

그림 80-15 trimmer

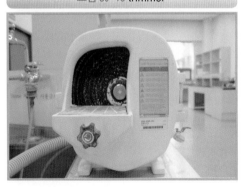

1) Stone을 되게(thick) 붓는 이유

알지네이트 자체가 이미 많은 수분을 머금고 있기 때문에 알지네이트로 뜬 인상체에 stone을 붓게 될 경우 알지네이트 자체의 수분으로 stone이 더욱 묽어지게 된다. Stone이 묽어지면 강도가 약해질 수 있으므로 알지네이트 인상에 붓는 stone은 조금 되게 mix하는 것이 좋다.

2) Tray 밖의 잉여부분의 처리

Tray 밖의 잉여부분이 많으면 필요 없는 잉여부분의 무게에 의해 인상체가 처지면서 변형될 가능성이 있다. 그러므로 인상체의 과도한 부분은 잘라낸 후 stone을 부어야 한다.

3) 적절한 mixing time

① 진공 mixing : 30초
② Hand mixing : 60초

4) 작업시간(working time)

통상 5분(환경에 따른 변수 작용): 표면의 물기가 사라지면서 흐름성이 없어진다. 이때 더 이상의 진동을 주면 안 된다.

5) Setting time

① 임프레션에서 모형의 분리시기 : 최종경화 후(통상 40분 이상)
② 일찍 분리하게 되면 : 표면이 푸석푸석해지고 치아가 부러질 확률이 높아진다.
③ 늦게 분리하게 되면 : 알지네이트의 수분이 증발, 뒤틀림 현상이 생겨 모형의 변화를 초래할 수 있다.

6) 스톤 모형 분리

① 최종 경화 후 인상체에서 모형을 분리한다.
② 모형을 분리할 때는 트레이 넘어 흘러내린 스톤을 스파츌라로 두드려 경계를 분리한 다음 치아나 구강내 주요 부위가 부러지지 않게 조심스럽게 모형을 분리한다.
③ 진단 모형의 경우 트리머를 이용하여 모형을 정리한다.

81

Rubber 인상재

시판되는 인상재의 종류는 매우 다양하다.
대략적인 구분 기준과 몇가지의 인상재 예시로 설명하였으니 참조하길 바란다.

1 : 인상재의 유형

1) 점조도 따른 Rubber 인상재 구분

① light body : 높은 흐름성을 지닌 러버 인상재. 주로 지대치 주입용으로 사용한다.
② medium body : 중간정도의 흐름성을 지닌 러버 인상재. 용도를 구분짓지 않고, 하나의 인상재로 인상채득을 하기도 한다.
③ heavy body : 낮은 흐름성을 지닌 러버 인상재. 주로 트레이용으로 사용한다.
④ putty : 흐름성이 적은 고무찰흙 형태의 인상재

2) Rubber 인상재 종류 및 세부내용

기구	특성
 그림 81-1 Imprint 3 – light body (3M)	- crown birdge, inlay, onlay 포함한 모든 정밀 인상 - 뛰어난 친수성 - 높은 흐름성 - 100%에 가까운 변형 회복률 - 뛰어난 인성 : 구강이나 석고 모형에서 제거 인상재의 찢김현상 방지

그림 81-2 Aquasil ultra XLV (Dentsply)

- light body의 점도
- 흐름성이 매우 좋아서 상악에 사용해도 유지 가능
- 친수성이 높아서 습윤한 상태에서도 정밀 인상 채득이 가능

그림 81-3 Aquasil ultra Monophase (Dentsply)

- one step 테크닉 용
- 높은 점도에서 뛰어난 친수성으로 미리 인상 가능
- 작업시간 1분 10초
- 경화시간 5분

그림 81-4 Aquasil ultra LV (Dentsply)

- regular한 점도
- 흐름성이 좋아서 미세 부위까지 인상채득 가능
- 뛰어난 체적 안정적

그림 81-5 Aquasil soft putty (Dentsply)

- 동량의 mixing type으로 조작이 용이
- 점도가 매우 높음
- 찢김 강도가 우수
- 재료와의 높은 탄성도로 인해 구강 내로부터 제거가 용이

그림 81-6 Soft tray cartridge heavy body (3M)

- crown, bridge, inlay, onlay 인상채득
- 자일리톨 함유
- light body와 호환성이 좋아 분리 현상 일어나지 않음
- 높은 찢김 강도를 가지기 때문에 인상체의 손상 최소화
- 탁월한 탄성 회복력으로 인상체 변형의 최소화

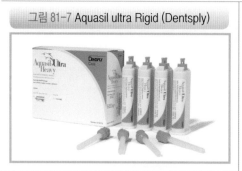

그림 81-7 Aquasil ultra Rigid (Dentsply)	
	– heavy body의 점도 – 구강내 3분의 setting time으로 시술시간 단축 – tray에 달라붙지 않음

3) 교합채득 용도

기구	특성
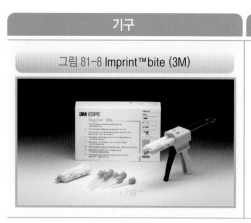 그림 81-8 Imprint™bite (3M)	– 교합 인기 인상채득 – 경도치가 높아서 조각이 용이 – 짧은 구강내 경화시간 (60초 이내)

2 : 인상채득 유형

1) One step dual viscosity technique

　Light body 인상재는 지대치에 주입하고, heavy body 인상재는 트레이에 담아 한 번에 인상채득 하는 것으로 가장 흔히 사용되는 방법이다. 별도 개인트레이나 퍼티 1차 인상채득 등의 시간소요가 없기 때문에 시간이 빠르고 간편하다.

2) One step single viscosity technique (=Monophase technique)

　Medium body 인상재 한가지로 지대치 주입 및 트레이에도 담아 인상채득하는 방법이다.

　Light body의 높은 흐름도를 필요로 하는 인상채득(crown이나 inlay 등의 margin)보다는 상대적으로 큰 구조물의 인상채득 시(denture 등) 사용한다.

3) Two step technique

지대치의 삭제 전 putty로 예비인상을 채득한다(이 때 light body가 주입될 공간을 마련하기 위해 거즈나 비닐 등을 한 겹 대고 채득). 지대치의 삭제 후 light body를 지대치에 주입하는 것과 함께 미리 채득한 putty 인상체를 트레이로 인상채득하는 방법이다.

러버 인상재의 변형률이 낮음을 기대하는 방법이고 예비인상을 채득한 위치를 기억하여 그대로 본 인상을 채득하는 것이 중요하다. 앞서 언급한 「1. One step dual viscosity technique」 인상채득 방법과 선택적으로 사용된다.

알고 계신가요?

1. 치과재료의 유통기한 표시

그림 81-9 예 Rubber 인상재의 유통기한

Expired, Exp, 모래시계 등으로
표기됩니다.

2. Latex 글러브의 화합물로 인해 인상재가 경화하지 않을 수 있다?

진료실에서 흔히 사용하는 latex 장갑을 끼고 putty를 혼합하거나, 장갑을 벗은 뒤 손을 깨끗이 씻지 않고 혼합하는 경우가 있습니다.

해당 시에 latex 글러브의 화합물로 인해 인상재가 경화하지 않을 수 있습니다. 장갑의 탈착 후, 손을 세정제로 깨끗이 씻고 혼합을 권장합니다.

82 본뜨기

1 : Bite tray를 이용한 본뜨기

1) 준비물

Light body, heavy body, bite tray (간단한 inlay일 경우 light body만으로 뜰 수도 있다.)

그림 82-1 Bite tray를 이용한 본뜨기 준비물

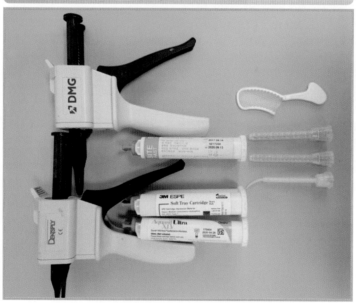

2) 진료순서

순서	사진
(1) 코튼 롤로 방습을 한다.	
(2) 임프레션을 뜨기 전에 반드시 환자의 bite를 확인한 후 bite tray를 물려 걸리는 부분이 없는지 체크한다.	그림 82-2 Bite tray 시적 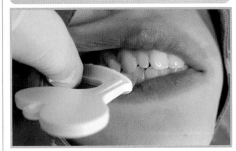
(3) 와동 내와 와동 주위를 에어를 불어서 건조시킨다.	그림 82-3 러버 인상재 주입 후 에어 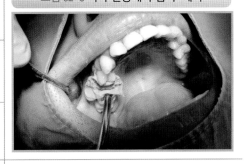
(4) 러버 인상재를 와동 내에 주입한다. 와동 내에 채워질 정도면 된다.	
(5) 인상재가 와동 내에 퍼지도록 에어를 불어 준다.	
(6) 보조자는 bite tray에 heavy body를 양쪽으로 담는다. 이때 양을 너무 많이 담지 않아도 된다(스탭이 혼자서 할 경우 light body 인상재를 담는다).	그림 82-4 Bite tray에 heavy body를 양쪽으로 담기  

(7) 술자는 와동 내에 다시 인상재를 채운다.	**그림 82-5 Bite tray를 물린기** 
(8) Bite tray를 물린다. 그리고 반드시 교합을 확인한다.	
(9) 타이머로 5분을 맞추고 환자에게 5분 동안 그대로 물고 있으라고 말한다. 시간이 지나면 인상체를 제거한다.	
(10) 환자는 물양치를 시켜 드리고 인상체가 잘 나왔는지 확인한다. Margin 부위에 기포가 있는지 대합치아도 모양이 잘 나왔는지 확인한다.	**그림 82-6 인상체 확인** 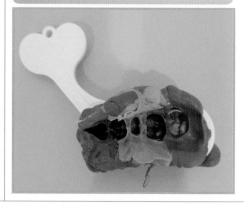

2 : Full tray로 본뜨기

1) 준비물

Full 인상은 각 병원에 따른 러버인상재 (light body, heavy body, full tray)
Bite gun, 대합치 알지네이트 인상 준비

그림 82-7 Full tray로 본뜨기 준비

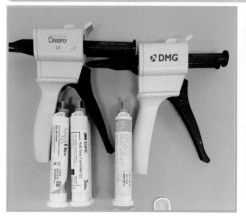 

2) 진료순서

순서	사진
(1) 인상채득 방법은 환자에게 맞는 full tray를 선택하여 편측 인상과 유사한 방법으로 인상채득한다.	그림 82-8 **인상재 주입 방법** 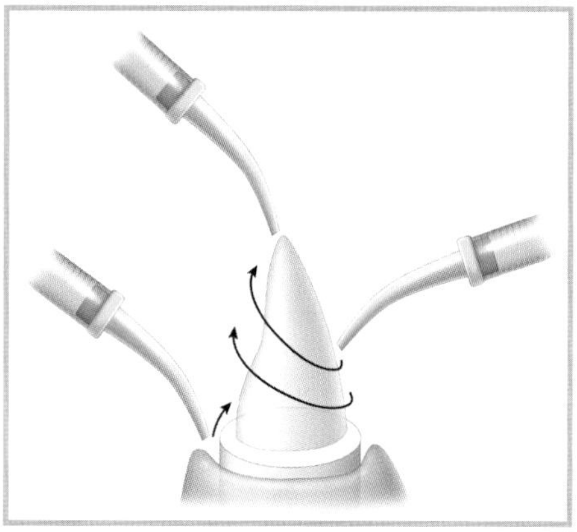
(2) Bite를 확인 후 bite gun으로 지대치의 교합면에 인상재를 주입한다.	
(3) 재빨리 환자에게 bite를 물고 있도록 한다.	그림 82-9 **Bite 채득** 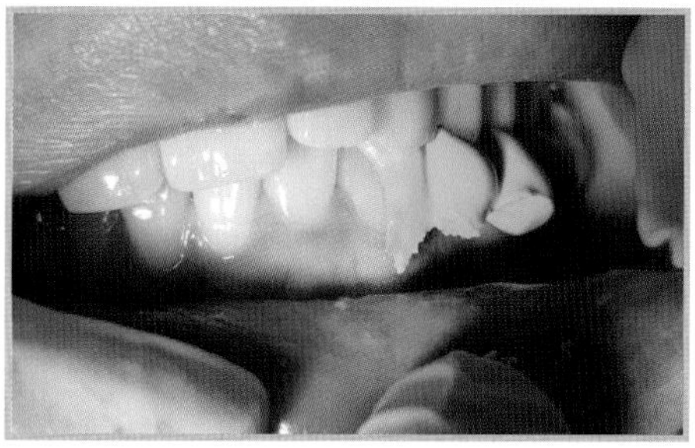
(4) Setting 되면 bite 인상을 제거한다.	그림 82-10 **채득한 Bite** 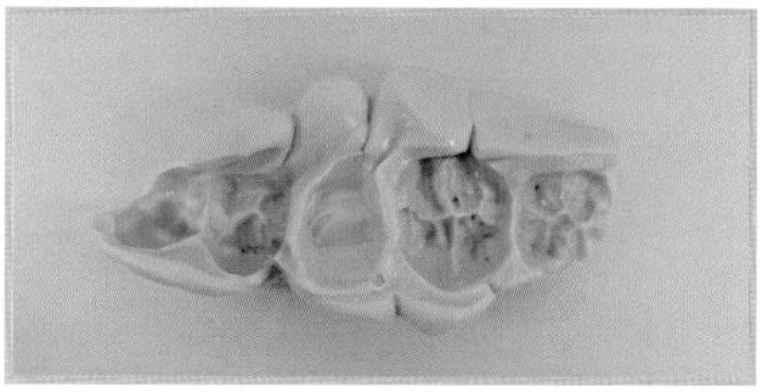
(5) 대합치로 알지네이트 임프레션을 뜬다.	그림 82-11 **대합치 알지네이트 임프레션** 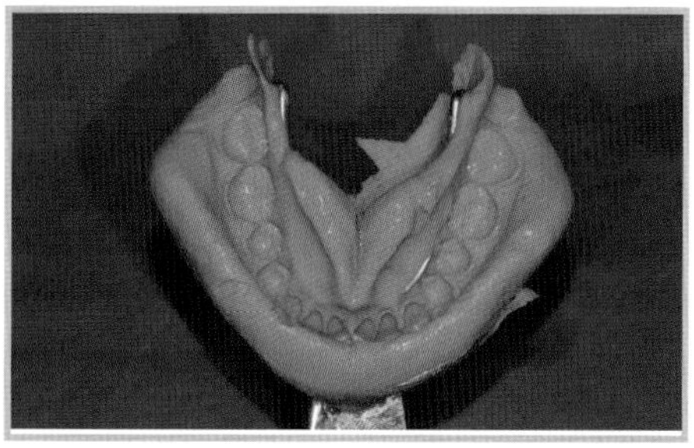

3) Bite 채득 시 주의사항

① 교합이 안정된 환자의 경우 지대치 부위만 bite를 채득한다.
② 교합이 안정되지 않는 환자(여러 개의 어금니가 없는 경우 또는 교정환자)의 경우 전체적으로 bite를 채득한다.

4) 인상체 확인 시 반드시 봐야 할 것

① 트레이에서 인상체가 벗겨지지 않는지
② Margin line에 기포가 있거나 찢어져 있지는 않은지
③ Margin의 선이 균일하고 선명한지
④ 침, 혈액에 의해 margin이 늘어지지 않았는지
⑤ 인접치아가 잘 나왔는지
⑥ 지대치 부근의 인상에 큰 기포가 있지는 않은지
⑦ 임프레션 표면이 균일하고 깨끗한지

memo

임시치아 만들기  83

1 : 준비물

임시치아용 레진(파우더 & 리퀴드), bowl, 스포이드, spatular, scissor, 빨간색 연필, denture bur, 분리제(바셀린), 교합지, 교합지 홀더

그림 83-1 **임시치아 제작을 위한 준비**

2 : 구강 내에서 바로 제작 시 진료순서 및 해야 할 말

순서	환자에게 해야 할 말
(1) 환자에게 임시치아 제작을 한다고 말씀드린다.	"○○○님 제가 임시치아를 만들어 드리겠습니다. 재료가 굳을 때까지 안 좋은 냄새가 나는데 입으로 숨 쉬시면 힘드시니까 코로 숨 쉬는 것이 좋습니다."
(2) 지대치 및 주변치아 인접면에 바셀린을 바른다. ※ 레진이 중합하면 수축하므로 반드시 바세린을 발라주어야 한다.	"치아 주변으로 바세린을 바르겠습니다."

(3) 파우더와 리퀴드를 알맞게 섞어 믹싱한다.

※ Spatula로 너무 묽지는 않은지 확인한다.

그림 83-2 **파우더와 리퀴드 믹스**

(4) 레진이 하나로 동그랗게 말아지면 치아에 대고 찍는다. 이때 인접면에도 잘 들어가도록 기구를 이용하여 밀어 넣는다. 여분은 가위로 오려낸다

"○○○님 이제 임시치아를 찍겠습니다. 아~ 해 보십시오. 냄새가 고약하시죠? 굳으려면 5분 정도 걸리니까 그 동안 조금만 참아주십시오. 불편하시면 왼손 들어 주세요."

그림 83-3 **믹스된 레진 블록 치아에 찍기**

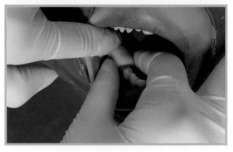

그림 83-4 **여분의 레진 오려내기**

(5) 잘 시적된 걸 확인 후 편하게 물도록 하여 교합면을 재현한다.

※ 이때 교합이 긴밀하면 원장님께 말씀드린다.

"편하게 물어보세요. 조금 물컹합니다."

(6) 말랑말랑해지면 구강 내에서 제거하여 마진을 남기고 여분을 가위로 오린 후 바로 다시 시적하여 '넣었다 뺏다'와 '위아래로 씹기' 를 반복한다.

"완전히 굳기 전에 잘 맞는지 확인하는 겁니다."

그림 83-5 넣었다 뺏다를 반복

(7) 완전히 굳으면 빨간색 연필로 margin과 contact을 체크한 후 denture bur로 다듬는다.
  - 이때 환자는 편하게 체어를 세워드린다.
  - margin부터 다듬는다. 이때 mrgin 부위가 삭제되지 않도록 주의한다.
  - 전체적인 외형을 먼저 형성하고 치아에 맞는 교합면 groove를 형성한다.

임시치아 제작순서 및 스타일은 다양하다.
위는 참고로 하여 자기만의 임시치아 제작방법 또는 해당 치과만의 제작 매뉴얼을 만들어보길 권한다.

"○○○님 치아를 만드는데 시간이 좀 걸립니다. 잠시만 기다려 주세요."

그림 83-6 임시치아 다듬기(싱글)

그림 83-7 임시치아 다듬기(브릿지)

임시치아를 깎거나 다듬을 때는 가루가 날리니 가능하다면 썩션기를 대거나, 치과용집진기를 사용하거나, 창문을 열고 진행하기를 권장한다. 건강이 최고다.

(8) 완성된 임시치아를 구강 내에 시적하며, margin이나 교합을 check하여 조정한다.
※ 교합이 너무 낮지 않도록 하며, margin 부위에 잇몸이 누르지 않도록 한다.

"괜찮으세요? 높거나 불편하신 건 없으세요? 그럼 붙여 드리겠습니다."

(9) 임시치아 조정이 완료되면, Polishing bur를 이용하여 전체적으로 부드럽게 polishing 한다.
※ 전치부일 경우는 자연치아와 비슷한 광택을 재현하기 위해 wheel을 사용하도록 한다.

"이제 임시치아 부드럽게 다듬어 드리고 마무리 하겠습니다."

그림 83-8 Polishing 하기

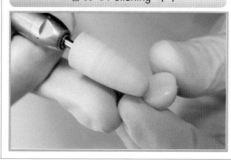

(10) 임시치아를 temporary cement로 setting 한다.	"이제 임시치아 붙여 드릴 건데요, 사용하시면서 주의하셔야 할 부분은 잠시 후에 말씀드리겠습니다." **그림 83-9 내면에 cement 바르기** 
(11) Margin 주위 여분의 cement를 깨끗하게 제거한다.	**그림 83-10 교합체크 후 최종 확인** 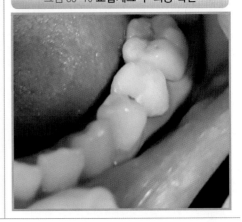

3 : Putty를 이용하여 제작 시

① Putty를 이용하여 외형을 인기한다.

② Putty 내면과 치아에 바세린을 바른다.

③ 레진을 조금 흐름성 있게 기포가 생기지 않게 해서 putty에 담는다.

④ 치아를 찍는다. 끈적이지 않을 때까지 기다린다.

⑤ Putty를 제거한 후 여분을 오려내고 굳힌다.

⑥ 굳힌 후 margin을 표시하여 다듬는다.

⑦ 교합조정

⑧ Setting

그림 83-11 임시치아 제작 (집진기)

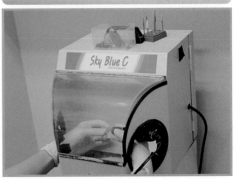

4 : 임시치아 셋팅 후 환자에게 말해야 할 것들

① 다음 약속 날까지 시술부위로 가급적 식사하지 마시고 조심하셔야 합니다.

② 껌이나 찰떡, 캬라멜 등 끈적이는 음식과 딱딱하고 질긴 음식은 피하셔야 합니다.

③ 잇몸이 오늘 약간 아프실 수 있습니다. 좀 전에 실을 넣어서 그런 거니 오늘 하루 지나면 괜찮아집니다. 혹시 많이 아프시면 진통제 한 알 정도 드십시오.

④ 임시이라서 도중에 빠지거나 깨질 수도 있습니다. 그럴 경우 바로 병원으로 전화 주시고 오셔야 합니다.

알고 계신가요?

■ 임시치아는 계속 쓰는 재료는 아니지만, 임시기간 동안 해당치아의 상태를 좌우한다.

1) 임시치아가 교합이 높을 경우
   환자는 통증을 호소하며 내원할 수 있다.

2) 살아 있는 치아의 임시치아 시 margin이 잘 맞지 않은 경우
   사용하는 내내 치아의 시린 증상을 그대로 느끼거나 통증을 느낄 수 있다.

3) 임시치아의 margin이 거칠거나 또는 제거되지 않은 임시접착제가 있는 경우
   해당치의 잇몸이 부어서 내원할 수 있다.

4) 인접면이 빡빡하지 않게 제작되었을 경우
   보철물 셋팅 때 주변치아의 이동으로 인해 많이 다듬어야 하거나 재제작이 필요할 수 있다.

환자에 대한 치료의 전반적인 만족도를 높일 수 있는 한 부분이니, 임시치아의 최소한의 조건을 충족하기 위해 노력하길 권장한다.

84 Cement

시판되는 cement의 종류는 매우 다양하다.
대략적인 구분 기준과 몇가지의 cement 예시로 설명하였으니 참조하길 바란다.

1 : 임시 접착제

종류 및 사진	특징 및 용도
그림 84-1 Temp bond (Kerr) 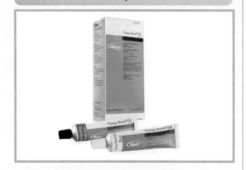	- 적절한 흐름성과 믹싱이 쉬워 사용이 간편함 - High bond strength : 온도에 대한 민감성을 최소화하여 높은 본딩력과 일정한 결과를 얻을 수 있음 - 임시치아, 유지력이 없어 쉽게 떨어질 것 같은 보철물에 적용
그림 84-2 Rely-X temp NE(3M) 	- 치아 조직에 강한 접착력을 가지면서도 임시 보철물 제거 시 편안하게 제거됨 - 임시 보철물 제거 시, 대부분의 cement가 치질이 아닌 보철물 안쪽에 남아 치질 정리 시간이 단축됨 - Crown, Bridges, Inlay/Onlay 등의 최종 보철물 임시 장착

그림 84-3 Temporary pack (GC)	

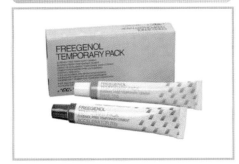

- Eugenol을 함유하고 있지 않아 자극, 냄새에 의한 불쾌감이 없음
- Direct 중합 Resin으로 첨가하여 수정할 경우에 경화를 지연되지 않음
- 유동성이 우수하여 들뜸현상이 없고 가착, 가봉이 용이
- 구강 내에 Set하면 약 3분에 급속히 경화함
- Crown, Bridges 임시 장착 시 적용

그림 84-4 Temposil2 (Coltene)	

- 오토믹싱 팁으로 빠른시간 안에 믹싱이 가능
- 폴리비닐실록산(PVS)을 주성분으로 하여 잔여물을 손쉽게 제거할 수 있음
- 과량의 시멘트를 제거하기 매우 용이
- 유지놀을 함유하지 않아 알러지 반응을 일으키지 않음
- 임시크라운, 임시브릿지, 영구보철물 등의 임시접합에 사용

2 : 영구 접착제 (Gold, PFM, PFG setting 시)

사진	대상치

그림 84-5 RelyX™ Luting Cement

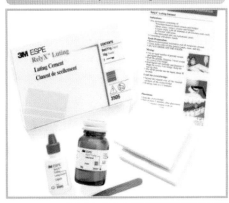

- PFM 또는 metal crown
- Bridges, Inlay/onlay
- Zirconia 또는 alumina core를 사용하는 crown, bridge
- Inlay/onlay (ex. Lava)
- Endodontic Post
- 교정용 장치의 cementation
- Powder와 liquid를 mixing하여 사용
- 지속적인 불소 방출로 2차 우식을 예방
- Excess cement의 제거가 매우 쉬움
- Resin-modified glass ionomer로서 용해성이 거의 없음

그림 84-6 RelyX Luting2(미국)	
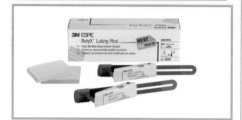	- PFM 크라운 & 브리지 - 메탈 크라운, 인레이, 온레이(SS crown 포함) - 지르코니아 또는 알루미나 코어 - 세라믹 수복(Lava™, Procera® 등) - Endodontic pin & post 교정용 - 조작이 용이 - 술후 민감증이 거의 없음 - 향상된 마진적합도와 낮은 용해도
그림 84-7 RelyX™ Luting Plus (미국)	
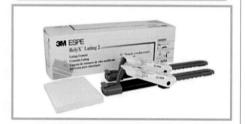	

3 : Resin cement (Resin 및 ceramic 계열 보철물 setting시)

종류 및 사진	특징 및 용도
그림 84-8 RelyX Unicem (3M) 	- 자가중합이 가능하고 수분에 민감하지 않으며, 별도 에칭, 프라이밍, 본딩 과정이 필요 없음 - 레진 접착제의 특성상 믹싱 시간이 줄어듦 - 시멘트의 제거가 용이
그림 84-9 Clearfil SA Luting (KURARAY) 	- 더블 시린지 타입 - 합착 후 2~5초간의 광조사 혹은 2분 경과 후 잉여시멘트를 익스플로러 등으로 간단히 제거됨 - 지르코니아 및 모든 수복물에 대한 강력한 접착력

 그림 84-10 PANAVIA F (Kuraray)	- 불소방출형의 이중 중합형 접착 레진 시멘트 - 귀/비금속, 컴포지트 레진 및 실란 처리 포셀린의 setting에 사용 - 장기간 불소를 방출하여 우식 예방의 특성을 제공 - 기계적 속성 및 마모 강도를 갖게 해주는 무기 필러(78 wt %)를 함유
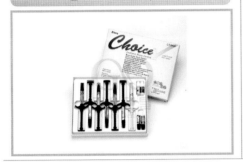 그림 84-11 Choice (bisco)	- 이원 중합능력(자가중합과 광중합 모두 가능함)이 있는 광중합용 시멘트. - 투명과 불투명한 색조로 VITA shade guide와 일치한 색상을 지니고 있음(A1, A1O, A2, A3, B1, B3, C2, D2, Translucent) - 우수하고 섬세한 색조의 일치로 심미성이 뛰어남 - 치경부와 절단쪽 색을 조절할 수 있음

4 : Superbond의 사용방법

순서	사진
(1) Activator를 치아에 묻힌다. (Etching 역할을 함. enamel: 빨강색, dentin: 녹색) - 지금의 예시에서는 temporary crwon이므로 생략한다.	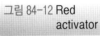그림 84-12 Red activator　그림 84-13 Green activator 
(2) Monomer와 catalyst를 준비한다.	그림 84-14 Monomer와 catalyst 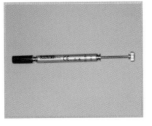

(3) Dish에 Monomer 4방울, catalyst 1방울을 떨어트린다.

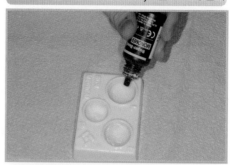

그림 84-15 Monomer와 catalyst를 dish에 준비

(4) Polymer (파우더 형태)를 준비한다.
(Ivory polymer : post setting 시 사용, clear polymer(투명함) : 라미네이트 setting 시에 사용)

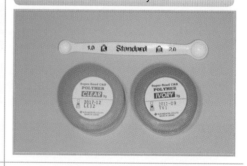

그림 84-16 Polymer

(5) Polymer를 스푼으로 계량(0.75g)하고 준비된 monomer에 polymer를 믹스한다.

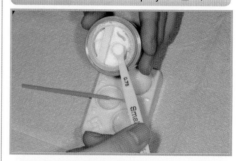

그림 84-17 Monomer에 polymer를 믹스

정확한 용량을 지키자^^
굳는 속도와 접착제의 강도가
다를 수 있다.

(6) 믹스된 cemant를 casting post에 적당량 도
포한 다음 해당 부위 치아에 접착한다.

그림 84-18 Post에 cemant 도포

슈퍼본드 믹싱 시 속도가 생명
이다!
이유는 순식간에 굳기 때문이
다, 또 다른 접착제에 비해 굉장
히 강하게 굳기 때문에, 굳고나
서 잉여 접착제를 제거하기
어렵다.

접착 후 굳기 전, 말랑한 상태에
서 Explorer로 제거 및 치실을
사용하여 깨끗한 제거를 하기
를 가장 권장한다.

(7) Setting time은 8~10분 정도이지만 완전히 굳
기 전에 여분의 cement를 미리 제거한다.

▶ Setting time 이후 여분 cement을 다시 확인
한다.

그림 84-19 세팅된 casting post

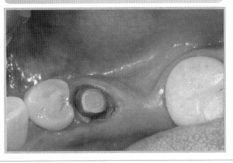

85 Inlay setting

1 : Gold inlay setting

1) 준비물

Setting할 inlay, 클로르헥시딘 코튼 볼, 교합지, floss silk, fuji cement, mixing pad, spatula, inlay setter, inlay stick, stopper, 핸드피스, polishing kit

그림 85-1 Gold inlay setting 준비

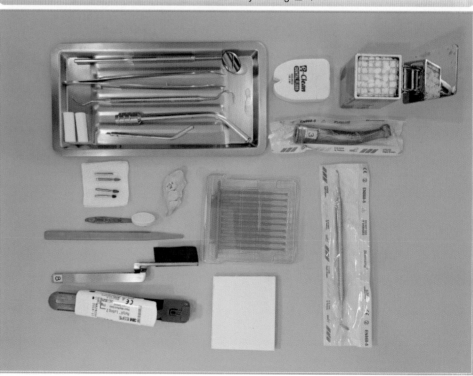

2 : 진료순서 및 해야 할 말

순서	환자에게 해야 할 말
(1) 환자에게 완성된 보철물을 확인시켜 드리고 진행과정을 간단히 설명한다.	"지난번에 본뜨고 제작한 금니예요. 한 번 확인해 보시겠어요?" "오늘은 금니 맞춰보고 조정하는 진료를 할 거예요."
(2) 환자를 눕혀 드린다. – 인접면을 포함하는 경우 fermit이 빠져 있는지 다시 확인한다. 빠진 상태로 며칠 있는 경우는 기공물이 안 맞을 수도 있으므로 환자에게 말해준다.	"눕혀 드리겠습니다. 임시재료가 빠지지는 않았나요?"
(3) Fermit 제거 후 클로르헥시딘 코튼 볼로 와동 주위를 닦는다. – 구강 내에서 inlay의 와동 주위를 닦고 물로 씻어낸 다음 air로 건조시킨다. – 와동 내 음식물이나 치태가 있을 시 혹은 fermit이 빠졌을 경우에는 ICP 브러쉬를 이용하여 와동 내면을 깨끗이 한다.	"임시재료를 빼겠습니다. 약간 시릴 수 있습니다." "치아를 깨끗이 닦아 드리겠습니다. 오늘은 간단한 치료이니까 마취 없이 할 겁니다. 조금 시릴 수 있어요. 물 좀 뿌리겠습니다."
(4) 인레이를 와동에 시적해 본다. – DO, MO 이상일 경우 시적 후 방사선 사진을 촬영하여 인접면 margin의 적합도를 확인한다. – 인접면을 포함한 inlay의 경우 stopper로 눌러 floss로 contact을 확인한다.	"붙일 금니를 치아에 좀 맞춰 보겠습니다." 그림 85-2 Inlay stick으로 inlay를 접착. 이때 구강 내 setting 방향을 고려하여 접착한다. 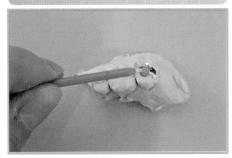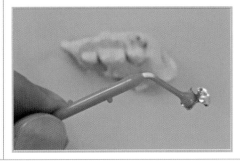

(5) 잘 맞으면 setting을 준비한다.
적당량의 cement를 혼합해서 원장님을 드리고 원장님은 cement를 와동 내에 골고루 넣는다.

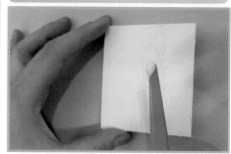

그림 85-3 Cement 혼합 후 인레이에 도포

(6) Inlay를 와동 내에 setting하고 setter를 이용해서 정밀하게 밀어 넣는다.

(7) Margin 부위가 정확히 다 들어갔는지 코튼 볼로 닦아서 확인한다.

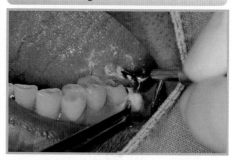

그림 85-4 Margin cement 코든 볼로 닦기

(8) 코튼 롤이나 setter를 환자에게 물려드린다.

"재료가 굳을 때까지 약 3~5분 정도만 물고 계세요."

(9) Inlay에 흠집이 생기지 않도록 조심하며 cement를 제거한다. 교합면에 조금씩 묻은 cement는 알코올 스폰지를 둥글게 말아 닦아주면 깨끗해진다.

"붙어 있는 재료를 제거하겠습니다."

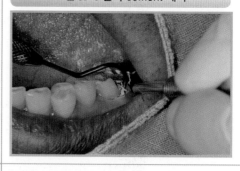

그림 85-5 잔여 cement 제거

(10) 환자에게 씹어보라 하고 교합이 조금 높다고 하시면 원장님께 말씀드려 교합을 조정한다.
 – 구강 내에서 조정할 경우 치아 면에 물을 뿌린다.
※ 물을 뿌리는 이유는 과열로 인한 치수 손상을 방지하기 위함이며 물을 뿌리는 위치는 rubber point가 치면과 닿는 곳이 적절하다.

"딱딱 씹어 보시겠어요? 지금 불편하신 곳 있으세요?
약간 높으신 것 같으세요? 알겠습니다. 높이 조정을 좀 해드리겠습니다."
"약간 울리는 느낌 있으실 겁니다. 물 나옵니다."

– 약간 높은 정도는 며칠 써보시라고 할 수도 있다. – 3일 정도 쓰다 보면 자연적으로 괜찮아진다고 설명한다.	
(11) 환자가 괜찮은지 확인한 후 진료한 곳을 거울로 보여드리고 주의사항을 설명한다.	"거울 한 번 들어보시겠어요? 오늘 붙여 드린 것입니다. 식사해 보시고 혹시 또 불편한 점 생기시면 언제든지 연락주세요." <gold인 경우> "붙여 드린 것이 금이기 때문에 열 전도성이 빨라서 적응될 때까지 찬 것, 뜨거운 것에 반응이 빨리 올 겁니다. 도저히 식사가 안 될 정도가 아니라면 차츰 나아질 겁니다. 혹시 시간이 지나도 심하게 시리거나 나아지지 않으면 전화주세요."

2 : Ceramic inlay setting

1) 준비물

기본기구, setting할 inlay, 클로르헥시딘 코튼 볼, 교합지, floss silk, 불산, primer, all bond (1,2), resin cement, mixing pad, spatula, micro brush, inlay stick, stopper, 핸드피스, polishing kit, light curing gun

그림 85-6 Ceramic inlay setting 준비

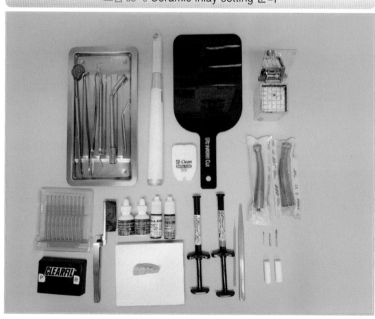

2) 진료순서 및 해야 할 말

순서	환자에게 해야 할 말
(1) 환자에게 완성된 보철물을 확인시켜 드리고 진행과정을 간단히 설명한다.	"지난번에 본뜨고 제작한 치아색 치아예요. 한번 확인해 보시겠어요?" "오늘은 제작된 치아색 떼우는 재료를 맞춰보고 조정하는 진료를 할 거에요."
(2) 환자를 눕혀드린다. - fermit이 빠져있는지 확인한다. 빠진 상태로 며칠 있는 경우는 기공물이 안 맞을 수도 있으므로 환자에게 말해준다.	"눕혀 드리겠습니다. 임시재료가 빠지지는 않았나요?"
(3) Fermit 제거 후 클로르헥시딘 코튼 볼로 와동 주위를 닦는다. - 구강 내에서 inlay의 와동 주위를 닦고 물로 씻어낸 다음 air로 건조시킨다. - 와동 내 음식물이나 치태가 있을 시 혹은 fermit이 빠졌을 경우에는 ICP 브러쉬를 이용하여 와동 내면을 깨끗이 한다.	"임시재료를 빼겠습니다. 약간 시릴 수 있습니다." "치아를 깨끗이 닦아 드릴게요. 오늘은 간단한 치료이니까 마취 없이 할 겁니다. 조금 시릴 수 있어요. 물 좀 뿌리겠습니다."
(4) 세라믹 인레이를 와동에 시적 해본다. (Gold inlay와 같은 방법으로 진행)	"접착할 치아색 재료를 치아에 좀 맞춰보겠습니다."
(5) 잘 맞으면 원장님을 모셔온다.	" 잠시만 계시면 원장님께서 오셔서 확인하고 붙여 주실 거예요."
(6) 불산을 세라믹 인레이 내면에 약 5분간 도포한다.	"붙일 금니를 치아에 좀 맞춰보겠습니다."

그림 85-7 불산 도포

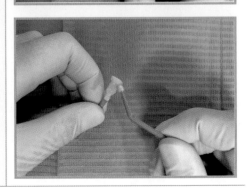

Inlay도 색상에 민감할 수 있다!
보통 전치부 모든치료 또는 구치부의 크라운까지는 잘 보여지기 때문에 색상을 정확하게 확인하는 반면, 부분적인 inlay의 색상은 비교적 덜 정확하게 확인할 수 있다.
그러나 치아색상 inlay의 경우 환자분은 내 자연치아와 같은 색상이라고 기대한다.
소구치의 근심 인접면을 포함한 inlay 경우, 또는 하악 구치부의 다소 큰 면적의 inlay의 경우, 환자의 스마일 모습 또는 활짝 웃는 모습 시 충분히 보여질 수 있으니 색상 확인 시 또는 setting 시 확인하도록 하자.

(7) Inlay 세척 후 건조한다.

그림 85-8 세척과 건조

(8) 프라이머를 세라믹 인레이 내면에 골고루 도 포한다.

그림 85-9 Inlay 내면 primer 도포

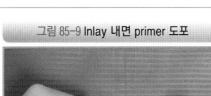

(9) 올본드 1, 2 한 방울씩 떨어뜨려 믹스한다.

그림 85-10 올본드 믹스

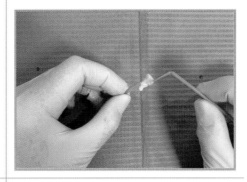

(10) 믹스된 올본드를 세라믹 인레이 내면에 도포한다.

그림 85-11 믹스된 올본드 inlay 내면에 도포

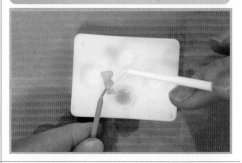

(11) 초이스 레진을 1:2 비율로 믹스하여 도포한다.
적당량의 cement를 혼합해서 원장님을 드리고 원장님은 cement를 와동 내에 골고루 넣는다.

그림 85-12 믹스된 초이스 레진 기공물 내면에 도포

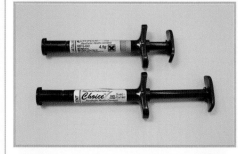

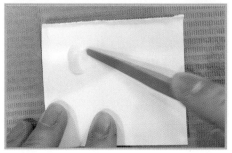

(12) Inlay를 와동 내에 setting하고 light gun을 이용하여 10초간 광조사한다.	
	그림 85-13 광조사
(13) Margin 부위가 정확히 다 들어갔는지 explorer로 확인하고 여분의 cement를 제거한다.	
(14) 방습 후 커튼으로 대상치아를 물리고 5분간 자가 중합한다.	
(15) 환자에게 씹어 보라고 하고 교합이 조금 높다고 하시면 원장님께 말씀드려 교합을 조정하고 거칠거리지 않게 polishing을 한다.	"딱딱 씹어 보시겠어요? 지금 불편하신 곳 있으세요? 약간 높으신 것 같으세요? 알겠습니다. 높이 조정을 좀 해드리겠습니다." "약간 울리는 느낌이 있을 겁니다. 물 나옵니다."
(16) 환자가 괜찮은지 확인한 후 진료한 곳을 거울로 보여 드리고 주의사항을 설명한다.	"거울 한 번 들어보시겠어요? 오늘 붙여드린 것입니다. 식사해 보시고 혹시 또 불편한 점 생기시면 언제든지 연락주세요." <세라믹 인레이> "붙여 드린 것이 도자기이기 때문에 너무 딱딱한 것 드시면 파절 위험이 있으니 피해주시구요, 일주일 정도는 시린 느낌 있을 수 있는데 도저히 식사가 안 될 정도가 아니라면 차츰 나아질 겁니다. 혹시 시간이 지나도 심하게 시리거나 나아지지 않으면 전화주세요."

Inlay와 cement 모두 치아색 상 이기 때문에, 구분이 어려울 수 있다. 인접면에 남은 cement은 floss 또는 super floss이용하여 꼼꼼히 제거한 다. 이 후 인접면 치실이 통과하는지 필히 확인한다.

제품마다 중합 방법의 차이가 있다.
curing gun으로 광조사하는 경우 DO, MO 또는 그 이상의 인접면 포함의 경우 면당 20초씩 충분히 curing을 시행한다.

04 임상 매뉴얼

PAR

86 Crown setting

이 파트 역시, 임상술식에 집중하기 보다는 매뉴얼의 예시로 참고하도록 하자.

1 : Crown setting

1) 준비물

보철물 (crown), crown remover, 교합지, 교합지 holder, straight angle, stone bur, polishing bur set, bite stick, temporary cement

그림 86-1 Crown temporary setting 준비

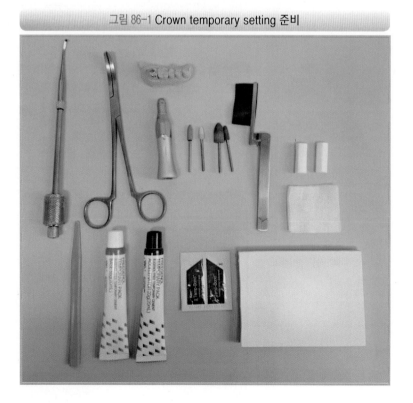

2) 진료순서 및 해야 할 말

순서	환자에게 해야 할 말
(1) 환자에게 완성된 보철물을 확인시켜 드리고 진행과정을 간단히 설명한다. (환자입장에선 실제 환자 구강 내에 들어가기 전에 직접 보철물을 확인하는 것이 신뢰가 간다.)	"지난번에 본뜨고 제작한 금니예요. 한 번 확인해 보시겠어요?" "오늘은 금니 맞춰보고 조정하는 진료를 할 거에요." 그림 86-2 **제작된 골드크라운** 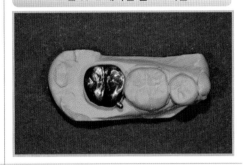
(2) 환자을 눕히고, 임시치아를 제거한다. – Gripper로 임시치아를 잡고, 손가락이나 bite stick으로 지지대를 만들어 한 번에 제거한다.	"임시치아를 빼겠습니다. 치아를 좀 잡겠습니다. 놀라지 마세요." 그림 86-3 **임시치아 제거** 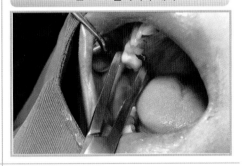
(3) Crown을 환자의 지대치에 맞춰 본다. 교합이 괜찮은지 확인한다.	"금니를 끼워 드리겠습니다. 높이가 잘 맞는지 잠시 확인해 드리겠습니다."
(4) 교합이 높은 경우 원장님께 말씀드리고 교합 조정을 한다.	"잘 맞는지 원장님께서 봐주실 겁니다."
(5) 교합조정이 끝나고 괜찮으면 임시재료로 셋팅할 준비를 한다.	"오늘은 사용해 보시라고 임시로 붙여 드릴 겁니다. 1주일 정도 써 보시고, 괜찮으시면 다음 번에 완전하게 붙여 드릴께요."
(6) 크라운의 상태에 따라서 알맞은 임시 본드를 선택하여 크라운 내부 변연부위를 기준으로 임시재료를 바른다.	스탭은 "믹스하겠습니다." 라고 하며 믹스를 시작. 원장님은 셋팅 전 방습할 때 "바람을 좀 불겠습니다" 라고 환자에게 알려준다.
(7) 구강 내에 셋팅하고, 코튼롤을 물려준다.	"재료가 굳을 때까지 약 2분 정도만 물고 계세요."

(8) 잉여 cement를 제거한다. 이때 crown에 scratch가 나지 않도록 주의한다.	"재료를 제거해 드리겠습니다."
(9) 양치를 시켜 드린 후 거울을 보여드리고 주의사항을 설명드린다.	"양치 한 번 해보시겠어요? 입안에 재료 가루가 조금 있을 겁니다." "거울 한 번 들어보시고요."

3) Crown T/S 후 환자에게 말해야 할 것들

① 여기, 볼록하게 튀어나온 게 고리예요. 다음에 완전하게 붙여드릴 때 고리는 제거할 겁니다. 손가락으로 걸거나 건드리면 빠질 수 있으므로 주의해 주세요.

② 임시재료이기 때문에 빠질 가능성이 있습니다. 되도록 끈적이거나, 질긴 음식은 들지 마시고, 혹시 빠지면 아무 때나 치과로 와 주세요.

③ 식사는 이쪽으로 해보셔야 합니다. 불편한 곳 있으시면 다음번에 오셔서 말씀해 주세요.

2 : Crown final setting

1) 준비물

Crown remover, 교합지, 교합지 holder, straight angle, stone bur, polishing bur set, Bite stick, final cement(예: rely-x (3M))

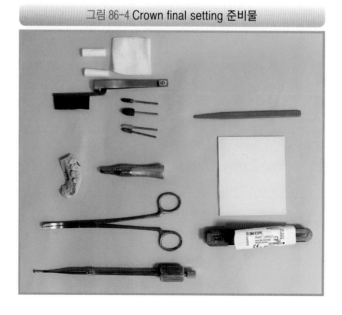

그림 86-4 Crown final setting 준비물

2) 진료순서 및 해야 할 말

순서	환자에게 해야 할 말
(1) 환자를 눕혀 드리고, crown이 편했는지 확인한다. – 괜찮았다고 하면 final setting 준비 　(괜찮다고 하는 경우라도 크라운을 제거한 후 치아 사이 부분이나 브릿지의 pontic 부위에 음식물이 저류되어 있는지 확인하고 원장님께 보고한다) – 불편했다고 하거나 음식물이 낀다고 하는 경우 크라운을 제거하지 않고 원장님께 다시 체크	"지난번에 붙여 드렸던 금니로 식사해 보셨어요? 괜찮으셨나요?"
(2) Crown rejector를 이용해 crown을 제거한다. – 이때 왼손 집게손가락은 hook을 건 rejector를 잡고, 엄지손가락은 hook이 달린 반대편 그러니까 hook이 buccal쪽에 있을 경우 palatal이나 lingual쪽 crown을 잡고, 제거한다. – 환자의 입술이나, 치아를 건드리지 않도록 주의한다.	"붙였던 금니를 다시 빼겠습니다. 　탁탁 치는 느낌이 있으실 겁니다. 울리실 거예요."
(3) 지대치에 남아 있는 cement를 제거한다. 만약 지대치가 생활치라면 시릴 수 있으므로 조심해서 제거한다.	"붙어 있는 재료를 제거하겠습니다." <생활치인 경우> "약간 시릴 수 있습니다."
(4) Brush를 사용하여 지대치를 닦거나 클로르헥시딘 코튼 볼로 지대치를 닦는다.	"치아를 좀 닦아 드리겠습니다." 그림 86-5 **전문가구강위생관리 준비** 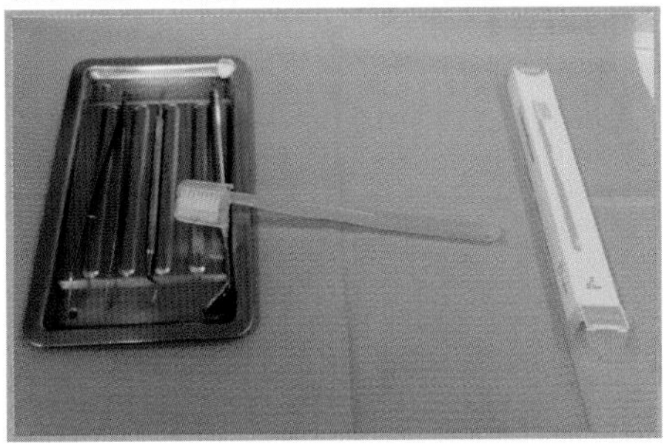 <생활치인 경우> "치아를 닦아 드릴 건데요, 좀 시리실 수 있습니다. 조금만 참아주세요"
5) 환자에게 잠시 대기할 것을 설명하고 기공실에서 sand를 친다.	"5분 정도만 계시면 고리도 떼어내고, 깨끗이 닦아서 붙여 드리겠습니다."
6) Stone bur 혹은 denture bur로 hook을 제거한다.	

그림 86-6 Hook 제거

(7) Polishing bur로 제거한 부분을 polishing 한다.

그림 86-7 Polishing

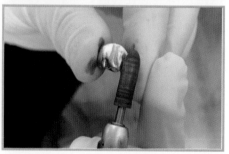

(8) 스탭은 원장님을 모셔와 setting할 준비를 한다.
   Cement를 준비할 때는 남지 않도록 crown 의 개수에 따라서 알맞게 준비한다.

그림 86-8 Cement 준비

(9) Cement를 mix할 때는 빨리, 골고루 mix
한다.

그림 86-9 Cement mix

(10) Crown 내면에 cement를 넣는다. 모자라지
않도록 변연부위 위주로 넣는다.

그림 86-10 Final cement 채우기

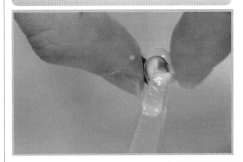

(11) 환자의 치아에 setting한다.
Setting한 후 bite를 다시 한 번 확인한다.

"아~ 해보시겠어요. 치아를 붙여 드리겠습니다.
다시 한 번 씹어보시고요. 괜찮으세요?"

(12) Crown에 코튼 롤을 물려드리고 setting될
때까지 기다린다.

"솜 좀 물고 계시고요. 재료가 굳을 때까지 약
3분 정도만 계시면 됩니다."

(13) 잉여 cement를 제거한다.
이때 잇몸 안쪽까지 남아 있는 cement가 없
도록 확실히 제거한다. Cement가 남아 있
으면 차후 잇몸염증을 일으킬 수 있다.
치실을 사용하여 마무리한다.

"재료를 제거하겠습니다.
잇몸이 약간 따끔할 수 있습니다."

"치실로 사이 부분 제거하겠습니다.
지금 치아 사이에 끼어 있는 느낌 드시거나
불편하신 점 있으세요?"

그림 86-11 치실로 마무리

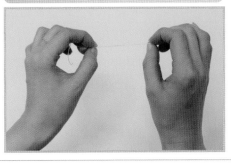

(14) 환자가 불편한 것이 없는지 확인하고 대기
실로 모셔 드린다.

"괜찮으세요?
네, 이제 완전하게 붙여 드렸습니다.
식사는 아무 거나 하셔도 되고요, 나중에라도
불편하신 점 있으면 언제든지 연락주세요.
고생하셨습니다."

87 심미보철

심미보철 분야는 미적인 부분의 영향이 많이 작용하며, 기준은 치과마다 다르다.
보철의 종류도 매우 다양하며, 각각의 과정을 가지고 있다.
하루만에 본을 뜨고 setting까지 진행하는 원데이 심미보철이나 0.2 mm 두께의 무삭제 라미네이트 등 특별한 형태의 진료일수록 자기만의 매뉴얼을 만들어 보길 권한다.

1 : 진료순서 및 해야 할 말

순서	환자에게 해야 할 말
(1) Photo 기본 촬영을 한다. - 지대치가 변색이 있는 경우 변색된 지대치 사진촬영을 한다. - 지대치 사진을 찍고 shade guide를 대고 사진도 찍어준다. - Shade 사진을 찍을 때는 비교해야 할 치아에 shade guide를 대고 색상이 잘 나오도록 찍는다. ※ 상악 4전치를 하는 경우는 하악 전치부위와 색상을 맞춘다. 상악 중절치를 하는 경우는 상악 측절치와 하악 중절치에 색상을 맞춘다.	"모양과 색을 더 자세하게 맞추기 위해 먼저 사진부터 찍겠습니다." 그림 87-1 기본 포토 촬영 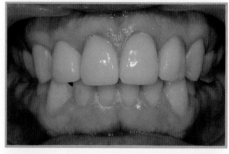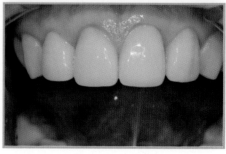

그림 87-2 Shade guide를 대고 포토촬영

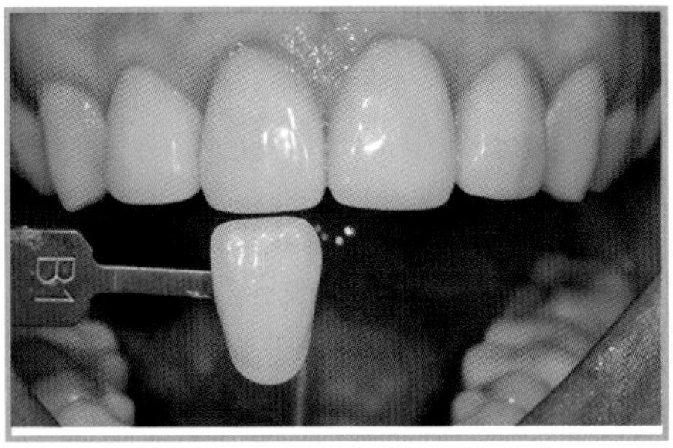

(2) 미리 임시치아를 만들어 놓거나 prep 전에 퍼티로 지대치 부위를 찍어 놓는다.	"임시치아를 만드는데 냄새가 좀 날 거예요."
(3) Prep이 끝나면 마진을 확인한다. 잇몸 속 마진일 경우 00번이나 0번 코드를 꼽는다. 필요 시 1번이나 2번으로 더블 코드를 한다. (※ 코드는 15분 안에 반드시 뺄 것)	"본이 잘 나오게 하기 위해 잇몸에 실을 넣을 건데 따끔따끔하니 아프실 수 있습니다. 많이 아프시면 마취를 해 드릴 테니 왼손을 들어 알려주시면 됩니다."
(4) 코튼을 넣고 에어를 불어 치아를 잘 건조시킨다.	"바람입니다." "이제 치아에 혀를 대거나 입을 다무시면 안 됩니다."
(5) 라이트 바디 인상재를 마진을 따라 주입하고 인상재가 밀리지 않도록 수직으로 에어를 불어준 후 다시 한 번 라이트 바디 인상재를 주입한다. 이때 다른 어시스트가 펜타 믹스 인상재를 턱이 있는 바이트 트레이에 담는다. – Bite tray는 사용하지 않는다. – 심미성이 요구되는 부분으로 지대치 이외에도 인접치, 동명치 또 치은 부위까지 정확한 채득이 필요하다. – 전치부 작업치가 2개까지는 기성 partial tray를 사용한다. – 전치부 작업치가 2개 이상일 때는 기성 full tray를 사용한다. – 대합치 바이트는 별도로 채득한다. – 기본적인 인상채득은 임프레션 뜨는 방법을 참조한다.	(「82. 본뜨기」 참조)
(6) 인상재가 담긴 트레이를 시적하고 입술을 당겨 트레이를 덮도록 한다.	"입술이 당기시죠. 예, 거의 다 되었습니다."
(7) Unit를 세우고 5분 후 트레이를 제거한다. ※ 인상재가 경화되는 동안 트레이가 움직이지 않도록 잘 고정해 둔다.	"약 5분 정도 지나면 다 마릅니다. 코로 천천히 숨 쉬고 계세요."
(8) 인상을 확인한다.	"잘 해주셔서 본이 잘 나왔습니다."

(9) 알지네이트로 대합치를 채득한다.	"맞물리는 치아가 있어야 이를 만들 수 있어요. 금방 해 드릴께요."
(10) 교합이 정확하면 지대치만, 교합이 부정확하면 그 인접치까지 러버 바이트를 채득한다.	"치아가 어떻게 맞물리는지 확인하는 일입니다. 그냥 편하게 평소대로 물어보세요."
(11) 임시치아를 조정하여 셋팅한다. 전치부 임시치아는 보이는 부분이므로 최대한 예쁘게 만들어 주되 너무 자연스럽게 만들지 않도록 한다(환자가 임시치아에 정들어 진짜 치아를 맘에 들지 않을 가능성이 높다).	"임시치아를 만들어 드리는데 진짜 이가 나올 동안만 하고 계시면 됩니다." 그림 87-5 **임시치아 셋팅** 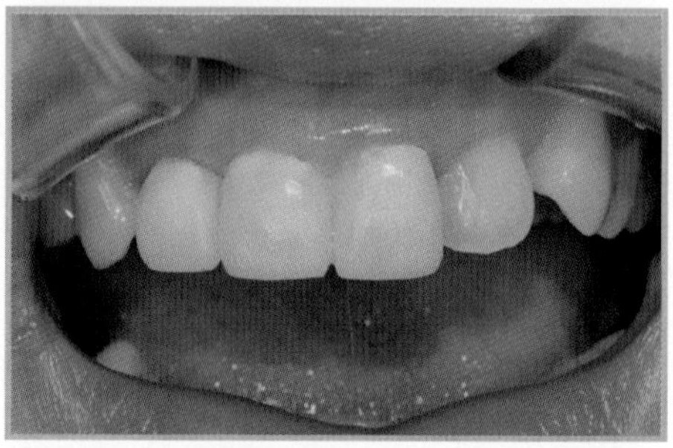
(12) Cement 제거를 하고 주의사항을 알려드린다.	"몇 가지 주의사항이 있습니다. 앞니로 잘라먹는 음식은 피하셔야 하구요, 임시치아 재질상 껌 씹으시면 달라 붙을 수도 있습니다. 달라 붙는 음식을 드시면 임시치아가 빠질 수도 있는데 이런 경우 저희치과로 연락주세요." "오늘 고생 많으셨습니다."

※ Laminate의 진료내용은 심미보철과 동일하며, 임시치아 대신 삭제된 부분을 레진으로 올려준다(단, 에칭이나 본딩 없이 치아를 건조한 후 레진만 올려 광중합한다).

Shade taking 88

1 : Shade의 확인

① 기공물을 제작하는 기공소와 같은 종류의 shade guide를 확보한다.

② 조명등은 끈 상태로 환자를 앉힌 자세에서 시행한다.

③ 너무 오랜 기간 치아와 shade guide를 주시하지 않는다.

④ 순간적인 색을 판단하되 치아 고유의 dentin색을 찾아낼 줄 알아야 한다.

⑤ 부가적인 stain 요소, 투명도 등을 확인하다.

⑥ Allceramic의 경우 지대치의 변색 여부를 확인한다.

⑦ 전치부의 경우 photo 기록을 남긴다.

(Shade photo는 shade guide를 잘 위치시키고 숫자가 함께 찍히도록 한다)

2 : Shade guide 보는 법

1) 3D master shade guide

그림 88-1 3D master shade guide

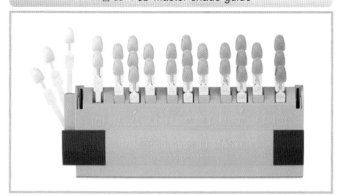

① Shade의 1~5번의 경우는 명도를 보는 것이다.

② 먼저 멀리서 전반적인 명도를 보고 1~5번 중 환자에게 맞는 명도 번호를 택한다.

③ 적정 명도를 선택한 다음 그 그룹의 M shade tap을 선택한다. 이 부분에서는 적절한 채도를 선택하는 것이다.

④ 마지막으로 옆에 있는 L과 R의 group은 색상을 보는 것이다.

⑤ 명도와 채도에 맞는 것을 선택한 다음 치아가 더 reddish하다면 R group에서 더 yellowish하다면 L group에서 선택하면 된다.

⑥ 대부분의 환자는 M group이 많다.

⑦ 그 후 2M2, 2M3 등 선택한 shade를 적어주면 된다.

⑧ 3D master를 사용하는 경우에는 반드시 기공소에서도 같은 shade guide를 사용하고 있는가를 확인해야 한다.

2) Vita shade guide

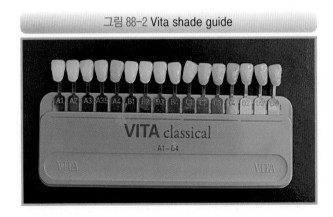

그림 88-2 Vita shade guide

(1) 색조

모두 orange 색을 기초로 만들어져 있다.

① A: Orange 색

A,B shade가 평균적으로 치아색조에 가장 가깝다. 그래서 선택빈도가 높은 것도 그러한 이유다.

② B: Yellow orange 색

③ C: Blue orange

회색을 띤 어두운 색, 청 오렌지색이나 청색과 오렌지색은 보색관계로 혼합하면 gray 색이 된다.

④ D2,D3: Pink orange 색

백인에게 많은 색. 동양인에게는 비교적 적으나 점막에 색조침착이 적은 coral pink 색의 치은을 가진 사람에게 때때로 보여진다.

⑤ D4 : Yellow orange 색

　　B shade와 같은 황오렌지색이지만 채도가 높고 더 짙은 색조

(2) 명도

　① 밝음

　　B1 A1 B2 D1 D2 A2

　② 비교적 어둡다

　　C1 C2 D4 A3 D3 B3

　③ 어둡다

　　A3.5 B4 C3 A4 C4

(3) 투명감

투명감의 재현성이 낮은 Shade이다. 그러므로 절연부근이나 인접면의 enamel 질이 독특한 gray 색이며, 투명감이 특이한 치아에서는 shade 채득하기 어렵다. 투명감의 유무와 축성하는 por.의 부위와 두께를 명기할 필요가 있다.

(4) Shade 선택방법

첫째 ; 적절한 명도의 것을 선택한다.

　　〈(2) 명도순〉의 배열처럼 shade guide를 미리 배열하여 두는 것이 shade selection의 도움을 줄 것이다.

둘째 ; 오렌지(A), 황색(B), 회색(C), 핑크(D) 구분한 후

셋째 ; 채도를 구분한다.

Shade taking 시, 해당 shade를 치아와 함께 찍어 보내어 제작 시 참고하도록 하는 경우가 많다.

Shade taking을 위한 photo 촬영에 관련된 내용은 「36. 임상사진 촬영하기」을 참조하기 바란다.

89 심미보철의 Setting

1 : 준비물

Crown remover, 교합지, 교합지 holder, straight angle, stone bur, polishing bur set, bite stick, final cement (예: rely-x (3M))

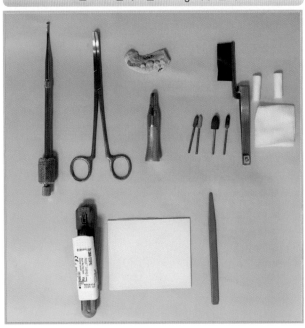

그림 89-1 심미보철 setting 기구 준비

그림 89-2 큐어링은 광중합접착제 사용 시 필요

2 : Setting 과정 (예: 지르코니아)

순서	사진
(1) 임시치아 또는 임시재료를 제거하고 보철물을 시적해 본다. 모양, 색깔 등이 잘 맞는지 확인하고, crown이나 proximal을 포함한 인레이의 경우 contact을 확인하고 조정한다.	"지난 번에 본떠서 만든 치아입니다. 색과 모양이 괜찮은지 확인해 보시겠어요?" 그림 89-3 시적 후 색과 모양 확인 
(2) 환자에게 거울을 보여주고 색과 모양이 마음에 드는지 체크한다.	
(3) 교합이 괜찮은지 확인한다.	
(4) 모든 부분이 체크가 되고 환자도 마음에 든다고 하면 세팅할 준비를 한다. (임시사용 기간이 있다면, 임시재료로 셋팅 준비- 「78. Crown setting」 참고)	그림 89-4 적당량의 cement 준비 
(5) Air를 불어서 치아를 건조한다.	그림 89-5 방습 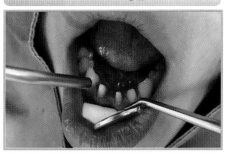

심미보철의 경우 모양과 색상 등을 꼼꼼히 환자가 확인하고 붙이길 권한다.

빛의 정도에 따라 다르게 보일 수 있으니 어두운 곳과 밝은 곳에서 모두 확인하고, 작은 손거울 뿐만 아니라 큰 전체 거울로도 보며 충분히 확인하길 추천한다.

한 번 접착한 후에, 변경이 필요할 경우는 보철물을 제거하고 다시 제작해야 하는 번거로움이 있기 때문이다.

(6) 믹스한 cement을 전치부 보철 변연부를 기준으로 재료를 채운 다음 구강 내에 셋팅한다.
셋팅 시에는 구치부와 달리 전치부는 커튼을 이용해 스탭이 셋팅타임 동안 고정해 준다.

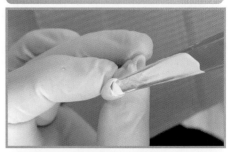

그림 89-6 세팅

(7) 잉여 cement를 제거한다.

그림 89-7 잉여 cement 제거

(8) 양치를 시켜드린 후 마무리 포토 촬영을 안내한다.

(9) 술후 Photo 기본 촬영을 한다.
전치부 촬영 시에는 백그라운드를 대고 포토를 촬영하는 것이 보기가 좋다. 그렇지 않은 경우라도 크게 문제는 없지만, 전·후 사진을 같은 배경으로 촬영하는 것이 중요하다.

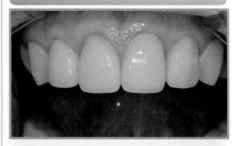

그림 89-8 셋팅 후 포토

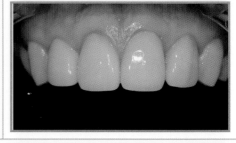

(10) 마지막 양치를 시켜드린 후 거울을 보여 드리고 주의사항을 설명드린다.

〈Choice 사용 시 setting 과정 − 「85. Inlay setting」 중 ceramic inlay setting 과정 참고〉

1), 2) 모든 재료 동일

3) 모든 부분이 체크가 되고 환자도 마음에 든다고 하면 세팅할 준비를 한다.
먼저 접착할 보철물 내면에 불산 처리(4~5분)하여 washing하고 건조시킨다.
(resin inlay 경우 생략한다)

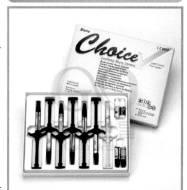

그림 89-9 Choice (BISCO)

4) 치아에 20초 정도 etching한다.
치아 삭제량이 많아 치수에 가까운 경우 SE bond를 이용하여 self-etching하기도
한다.

5) Air를 불어서 치아를 건조한다.

6) 보철물 내면에 포세린 primer를 바른다.
(resin inlay의 경우 생략한다)

7) 치아와 보철물 둘 다 bonding이나 one-step을 도포한다.

8) Allceramic, resin inlay: 선택된 cement와 adhesive를 소량 mixing하여 보철물에 바른다. 양이 부족하지 않도록 한다.

제품의 특성은 「84. Cement」 참조.

9) 보철물을 지대치에 붙이고, 약 1~2초간 광중합한다

10) 잉여 cement를 제거하고 다시 부위별로 20초씩 광중합을 한 치아당 약 1분간 충분히 한다.

11) 광중합이 끝나면 남아 있는 cement를 다시 깨끗이 제거한다. 마무리로 치실을 사용하여 치아 사이 부분에 있는 cement까지도 체크한다.

12) 자가중합이 될 수 있도록 5분 정도 시간을 둔다.

13) 술후 Photo 기본 촬영을 한다.

3 : 심미보철 setting 시 스탭이 알아야 할 것

유지놀 성분이 resin의 중합을 방해할 수 있다. 생활치의 경우 치수 안정성을 위해 유지놀이 들어 있는 임시접착제를 사용했을 수 있으므로 보철물 장착 전에 지대치를 ICP 브러시 등으로 잔존 임시접착제가 없도록 깨끗하게 제거해야 한다.

90 국소의치

1 : 진료순서

순서	사진 및 설명
(1) 예비인상	– 개인트레이 만들기 위한 전 단계, 상·하 모두 vestibule 부위가 나와야 한다. – 의치상이 짧아지면 절대 안 된다: 유지력이 떨어짐, 하악의 경우 간단한 혀의 운동을 시켜야 한다. (전방운동, 좌우운동) – 알지네이트를 이용한다.
(2) 지대치 형성 및 인상 Surveyed crown 제작을 위한 단계	– Surveyed crown이란 의치가 안착되기 위해서 제작하는 crown을 의미한다. – 지대치 형성 시 필요한 재료를 준비한다. – Surveyed crown을 위한 지대치 인상에서는 좌·우측의 지대치가 하나의 인상체 안에 인기되도록 full tray를 이용해서 인상을 채득하여야 한다.
(3) 크라운 셋팅 Surveyed crown 장착	그림 90-1 Surveyed crown 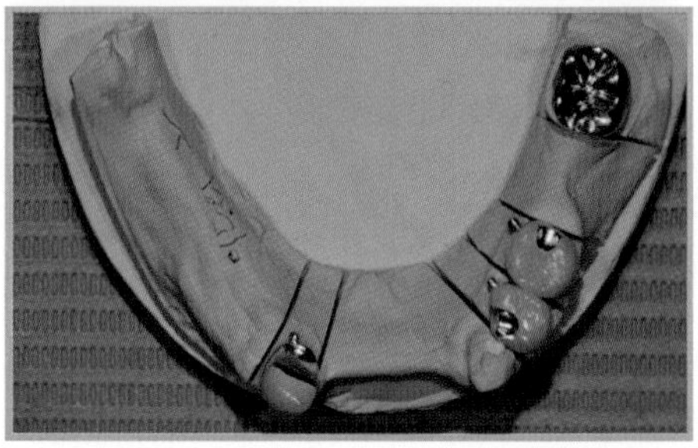
(4) 개인트레이 조정	– 개인트레이를 조정하여 연조직 운동 시 걸리는 부분이 없도록 denture bur를 이용하여 조정한다.

그림 90-2 개인트레이

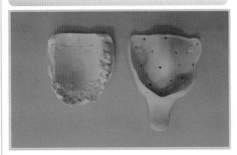

(5) 개인트레이에 adhesive 도포	- Adhesive를 바를 때 잉여 인상재가 흘러나오는 부위까지 바른다.

그림 90-3 **개인트레이에 adhesive 도포**

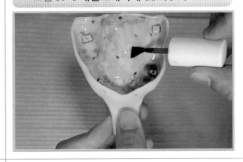

(6) 최종 인상	- 지대치 주위에는 라이트 바디 인상재를 바르고, 개인트레이에는 레귤러 바디 인상재를 양이 모자라지 않도록 고르게 담아 준다. - 입술을 움직여서 소대와 border들이 정확히 나오도록 운동시켜준다. - 바이트 전용 러버 인상재로 바이트를 채득하고 대합치는 알지네이트로 인상을 뜬다.

그림 90-4 **인상채득과 바이트 채득**

국소의치나 총의치는 술자마다 차이점이 있다.
의치의 매뉴얼은 이런 식으로 만들 수 있다는 것만 참고하여 보길 바란다.

(7) Frame work check	– Frame work check하고 의치상 부위에 올려진 왁스 혹은 러버 인상재를 이용하여 교합을 채득한다. 그림 90-5 Frame work check 및 바이트 채득 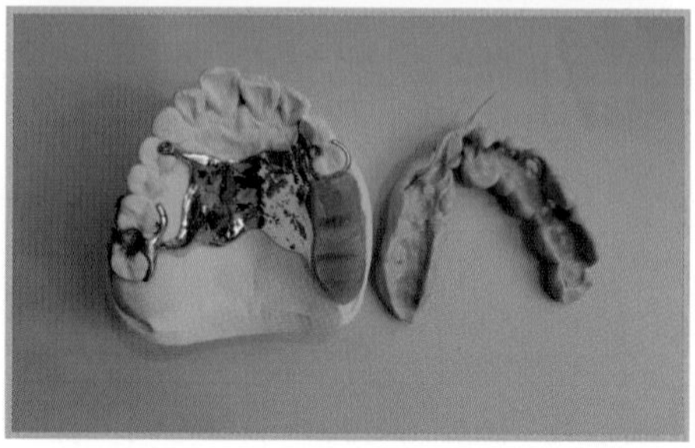
(8) 인공치 배열	
(9) Curing	
(10) Delivery 및 환자 교육 （「92. 의치 장착 후 환자에게 말해야 할 것들」 참조）	그림 90-6 국소의치 장착 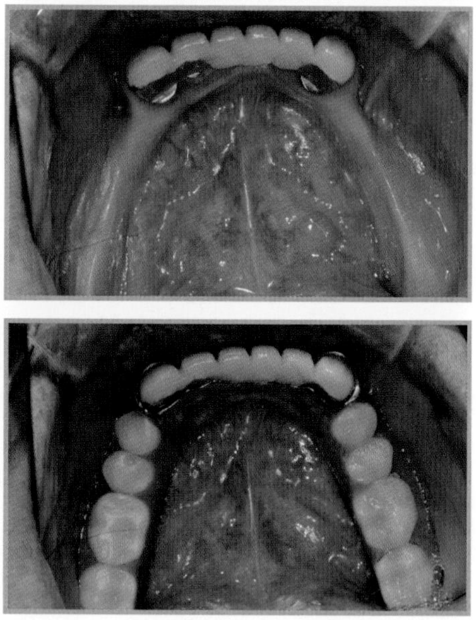
(11) 재내원 및 수정	– Fit checker와 denture bur 등을 이용해 압박 부위를 조정한다.

*사진 제공 : 레옹치과 보철과

총의치 91

1 : 진료순서

순서	사진 및 설명
(1) 예비인상을 채득하고 Yellow stone을 붓는다.	<개인트레이 만들기 위한 전 단계>
(2) 개인트레이를 제작한다.	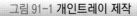그림 91-1 개인트레이 제작  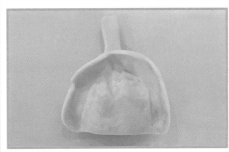
(3) 최종 인상을 채득한다. 　① 개인트레이에 Modeling compound를 이용한 molding한다. 　② Tray의 내면에 adhesive를 바른 후 건조한다. 　③ 최종인상 시 레귤러 타입의 인상재를 선택하여 인상채득한다.	그림 91-2 Modeling compound를 이용한 molding 

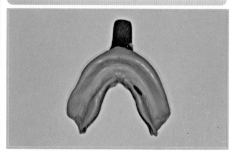

그림 91-3 최종인상

(4) 수직 고경 결정
▶ 준비물: vertical dimension check, 알코올 램프, 왁스 스파츌라, 금속 스파츌라, fox plane guide, caliper, 교합인기재

그림 91-4 Wax rim 준비

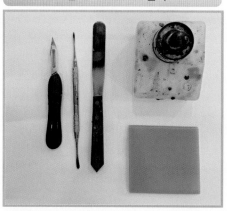

그림 91-5 수직 고경 결정

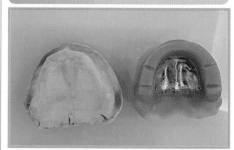

(5) 인공치 배열을 통해 환자가 왁스 덴쳐상에서 불편한 점이 없는지 확인한다.
▶ 상·하악의 수직적, 수평적 위치관계 기록

그림 91-6 인공치 배열

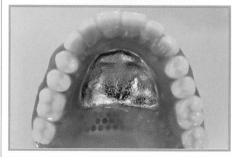

(6) Curing 한다.

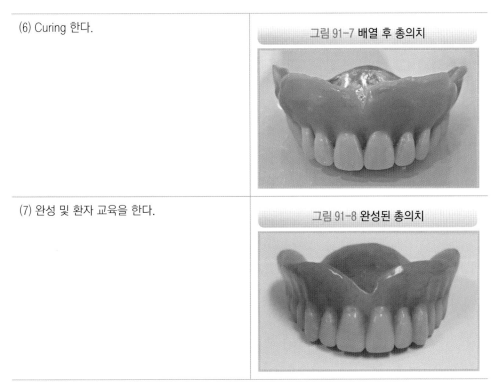

그림 91-7 **배열 후 총의치**

(7) 완성 및 환자 교육을 한다.

그림 91-8 **완성된 총의치**

*사진 제공 : 부천 사과나무 치과병원

92 의치 장착 후 환자에게 말해야 할 것들

총의치의 가장 중요한 금기증은 기대치 높은 환자이다. 자연치와 저작력 비교 시 의치는 10~20% 밖에 회복되지 않는다고 한다.

① 의치에 익숙해지는 데는 시간이 걸립니다. 적어도 장착 후 잠시 동안은 많은 침이 만들어지고, 자주 삼켜야 할 것입니다. 시간이 지남에 따라 마치 의치가 신체의 일부인 것같이 의치에 더욱 익숙해질 것입니다. 저희 병원에서 말씀드리는 부분을 따라주시고 실망하지 마세요.

② 아래 의치는 익숙해지고 그것으로 기능하는 법을 배우는데 더 많은 시간이 걸리므로, 아래 의치는 더 많은 인내를 필요로 합니다. 혀의 움직임이 제한되는 것에 당황하지 마십시오. 그 상황에 익숙해지고 적응하게 될 것입니다.

③ 처음 며칠 동안은 부드럽고 끈적거리지 않는 음식만 드십시오. 의치가 기능하는 방식과 잇몸에 가하는 압력에 익숙해지도록 천천히 그리고 고르게 씹으십시오. 음식을 씹는 시간이 길수록 환자분은 더욱 빨리 새로운 의치에 익숙해질 것입니다. 씹는 동안 의치는 항상 조금은 움직인다는 사실에 당황하지 마십시오!

④ 처음에는 음식물을 한 번에 너무 많이 자르지 마십시오. 음식물을 작은 조각으로 자르십시오.

⑤ 새 의치 아래 잇몸이 아플 수 있습니다. 이를 해결할 수 있도록 병원에 내원하십시오.

⑥ 거울을 보면서 큰소리로 읽어 발음을 연습하십시오.

[스물 하나, 스물 둘, 미시시피, 버스, 어서 오십시오]

⑦ 매일 아침, 저녁에 의치를 세척하십시오. 의치를 세척할 때에는 떨어뜨리는 경우 깨질 수 있으니 세면대에 물을 받아 놓고 세척하는 것이 좋습니다. 매 식사 후 찬물로 완전히 헹구십시오. 부드러운 솔로 환자분의 입천장과 혀를 닦는 것을 잊지 마십시오.

⑧ 세척하거나 헹굴 때 외에는 항상 의치를 장착하십시오. 수면 시에는 의치를 제거하고 항상 찬물에 넣어두세요. 잇몸도 쉴 수 있는 시간이 필요합니다.

기공물 관리 93

---

1 : 의뢰서의 기재사항

(1) 필수사항

① 완성일(약속날짜 및 시간) 및 의뢰
② 환자이름
③ 치식
④ 보철 종류 및 골드 종류
⑤ Shade
⑥ 담당 원장님

그림 93-1 **기공물 의뢰서**

(2) 세부사항

① 인접치 대합치 등 작업치와 관련된 앞으로의 치료계획(차트 참고)
(접촉점, 교합 등에 있어서 형태나 기능에 영향을 미칠 수 있다)
② 임프레션 후 세부적인 주의사항 및 교합관계 등도 필요 시 기재한다.

---

2 : 보철물의 작업기간과 환자 약속에 대하여

① 3박 4일 : gold inlay
② 4박 5일 : single의 gold crown, PFG & PFM
③ 1주일 : 3개 이상의 crown bridge, porcelain bridge, empress, laminate, implant

※ 모든 공휴일, 일요일 등의 쉬는 날을 제외한 날짜입니다.

정확한 제작기간은 담당 기공소와 연락하여 확인하고 기공물 장부나 데스크 등 잘 볼 수 있는 곳에 붙여 두도록 하자ㅆ

3 : 모형 관리 (보관, 폐기에 관한 사항)

(1) 진단모형의 보관

① 교정: 교정과에서 따로 보관
② 임플란트, 보철 진단모형: 기공실에 보관
   모든 진단모형은 환자의 최종 치료가 완료될 때까지 보관한다.

(2) 작업모형의 보관

① 인레이 모형은 셋팅 후 바로 폐기한다.
② 크라운, 포세린 등의 작업모형은 임시 셋팅 후 모형에 그 날짜를 써서 보관했다가 마지막 셋팅 완료 후 폐기한다.

(3) 임시치아의 보관

① 임시로 셋팅한 치아에 이상이 생겼을 경우를 대비해 보관한다.
② 제거된 임시치아는 모형에 끼워서 셋팅한 날짜를 적은 후 따로 보관했다가 마지막 셋팅 시 모형과 함께 폐기한다.

임시치아의 보관은 조심히^^

전치부 임시치아의 보관은 혹여라도 마지막 셋팅을 한 환자분이 보철물이 깨졌을 경우 사용하기 위함이다.
그런데 전치부 임시치아의 경우 얇고 또 여러개가 연결되어 있어도 미적인 부분 때문에 구치부보다 연결부위가 얇아, 파절에 취약하다.
깨지지 않도록 비닐팩에 담거나, 종이컵에 각각 따로 담는 등의 방법을 고안하여 보관에 유의하도록 하자.

시기에 따른 교정치료

1 : 성장기 교정치료

1) 시기 : 남아의 경우 만 14세 미만, 여아의 경우 만 12세 미만이 이에 해당된다.

2) 적응증 : 상악이나 하악이 상대적으로 과다 성장하거나 성장 결핍인 경우

3) 치료기간 : 성장기 교정치료를 1차 교정치료라고 하며, 성인교정치료인 2차 교정 치료 이전까지의 기간으로서 2~5년 정도 소요된다.

4) 장치종류
   ① 상악 성장 과다: headgear, headgear+splint, headgear+activator 등
   ② 하악 성장 결핍: activator, twin block 등
   ③ 상악 성장 결핍: face mask, Frankel appliance(FR III) 등
   ④ 하악 성장 과다: 하악을 중심위로 유도하였을 때 상·하악 전치 절단교합이 되지 않을 경우 성장 종료 후 악교정수술 권유한다.

5) 주의사항
   ① 모든 성장기 교정치료는 개개인의 성장 특성에 따라 실패할 가능성이 높으므 로 성장 종료 후 2차 교정치료 시 악교정수술 가능성을 미리 통보한다.
   ② 가족력이 있는 경우 실패 가능성이 높다.

2 : 성인 교정치료

1) 시기 : 사춘기 성장기 이후 성장종료 시점부터

2) 적응증 : I급, II급, III급 부정교합 및 보철 전 교정치료가 요구되는 경우

3) 치료기간
   ① 전체 교정: 발치 교정 시 평균 1년 8개월~2년 내외 소요, 비발치 시 1년 내외 소요(대구치 공간 폐쇄 시 개인에 따라 3년 내외 소요)
   ② 부분 교정: 평균 6개월~1년 내외 소요
   ③ 안쪽 교정: 평균 2년~3년 내외 소요

4) 장치종류 : 고정식장치 (bracket, RPE 등)

현재 의료계에서 인공지능은 큰 이슈이다.
앞으로 AI가 발전하면 의학적 진단은 물론이며 치과진료 안에서도 활용될 예정이다.
특히 치아교정에 활용되어 진단 및 장치를 부착하는 위치까지 설정할 수도 있다고 하니 참조하도록 하자.

교정 장치 95

*교정장치, 기구, 재료 파트를 시작하기 전에...

교정진료의 경우 원장님의 진료스타일 또는 기구선호도에 따라 매우
상이할 수 있다. 또, 장치와 재료 역시 제조사별로 굉장히 다양하다.
아래의 내용들은 하나의 예시로 보고, 쓰임 및 용도 등을 참고한다면
도움이 될 것이라 생각한다.
이 역시 치과마다 이런 식의 매뉴얼을 만들라는 의미로 생각하여 참조
하길 바란다.

1 : 교정장치

1) 고정식 장치

(1) Bracket의 종류

– Metal bracket, resin bracket, ceramic bracket, lingual bracket 등

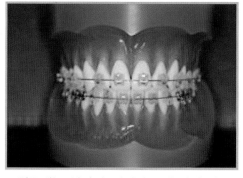
그림 95-1 Clippy C

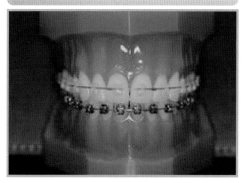
그림 95-2 Damon ceramic & metal

▶최근에는 심미성, 편리성, 효율성의 이유로 자가결찰방식의 교정장치를 선호하는 경향이
높다.

(2) RPE (Rapidly palatal extension = 급속구개확장)

  악궁이 좁은 경우 수평적 확장을 목적으로 사용한다. 입천장에 위치하고, 환자가 직접 screw를 기구로 돌려서 확장하게 된다. 밴드 형태로 되어 있고, 주로 상악 제1대구치와 제1소구치에 고정한다.

그림 95-3 Rapidly palatal extension 장치

2) 가철식 장치

(1) 가철식 장치의 종류

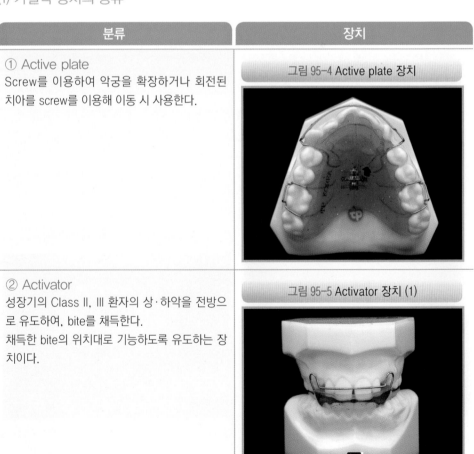

분류	장치
① Active plate Screw를 이용하여 악궁을 확장하거나 회전된 치아를 screw를 이용해 이동 시 사용한다.	그림 95-4 Active plate 장치
② Activator 성장기의 Class II, III 환자의 상·하악을 전방으로 유도하여, bite를 채득한다. 채득한 bite의 위치대로 기능하도록 유도하는 장치이다.	그림 95-5 Activator 장치 (1)

그림 95-6 Activator 장치 (2)

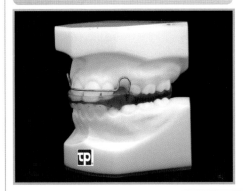

③ Twin block
위, 아래 2개의 장치로 나뉘게 된다.
성장기의 Class II 환자의 하악 열성장 경우에서
하악 성장을 유도하는 장치이다.

그림 95-7 Twin block 장치

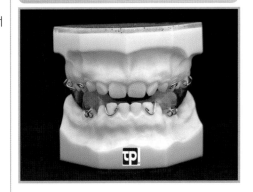

그림 95-8 Twin block 장치 (상악)

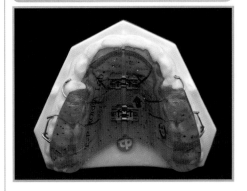

그림 95-9 Twin block 장치 (하악)

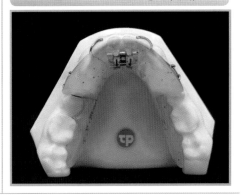

④ Frankel appliance
상,하악을 다 덮으나 하나의 장치로 되어 있다.
성장기의 Class Ⅲ 환자의 상악 열성장 경우에서
상악 성장을 유도하는 장치이다.

그림 95-10 Frankel appliance 장치 (1)

그림 95-11 Frankel appliance 장치 (2)

그림 95-12 Frankel appliance 장치 (3)

*사진 제공: TP기공소

3) 악 외 교정장치

주로 성장기 Class II 환자의 상악 성장을 억제한다. 구강 내에 장치를 착용하고, 이를
헤드캡을 고정원으로 하여 견인한다. 종류에 따라 견인 방향이 다를 수 있다.

성장기 Class III 환자의 하악 과성장을 막기 위해 하악의 전방성장을 억제한다.
헤드캡을 고정원으로 하여 틱 끝을 후상방으로 견인한다.

성장기 Class III 환자의 상악 열성장을 보완한다. 안면부를 고정원으로 하여 상악을
전방으로 견인한다.

memo

96 교정 기구

1 : 교정 기구

기구의 용도는 보편적으로 다음과 같으나, 각 해당치과마다 다르게 특정용도로 사용할 수 있다.

해당치과 진료스타일에 맞는 매뉴얼을 만들어보자.

1) Wire 교체 시 사용하는 plier

분류

(1) How plier
기본적으로 wire를 잡는 용도이다.
Wire를 적합하거나 제거할 때 미끄러지지 않도록 선단의 단면이 file처럼 되어 있다.

그림 96-1 How plier

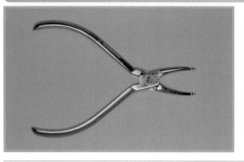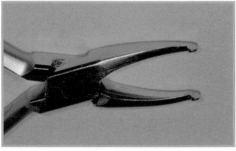

(2) Weingart utility plier
How plier와 동일한 용도이나, 선단이 좀 더 길고 가늘어서 가는 wire 조작에 적합하다.

그림 96-2 Weingart utility plier

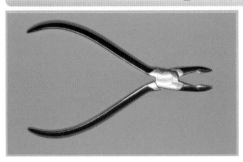
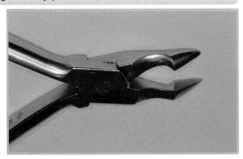

(3) Pin & ligature cutter
가는 결찰선을 절단하는 용도이다. 끝이 가늘고 얇아서 굵은 wire는 절단하기 어렵다.

그림 96-3 Pin & ligature cutter

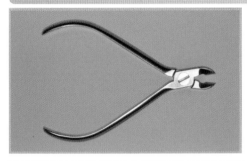
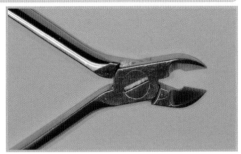

(4) Distal end cutter
Arch wire의 말단을 구강 내에서 절단하기 위한 용도이며, 절단 후 남은 wire가 튀어나가지 않아 안전하다.

그림 96-4 Distal end cutter

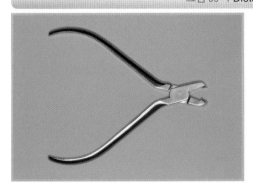
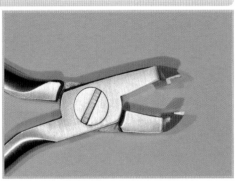

모든 plier는 떨어트리면 연결부위가 손상되기 쉽다. 파손 및 고장에 유의하자^^

(5) Tucker

결찰선 말단을 arch wire 안쪽으로 밀어 넣는 용도이다. 선단에 홈이 파여 있어 wire를 고정할 때 유용하다.

그림 96-5 Tucker

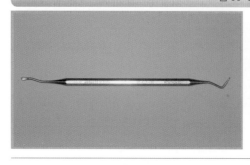 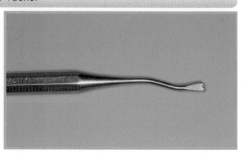

(6) Ligature tying plier (=Mathew plier)

Arch wire를 bracket에 결찰하기 위하여, ligature wire를 묶는 용도이다.

그림 96-6 Ligature tying plier

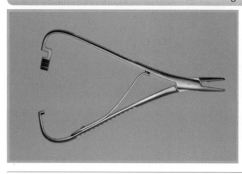 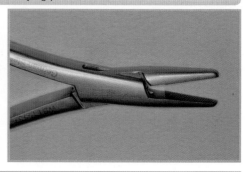

(7) Cinch plier

Ni-Ti wire의 말단 부분을 구강 내에서 구부리기 위한 용도이다. 적용 시 wire는 기억 자로 꺾인다.

그림 96-7 Cinch plier

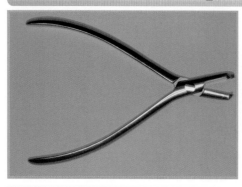 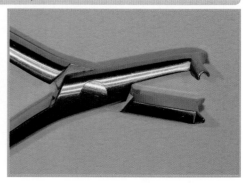

2) Wire 굴곡용 plier

분류

(1) Young plier
교정장치의 clasp 선, 순측선 및 설측 호선 등 굵은 선들을 구부리는 용도이다.

그림 96-8 Young plier

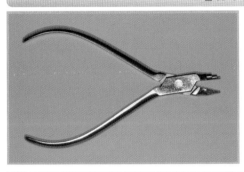
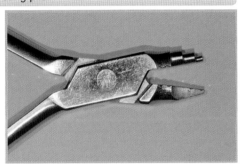

(2) Tweed loop forming plier
Rectangular wire (각형 wire)의 loop를 구부리는 용도이다.

그림 96-9 Tweed loop forming plier

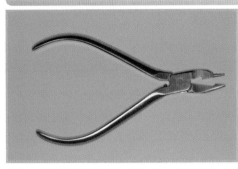
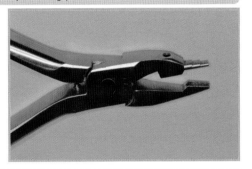

(3) Tweed arch bending plier
각형 wire를 치열궁에 맞게 구부리는 용도이다.

그림 96-10 Tweed arch bending plier

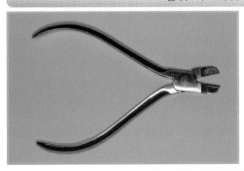
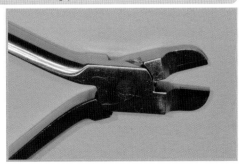

(4) Bird beak plier
Round wire (원형 wire)를 구부리기 위한 용도이다.

그림 96-11 Bird beak plier

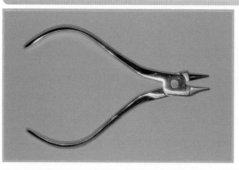 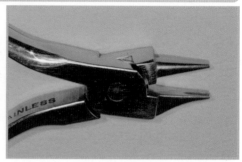

(5) Three jaw plier
Clasp를 제작하거나 또는 교정장치의 clasp를 조절하는 용도이다.

그림 96-12 Three jaw plier

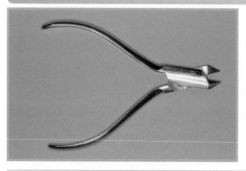 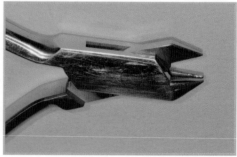

3) 기타 plier

분류

(1) Wire cutter (= Nipper)
Clasp 선, 순·설측선 등 비교적 굵은 선을 절단하는 용도이다.

그림 96-13 Wire cutter

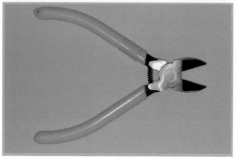 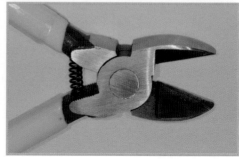

(2) Bracket remover

치면에 부착된 bracket을 제거하는 용도이다. 선단의 구부러진 모양에 따라, 구치부용, 전치부용 2가지로 나뉜다.

그림 96-14 Bracket remover (구치부)

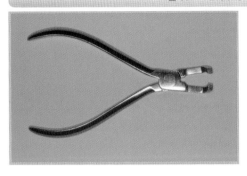 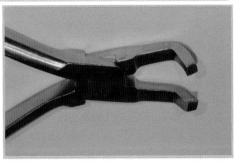

그림 96-15 Bracket remover (전치부)

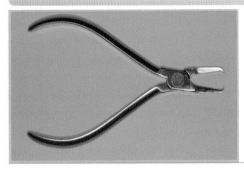 

(3) Bracket positioner

Bracket과 tube를 치면 상 에서 정확한 위치에 부착하기 위한 용도이며, 거리를 가늠할 수 있다.

그림 96-16 Bracket positioner (앞, 뒷면)

 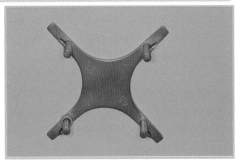

(4) Arch former (Turret)

각선 wire의 굴곡과 arch wire에 필요한 각도를 부여하는 용도이다. 원통형으로 되어 있고, wire의 굵기에 따라 적용할 수 있다.

그림 96-17 Arch former (Turret)

(5) Tweezer

Direct bonding 방법으로 bracket을 부착 시 bracket을 잡기 위한 기구이다.

그림 96-18 Tweezer

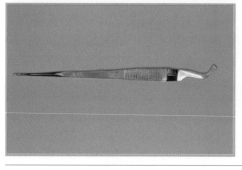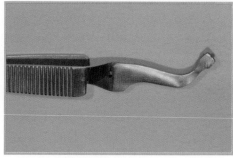

트위저는 핀셋과는 반대로, 집으면 집게가 열리고 놓으면 닫힌다. 모르고 눌러서 잡는경우 bracket을 놓칠 수 있으니 주의 하자.^^

(6) 자가결찰 bracket opener

자가결찰 브라켓의 wire를 넣고 닫는 부분인 clip을 여는 용도이다.

그림 96-19 Bracket opener

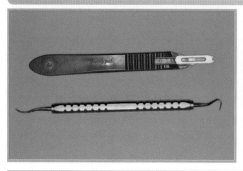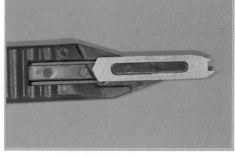

(7) Surgical hook crimpable plier

Surgical hook 또는 crimpable hook을 wire에 고정시키는 용도이다.

그림 96-20 Surgical hook crimpable plier

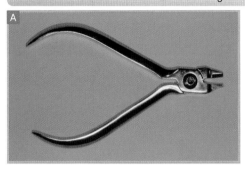

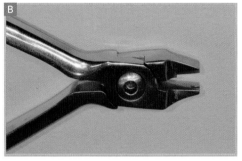

(A) 전면, (B) tip 확대, (C) tip 확대 측면

(8) Stripping tip과 핸드피스

치아 사이의 공간을 미세하게 삭제하는 용도이다. 교정치료 시 치아 사이의 공간을 만들 때 주로 사용한다.

그림 96-21 Stripping tip과 핸드피스

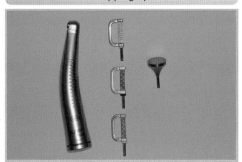

그림 96-22 Stripping tip

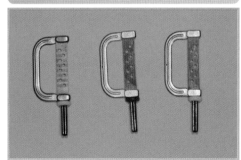

치아 사이를 stripping 시에는 반복되는 마찰로 열이 발생하니, saline 또는 물 또는 air 등을 치아에 분사해서 열을 식힌다.

(9) 점 용접기

Band에 bracket이나 tube를 용접하여 부착하는 용도이다.

그림 96-23 점 용접기	그림 96-24 점 용접기 (적용부분 확대)
	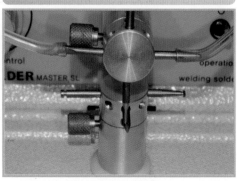

(10) Mini screw

잇몸 뼈에 식립하는 작은 나사이다. 교정력을 얻기 위해 특정 치아에 힘을 가해 움직이거나, 고정원 역할을 하는 용도이다.

그림 96-25 Mini screw

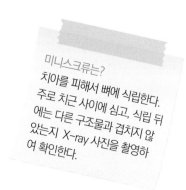

미니스크류는?
치아를 피해서 뼈에 식립한다.
주로 치근 사이에 심고, 식립 뒤
에는 다른 구조물과 겹치지 않
았는지 X-ray 사진을 촬영하
여 확인한다.

교정 재료 **97**

1 : 교정 재료

분류

(1) Arch wire (호선)

고정식장치 에서 bracket과 tube에 장착시켜 치아에 교정력을 가하기 위한 wire이다. 교정치료를 하면서 여러 번 교체하게 된다.

그림 97-1 Arch wire (왼쪽부터) 설측 wire , 일반 wire

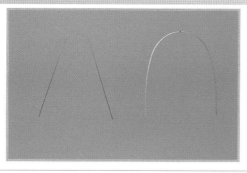

> Ni-Ti wire와 SS wire를 가장 많이 사용한다.
>
> copper Ni-Ti wire와 TMA wire는 비교적 고가이다.

※ 종류에 따른 arch wire의 특성

① Ni-Ti wire

형상기억 합금의 대표적인 wire이다. 강도는 약하지만 탄성이 매우 뛰어나다. 원래의 형태로 돌아오려는 특성 때문에, 주로 치료 초기단계의 치아배열에 많이 사용한다.

② SS wire

강도가 높고, 탄성이 낮으며 성형성이 좋다. 주로 치료 후기단계에 많이 사용되며, 설측 고정식 보정장치에도 이용된다.

③ Copper Ni-Ti

Ni-Ti wire에 구리 성분이 추가된 wire이다. 일정 온도에서 형상 기억되려 하므로, 구강 내에서 원래 형태로 돌아오려는 특성이 있다.

④ TMA

SS wire와 Ni-Ti wire의 중간 성질을 가지고 있는 wire이다. Ni-Ti와는 다르게 구부릴 수 있으며, 주로 치료 후기단계에 많이 사용한다. 가격은 비싼 편이다.

(2) Ligature wire (Individual tie)

Arch wire를 bracket이나 tube에 결찰하기 위한 wire이다.

그림 97-2 Ligature wire

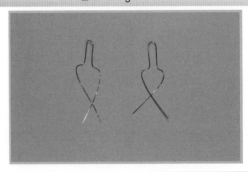

(3) Kobayashi wire

Bracket에 hook이 없는 경우(부러진 경우) bracket에 결찰하여 사용한다. Elastic을 걸어 줄 때 필요하다.

그림 97-3 Kobayashi wire

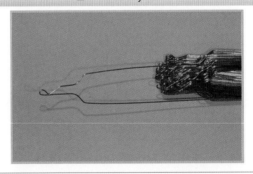

(4) Elastics chain (power chain)

치아 이동을 위해 탄성을 이용하는 용도이며, bracket에 통째로 걸거나 hook에 걸어서 사용한다.

그림 97-4 Elastics chain : Power chain

그림 97-5 Power chain : Closed type

(3종류: Closed type, Open type, Wide type)

(5) Coil spring

공간을 넓히거나 폐쇄하는 용도이며, 스프링 형태로 arch wire에 끼워 사용한다.
- open coil (공간 넓힘)
- closed coil (공간폐쇄)

그림 97-6 Open coil spring	그림 97-7 Closed coil spring

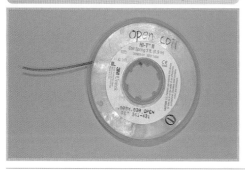 

(6) O-ring

Bracket에 arch wire를 결찰하는 고무링이며, ligature wire와 대체적으로 사용된다.

그림 97-8 O-ring

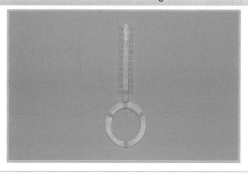

(7) Band

치아를 움직일 때 치아자체를 감싸는 용도이다. 각 치아에 따른 각종 size의 기성품을 사용한다.

그림 97-9 밴드(예: 상악 대구치- 측면)

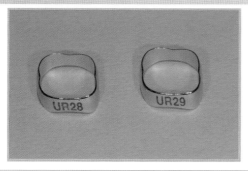

(8) Tube

고정식 장치의 arch wire를 치아에 고정시키기 위한 용도이다. 최후방 구치에 사용하며, DBS용과 Welding용으로 나뉜다(Triple, Twin, Double, Single 등).

그림 97-10 Tube	그림 97-11 Tube (측면)
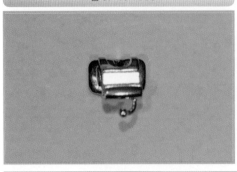	

(9) Button

치면에 붙여서 elastic을 거는 용도이며, 메탈과 세라믹 버튼으로 나뉜다.

그림 97-12 Button (왼쪽부터 ceramic, metal)

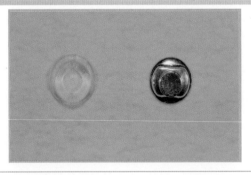

(10) Crimpable hook

교정력을 얻기 위해 고정원을 하는 역할이다.

Arch wire에 고정하여 elastic을 걸어서 힘을 가하는 경우가 많으며, 교정환자 중 악교정수술을 할 경우 수술 후 악간고정을 목적으로 사용하기도 한다(=surgical hook).

그림 97-13 Crimpable hook (우측용)	그림 97-14 Crimpable hook (좌측용)
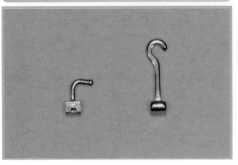	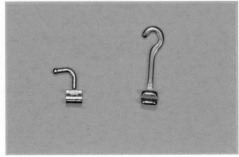

(왼쪽부터 short, long)

(11) Latex elastics

상·하악 간에 힘을 가하기 위한 용도이다. 용도에 따라 다양한 두께와 크기가 존재한다. Bracket 의 hook에 걸어서 사용한다.

그림 97-15 Latex elastics (예: 5/16"size. 1/4 , 3/16 등 여러 개의 size 있음.)

라텍스 엘라스틱은
다른 교정재료들과 다르게 환자가 직접 걸어야 하는 재료이며 그래서 이 때의 교정 진행단계 시 환자의 협조도가 매우 중요하다.

(12) Micro-etcher

금이나 아말감 등의 기타 비 귀금속의 표면을 거칠게 하여 bracket 접착력을 높이는 용도이다.

그림 97-16 Micro-etcher

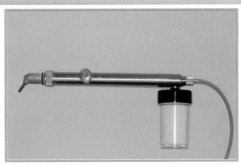

교정치료를 위한 진단자료 채득

보통 RECORD라고 하며, 교정진료의 정밀한 분석을 의미한다.
육안으로 안모를 보거나 파노라마 사진만을 촬영한 경우는 대략적인 검진만이 가능하다.
교정치료의 세부사항(발치 또는 비발치 케이스 확인, 또는 몇번 치아를 발치할 지 등)을
확인하기 위해서는 다음과 같은 교정진단과정이 필요하다.

1 : 성인

1) 문진

① 구강 악습관 여부(이갈이, 이악물기 등) 기록한다.
② 가족력 기록

2) 방사선 사진

* 방사선 촬영 시 안경, 귀걸이, 목걸이, 머리핀 등 metal 계열 액세서리 제거한다.

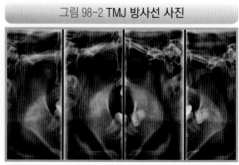

그림 98-1 파노라마 사진	그림 98-2 TMJ 방사선 사진
(촬영 시 : "앞쪽의 스틱을 물어보세요.")	(촬영 시 : 개구와 폐구)

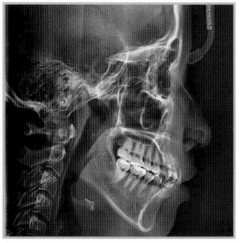

그림 98-3 측모 두부 방사선 사진

(촬영 시 : "양쪽 어금니 편하게 물고 계세요.")

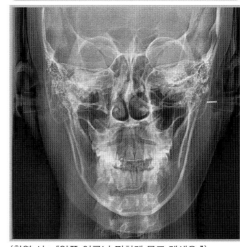

그림 98-4 정모 두부 방사선 사진

(촬영 시 : "양쪽 어금니 편하게 물고 계세요.")

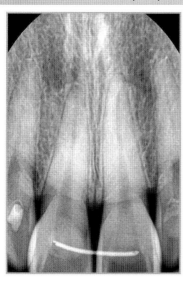

그림 98-5 상악 전치 방사선 (periapical)

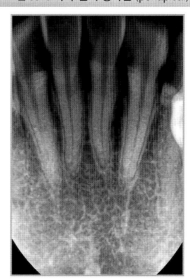

그림 98-6 하악 전치 방사선 (periapical)

3) 구강모형 채득 및 바이트 채득

진단모델은 입안에 구조물이 모두 나오도록 (구강 전정까지) 채득한다.

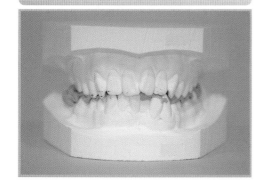

그림 98-7 상·하악 진단모델과 바이트

4) 사진 - 구내사진, 구외사진

* 구강 외 촬영 시 안경, 귀걸이, 목 두꺼운 스웨터는 제거 후 촬영한다.

* 얼굴형이 드러나게, 머리는 귀 뒤로 넘기거나 묶고 촬영한다.

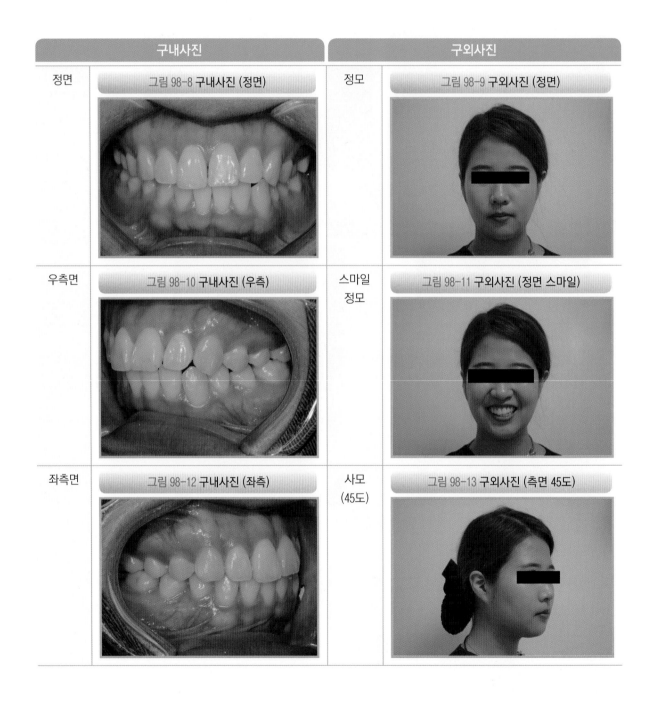

구내사진		구외사진	
정면	그림 98-8 **구내사진 (정면)**	정모	그림 98-9 **구외사진 (정면)**
우측면	그림 98-10 **구내사진 (우측)**	스마일 정모	그림 98-11 **구외사진 (정면 스마일)**
좌측면	그림 98-12 **구내사진 (좌측)**	사모 (45도)	그림 98-13 **구외사진 (측면 45도)**

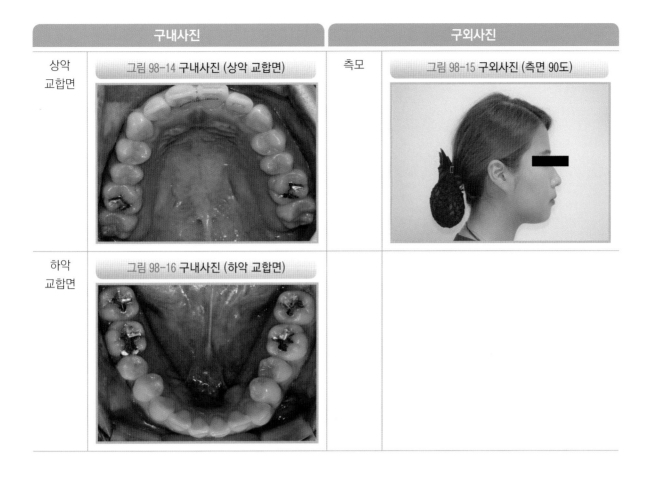

구내사진		구외사진	
상악 교합면	그림 98-14 **구내사진** (상악 교합면)	측모	그림 98-15 **구외사진** (측면 90도)
하악 교합면	그림 98-16 **구내사진** (하악 교합면)		

5) 리콜

‒ 방사선 사진: 6개월 또는 1년마다 정기검진 시행한다.

2 : 성장기

1) 문진

① 건강기록부 상에서 키가 급격히 많이 자라기 시작한 시기를 기록한다.

② 여아의 경우 초경 여부 및 시기 기록한다.

③ 구강 악습관 여부 기록(손 빨기, 구호흡, 혀 밀기 등) 한다.

④ 가족력을 기록한다.

2) 방사선 사진 : 촬영 시 성인과 동일. 수완부 방사선 사진 추가 촬영.

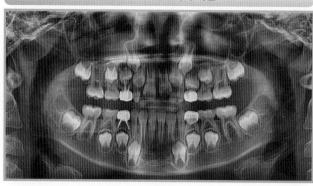

그림 98-17 **파노라마 사진**

그림 98-18 **수완부 방사선 사진**

그림 98-19 **측모 두부 방사선 사진**

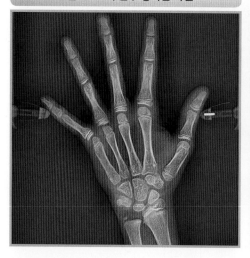

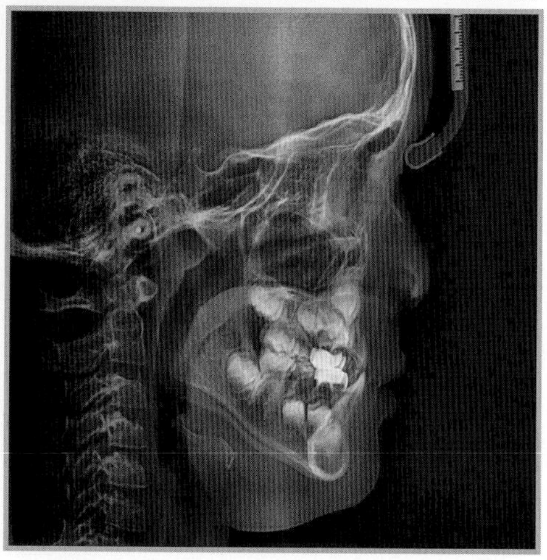

그림 90-98 **정모 두부 방사선 사진**

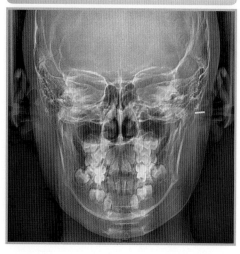

성장기 아동의 구강모형 채득 시

아이들은 입 안 공간이 성인보다 훨씬 작다.

그런데 인상재(alginate) 라는 물컹한 재료가 입안에 가득찬다면, 아이는 구토를 일으킬 확률이 높아진다.

필요한 구조물을 채득할 수 있는 한에서 적은 양의 알지네이트를 사용하기를 권장하며, 인상재의 혼합 정도는 빠른 시간 내에 굳기 위해서 좀 더 되지하게 mix하길 권한다.

3) 구강모형 채득 및 바이트 채득 : 성인과 동일

4) 사진 : 구내사진, 구외사진 촬영. 성인과 동일

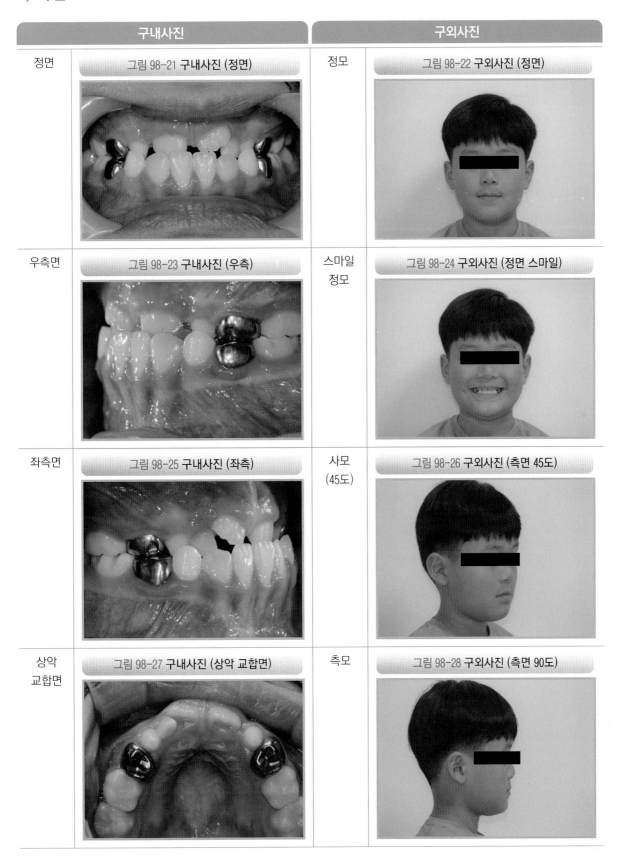

구내사진		구외사진	
정면	그림 98-21 **구내사진 (정면)**	정모	그림 98-22 **구외사진 (정면)**
우측면	그림 98-23 **구내사진 (우측)**	스마일 정모	그림 98-24 **구외사진 (정면 스마일)**
좌측면	그림 98-25 **구내사진 (좌측)**	사모 (45도)	그림 98-26 **구외사진 (측면 45도)**
상악 교합면	그림 98-27 **구내사진 (상악 교합면)**	측모	그림 98-28 **구외사진 (측면 90도)**

구내사진		구외사진
하악 교합면	 그림 98-29 구내사진 (하악 교합면) 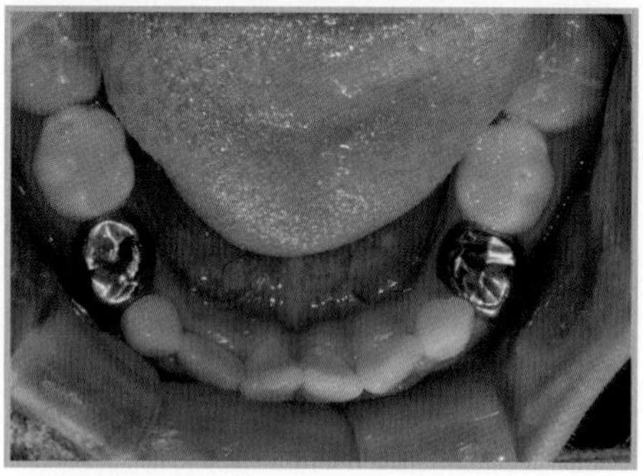	

5) 리콜

- 방사선 사진: 6개월 또는 1년마다 성장여부 체크를 위해 촬영 필요하다.

memo

_____

_____

_____

_____

_____

_____

_____

_____

_____

_____

_____

Separating  99

상·하악 제1대구치에 band를 장착할 필요가 있는 경우 이용한다.

Band 장착 전에 제1대구치의 근·원심 접촉면에 separating ring을 넣어 치아 사이에 공간을 만든다.

보통 1~2주 뒤에 내원하여 ring을 제거하고 발생한 공간을 확인하여 band를 접착한다.

1 : 준비물

기본기구, seperating ring, seperator

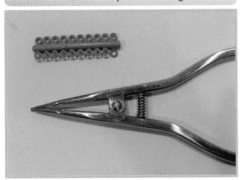

그림 99-1 Seperator와 ring

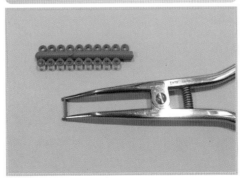

그림 99-2 Seperator에 끼워진 ring

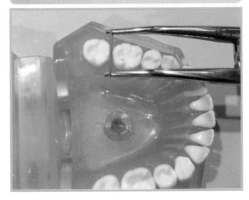

그림 99-3 목적 부위에 적용

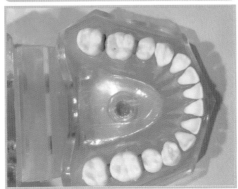

그림 99-4 Band 장착을 위한 치간 이개

477

① Seperating ring을 sepearator로 집는다.
② 넓게 벌린 뒤, 치아 사이에 적용한다.
③ Ring을 치은 쪽으로 살살 밀어 넣어 치아 사이에 끼워 넣는 느낌으로 위치시킨다.
   (이때, ring이 치은 하방으로 너무 내려가서 묻히지 않게 주의한다)
④ 주의사항을 설명 드리자.
   - Ring을 거울로 보여드리며 치아에 장치를 붙이기 위한 공간을 내는 과정이다.
   - Ring의 탈락 가능성 및 탈락 시 치아 사이 공간 확보가 이루어지지 않으며, 빠른
     내원을 권장한다.

memo

Banding 100

Band는 넓적한 반지 형태로 치관을 동그랗게 감싸는 형태이다.

치간 사이에 공간이 필요하기 때문에 separating 과정(93장)이 필요하다.

주로 교정 진행 예정이나 crown이 있는 경우, 상악에 TPA나 RPE를 적용할 경우 또는 악교정수술 case인 경우 등에 band를 사용하게 된다. Band에 장치를 용접하여 접착하는 경우도 많다.

1 : 준비물

기본기구, rubber cup, pumice, band, welding용 장치, 용접기, band pusher, seater, band remover, contouring plier, scissor, band 접착용 cement

그림 100-1 Banding 준비

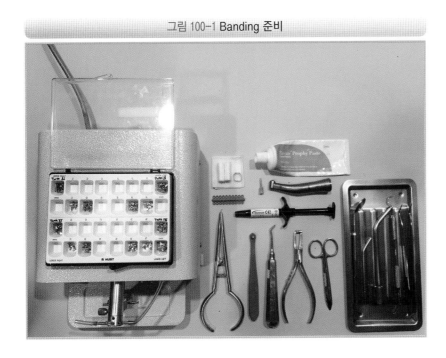

2 : Banding 단계

순서	환자에게 해야 할 말
(1) 치아 크기에 맞는 band를 고른다. 맞추어 보아, 헐렁하지 않고 쏙 맞는 정도의 크기를 찾는다. 　－ Pusher와 seater로 제 위치를 찾는다. 　－ 작업 중 band가 변형될 경우 　－ Contouring plier로 원래의 형태를 잡는다.	"누르는 느낌이 날 수 있습니다." 그림 100-2 밴드 시적 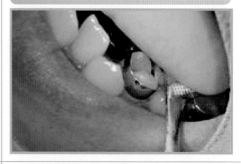
(2) Band에 welding용 bracket 및 tube를 방향에 맞추어 welding한다.	그림 100-3 밴드에 브라켓 용접 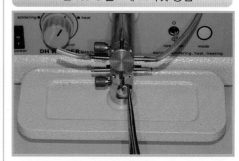 그림 100-4 용접하는 모습 
(3) 해당 치아의 전정에 cotton roll을 위치시켜 타액으로부터 격리시키고 건조시킨다.	"약제에 침이 묻으면 안 되니 치아에 혀를 대지 마세요."

*어떤 것이 잘 맞는 밴드?
－ 치아의 최대풍융부 이상 들어가야 한다.
－ 밴드를 맞춘 후 환자가 씹어 보았을 때 걸리지 않아야 한다.
－ 끼워진 후에 밴드가 움직이지 않아야 한다.
(미세한 유격은 밴드접착제의 공간으로 채움)

(4) Band에 cement을 담는다.

▶ 접착제가 들어가면서 밀려나오므로, margin부터 바르며 band 내부를 채운다.

"잠시 기다려 주세요."

그림 100-5 밴드 내부 적용된 시멘트

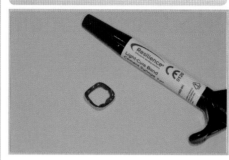

---

(5) Band를 치아에 접착한다.
  - Pusher와 seater를 이용하여 시적했을 때의 위치대로 접착한다.
  (접착제 종류에 따라 광중합 시행한다.)

"접착제가 굳을 때까지 잠시 기다리겠습니다."

---

(6) 접착 후 scaler와 치실을 사용하여 여분의 cement을 제거한다.

"남아 있는 접착제를 불편하지 않게 제거해 드리겠습니다."

 알고 계신가요?

■ Band의 표기법을 알아둡시다

1. 소구치용
   - 상악은 UPPER - U / 하악은 LOWER- L
   - 좌 / 우는 동일하여 따로 표기 없음.
   - 숫자가 클수록 밴드의 size도 크다.
   ㉠ U16 – 상악 소구치용
      L13 – 하악 소구치용
2. 대구치용
   - 상악은 UPPER - U / 하악은 LOWER - L
   - 좌측은 LEFT - L / 우측은 RIGHT - R
   - 숫자는 클수록 밴드의 size도 크다.
   ㉠ LL25 – 하악좌측 대구치용
      UR28 – 상악우측 대구치용

그림 100-6 Band

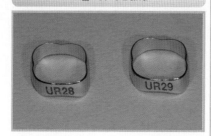

DBS (Direct Bonding System)

교정 진단과정의 결과를 환자에게 설명드린 후, 치료가 결정되어지면 장치(bracket)를 부착하게 된다.

환자가 결정한 교정장치에 따라서 치아의 바깥면에 접착하는 경우 DBS(Direct bonding system)를 진행한다.

1 : 준비물

기본기구, retractor, etchant, cotton roll, pumice, rubber cup, transbond, bonding, primer, micro etcher, tweezer, bracket positioner, light gun, protector, bracket

그림 101-1 DBS 준비

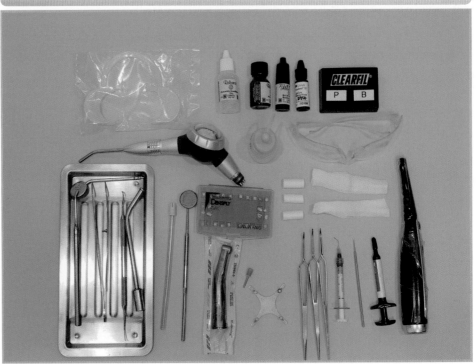

2 : DBS 단계

순서	사진
(1) 환자 입술을 retraction한다. 치아 표면을 pumice를 묻힌 rubber cup으로 polishing한다. ▶ 이때, 치아에 plaque나 치석이 있지는 않은지 꼭 체크한다. 만일, plaque나 치석이 있다면 scaling 먼저 실시한다.	"누르는 느낌이 날 수 있습니다." 그림 101-2 **치아 표면** polishing 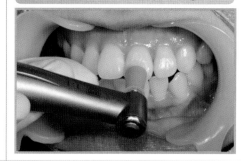
(2) 치아표면을 30초 정도 etching한다. ▶ 치면의 정중앙을 중점으로 bracket의 base 넓이보다는 조금 넓게 etching한다.	그림 101-3 Etching 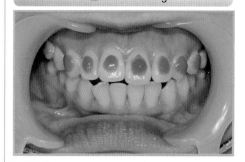
(3) 물로 충분히 세척한다.	그림 101-4 세척 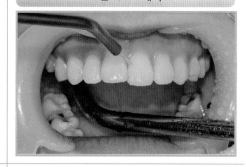
(4) 협·설측 구강 전정 부위를 코튼 롤로 격리, 방습한다.	그림 101-5 **방습** 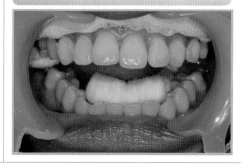

(5) Bracket positioning
　　상·하, 좌·우 방향에 맞추어 집는다.
▶ Dot의 위치가 distal margin에 위치되도록 하고 술자가 구강 내에 편하게 DBS할 수 있도록 집는다.

그림 101-6 Bracket (예 : Clippy - C)

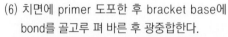

(6) 치면에 primer 도포한 후 bracket base에 bond를 골고루 펴 바른 후 광중합한다.
▶ 이때, 화학적인 결합이 잘 이루어지도록 bracket base에도 primer를 도포한 뒤 transbond를 적용한다.

그림 101-7 Bonding 적용

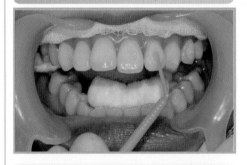

그림 101-8 브라켓에 transbond 적용

(7) Bracket base을 치면에 위치시킨다.
　　(레진 브라켓이나 세라믹 브라켓의 경우 체어 라이트로도 중합이 되므로 치아에 위치시킬 때 라이트를 살짝 비껴 놓도록 한다.)
　　Bracket을 위치시킨 후 밀려나온 잉여 레진은 제거한다.

그림 101-9 치면에 브라켓 위치

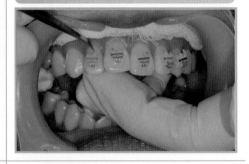

8) 광중합을 시행한다.
　　대구치는 40초, 나머지는 20초로 한다.
▶ 광중합기로 bracket을 건들지 않도록 조심한다.

그림 101-10 광조사

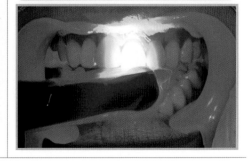

(9) Arch wire를 넣고 결찰한다.

그림 101-11 Arch wire 넣은 뒤 clip으로 결찰
(예: Clippy-C)

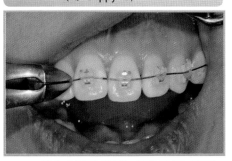

memo

IBS (Indirect Bonding System)

교정 진단과정의 결과를 환자에게 설명드린 후, 치료가 결정되어지면 장치(bracket)를 부착하게 된다.

환자가 결정한 교정장치에 따라서 치아의 안쪽면에 접착하는 경우 IBS(Indirect bonding system)를 진행한다.

1 : 임프레션

1) 준비물 : 상·하악 트레이, 알지네이트

2) 진행 과정

순서	사진
(1) 상·하 인상채득 후 의뢰서, 초진모형을 함께 기공소로 보내 IBS용 set-up 모형과 개인트레이 제작을 한다(Band 필요 시 pick-up impression을 채득하여 의뢰함).	그림 102-1 알지네이트 인상채득 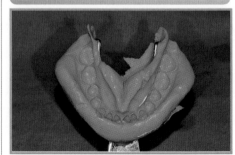

2 : Bonding

1) 준비물

Retractor, pumice, rubber cup, etchant, cotton roll, transbond, light gun, protector, 환자 개인의 transfer zig

2) 진행 과정

순서	사진
(1) 설측을 rubber cup으로 polishing한다. ▶ 이 때, 치아에 plaque나 치석이 있지는 않은지 꼭 체크한다. 만일, plaque나 치석이 있다면 scaling 먼저 실시한다.	그림 102-2 설면 polishing 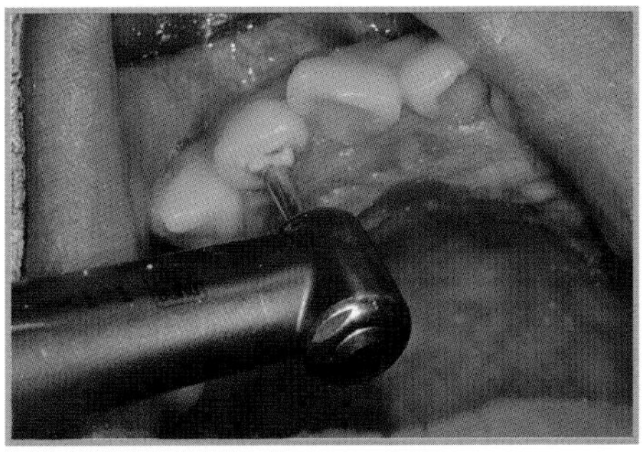
(2) 설면에 etching한다. 하악의 경우 lingual retractor를 이용하여 타액으로부터 완전히 격리시킨다.	그림 102-3 설면 etching 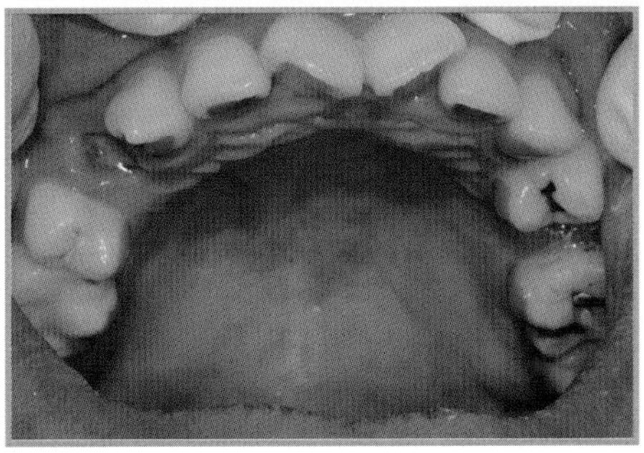
(3) 세척, 격리, 방습을 철저히 한다.	그림 102-4 세척 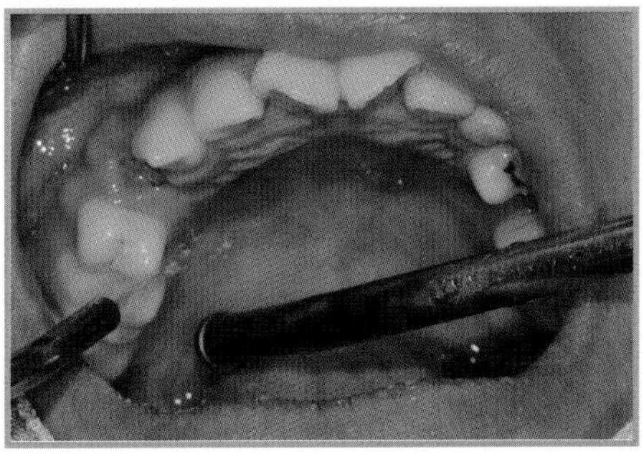

그림 102-5 방습

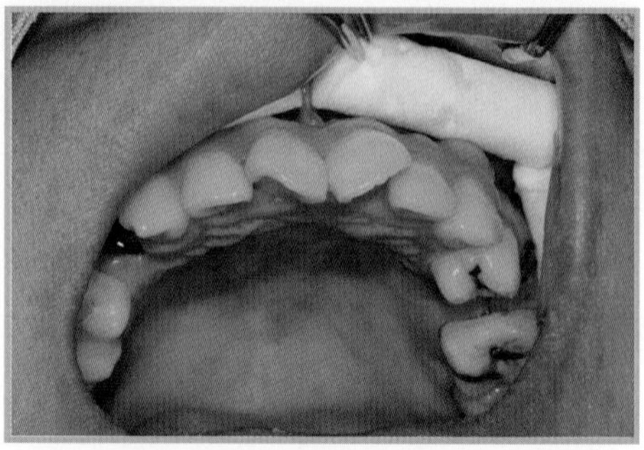

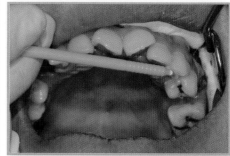

(4) 치아 설면과 bracket base에 primer를 도포
한 후 광중합한다.

그림 102-6 본딩 적용

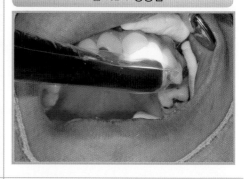

그림 102-7 광중합

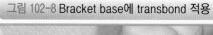

(5) Bracket base에 transbond를 바른다. DBS
때와 마찬가지로 bracket에도 primer를 발라
준다.
▶ 많은 양의 transbond 적용 시 광조사 후
round bur로 제거해야 하므로 적당한 양을
조절하도록 하자.

그림 102-8 Bracket base에 transbond 적용

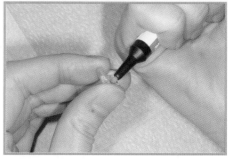

(6) Bracket transfer zig를 이용하여 설측에 bracket을 붙인다.

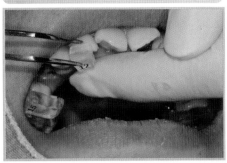

그림 102-9 브라켓 적용

(7) Curing은 근·원심측으로 각각 40초씩 치아당 80초 정도 한다.
▶ Bracket을 위치시킨 후 밀려나온 bond는 깨끗이 제거한 후 curing해야 한다.

그림 102-10 광조사

(8) Transfer zig를 제거하고, curing을 30초 정도 더한다.

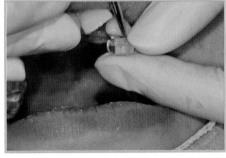

그림 102-11 Transfer zig를 제거

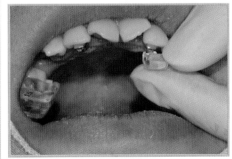

(9) 접착면 외에 잉여레진이 날카롭거나, 씹히지는 않는지 확인한다. 남은 경우 round bur로 제거한다.

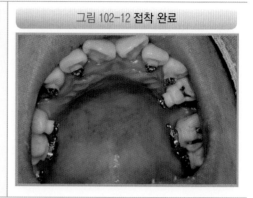

그림 102-12 **접착 완료**

설측교정장치를 부착한 후 환자의 혀는 많이 쓸리고 불편할 수 있고, 적응 초기에는 발음이 잘 안될 수 있어 환자가 불편해 할 수 있다. 개인차가 있으나 1~2주 정도의 적응기를 거치면 적응하는 경우가 대부분이며, 소리 내어 책을 읽으며 자주 발음 연습을 하면 차차 적응되는 과정임을 설명드리자.

교정장치 장착 후 환자에게 말해야 할 것들 103

: 교정환자의 구강위생관리

 교정장치를 장착하게 되면 구강내 청결이 불완전하게 되며, 이로 인해 치은염과 교정 장치 주위(bracket, band)로 충치가 발생될 수 있다. 따라서 구강내 청결을 유지하도록 잇솔질 교육은 물론 내원 시 구강위생관리가 잘 되고 있는지 확인하고 반복 교육이 진행되어야 한다.

1) 교정환자 잇솔질 교육

(1) 준비물

그림 103-1 Dentiform, 모형칫솔, 교정용 칫솔, 치간 칫솔, 치실, super floss, 유틸리티 wax

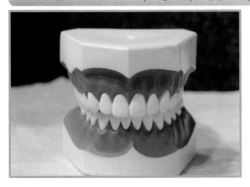
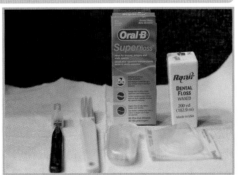

(2) TBI 순서 (상악 : 설측장치, 하악 : 협측장치 case)

순서	사진
(1) 구강 내에 칫솔을 적용하여 거울로 직접 보여드리며 설명 드린다. 교정용 칫솔모의 짧은 가운데 열이 브라켓에 달도록 위치시키고 전후로 왕복 동작(횡마법)을 5~10회 정도 반복하여 닦는다.	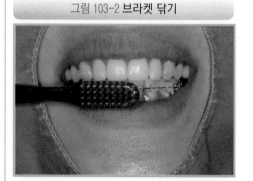 그림 103-2 브라켓 닦기
(2) 교정용 칫솔의 칫솔모가 긴 부위를 브라켓 위쪽에 45° 각도로 위치시키고, 전후로 왕복 동작을 반복(5~10회 정도)하며 닦는다.	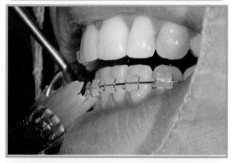 그림 103-3 치은부위 닦기 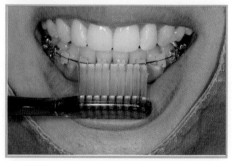
(3) 치은방향과 마찬가지로 칫솔모의 긴 부위를 브라켓 아래쪽에 45° 각도로 위치시키고, 전후로 왕복 동작을 반복(5~10회 정도)하며 닦는다.	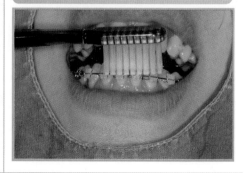 그림 103-4 절단부위 닦기

(4) 교합면 부위는 일반적인 잇솔질처럼 앞뒤로 왕복동작을 이용하여 닦는다.
　(칫솔모가 수평인 일반 칫솔 이용)

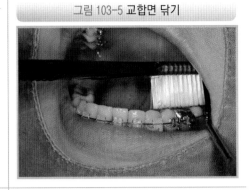

그림 103-5 **교합면 닦기**

(5) 설면 부위는 수직으로 세우고 안쪽에서 바깥쪽으로 원을 그리듯이 닦는다.
　(회전법, 칫솔모가 수평인 일반 칫솔 이용)

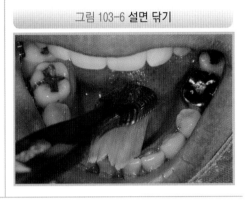

그림 103-6 **설면 닦기**

2) 교정환자의 보조구강관리용품과 불소 이용

그림 103-7 왼쪽 위부터 치간칫솔, 불소트레이, 바니쉬(V-varnish)

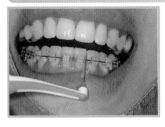  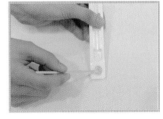

① 교정환자는 칫솔만으로 교정환자의 치아의 청결유지가 힘들기 때문에 치간칫솔, 치실 등의 사용이 추천된다.
② 잇솔질 후 1분간 불소용액으로 양치를 권장한다.
③ 정기적으로 불소 겔이나 불소 바니시를 도포한다.

2 : 교정장치 장착 후 주의사항 교육

1) 고정식 장치

① 치아가 처음 움직이기 시작할 때나, 조정을 받은 후에는 통증이 있을 수 있고, 약간씩 흔들리는 느낌을 받을 수 있습니다.

만일, 치아가 이동하면서 느껴지는 통증이 심하다면 따뜻한 소금물로 물 양치를 해주시거나, 그래도 가라앉지 않으면 진통제를 복용하세요.

② 교정장치물이 망가지지 않도록 다음과 같은 음식은 삼가 주세요.
   - 질긴 음식: 마른 오징어, 쥐포, 갈비 등
   - 딱딱한 음식: 땅콩, 생밤, 얼음 등
   - 끈적끈적한 음식: 껌, 엿, 캬라멜 등

③ 장치가 망가지면 즉시 병원에 오셔서 그에 따른 조치를 받으셔야 합니다.

망가진 장치를 방치하면 교정치료 중인 치아가 원래의 자리로 돌아와 버리거나 원하지 않는 치아의 이동을 유발할 수 있습니다.

이렇게 되면 교정치료가 지연될 수 있습니다.

④ 식사나 간식 후 꼭 치아를 닦는 습관을 들이십시오.

장치로 인해서 음식물의 부착이 더욱 심해질 수 있으므로 충치나 잇몸질환이 생기지 않도록 해야 합니다.

⑤ 약속일을 잘 지켜주시고 가급적 약속일을 연기하지 않는 것이 좋습니다.

지시에 따라서 장치를 적당한 시기에 조절해 주어야 최소의 기간에 치료를 마칠 수 있습니다.

2) 가철식 장치

① 장치 장착 후 침을 많이 흘릴 수 있으나 이내 곧 적응됩니다.

② 처음 장착 시 자극받는 부위가 생길 수 있습니다. 내원하여 조정해 주세요

③ 장착 초기에는 발음장애가 있을 수 있습니다.

(책을 큰소리로 읽으면 적응에 도움이 됩니다)

④ 장치를 장착한 상태로 운동이나 격한 행동은 피해주세요. 다칠 수 있습니다.

⑤ 장치는 항상 청결하게 유지해야 하며 장시간 끼우지 않을 경우 찬물에 보관해주세요.

⑥ 분실, 파손에 주의해주세요. 보관함에 꼭 보관해주세요

⑦ 세척 시 치약에는 마모제가 포함되어 있으니, 일반 주방세제와 칫솔로 닦아주세요.

⑧ 뜨거운 물에 담길 경우 변형될 수 있습니다. 주의해주세요

⑨ 치료효과의 증진을 위해 가장 중요한 것은 장치의 장착이니, 권장 착용시간을 꼭 지켜주세요.

3) 구강외 장치

① 장치를 벗을 때는 조심해서 입술, 볼이나 눈 등이 다치지 않도록 주의해주세요.

② 목 뒤로 거는 고무밴드의 세기는 임의로 조절하면 안 됩니다.

③ 처음 장착 시 불편감이 있습니다. 착용시간이 늘어남에 따라 적응되는 경우가 많습니다.

④ 장치를 장착한 상태로 운동이나 격한 행동은 피해주세요. 다칠 수 있습니다.

⑤ 장치는 항상 청결하게 유지해야 하며 장시간 끼우지 않을 경우 찬물에 보관해주세요.

⑥ 분실, 파손에 주의해주세요. 착용 안할 시 안전하게 보관해주세요.

⑦ 뜨거운 물에 담길 경우 변형될 수 있습니다. 주의해주세요

⑧ 치료효과의 증진을 위해 가장 중요한 것은 장치의 장착입니다.
권장 착용시간은 보통 수면시간을 포함하여 14시간 이상입니다. 꼭 지켜주세요.

⑨ 착용하며 이상이 있거나, 불편한 경우 치과에 내원해주세요.

104 교정장치 제거

장치를 부착한 뒤, 약 1년 또는 1년 8개월~2년 정도(「94. 시기에 따른 교정치료」참조)의 의 교정치료기간이 끝나면 교정장치를 제거하게 된다. 그리고 교정된 상태를 유지하기 위한 보정장치의 단계가 따른다.

1 : 교정장치 제거

– 치면에 부착되어 있는 bracket과 band를 제거한다.

1) 준비물

그림 104-1 Bracket remover, band remover, pumice, rubber cup

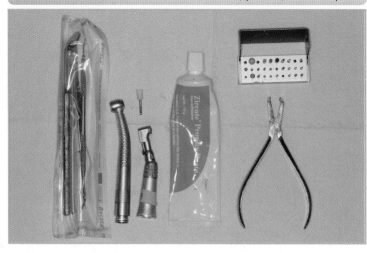

교정장치의 제거 시 "축하드립니다!" 라는 말 한마디에도 환자분은 생각보다 많이 좋아하신다.
오랜 기다림 끝의 환자의 기쁨을 함께 축하해 보는 것은 어떨까^^

2) 주의사항

① Bracket 제거 후 남는 접착제는 치면을 건조시켜 잘 보이도록 한 후 round bur로 잔여 접착물을 제거한다.

② Band 제거 후 남는 cement는 scaler로 제거한다.

보정장치 (removable retainer) 105

1 : Lingual fixed retainer의 제작

순서	사진
(1) 알지네이트 인상을 채득한다.	그림 105-1 **인상채득** 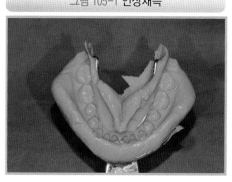
(2) 기공소에 lingual fixed retainer의 제작을 의뢰한다.	그림 105-2 **작성된 기공의뢰서** 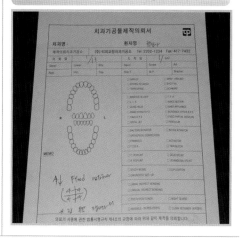

2 : Lingual fixed retainer의 부착

1) 준비물

기본기구, metal suctiong tip, lingual fixed retainer, pumice, rubber cup, etchant, bond, micro brush, flowable resin, 광조사기, 교합지

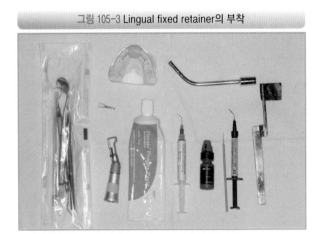

그림 105-3 Lingual fixed retainer의 부착

2) 진행과정

순서	사진
(1) 기공소에서 제작된 lingual fixed retainer를 수령 후 점검한다.	그림 105-4 **완성된 fixed retainer** 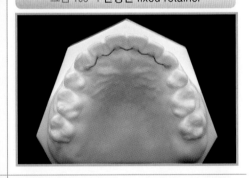
(2) 상·하악 전치부 및 발치 치료한 경우 소구치까지 설측 치면을 세마한다.	그림 105-5 **구강 내 치면 세마 모습.** 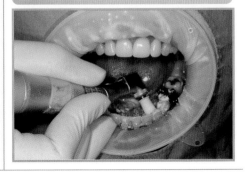

(3) 타액으로부터 격리시키고 설측 치면을 etch-
ing한다.

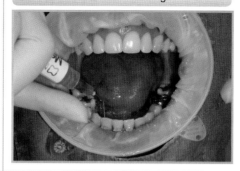
그림 105-6 Etching

(4) 물로 충분히 세척 후 격리, 방습한다.

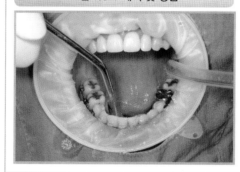
그림 105-7 **세척 및 방습**

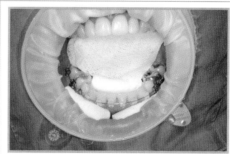

(5) 치면에 bond를 도포한 후 광중합한다.

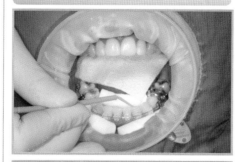
그림 105-8 Bond 적용 및 광조사

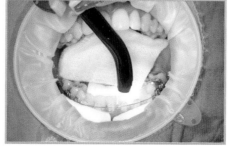

(6) 준비된 fixed retainer를 위치시킨다.

그림 105-9 Fixed retainer 시적

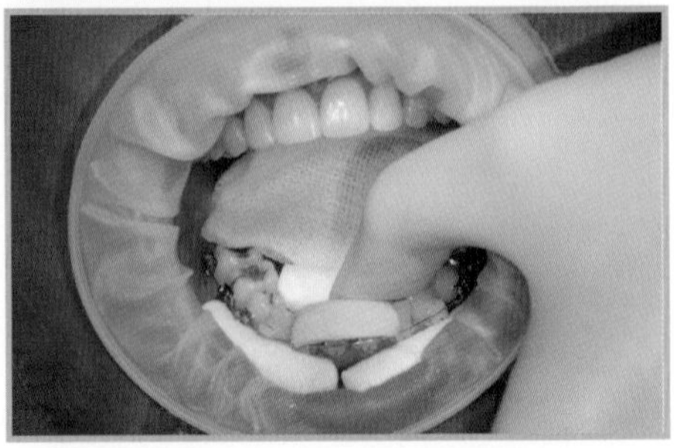

(7) Fixed retainer에 레진을 도포하고, 광중합을 한다.

그림 105-10 레진 도포 후 광조사

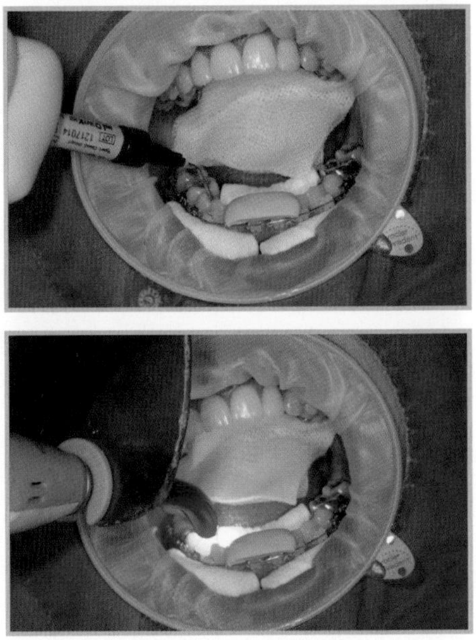

(8) 교합을 확인한다.

그림 105-11 교합 확인

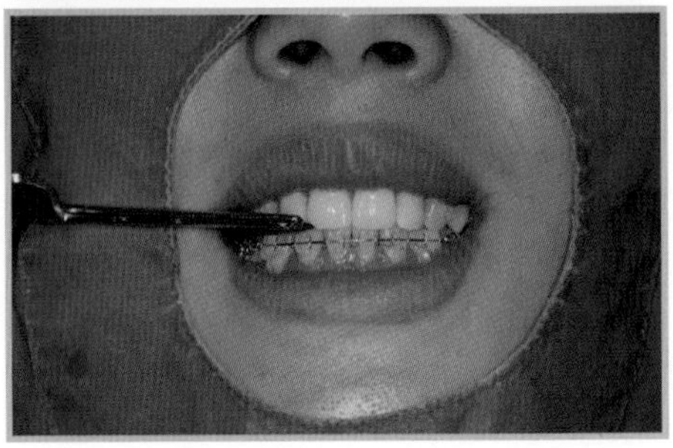

(9) 부착이 완료된 모습. 광조사를 충분히 시행한다.	그림 105-12 **부착된 fixed retainer** 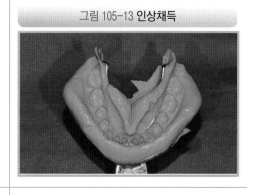

3 : Removable retainer의 제작

1) 준비물 : Removable retainer, retainer box

2) 진행과정

순서	사진
(1) 상·하악 인상을 채득하고 경석고를 붓는다.	그림 105-13 **인상채득** 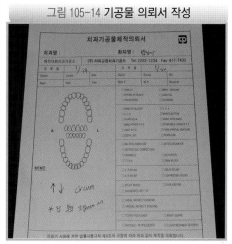
(2) 기공소에 removable retainer의 제작을 의뢰한다.	그림 105-14 **기공물 의뢰서 작성**

(3) 기공소에서 제작된 removable retainer를 수령 후 점검한다.
환자에게 removable retainer를 장착해 드리고 사용방법 및 주의사항을 설명해 드린다.

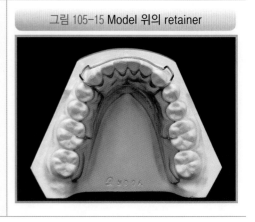
그림 105-15 Model 위의 retainer

3) 주의사항 교육

① Retainer를 장착할 때는 labial bow와 resin plate 사이에 전치가 위치되도록 한 뒤 resin plate를 '딸깍' 소리가 날 때까지 손가락으로 누르도록 교육한다.
② Retainer를 제거할 때는 전방부 labial bow가 아닌 후방 wire를 손톱으로 걸어 떨어뜨린 후 구강 외로 꺼내도록 교육한다.
③ 장치의 세척은 식기 세척제나 틀니 세정제를 사용하여 찬물에 세척하도록 한다.
(치약에는 마모제가 들어 있으므로 장치가 마모될 수 있고 뜨거운 물은 장치를 변형시킬 수 있으므로 주의시킨다)

교정치료의 마무리 106

교정치료가 완전히 끝나면, 교정을 시작할 때 진행하였던 교정진단과정을 반복한다. 이는 교정이 완료된 상태를 기록해두는 것과 교정을 진행함으로써 어떠한 부분이 변화하였는지 확인할 수 있는 자료가 된다.

교정치료 완료 후 정기적인 검진 시에도 해당자료의 확인이 필요할 수 있으니 잘 보관하도록 하자.

1 : 교정치료 완료 후 자료 채득

① 방사선 사진
- 측모 두부 방사선 사진
- 정모 두부 방사선 사진
- 파노라마 방사선 사진
- 표준 치근단 방사선 사진
② 구강모형 채득
③ 사진
- 구강 내 사진: 정면, 좌·우측면, 상악 교합면, 하악 교합면
- 구강 외 사진: 정모, 스마일 정모, 사모(45도), 측모

2 : 교정치료 완료 후 check up

① 환자에게 주의사항을 숙지시킨다.
- 장치 제거 후 최소 1년 이상은 보정장치를 지시에 따라 잘 장착하여야 재발이 되지 않는다는 점을 주지시킨다.

- 가철식 보정장치는 처음 3개월 동안은 식사시간에만 잠깐 빼놓고 24시간 장착하도록 하고 그 이후에는 밤에만 장착하도록 한다.
② 고정식 보정장치는 탈락되면 즉시 내원하도록 한다.
③ 가철식 보정장치가 망가진 경우 즉시 내원하여 재제작하도록 한다.

3 : Follow-up check 약속

– 처음에는 1개월 후, 그 다음에는 3개월 후, 6개월 후, 1년 후로 한다.

memo

소아환자의 검진 107

1 : 초진방법

대상	해야할 말	사진
(1) 격리불안: 1~3세 이전 아이들은 부모님과 함께 검진	"어머님, 여기 의자에 우리 친구랑 앉아주세요. 마주보고 아이의 다리를 벌려서 어머님 허리에 껴주세요." "어머님, 우리친구를 원장님 무릎에 눕혀주세요." "눕힌 다음 우리친구 손을 잡아주세요."	그림 107-1 **부모와 함께 검진하는 자세 (3세 이전)**
(2) 5세 이후의 아이들은 설명을 먼저 해주고 체어에 눕히기	"○○야, 오늘은 꼬마거울로 이만 볼 거예요. 아~ 해보자."	그림 107-2 **사전 설명(5세 이후)** 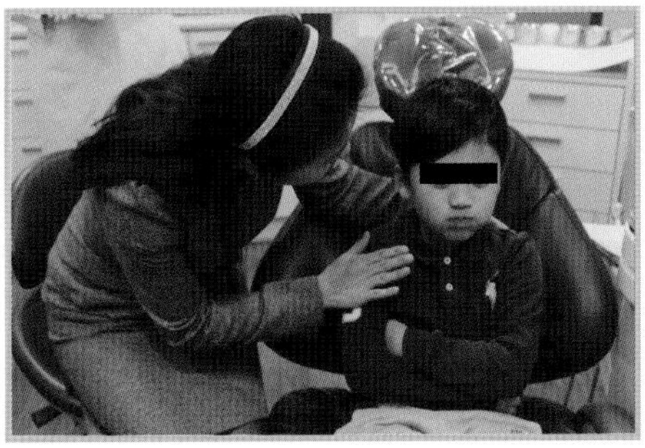

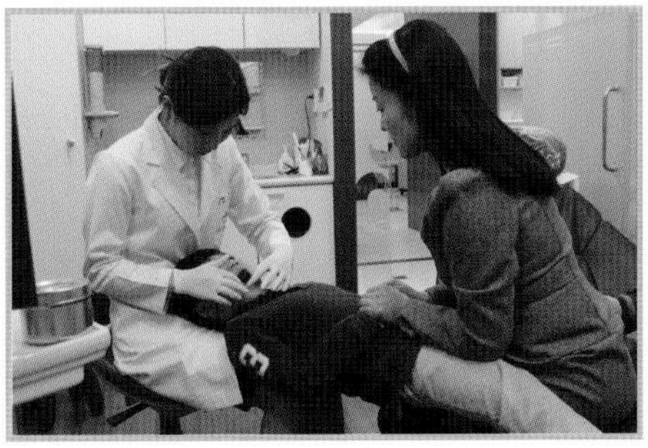

2 : 소아환자의 연령별 치료에 대한 대응법

대상	방법
(1) 유아기 (1~3세)	- 낯선 사람에 공포감이 크므로 보호자와 분리하지 않는 상태에서 진료한다. - 치료할 치아가 1~2개인 정도는 부모님의 동의 하에 울더라도 붙잡고(패디랩) 진료하자고 설득(부모의 성향에 따라서 아이가 공포 없는 치료를 원하시면 수면치료, 혹은 수면치료에 대한 거부감이 심하시면 붙잡고 치료 등 자세한 상담 후에 실시) - 치료할 치아가 많을 경우 수면치료 유도한다.
(2) 학령전기 (3~4세)	- 치료에 대한 설명을 먼저 해주고(TSD) 잘 따라와주는 경우 간단한 치료는 나누어서 한다. - 치료할 치아가 많거나 치료 거부가 심한 경우에는 수면치료를 유도한다.
(3) 학령전기 (5~6세), 학동기 (6~12세)	- 대부분 아이들이 치료에 대한 설명이나 설득으로 이해가 가능한 나이이기 때문에 먼저 치료에 대한 설명을 해준 다음 아이가 무서워하는 것에 대한 이유를 듣고 그 공포감을 해결해주면서 치료를 유도한다. - 거부감이 큰 친구들은 진정치료를 유도한다.

3 : TSD (Tell-Show-Do)

아이들이 진료가 들어가기 전에 치료에 관한 설명을 해 줌으로서 두려움을 없애주고 친근감 형성을 위해 아이들에게는 눈높이가 맞게 최대한 상냥하고 귀엽게 얘기해준다.

1) Tell : 치료에 대해 무엇을 어떻게 할 것인가에 대해 소아가 알 수 있도록 설명한다.

핸드피스 – 샤워기	미러 – 꼬마거울
레진 – 하얀 스티커	SS crown – 메가레인져이, 반짝반짝 공주이, 모자
패디랩 – 안전밸트	N_2O 마스크 – 코끼리 코 용기가스
마취 – 가시벌레	러버댐 – 반지 마스크
광중합기 – 레이저	직원 – 이모
이동식 카메라 – 이를 찍는 카메라	Air syringe – 바람

2) Show : 그 치료에 대한 사용하는 기계나 기구를 반복해서 보여준다.

3) Do : 설명하고 보여준 것들을 사용하여 아이에서 손이나 입안에 먼저 해보며 보여 준다.

4 : 비협력적인 소아의 대처법

1) 공포에 대한 대응법

무서운 대상에 대해 미리 잘 설명해주어 안심시키고 자신감을 길러주고 진료를 잘 받는 친구들을 보여주면서 용기를 북돋우어 준다.

2) 우는 소아의 대응법

아이가 우는 종류는 고집스러운 울음, 무서워서 우는 울음, 아파서 우는 울음, 보상받기 위한 울음으로 나누어져 있는데, 울음 종류를 식별하여 아이의 요구를 관찰하여 그 요구가 정당한 것이라면 최대한 들어주면서 진료를 유도한다.

108 웃음가스 (N₂O)

1. 달콤한 냄새의 무색 불활성기체로 폐포로 속히 흡수되고 혈장을 통해 빠른 속도로 뇌에 이동되어 약리작용을 나타낸 후 폐를 통해 배출된다.

그림 108-1 센서 체크

2. 금기증 : 심하게 두려움을 가진 아이, 무조건 울려고만 하는 아이는 효과적이지 않으며 진료 시에는 코로 숨을 쉬어야 하므로 코감기 등이 있으면 효과가 떨어질 수 있다.

3. 반응 : 손·발이 얼얼해짐, 갑자기 손·발을 올려버림, 활짝 웃음

4. 진정치료 하기 전에 '2시간 전 금식' 주의사항 설명하기 (특히, 우유 섭취 금지)

5. 바이탈 체크는 꼭 해줘야 한다.
   – 아이의 발톱이나 손톱에 센서를 껴서 체크하기
   – 바이탈 체크 시 주의사항 참고

6. 진료순서 (예: 웃음가스만 사용하는 경우 ($N_2O + O_2$))

순서	사진
(1) 큰 마스크로 산소(O_2) 100% 투여로 시작한다.	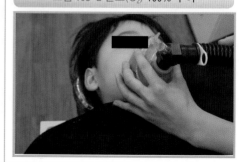 그림 108-2 산소(O_2) 100% 투여

(2) 점진적으로 N₂O 농도를 높인다.

  * N₂O 농도는 약 먹고 하는 수면보다는 비교적 약하게 사용한다.

  * 환아가 처음 시작 시 울고 진정이 안 된 상태에서 흡입하면 효과가 떨어지므로 흡입하면 환아를 진정시키는 것이 중요하다.

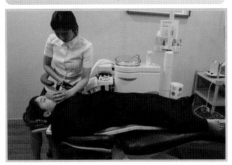
그림 108-3 N₂O 간격 투여

(3) 작은 코 마스크로 바꿔준다.

그림 108-4 작은 코 마스크로 변경

(4) N₂O는 보통 60% 정도로 유지하면서 사용한다.

치료 중 깨는 경우도 있는데, 자극에 반응이 없는 게 확인되고 깊게 잠들면 N₂O 농도를 점진적으로 낮추도록 한다.

(5) 치료 종료 3~5분 전에는 산소(O₂) 100% 투여하도록 한다.

(6) 치료가 끝난 후 환아는 수면대기실로 안내하고, 보호자에게 치료내용 설명 및 주의사항을 설명한다.

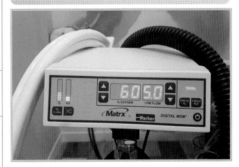
그림 108-5 N₂O 60% 유지

🔍 **알고 계신가요?**

※ 원칙적으로 처음 3~5분 100% 산소 흡입 후 N₂O 비율을 높이지만 이렇게 할 경우 환아가 잠들지 않은 상태로 마스크 사용 시 심하게 발버둥을 칠 수 있어 속도를 조절해야 한다.

※ 웃음가스는 너무 어린 아이는 처음부터 울기 때문에 효과가 크지 않은 경우가 있다. 따라서 만 5세 정도에서 부모님이 약 먹이는 수면에 대한 거부감이 있거나 아이가 겁은 많긴 하지만 치료 부위가 많지 않을 경우가 권장 대상이다.

※ 보험청구는 시간을 나눠서 급여와 비급여로 나누고, 보험되는 치료 시간만 청구한다.

109 소아환자의 진정제 투여

1) 사용약물 : midazolam (도미컴 주 3 ml/15 mg)

2) 10~15분 발현, 40~60분 지속된다(아이에 따라 지속 시간이 다르며 더 길게 지속될 수 있다).

3) 시술 10분 전에 midazolam을 삼각근에 주사하고 N_2O를 추가로 사용하여 아이를 편안하게 진정시킨 후 시술한다.

4) 적응증 : 치과공포증이 심하나 치료할 범위가 적고 수면치료까지 안 해도 되는 경우

5) 반응 : 항불안, 진정, 수면, 항경련, 근이완, 망각효과 너무 불안감이 크면 잘 안 되며 치료 후 아이가 힘들어 할 수 있다.

6) 바이탈 체크는 꼭 해줘야 한다.
   - 아이의 발톱이나 손톱에 센서를 꺼서 체크하기
   - 바이탈 체크 시 주의사항 참고

7) 의약품 관리 대상이라 환자 한 사람씩 약제 쓸 때마다 기록부에 기록한다.

8) 용량 : 근육내 투여 0.15 mg/kg

9) Fumazenil
   - 진정 정도가 너무 심할 경우 아이의 회복을 위해 투여하는 길항제
   - 비강내 투여
   - 빠른 흡수
   - 용량 : 0.2~0.5 mg/kg
   - 반감기가 짧아 다시 진정상태로 복귀될 수 있어 빠른 귀가 조치는 위험하다.
   - 주의 관찰이 필요

   ※ 한 명당 1 amp 쓰는 것이 원칙!
   남은 용량은 물에 희석해서 버리는 장면을 디지털카메라로 찍어 파일을 보관해야 함!

소아환자의 수면 진정요법 110

1 : 수면 진정요법

1) 사용약물 : Chloral hydrate (한림제약-pocral)

    ※ 약제 보관은 법률이 정한대로 하여야 한다.

2) 적응증 : 통상적으로 4세 미만의 아이들에 있어서 우유병 우식증 치료 및 다수의 충치치료가 필요할 때, 5~6세 이하(20 kg 미만)에서는 신경치료를 동반하여 치료할 치아가 많으며 기존의 치과치료에 극심한 공포심을 가지고 있을 때 고려한다.

3) 반응 : 약물투여 후 15~30분부터 약효시작

    진정효과 전에 흥분하거나 신경질적일 수 있다.

    (1시간 경과 시 최대효과 5시간 이상 지속 효과)

4) 의약품 관리 대상이라 환자 한 사람씩 약제 쓸 때마다 기록부에 기록한다.

5) 오심, 구토가 단점이라 유시락스와 병용한다(항구토 효과).

6) 용량 : 경구투여 50~75 mg/kg (1회 최대 투여량 1~1.5 g)

7) 순순히 잠이 드는 아이가 있는가하면 진정효과가 발현되기 전에 아이가 짜증내고 신경질적이 되는 경우도 종종 있다. 이럴 때는 보호자에게 잠들기 전 일어날 수 있는 약의 반응임을 잘 설명하고 최대한 아이를 편안하게 해준다.

    ※ 혼잡한 진료실 환경은 수면 유도에 방해가 되므로 회복실(격리된 조용한 방)을 이용한다.

8) Pediatric Dentistry Out-patient Sedation Chart 기록해야 한다.

    ※ 수면치료 중 약 효과가 떨어지거나 아이가 힘들어 하는 경우, 추가 미다졸람 투여 고려

9) 수면 진정요법 순서

순서	사진
(1) 부모 동의 확보 여부 (동의서를 받는다)	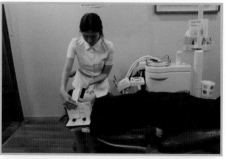 그림 110-1 Sedation 준비
(2) 과거병력, 약물 부작용, 수면치료 경험 유무, 가족력 확인한다. (과거병력은 수술경험이나 입원경험, 감염성 질환-B형, C형, 전신건강상태, 면역, 발달장애를 물어본다)	
(3) 수면치료 전날 리콜한다. (수면치료 전 주의사항 설명하기)	
(4) 치료당일 건강상태 확인한다. (열, 기침, 코막힘)	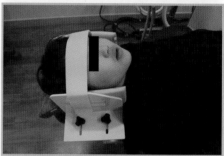
(5) 금식시간 확인하고 약을 잘 먹는지 확인 후 아이의 몸무게를 재서 약을 조제한 뒤 먹인다.	
(6) Sedation 중 : 진료 세컨 어시스트는 꼭 바이탈 체크를 해줘야 한다. (바이탈 체크 시 주의사항 참고) ※ 치료 시 아이가 토했을 경우에는 먼저 N2O를 뺀 후에 고개를 옆으로 돌려서 아이가 토할 수 있도록 도와주고 입안을 다 썩션을 해주고 호흡과 의식을 확인 후 잘 씻겨 주고 다시 달래서 재운다. ※ 치료 중 아이의 상태가 나빠지거나 혹시나 응급구급차가 필요할 수 있을 수 있기 때문에 가까운 준·종합병원 응급실 전화번호는 숙지하고 있어야 한다.	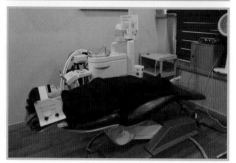
(7) 치료가 끝나고 회복실로 아이를 보내고 오늘 치료에 대한 주의사항을 보호자께 설명한 다음 치료한 시간의 1/2에 해당되는 시간만큼 병원 회복실에 있다가 다시 바이탈 체크 후에 확인하고 귀가시킨다.	
(8) 그날 당일진료 끝나고 해피콜 한다. (차트에 기록한다)	

2 : 바이탈 체크 시 주의해야 할 점

그림 110-2 바이탈 체크

① 호흡수(산소포화도) 수시로 체크하며 호흡음도 계속 들어야 한다.
  − 산소포화도가 95% 이하로 떨어지면 즉시 기도확보를 해야 하며 턱은 위로 당기고 혀를 앞으로 당기면서 산소는 100% 올려준다.
② 아이 흉부의 오름, 내림을 잘 체크해야 한다.
③ 만약을 대비하여 응급실 번호는 한 눈에 보이는 곳에 기록해 둬야 한다.

111

소아 환자를 위한 불소치료

1 : 불소치료의 목적

세균이 치아 표면에 산성을 발생시켜 치아에 충치를 야기하므로 치아의 내산성을 증가시켜 산에 견디게 해주어 치아 표면을 보호해 주는 역할을 한다.

2 : 준비물

콘트라앵글, 아이씨비 브러쉬 또는 러버컵, 연마제, 불소(연령에 따라 적절하게 선택), 치실

그림 111-1 불소치료 준비

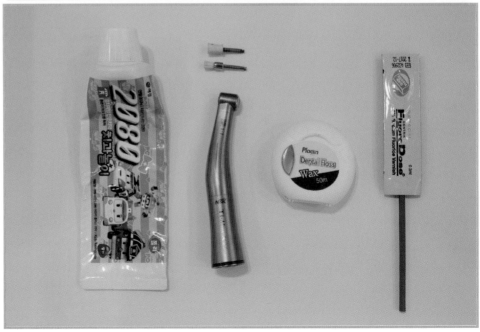

3 : 불소의 종류

불소의 종류	특징
 그림 111-2 Fluor protector	– 1~2세 아이들에게 치면세마 후 브러쉬에 묻혀 앞니 위주로 발라 준다. – 저절로 증발한다. – 1시간 금식해야 한다.
 그림 111-3 딸기 불소	– 초등학생 이상 아이들에서 치면세마 후 트레이에 넣어서 물리고 있게 한다(1분). – 1분이 지난 뒤 거즈로 깨끗이 구강 안을 닦아 준다. – 30분 금식해야 한다.
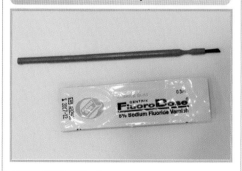 그림 111-4 Cavity shield	– 3~7세 아이들에게 주로 도포 – 1시간 금식해야 한다.

4 : 진료순서 및 해야 할 말 (예: Cavity shield)

순서	해야 할 말
(1) 아이들에게 먼저 TSD하고 치면세마한다. (콘트라앵글에 브러쉬를 낀 상태에서 아이들 손톱에 문질러 본다) 치면세마는 꼭 해야 효과가 좋을까? 불소도포 전 치면세마를 꼭 할 필요는 없다. 불소도포 시 양치질을 하고 왔다면 굳이 할 필요는 없으나 플라그 콘트롤이 안 되서 눈에 보일 정도로 치면 혹은 치경부에 플라그가 많다 싶을 때만 불소도포 전 치면세마를 선택적으로 적용해도 무관하다.	"○○야, 이건 전동칫솔이야 이렇게 돌돌하고 돌아가면서 이모가 치카치카해 줄 거야." **그림 111-5 치면세마** 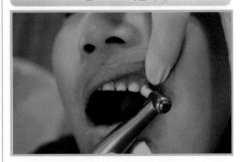
(2) 치아 사이는 치실질을 해준다.	"이건 실인데 이모가 치아 사이에 있는 고기 빼줄게요." **그림 111-6 치실질** 
(3) 치면세마 후 거즈에 물을 묻혀 전체적으로 골고루 닦아주고 에어를 살짝 불어 건조시킨다.	**그림 111-7 불소 바니시 도포**  

5 : Cavity shield 불소 후 보호자에게 말해야 할 것들

① 불소를 한 다음 1시간 동안 금식하게 해주세요(물도 안 되요!).

② 금식 후 3시간 동안은 부드러운 음식만 주세요(밥, 두부, 계란, 빵 등).

③ 불소한 당일은 딱딱하고 끈적한 음식(껌, 사탕, 과자, 초코렛) 또는 음료수(콜라, 사이다)를 주지 마세요.

④ 오늘 하루는 칫솔질은 하지 마시고 가볍게 물로만 가글을 시켜주세요.

⑤ 불소한 다음날 아침에 칫솔질을 깨끗하게 해주시고 치실 등을 사용하여 치아 사이도 잘 관리해 주세요.

memo

112 소아환자의 구치부 충치치료

1 : 레진치료

1) 준비물

기본세트, 허리케인 및 마취세트, 330 bur, 라운드 bur, 폴리싱 bur, 개구기, 러버댐, 에천트, 싱글본드, 레진, 광중합기

그림 112-1 소아 레진 치료 준비물

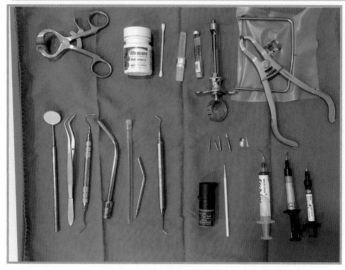

2) 진료순서 및 해야 할 말

순서	해야 할 말
(1) 진료 전에 아이에게 TSD를 통해 진료에 대한 공포심을 없애준다.	"OO야, 이모가 먼저 충치 벌레를 어떻게 잡는지 가르쳐 줄게요."

(2) 러버댐을 장착한다.	"벌레를 잡을 때 벌레가 뱃속으로 들어가지 말라고 반지풍선을 껴 줄 거야. 조금 답답하지만 잘 할 수 있어요."
	그림 112-2 러버댐 장착 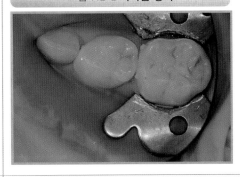
(3) 와동에 있는 330 bur와 라운드 bur로 충치를 제거한다. ▶ 330 bur와 라운드 bur로 와동에 있는 충치를 제거한다.	"벌레를 샤워기에서 나오는 물로 청소해 줄 거예요." **그림 112-3 충치제거** 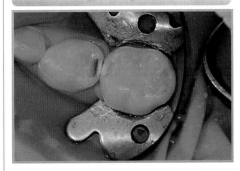
(4) 치면을 에칭한 후 세척 건조한다.	"벌레는 다 잡고 이제는 다시 벌레 들어가지 말라고 파란약 발라 줄게요."
(5) 싱글본드를 바르고 광중합(3초간)한다.	"눈은 감고 있어야 해요."
(6) 매트릭스, 왯지를 끼운 채로 레진을 충전하고 광중합을 한다(3초 중합 : 2~3번).	"이제 하얀색 약 바르고 레이저로 약 말려 줄 거예요." **그림 112-4 레진 치료 후** 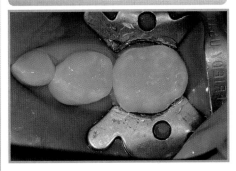
(7) 교합을 확인·조정하고 폴리싱한다.	

*사진출처 : 연세웃는아이치과

3) 레진치료 후 환자에게 말해야 할 것들

레진을 떼운 치아는 칫솔질이 잘 안되면 치료한 부위로 갈색으로 변색이 되거나 2차 충치가 생길 수 있습니다. 너무 딱딱하고 끈적한 음식을 많이 먹게 되면 부분적으로 탈락이 될 수 있으니 칫솔질과 치실도 잘 해주시고 끈적한 음식도 피해 주시는게 좋아요.

2 : 신경치료 + SS Crown 치료

1) 준비물

기본세트, 허리케인 및 마취세트, 330 bur, 라운드 bur, endo-Z bur, 다이아몬드 버 (TR-11, EX-26), 개구기, 러버댐, 파일, NaOCl, saline, 바브드브로치, 비타팩스, IRM, SS Cr., cement, paper point, 글레스코어 케탁몰라 세트

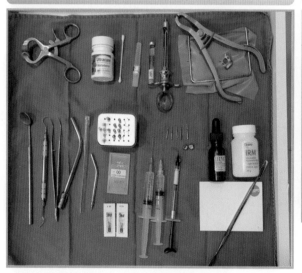

그림 112-5 신경치료 + SS Cr. 준비물

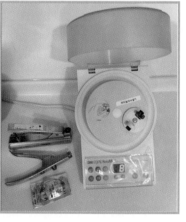

그림 112-6 글레스코어 케탁몰라 세트

2) 진료순서 및 해야 할 말

순서	해야 할 말
(1) 허리케인을 바르고 마취를 한다.	"OO야, 지금 가시벌레가 지나갈 거예요. 조금 따끔해요." ▶ 아이의 팔을 조금 세게 잡아준다. → 아픔의 분산을 위해서

(2) 러버댐을 장착하고 SS Cr.에 맞는 프렙을 한다.

"이에 꼭 맞는 모자를 씌워 줄 거예요. 조금 답답해요."

그림 112-7 러버댐 장착

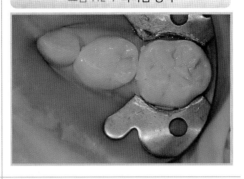

(3) 충치를 제거한다.

"지금은 선생님이 벌레를 잡는 중이예요."

그림 112-8 충치 제거 중 치수 노출

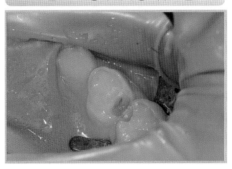

(4) 충치가 깊을 경우 신경치료를 한 다음 IRM으로 막아 주고 케탁몰라를 이용하여 core 수복을 한다.

그림 112-9 신경치료 후 코아 수복

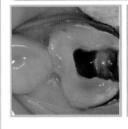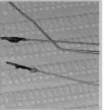

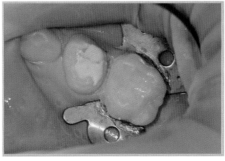

(5) SS Cr. 맞추기
- 미리 치아의 크기를 보고 비슷한 크기의 SS Cr.을 2개 정도 준비해 둔다.
- SS Cr. 을 맞춰 본다.
- 마진을 crown scissor, contouring plier로 조정한다.

그림 112-10 Contouring plier로 마진 조정

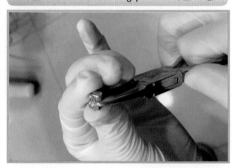

(6) Cement를 믹싱 후 미리 맞춰 본 SS Cr.에 기포 없이 넣은 다음 치아에 장착해 준다(장착하기 전에 크라운 마진을 폴리싱 bur로 연마한다).

"이제 사탕벌레가 못 들어가게 이에 꼭 맞는 모자를 붙여 줄 거야. 꽉~ 누를 거예요."

(7) 장착한 SS Cr.을 꾹 누르고 아이에게 물어보라고 한 다음 치경부로 흘러나온 과량의 접착제는 젖은 거즈로 제거한 후 cement가 경화한 후 나머지 cement를 제거한다.

"자~아 보고 '앙' 물어보자.
물로 깨끗이 씻어 줄 거예요."

그림 112-11 SS Cr. 장착

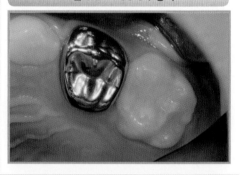

(8) 근관충전 상태를 치근단 사진으로 확인한다.

그림 112-12 치근단 사진

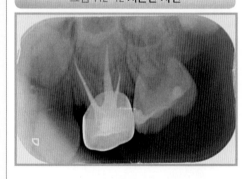

*사진출처 : 연세웃는아이치과

(9) 진료가 끝나고 아이에게 잘했다고 칭찬해 주면서 선물이 미리 준비되어 있다면, 선물을 준다.

▶ 선물은 반지, 자동차 등을 준비하는데 대기시간이 긴 경우 조립할 수 있는 장난감이 좋다.

"오늘 벌레 잡는 거 너무 잘했어요. 잘해서 이모가 선물을 주는 거예요."

그림 112-13 준비된 선물

3) 마취 후 어린이 환자 및 보호자에게 말해야 할 것들

① 마취시간은 보통 2~3시간 정도 갑니다.
② 마취가 되어 있는 동안은 입술과 뺨이 얼얼하거나 감각이 없으므로 아이들이 깨물 수 있습니다. 깨물면 입술이 많이 헐어서 며칠간 밥도 잘 먹을 수 없으니 각별히 봐 주세요.
③ 또한 2시간 정도는 씹는 음식을 주지 않는 것이 좋습니다.
④ 마취가 풀리는 느낌은 간지럽거나 따끔거릴 수 있습니다.

4) 신경치료 후 아이, 보호자에게 말해야 할 것들

① 마취가 깨어난 후의 통증이 있습니다.
② 신경치료한 곳은 보통 하루 정도 지나면 통증은 괜찮아지지만 간혹 염증이 있는 치아는 며칠 더 아플 수 있습니다.
③ 만약 통증이 있을 시에는 진통, 해열제의 약을 먹이시는 게 좋습니다(부르펜시럽, 소아용 타이레놀).
④ 치료 직후 하루 정도는 많이 불편해 할 수 있으므로 어린이가 주의를 다른 데로 돌릴 수 있게 배려해 주시는 것이 좋습니다.
⑤ 신경치료한 치아는 간혹 뿌리가 짧아져 일찍 빠지는 경우가 있는데, 이 경우 영구치가 나올 자리를 유지하는 치료가 필요할 수 있으니 정기검진을 계속해 주셔야 합니다.

5) 치아를 씌운 후 아이, 보호자에게 말해야 할 것들

① 이를 씌운 직후에는 아직 완전히 접착된 상태가 아니므로 하루 정도는 끈적한 음식을 씹는 것을 피해야 합니다(마이쭈, 껌, 사탕 등).

② 이를 씌운 자리는 3~4일 동안은 잇몸 부위가 헐거나 따끔거리고 아프답니다.

③ 잇솔질보다는 잇몸부위는 부드럽게 닦아내는 것이 필요합니다(가제수건, 면봉 등).

④ 간혹 반짝거리는 은니가 어색해서 싫어하는 어린이들이 있습니다. 예쁘다고 많이 칭찬해 주시는 것이 좋습니다.

memo

소아환자의 전치부 충치치료 113

1 : 레진치료

1) 준비물

기본세트, 허리케인 및 마취세트, 330 bur, 라운드 bur, 폴리싱 bur, 개구기, 러버댐, 에천트, 싱글본드, 레진, 광중합기

그림 113-1 소아 레진 치료 준비물

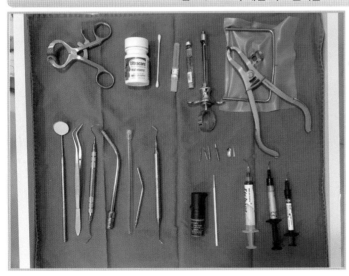

2) 진료순서 (▶ 「112. 소아환자의 구치부 충치치료」 참고)

① 진료 전에 아이에게 TSD를 통해 진료에 대한 공포심을 없애준다.

② 러버댐을 장착한다.

③ 와동에 있는 330 bur와 라운드 bur로 충치를 제거한다.

④ 치면을 에칭한 후 세척 건조한다.

⑤ 싱글본드를 바르고 광중합(3초 중합)한다.

⑥ 레진 바르고 광중합을 한다(3초 중합-2~3번).

⑦ 폴리싱한다.

〈유전치 순면 레진치료〉

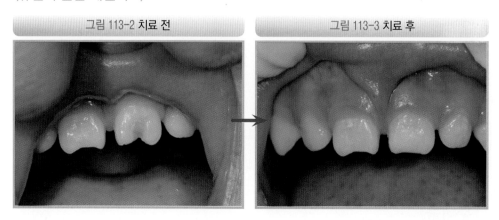

그림 113-2 치료 전　　　　그림 113-3 치료 후

〈유전치 치경부 레진치료〉

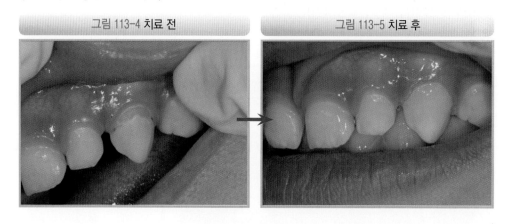

그림 113-4 치료 전　　　　그림 113-5 치료 후

2 : Celluloid Crown

1) 준비물

기본세트, 마취세트, 러버댐, 개구기, 330 bur, 다이아몬드 bur(예: TR-11, EX-26), 화이톤스톤 bur, Celluloid Cr., 레진(shade B1), 메스, 싱글본드, 에천트, 광중합기

그림 113-6 Celluloid Crown 준비물

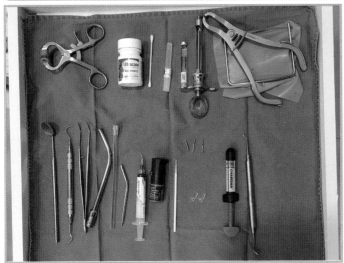

2) 진료순서

순서	사진
(1) 해당 부위에 러버댐을 건다. ▶ 유전치부 러버댐은 펀치로 보통 앞니 4~6개만 뚫어 놓는다. 치아의 충치를 제거하고 Celluloid Cr.에 맞는 프렙을 한다.	그림 113-7 러버댐 장착 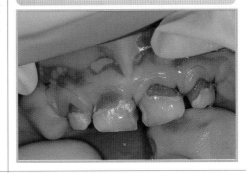
(2) 프렙된 치아에 크라운을 맞춰 본다. ▶ 미리 치아의 크기를 보고 비슷한 Celluloid Cr.을 꺼내 놓는다. ▶ 맞는 크라운의 설측에 high speed hand-piece #1 round bur로 2개의 구멍을 뚫는다.	그림 113-8 Celluloid Cr.에 레진 넣기  
(3) 술자가 치면에 에칭하는 동안 세컨 어시스트는 Celluloid Cr.에 레진을 기포 없이 잘 넣는다(이때 레진은 크라운의 2/3 가량 채운다). 술자는 치아에 싱글본드를 바르고 광중합(3초 중합)한다.	

(4) 레진을 넣은 Celluloid Cr.을 치아에 넣는다.
▶ 마진과 설측 구멍따라 여분의 레진이 나온 것을 제거해 준다.

(5) 광중합을 한다.
▶ Buccal과 lingual을 나누어서 3초 중합을 3번씩 한다.

(6) 메스로 Celluloid Cr.을 제거한다.

(7) 폴리싱을 한다.

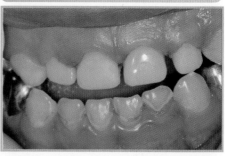

그림 113-9 Celluloid Cr. 완성

*사진출처 : 연세웃는아이치과

3 : NuSmile Crown (zirconia)

1) 준비물

기본세트, 마취세트, 러버댐, 개구기, 다이아몬드 bur(예: TR-11, TR-13, EX-26), NuSmile Cr., RelyX U200 resin cement, 광중합기

그림 113-10 NuSmile Crown 준비물

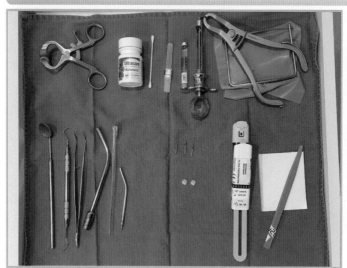

2) 진료순서(예: 하악 유견치)

순서	사진
(1) 허리케인을 바르고 마취를 한다. 마취된 상황을 확인한 후 러버댐을 장착한다.	그림 113-11 **러버댐 장착** 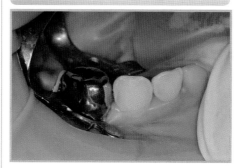
(2) 충치를 제거하고 NuSmile Cr.에 맞는 프렙을 한다.	그림 113-12 **충치 제거** 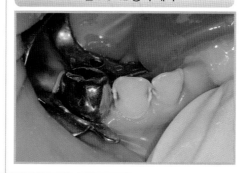
(3) 미리 치아의 크기를 보고 비슷한 크기의 NuSmile Cr.을 2개 정도 준비해두고 비슷한 크기의 크라운을 맞춰 본다.	그림 113-13 **프렙한 치아의 석고모형** 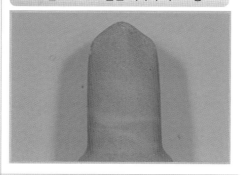
(4) Cement 믹싱 후 미리 맞춰 본 NuSmile Cr.에 기포 없이 넣은 다음 치아에 장착해 준다. (5) 세팅타임을 확인하고 cement을 제거한다. ▶ 협설 마진부위에서 3초씩 광중합하여 잉여 시멘트를 제거 후 추가로 10초씩 광중합한다. (6) 교합을 확인·조절하고 폴리싱을 한다.	그림 113-14 NuSmile Cr.세팅 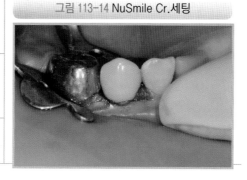

*사진출처 : 연세웃는아이치과

3) 앞니 치아 씌운 후 환자에게 말해야 할 것들

① 앞니 치료한 곳은 3~4일간 잇몸 부위가 헐어서 따끔거리고 아플 수 있습니다.

② 양치질보다는 부드럽게 닦아내는 것이 필요합니다.

③ 앞니는 어금니와 달리 치아가 매우 얇기 때문에 앞니로 질기거나 단단한 음식을 깨물면 깨질 위험이 있습니다.

④ 장난감을 입 속에 넣는다거나 사탕을 앞니로 깨물어 먹는 것, 과자 껍질을 앞니로 뜯는 것은 피해야 하고, 단단한 과일도 먹기 편하게 잘라서 주시는 것이 바람직합니다.

⑤ 특히 외상에 의해 치아가 깨질 수 있으므로 주의해 주세요.

memo

소아 교정치료 114

1 : 고정식 공간유지장치
(B&L, C&L, Distal shoe, 설측 호선, Nance 구개호선 등)

1) 준비물

그림 114-1 소아 교정치료 준비물

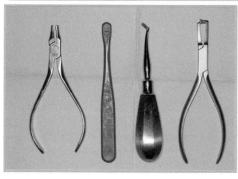 

왼쪽부터 band contouring plier, band seater, band pusher, band remover, 치아 크기별 밴드 세트

2) 진료순서 및 해야 할 말(예: B&L)

순서	환자에게 해야 할 말
(1) 이를 빼기 전에 밴드를 맞춘다.	"○○야 이모가 이에 반지를 껴 줄 거야. 조금 꽉 끼울 거예요." 그림 114-2 밴드 적합 및 인상채득 준비 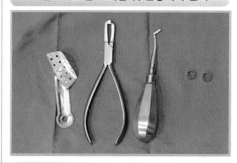

(2) 알지네이트로 본뜨기	"고무찰흙으로 이에 모양을 찍어줄 거예요."
(3) 발치하기 (이 빼고 1~2일 있다가 셋팅 약속잡기)	"나오는 느낌만 있는 거예요. 아프지 않아요." 그림 114-3 **내흡수된 유치 발치** 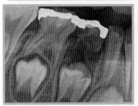
(4) B&L을 확인 후 세팅한다. ① Band 내부에 레진 cement를 바르고 치아에 장착한다. ② 2~3초 광조사 후 여분의 레진을 제거하고 20초 이상 충분히 광조사한다.	"○○야, 지난번에 치아에 반지 맞춰 봤던 거 기억하지? 이번엔 잘 맞는 반지 안 빠지게 끼워 줄거예요. 잘 할 수 있죠?" 그림 114-4 **기공물과 레진(예: Ultra band lok)** 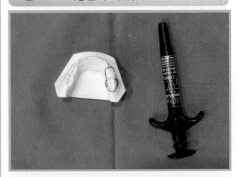 그림 114-5 **B&L 장착** 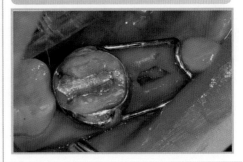

3) Band를 이용한 고정식 공간유지장치의 종류

그림 114-6 Band & Loop : 편측 어금니 공간유지 장치

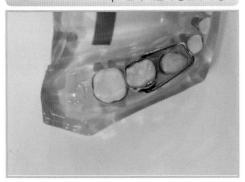

그림 114-7 Pedo partial : 앞니 공간유지 장치

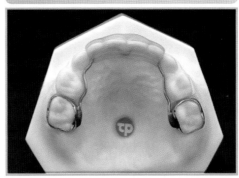

그림 114-8 Nance button : 상악 양측 어금니
공간 유지 장치

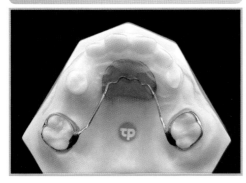

그림 114-9 Lingual arch : 하악 양측 어금니
공간 유지 장치

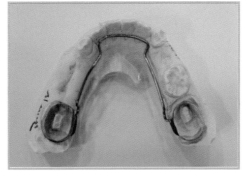

4) Band를 이용한 고정식 습관성 장치의 종류

그림 114-10 Thumb habit : 손가락 빨기를 방지
하는 습관성 장치

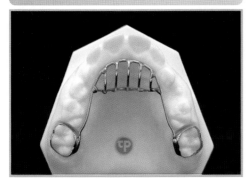

그림 114-11 Tongue habit : 혀 내밀기를 방지
하는 습관성 장치

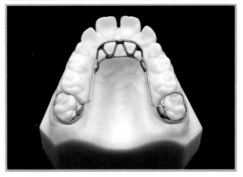

2 : 가철식 치아 교정장치
(충치가 심하거나 발치에 의해 치아가 이동한 경우)

순서	사진
(1) 포토 찍기(교정 전·후 사진 찍기)	그림 114-12 **트레이 준비** 
(2) 본뜨기 - 틀을 맞춰 보면서 코로 숨 쉬는 것을 연습시킨다. - 알지네이트 빨리 굳게 하기 위해 성인보다 되게 믹싱되어야 한다.	
(3) 1주일 후에 장치 장착 ▶ 장치의 사용법과 주의사항 설명하기 (※원장님 진단에 따라 조금 달라질 수 있으나 보통 4일에 한 번씩 스크류를 돌리는 거 설명)	그림 114-13 Hawley & space regainer 장치 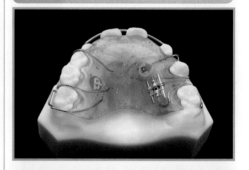 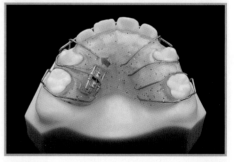

3 : 가철식 성장기 교정장치 (성장기 부정교합 해소를 위해)

1) 장치 종류

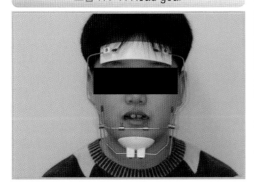
그림 114-14 Head gear

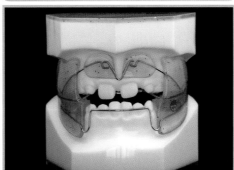
그림 114-15 Frankel appliance 장치

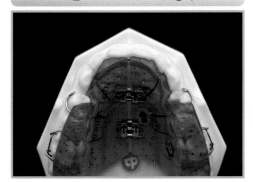
그림 114-16 Twin block 상악

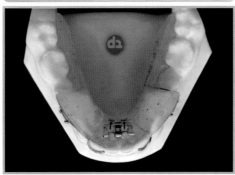
그림 114-17 Twin block 하악

4 : 가철식 습관성 교정장치

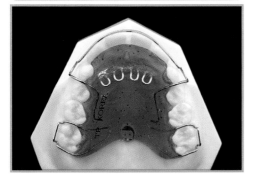
그림 114-18 Tongue crib : 손가락 빨기와 혀내
밀기 방지용 가철식 교정장치

그림 114-19 이갈이 splint : 이갈이 방지용 가철
식 교정장치

5 : 가철식 교정장치 주의사항

① 하루에 14시간 이상 장치를 껴주세요.

② 장치는 하루에 한 번 흐르는 찬물에 손으로 살살 문지르면서 닦아 주세요.
   (치약에는 마모제가 들어 있어 사용하지 마시고, 일반 주방세제로 닦아 주세요)

③ 식사를 할 때는 장치를 빼서 케이스에 보관해 주세요.

④ 장치를 떨어지거나 뜨거운 물에 담가 두면은 장치가 변형이 될 수 있으므로 주의해 주세요.

memo

소아 외과치료 115

1 : 유치 발치

순서	사진
(1) 치근단 방사선 찍기	**그림 115-1 치근단 X-ray** 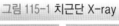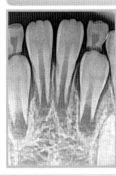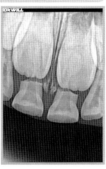
(2) 허리케인 바르기 (필요 시 마취를 한다) 　* 표면마취만은 침윤마취로 인정되지 않는다.	**그림 115-2 허리케인 바르기** 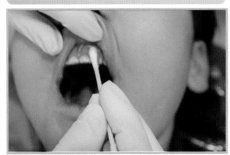 **그림 115-3 마취하기** 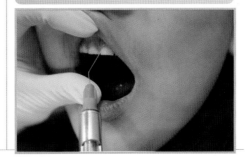

(3) 발치

* 보호자가 원하시면 치아 케이스에 넣어서 드리기 – 치아는 적출물이기 때문에 적출물 인수 동의서에 보호자 사인을 받고 차트에 기록을 남겨야 한다.

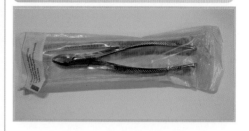

그림 115-4 유치 forcep

그림 115-5 발치한 치아

(4) 유치 발치 후 보호자에게 주의사항을 설명해 주고 출혈이 많을 경우 소독된 여분의 거즈를 드린다.

* 거즈는 20~30분 정도 꽉 물고 있도록 한다.

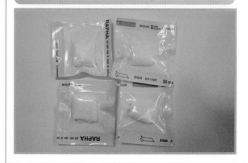

그림 115-6 소독된 거즈

2 : 과잉치 발치

1) 준비물

기본세트, 허리케인, 마취 준비, blade holder, #15 blade, surgical bur, periosteal elevator, elevator, forcep, 소독된 gauze, suture 기구 (needle holder, scissor, silk), saline syringe, 스플린트, 소공포, 필요 시 blade holder & blade (#15C 또는 #12), 핸드피스, surgical bur

그림 115-7 **과잉치 발치 준비**

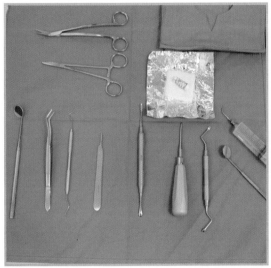

2) 대부분 5~7세에 발치를 한다.

3) 필요하면 진정치료로 한다.

4) 과잉치 수술하기 1주일 전에 스프린트 본뜨기

5) 진료순서

① 파노라마와 치근단 방사선 사진을 촬영한다.
② 마취하고 잇몸 열고 치아를 탈구시킨 후 발치한다.
  (필요 시 surgical bur 준비하기)
③ 봉합을 한 다음 스프린트를 끼워 준다.
④ 1주일 후에 봉합사 제거하고 스프린트도 제거한다.

116 턱관절장애

* 턱관절장애 환자의 특성
- 자신의 불편한 점들을 다 말하고 싶어하고 자신의 불편을 인정받고 싶어한다.
- 환자들의 이야기를 다 들어주면 좋으나 체어타임이 너무 길어지므로 되묻거나 돌려서 다른 말을 유도한다.

1 : 초진 시 검사내용

1) 턱관절장애 분석검사: 기본 적용

① 전신건강상태 조사설문지 내용 분석
② 턱관절장애상태 조사설문지 내용 분석
③ 병력 조사
④ 두경부 / 턱관절 / 저작근 촉진 검사
⑤ 하악운동 측정 / 분석 검사
⑥ 턱관절잡음 청진 / 분석 검사
⑦ 구강내 상태 검사

2) 영상검사

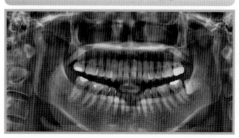

그림 116-1 파노라마 촬영

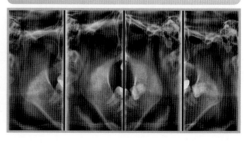

그림 116-2 파노라마 촬영 턱관절 영상

① 파노라마촬영(일반 영상) : 기본 적용
② 파노라마촬영(턱관절 영상) : 기본 적용
③ 두부규격촬영 : 적응증일 경우 적용
④ 턱관절규격촬영 : 적응증일 경우 적용
⑤ Cone Beam CT 촬영 : 적응증일 경우 적용

3) 상·하악 인상채득 및 진단모형 제작 분석 : 기본 적용

4) SCL-90-R 설문조사 : 기본 적용

2 : 초진 시 진료순서 및 해야 할 말

순서	환자에게 해야 할 말
(1) 환자를 진료실로 안내한 후 턱관절장애 진료 절차에 대해서 간략하게 설명을 드린다. (환자가 복잡하게 들릴 수도 있으니 프로세스 안내서를 프린트나 인쇄물로 제작하여 보면서 설명하는 것이 이해가 쉽다)	"안녕하세요 ○○○님, 저는 구강내과진료실 담당 ○○○입니다. 턱관절장애 문제 때문에 불편하셔서 오셨는데요. 첫날은 턱관절이 불편하게 된 관련 요인을 찾기 위한 몇 가지 기본검사를 받으실 겁니다. 첫 번째는 설문지를 통한 전신건강상태와 턱관절장애 상태에 대한 병력조사, 정서적 스트레스 정도를 알아보기 위한 간이심리검사(SCL-90-R 검사)를 받으실 겁니다. 두 번째는 턱관절 구조를 이루는 뼈의 상태를 알아보기 위한 방사선촬영 검사를 받으실 것이고, 세 번째는 치아/ 치열/ 교합 상태를 알아보기 위한 상·하악 인상채득을 하게 됩니다. 이렇게 해서 첫날 진료비는 총 ○○원 정도 예상하시면 됩니다. 기본검사 후 오늘 필요한 치료(예: 약물요법, 물리요법, 하악운동요법 등)를 받으실 예정입니다. 다음 재진 시에는 주의사항과 자가요법에 대해 교육을 해드리도록 하겠습니다."

(2) TMD 차트의 전신건강상태 조사설문지와 턱관절장애 조사설문지의 작성을 부탁 드린 후, 작성한 설문지를 보면서 다시 질문하여 확인한다. (「TMD 차트보면서 질문하기」 참조)	"(TMD 차트를 드리면서) 아까 말씀드린대로 기본검사를 위해 먼저 전신건강상태 조사설문지와 턱관절장애 조사설문지의 작성을 해주십시오. 과거에 그랬거나 가끔이라도 있었다면 '예'라고 체크해 주세요."
(3) 방사선촬영실로 옮겨 파노라마 일반영상과 턱관절 영상을 촬영한다.	"턱관절 구조를 이루는 뼈의 상태를 알아보기 위한 방사선촬영검사를 받으셔야 하는데요. 위·아래 전체 치아와 턱뼈가 같이 보이는 큰 사진 한 장과 턱관절만 보이는 사진 한 장 모두 두 번 찍도록 하겠습니다. 이쪽으로 오시겠어요?"
(4) 진단용 상·하악 치아치열 경석고모형 제작을 위해서, alginate로 상·하악 치아치열상태를 인상채득하여 모형을 제작한 후 개인 식별표시를 정확히 해 둔다.	"치아/ 치열/ 교합 상태가 턱관절장애의 발생과 관련이 있을 수 있으므로, 이를 알아보기 위한 진단용 모형제작을 위해 치아/ 치열/ 교합 상태를 채득하도록 하겠습니다. 먼저 채득용 기구를 입 안에 넣어 크기를 맞춰 보겠습니다." (tray의 크기가 결정된 후) "물컹한 재료가 입 안으로 들어갈 겁니다. 도중에 불편하신 것 있으시면 말씀해 주세요."
(5) 원장님 검진 준비를 해 둔다. (설문조사된 TMD 차트, 일반볼펜, 마스크, 글러브, 거즈, 사인펜, 거즈가 감긴 설압자, 청진기, 전자식 caliper) 원장님께서 오셔서 설문조사된 TMD 차트를 확인하면서 문진, 임상검사, 현재의 상태와 오늘 시행될 요법(예: 약물요법, 물리요법, 하악운동요법 등)에 대한 설명 및 재진 시까지의 기여요인조절에 대한 설명을 한다.	"이제 원장님께서 오셔서 문진과 임상검사, 그리고 현재의 상태와 오늘 시행될 요법(예: 약물요법, 물리요법, 하악운동요법 등)에 대한 설명, 그리고 재진 시까지의 주의사항에 대해 설명을 해 주실 겁니다."
(6) 원장님 검진이 끝난 후 물리요법 적응증인 경우 물리치료실로 자리를 옮겨 초음파 치료를 시행한다.	(물리요법 적응증인 경우) "이쪽으로 오시겠어요? 물리치료실로 가셔서 초음파를 이용한 물리치료를 받으실 겁니다."
(7) 물리요법이 끝나면 주의사항을 설명드리고, 약물처방 적응증인 경우 처방 내용과 처방전 발행을 확인한 후 재진 약속을 도와드린다.	"오늘 기본진료는 끝나셨습니다. 주의사항을 설명해 드릴께요(「물리치료 주의사항」 참조). 다음 약속 도와 드리겠습니다. 다음 ○○날 오시면 되시고요, 설명드린 주의사항 잘 지켜 주세요." (약물처방 적응증인 경우에는 처방 내용과 처방전 발행을 확인한 후) "약물복용 후 지나치게 속 쓰림이나 기타 다른 증상이 나타나면 약물복용을 중단하시고, 치과로 연락하시기 바랍니다."

3 : 재진 시 진료순서 및 해야 할 말

순서	환자에게 해야 할 말
(1) 환자 상태를 확인한 후 차트에 기록해 놓는다.	"오늘 상태는 어떠신가요? 주의사항은 잘 지키셨어요?" (약물처방 적응증인 경우) "약물 복용은 용법대로 잘 하셨나요? 약물 복용 후 지나치게 속 쓰림이나 기타 다른 증상은 없으셨나요?"
(2) 초진 시 검진결과 자료(TMD 차트, 방사선영상자료, 진단모형 등)를 먼저 일목요연하게 정리해 둔다. 초진 시 검진결과와 그에 따른 향후의 추가검사(적응증일 경우 두부규격촬영, 턱관절 규격촬영, Cone Beam CT 촬영, 턱관절 MRI 촬영)나 증상 관리 내용 및 필요한 요법(예: 약물요법, 물리요법, 하악운동요법, 교합안정장치요법 등)에 대해 자세히 설명해 드린다.	"오늘은 초진 시에 검진받은 결과와 그에 따른 향후의 추가검사나 증상 관리내용 및 필요한 요법에 대해 원장님께서 자세히 설명해 주실 겁니다. 시간은 약 30분(단, 교합안정장치 제작을 위한 모형 제작 절차가 포함된 경우에는 약 1시간) 정도 걸리세요."
(3) 교합안정장치요법의 적응증인 경우 장착기간, 조정간격, 장치비 및 조정비를 비롯한 관련된 내용에 대해 상담해 드린다.	"원장님께서 설명해 주셨듯이 환자분께서는 교합안정장치를 장착하시면 현재의 증상 완화에 도움이 됩니다. 교합안정장치에 대해서 상담 좀 해 드리겠습니다."
(4) 교합안정장치요법을 받기로 결정을 하게 되면 교합안정장치 제작용 상·하악 치아치열 경석고모형 제작을 위해서 상·하악 치아치열 상태를 인상채득하고, 교합상태를 인기해 낸다. (교합상태는 원장님께 확인한 후 인기하거나 원장님께서 직접 인기하시도록 한다.) 초진 시의 진단용 모형보다는 더욱 정밀해야 하므로 인상채득하기 전 air syringe로 교합면을 불어내고, alginate를 손에 묻혀 교합면과 undercut 부위에 먼저 바른 후 채득하도록 한다. 채득된 인상채를 방치하지 말고 즉시 경석고를 붓는다.	"교합안정장치를 제작하기 위해서는 환자분의 정확한 상·하악 치아치열모형이 필요합니다. 그 모형을 만들기 위해서 지금부터 상·하악 치아치열상태를 인상채득하고, 교합상태를 인기하도록 하겠습니다. 먼저 채득용 기구를 입안에 넣어 크기를 맞춰 보겠습니다."
(5) 턱관절장애 안내서를 드리고, 주의사항을 다시 한 번 보완 설명해 드린다. ROCABADO 운동 설명서를 드리고, 동영상을 보면서 설명과 함께 환자로 하여금 직접 따라 해 보도록 교육시킨다.	(Tray의 크기가 결정된 후) "물컹한 재료가 입안으로 들어갈 겁니다. 도중에 불편하신 것 있으시면 말씀해 주세요."

(6) 물리요법 적응증인 경우 물리치료실로 자리를 옮겨 초음파치료를 시행한다.	"여기 드리는 턱관절장애 안내서에 있는 대로 평소 주의사항을 잘 지키시면 증상완화에 도움이 됩니다. 그리고 아까 원장님에게 들으신 대로 나쁜 신체자세에 의해 턱관절장애 증상이 생기기도 하고, 다른 요인에 의해 생긴 턱관절장애 증상이 지속되거나 더 악화될 수 있으므로, 평소 신체자세를 바르게 하는 것이 턱관절장애 증상을 완화시키는데 매우 중요합니다. 그래서 여기 턱 - 머리 - 목 자세를 바로 잡기 위한 ROCABADO 운동 설명서에 있는 대로 평소 열심히 해 보시기 바랍니다. 그럼 동영상을 보면서 설명드리겠습니다. 직접 따라해 보시기 바랍니다."
(7) 교합안정장치요법의 적응증인 경우 장치 장착약속을 잡아드린다.	"오늘도 이전과 같은 초음파를 이용한 물리치료를 받으시겠습니다. 이쪽으로 오시겠어요?" "다음에 오시면 장치를 장착하시게 됩니다. 다음 약속을 잡아 드리겠습니다."

4 : TMD 차트 보면서 질문하기

질문	답
(1) 전신건강상태 조사 설문지 : 환자가 체크한 내용에 대해 물어본다.	예 환자가 과거 병원에 입원했거나 수술 받은 적 있다고 체크한 경우 "어떤 것 때문에 입원하셨죠?"라고 물은 후 차트에 적는다.
(2) 턱관절장애 조사 설문지 : 환자가 체크한 내용에 대해 물어본다.	예 입을 벌리거나 다물 때 아래턱을 왼쪽이나 오른쪽이나 앞으로 움직일 때 또는 음식을 씹을 때 턱관절에서 소리가 난다고 체크한 경우 "어느 쪽에서 어떤 소리가 나시죠? 어떨 때 소리가 나십니까? 입을 벌릴 때? 다물 때? 아래턱을 옆으로 또는 앞으로 움직일 때? 음식 씹을 때?" 예 수면 중에 이를 간다고 체크한 경우 "이 가는 건 직접 느끼시나요? 아니면 주위로부터 들으셨나요?"
(3) TMD 차트의 4 page	- Trauma History : 환자가 턱을 다치거나 부딪친 경우 기록 - Habit History : 해당되는 곳에 V 체크 환자의 직업을 물어보면서 컴퓨터는 몇 시간 사용하는지, 잠잘 때 자세는 어떤지 등을 물어본다.

5 : 턱관절장애 관리법의 종류

① 턱관절장애에 대해서는 완치라는 차원에서가 아니라 증상완화를 위한 관리라는 차원에서 접근함

② 증례에 따라 적절한 약물요법, 물리요법, ROCABADO 운동요법(하악운동요법 포함), 행동요법, 교합안정장치(환자들이 보통 "스플린트"라고 부르는 것)요법, 턱관절 세정술, 턱관절 원판정복술, 교합부조화해소법 등이 단독적으로 또는 복합적으로 시행됨

6 : 초음파치료의 진료순서 및 주의사항

순서	환자에게 해야 할 말
(1) 초음파장치의 정상 작동여부와 젤과 휴지가 준비되어 있는지를 먼저 확인해 둔다. 물리치료실로 안내해 드린 후 초음파치료 방법을 설명드린다.	"지금부터 초음파치료를 받으실 건데요. 먼저 그 방법을 설명드리겠습니다. 이어서 설명 들으신 대로 해 보시기 바랍니다. (먼저 초음파가 나오는 앞부분에 젤을 충분히 바른 후 환자에게 주면서) 이 부분의 전체 면적이 적용 받을 부위의 피부 면에 전체적으로 닿게 해서 천천히 돌려주세요. 너무 빨리 하거나 한쪽 면만 닿게 되면 기계에서 삑삑 소리가 나면서 초록색 불이 꺼집니다. 그렇게 되면 초음파가 전달이 안 되는 증거이니 거울보시면서 초록색 불이 나오는지 확인하면서 하십시오. 특히 눈 위로는 절대 적용하시면 안 되십니다. 혹시라도 시리거나 찌릿한 느낌이 있으시면 말씀하십시오. 초음파치료가 끝나면 젤이 묻은 얼굴부분을 여기 휴지로 닦으십시오."
(2) 초음파치료가 끝나면 젤이 묻은 얼굴부분을 닦았는지 확인한 후 다시 대기실로 모셔드린다.	"초음파치료가 끝나셨습니다. 얼굴 닦으셨어요? 대기실로 모셔드리겠습니다."

※ 초음파치료 주의사항

① 임신부, 두경부 악성종양 환자, 초음파치료를 적용받을 부위에 피부질환, 부종 또는 발열이 있을 경우에는 초음파치료를 시행하지 않는다.

② 초음파치료 적응증의 경우에도 절대 측두근 부위에는 시행하지 않는다.

③ 초음파치료 적용 부위가 시리거나 찌릿하다고 할 경우 W/cm²를 낮춰준다.

④ 기본 변수 셋팅: 3 MHz, 0.35 W/cm², l probe 10분

7 : 턱관절 자극 요법(치과건강보험적용 가능)

1) TENS 치료: 턱관절 근육과 신경 감각 전기자극치료

순서	환자에게 해야 할 말
(1) 준비된 장비에 센서를 부착할 라인을 2개 연결하고, 시간을 조절한다(보통 15분). 라인이 연결된 두 곳에 강도를 조절한다.	"지금 하시는 치료는 턱관적 자극 요법입니다. 준비되는 동안 잠시만 기다려 주시겠어요?" 그림 116-3 TENS 치료기 
(2) 불편함을 호소하는 부위에 센서를 부착한다. (찌릿함과 통증이 없는 정도로만 진행) 강도를 서서히 올린다.	"불편하신 부분에 센서를 부착하겠습니다. 너무 찌릿함이 느껴지시면 말씀해 주세요." 그림 116-4 해당 부위 센서 부착 

2) 셀러럭스 레이저 : 적외선 저출력 레이저

순서	환자에게 해야 할 말
(1) 센서가 부착된 부분에 셀러럭스 레이저를 위치시킨 후 전원을 켠다.	"지금 하시는 치료는 턱관적 자극 요법입니다. 준비되는 동안 잠시만 기다려주시겠어요?" **그림 116-5 장비 전원 켜기** 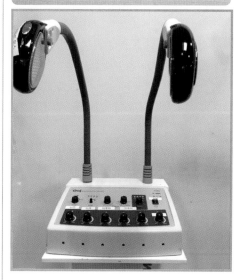
(2) 따듯한 느낌이 들고, 눈이 부실 수 있으니 눈을 가리도록 한다.	"불편하신 부분에 적외선 치료를 시작하겠습니다. 불편하신 부분 있으시면 말씀해주세요." **그림 116-6 셀러럭스 레이저 요법** 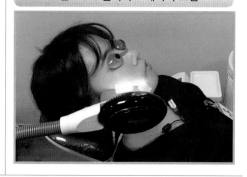

예전에는 턱관절 물리치료 장비가 고가였으나, 최근에는 1/10 이하 가격으로 구입할 수 있을 만큼 저렴하게 많이 판매되고 있으니 참고하기 바란다.

8 : 턱관절장애 환자 주의사항

① 귀 앞에서 나는 소리를 확인하기 위해 또는 입을 벌렸을 때 아픈지 확인하기 위해 일부러 입을 벌려보지 않는다.
  - 턱을 옆으로 또는 앞으로 움직이는 것을 피한다.
  - 갈비, 족발, 치킨 등 뼈에 붙어 있는 고기는 피한다.

- 앞니 양치 시 위·아랫니 따로 양치한다.
② 단단하고 질긴 음식을 피한다.
③ 증상이 있는 부위에 대한 온습포를 한다.
    - 뜨겁지 않게, 1회에 10~15분 적용 후 10~15분씩 쉼, 이상을 3회 적용
④ 입을 크게 벌리지 않도록 주의한다(하품할 때 입천장 앞 부위에 혀 대고 하기).
⑤ 자세 및 습관을 교정한다(엎드려 자거나 턱 괴지 않기, 이 악물지 않기, 이갈지 않기 등).
⑥ 과도한 턱관절 운동을 삼간다(껌 씹지 않기, 말 많이 하지 않기).
⑦ 식사 시 양측저작을 한다.
⑧ 과도한 정서적 긴장(스트레스)을 줄인다.

9 : 교합안정장치 관련 환자에게 말해야 할 것들

① 교합장치는 종류가 굉장히 많이 있습니다. 그 중에서 저희는 이렇게 생긴 교합안정장치를 권해드리고 있습니다(상악 장착용 교합안정장치와 하악 장착용 교합안정장치를 보여 드리면서 설명한다).
② 교합안정장치 장착으로 인해 이갈이나 이악물기 자체가 없어지진 않습니다만, 이갈이나 이악물기로 인해 생기는 부작용들(치아가 닳거나, 턱근육이 비대해져 소위 사각턱이 되거나, 턱근육의 경직이 와서 입이 잘 안 벌어지거나 턱근육에 통증이 발생하거나, 턱관절 원판이 이탈되어 턱관절에서 소리가 나거나 입이 잘 안 움직이거나 턱관절에 통증이 발생하는 경우 등)을 완화시킬 수 있습니다.
③ 교합안정장치 장착으로 인해 이미 닳아진 턱관절 과두의 뼈 부분이 다시 생기진 않지만, 더 이상 닳아지지 않도록 예방할 수 있으며, 턱근육의 과도한 긴장을 어느 정도 풀어줄 것입니다. 따라서 교합안정장치를 근(육)긴장이완장치라고도 합니다.
④ 교합안정장치를 정확하게 제작하기 위해서는 정밀한 기공작업을 거쳐야 하는데 보통 1주일 정도의 기간이 필요합니다.
⑤ 정기적인 점검과 조정이 매우 중요하기 때문에 약속된 날짜에 빠짐없이 내원하셔야 합니다.
⑥ 정기적인 점검과 조정 없이 혼자서 오래 장착하실 경우 교합이 달라질 수도 있습니다.
⑦ 교합안정장치를 장착한 처음 적응기간 동안 전체적으로 치아가 꽉 조이는 느낌, 턱이 더 아픈 느낌, 위·아래 치아의 맞물림이 이상해진 느낌이 일시적으로 있을 수 있습니다. 그러나 이러한 느낌이 지속되거나 심해진다면 치과로 바로 연락하

십시오.

⑧ 정기적인 점검과 조정은 기본적으로는 보통 장착 이후 1주, 2주, 1개월, 2개월, 3개월 간격으로 시행됩니다.

⑨ 교합안정장치의 장착 기간은 보통 3~6개월이신데, 증례에 따라 차이가 있습니다.

⑩ 이갈이라든지 이 악무는 습관이 있으신 분들은 더 오래 동안 장착하실 가능성이 큽니다.

⑪ 교합안정장치의 비용은 ○○만원이고, 정기적인 점검과 조정 시마다 약 1만원의 추가비용이 있습니다.

10 : 교합안정장치 사용방법 및 주의사항

① 건조한 상태로 보관하면 안 됩니다.

② 집에서 보관 시에는 유리컵에 물을 가득 붓고 보관을 하시면 됩니다.

③ 밤에 잘 때 장착하는 적응증의 경우에는 아침 기상 후 입안에서 장치를 꺼내서 흐르는 찬 수돗물의 수압만으로 장치를 씻어 주거나 주방세제로 헹궈 주세요. 뜨거운 물에 씻으시면 변형이 될 수 있습니다. 특히 칫솔에 치약을 묻혀 장치의 교합면과 내면을 닦아서는 안 됩니다

④ 의치세정제(예: 폴리덴트, 클리덴트)로 5~7일에 한 번 정도 소독해 주세요 (5분 뒤 새로운 물로 교체해 주세요).

⑤ 떨어뜨리거나 밟으면 깨지거나 부러질 수 있으므로 주의해 주십시오.

117 구취증

1 : 구취증의 개요

구취증은 생리적 구취증, 병리적 구취증 및 심리적 구취증으로 대별될 수 있다.

병리적 구취증의 약 90% 정도는 구강 자체의 특정한 병적 상태에 의해 만들어진 구강 요인성 구취증이며, 약 10% 정도는 구강주위의 조직과 기관을 포함한 전신적인 특정한 병적상태에 의해 만들어진 전신요인성 구취증이다.

2 : 구취증의 진단

구취증의 진단은 그 원인이 생리적인지, 병리적인지, 아니면 심리적인지의 판단에 따른다. 특히 병리적 구취증으로 판단되면, 다시 세부적인 원인별로 구강요인성인지, 전신요인성인지를 구분한 후 그에 상응하는 치료를 시행한다. 구취 정도를 객관적으로 판단하기 위해서는 구취의 주성분인 휘발성 황화합물, 즉 유화수소(H_2S), 메틸머캅탄(CH_3SH), 디메틸설파이드〔$(CH_3)_2S$〕를 측정해주는 구취측정기(예: 오랄크로마)가 이용될 수도 있다.

3 : 구취증 진단 자료 수집

① 구취 설문조사 : 전반적인 상태 조사 차원에서 시행
② 파노라마촬영(일반영상) : 전반적인 치주상태 평가 차원에서 시행
③ SCL-90-R 설문조사 : 심리적요인 분석 차원에서 시행
④ 구취 측정 : 객관적 구취성분 존재 및 그 정도 분석 차원에서 시행
　　(식후 1~2시간, 양치하신지 2시간 이상 지난 후 오랄크로마 장비 이용하여 측정)

그림 117-1 오랄크로마 (CHM-2)

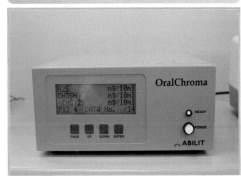

그림 117-2 오랄크로마 (C&C)

4 : 오랄크로마 장비를 이용한 구취 측정방법
(예: 오랄크로마 (CHM-2))

순서	환자에게 해야 할 말
(1) Syringe을 준비한다. (C&C 기계의 경우 주사침도 함께 준비한다.)	그림 117-3 매뉴얼의 가시화 
(2) 오랄크로마 기계의 전원을 켜고, 프로그램 화면에 환자 정보를 입력한다(차트번호, 성명).	그림 117-4 오랄크로마와 프로그램 시작화면 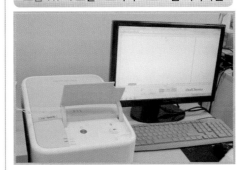
(3) Syringe를 앞니고 고정시키고 입술을 다물게 한다. 그리고나서 코로 30초 동안 비호흡을 통해 충분한 양의 호기를 축적시킨다. ※ 이때 syringe 끝이 혀에 닿으면 안 된다.	"이제부터 구취측정을 시작하겠습니다." "작은 주사기를 입에 넣어 드릴거예요. 주사기를 앞니로 살짝 무시고 입술은 다물어 주세요." "시작하면 30초 동안 코로 숨을 쉬고 계셔야 합니다."

"주사기를 입술로 물어 주시겠어요. 시작~ 코로만 숨을 쉬세요...(30초 경과 후) 네~ 되셨습니다."

그림 117-5 30초 동안 비호흡

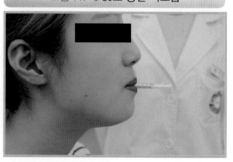

(4) 30초가 지나면 피스톤을 1 ml까지 당긴 후 공기가 주입된 상태에서 환자 입에서 빼낸다. 피스톤을 당길 때 환자는 절대 입을 벌리면 안 된다.

"입술은 움직이지 마시고 그대로 계세요. 제가 주사기를 당기겠습니다."

그림 117-6 주사기에 입안의 공기 주입

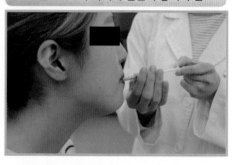

"이제 입을 벌리셔도 됩니다. 주사기를 제거할게요. 고생하셨습니다."

그림 117-7 1cc 주입된 주사기

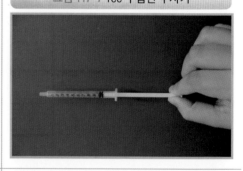

(5) 입술이 닿은 부위는 거즈로 침을 가볍게 닦고, 공기가 주입되어 있는 syringe를 꽂은 후 기계에 주입한다.

그림 117-8 공기가 주입된 syringe 기계에 주입

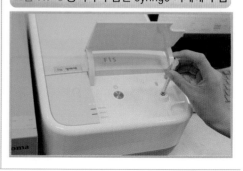

(6) 약 4분 후 결과(C&C는 8분 후)가 나온다.	"결과가 나오려면 4~5분 정도가 소요됩니다. 잠시만 기다려 주시겠습니까?"
(7) 결과가 나온 후 오랄크로마기계 Enter PAGE 두 번 클릭을 하여 50초 정도가 지난 후에 셋팅 완료가 된다. (Ready로 바뀌면 다시 측정할 준비가 됨)	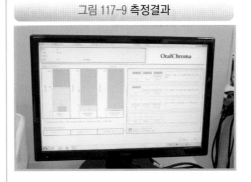 **그림 117-9 측정결과**

※구취 평균 수치

대상	평균 수치
전체	88.1 ± 1.9ppb
남자	96.8 ± 9.1ppb
여자	80.0 ± 4.0ppb

5 : 구취증 치료

병리적 구취에 대한 치료는 원인요법과 대증요법으로 대별될 수 있다.

1) 원인요법

① 전신요인성의 경우: 해당 분야의 전문진료를 받도록 설명함
② 구강요인성의 경우
 - 설태 제거의 중요성과 설태 제거기 사용법 설명함
 - 적절한 칫솔질과 치실 사용법 설명함
 - Scaling과 정기적인 치주상태 검진 받도록 설명함
 - 부정교합과 관련된 구호흡 습관이 있을 경우 해당 치료를 받도록 설명함

2) 대증요법

① 2시간 이내로 물이나 녹차로 입안을 자주 헹궈주도록 설명함
② 구강건조증이 있는 경우 인공타액(예: taliva) 사용하도록 처방함
③ 채식성 식단 추천함

118 코골이와 수면무호흡증에 대한 구강장치요법

1 : 코골이와 수면 무호흡증

입이나 코를 통해 공기가 들어가는 상부기도가 어떤 이유로 좁아지게 되면 숨을 쉴 때 좁아진 틈으로 공기가 지나가게 되어 주변의 조직이 진동하면서 소리를 내게 되는데, 이것이 코고는 소리이다. 상부기도가 좁아져 코를 골다가 일시적으로 상부기도가 완전히 막히면 숨을 쉬지 못하고 잠시 멎게 되는데, 이 때 뇌에 산소공급이 안 되면 뇌는 우리 몸을 잠에서 잠시 깨워 다시 숨을 쉬게 한다. 이러한 증상을 폐쇄성무호흡증이라고 하며, 수면 중 그 발생횟수가 많을수록 정상적인 수면을 유지하지 못해 깨어난 후에도 피곤하고 졸려서 일상생활에 방해를 받게 된다. 이러한 폐쇄성수면무호흡증은 심혈관계질환, 뇌졸중, 고혈압, 심방세동질환, 2형 당뇨 등 여러 가지 만성질환들의 직접적인 위험요인이 되고 있으며, 또한 수면 중 돌연사나 심장마비의 한 원인으로도 추정되고 있다.

코골이와 수면무호흡증의 발생 원인에는 연령증가, 비만, 음주, 근육의 긴장도를 떨어뜨릴 수 있는 약물, 코 뒤쪽의 과도한 아데노이드, 목구멍 쪽으로 많이 연장된 입천정, 과도한 혀/ 편도의 크기, 아래턱의 저성장 등이 포함된다.

2 : 수면무호흡증의 진단

수면무호흡증의 진단을 위해서는 두경부영상검사와 수면다원검사가 필요하다. 두경부영상검사를 통해서는 기도의 넓이, 코 안 뒤쪽에 과도한 아데노이드 존재 유무, 입천정의 과도한 연장 여부가 평가된다. 수면다원검사를 통해서는 수면 중 혈중산소농도, 심전도, 뇌파, 심박수, 호흡량, 가슴과 배의 운동, 자는 자세, 안구운동, 안면근육운동, 사지운동 등의 측정결과분석에 의한 코골이 정도, 이갈이나 사지운동증과 같은 이상기능활동, 수면무호흡증 정도가 평가된다. 최근에는 간이용수면다원검사장비가 개발되어 치과임상에서 활용되고 있다.

3 : 코골이의 대처방법 및 치료

코골이를 감소시킬 수 있는 일반적인 대처방법으로는 옆으로 누워 자기, 술·약물 금하기, 체중 줄이기, 규칙적으로 운동하기가 추천되고 있다.

코골이와 폐쇄성수면무호흡증의 전문적 치료법으로는 양압장치요법, 수술요법, 구강 내장치요법 등이 추천되고 있다. 양압장치요법은 코를 덮는 장치에 연결된 공기펌프에 의해 코를 통해 강제로 공기를 불어 넣어 줌으로써 좁아진 기도를 뚫고 숨을 쉴 수 있도록 해주는 요법이다. 수술요법은 목젖을 포함한 입천정을 절제해 내거나, 혀를 앞으로 당겨 내거나, 코 뒤쪽 증식된 조직을 제거해 내는 요법이다.

구강내장치요법은 구강내장치를 장착시켜 하악을 앞으로 내밀게 해줌으로써, 혀를 포함한 상부기도 앞쪽의 구조물들을 앞으로 함께 이동시켜 기도를 넓혀주고 공기의 흐름을 원활히 하여 코골이와 폐쇄성무호흡증 증상을 개선시키고자 하는 요법이다. 구강 내장치요법은 그 효과나 사용 가능한 증상의 심도에 있어 수술요법과 비슷하며, 미국수면의학회에서는 치료성공률 및 치료에 따르는 부작용 가능성 측면에서 수술요법보다 우선적으로 고려할 것을 권고하고 있으며, 또한 양압장치요법에 잘 적응하지 못하는 경우에도 그 대안으로 구강내장치요법을 권하고 있다. 구강내장치요법의 경우 장치에 의해 수면 중 하악이 인위적으로 앞으로 위치되는 만큼 진단과정에서는 물론 적응증에 해당되어 장치가 장착된 후에도 정기적으로 턱관절 상태와 상·하악 교합상태가 전문적으로 평가되어야 한다.

119 치료 후 관리서비스와 정기검진

1 : 치료 후 관리 서비스

치과 진료를 선택하기 위한 쉬운 진료 상담, 전문성 있는 진료는 환자들의 신뢰를 얻기에 충분한 요소이다. 그러나 진료 후 구강관리 서비스까지 관심을 갖고 응대를 한다면 환자들은 타 병원과 차별화된 서비스를 느낄 것이다. 치과치료 후 최근 대표적인 관리 서비스를 살펴보자

1) 환자의 구강환경에 맞는 구강건강관리 교육과 구강용품 제안

최근 치과 대기실에 가면 구강용품이 진열되어 있는 것을 흔히 볼 수 있으며 진료 후 스탭이 직접 구강용품 전시 장소로 안내해 각 환자에게 맞는 구강용품을 안내한다. 환자의 구강환경에 맞춰 보다 잘 관리할 수 있도록 구강용품을 설명하고 정기검진 시 구강건강은 물론 만족도를 체크하고 있다.

그림 119-1 **구강용품 진열과 구강용품 선택 설명서**

*사진제공 : 이든치과의원

2) 치료 후 치료 결과 안내

일부 치과에서는「치료 결과 보고서」를 작성하고 출력해서 환자에게 제공하고 있다고 한다. 좀 더 쉽게 할 수 있는 방법으로는 환자 카톡이나 문자를 통해 대화식으로 사진과 치료결과 내용을 보내고 대화를 하는 방법이 있다. 어떤 방법이든 병원의 철학, 인력 등을 고려해 방법을 선택하면 될 것이다.

미성년자를 치료하는 경우에는 진료 후 경과를 보호자에게 알려주기도 한다. 스마트폰의 보급으로 최근에는 카톡이나 문자를 통해 대화하는 것이 일상화되다 보니 부모님들과 대화도 이를 활용하여 관계관리를 하는 경우가 많다. 그러다 보니 병원 데스크에는 전화 외에 핸드폰을 활용하여 진료 진행상황이나 결과에 대한 사진이나 내용을 보내주어 보호자가 오지 않아도 안심하고 치과치료를 받을 수 있도록 진료 후 관리 서비스를 제공하고 있다.

이처럼 치과 진료만으로 책임을 다하기보다 진료 후 관리 서비스의 제공은 환자들의 치료 만족도를 더욱 높여주고 기억에 남는 좋은 치과 경험으로 남는다고 한다.

2 : 정기검진

치과에 정기검진은 일반적으로 적어도 1년에 한 번으로 안내하고 있지만 환자의 상황에 따라 3개월, 6개월 단위로 정기검진이 이루어지기도 한다. 정기검진은 환자의 구강건강을 유지하는 중요한 방문임에도 불구하고 한 번 치료하고 나면 여러 가지 이유로 치과 방문을 쉽게 못하고 있는 게 현실이다. 그나마도 치과에 정기적으로 다니시는 분들도 검진이 끝나면 불만을 토로하는 경우가 많다. "1시간 기다렸는데, 1분 보고 나오니…", "얼마 전에 정기검진 받았을 때 아무 이상 없다더니 이가 아파서 갔는데 충치가 있다네요. 대충 봐줄거면 정기검진할 필요가 없죠…" 환자 입장에선 틀린 말이 아니다.

병원이 잘 되려면 병원을 옮기지 않는 충성고객들이 많아야 한다. 그러기 위해서는 정기검진 시 관계를 돈독히 하는 것은 물론 보다 꼼꼼하게 검진하고 어떤 진료 프로그램이라도 경험하고 가는 것이 좋다. 때때로 칫솔과 같은 선물을 받는 것도 환자에겐 생각지도 못한 선물이 될 수도 있을 것이다. 또한 정기검진 시에는 바쁘더라도 주치의 혹은 원장이 인사 한 번 하거나 직접 검진 후 설명한다면 변치 않는 병원의 이미지를 느끼게 할 수 있을 것이다.

각 치과에 맞게 정기검진 프로그램을 만들어 보자(예: 치과 검진 프로그램)

정기검진 시 순서	사진
(1) 안부 인사 후 불편함 점이 있었는지 확인한다.	그림 119-2 포토촬영 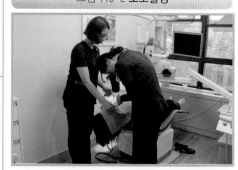
(2) 구강 포토촬영(일반 포토, 구강카메라, 큐레이 등) 후 환자의 구강상태 설명한다.	
(3) 필요 시 엑스레이 촬영을 한다.	그림 119-3 X-ray 촬영 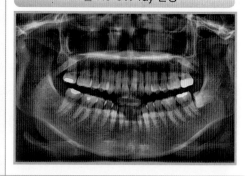
(4) 엑스레이 판독 소견을 설명하고 필요 시 구강 환경을 깨끗하게 할 수 있는 방법을 제안한다. ▶ 치과에 다녀가면 구강이 깨끗하고 개운해진 느낌을 맛보게 하자. ▶ 「39. 스케일링」, 「46. 잇솔질」 참고	그림 119-4 전문가 잇솔질 혹은 스케일링 준비 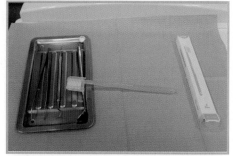 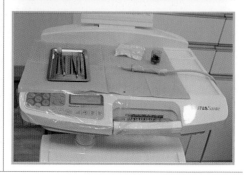

(5) 다음 정기검진의 중요성을 설명하고 시기와 예약을 안내한다.

그림 119-5 정기검진 안내

정기검진의 예약의 경우 3, 6개월 등 다소 긴 기간 이후가 대부분이기 때문에 정확한 날짜를 잡지 못하는 경우가 많다. 이 때는 리콜 기간을 설정하여, 문자를 전송하거나 카톡으로 연락을 드리는 것도 환자에게 정기적으로 검진을 권할 수 있는 좋은 방법이다.

바쁜 현대인의 환자분들은 검진과 관리의 의지가 있어도, 깜빡하거나 또는 시기를 놓쳐 관리를 못하는 경우도 많기 때문이다.

그래서 이런 알림서비스를 오히려 원하는 경우도 많고, 연락이 오지 않았을 경우 섭섭해 하시는 경우까지 있으니 리콜 알림서비스도 잊지 말고 활용해 보도록 하자.

비수기는 누구나 있다.
그리고 그 기간에는 내원하는 환자가 적어 대부분 골머리를 앓고 있다.
어떻게 하면 환자가 내원할 수 있을까?
또는 신환을 어떻게 창출할 수 있을까? 하는 고민도 좋다.
그리고 더하여 구환을 떠올리도록 하자.

이미 우리치과에 내원하였다는 것은 아닐 가능성도 있지만,
근처에 거주하거나 근무하는 등 접근성이 용이하나 사람들일 가능성이 높다.

이러한 구환을 중심으로 전화를 드렸을 경우 굉장히 반가워하시거나
또는 SMS를 받고 예약전화를 주시는 경우가 예상외로 많다.
리콜을 적극적으로 활용하도록 하자.